云南产业发展研究

（第一辑）

Yunnan Chanye Fazhan Yanjiu

梁双陆 蒋兴明 赵鑫铖 李娅 ◎等著

中国财经出版传媒集团
经济科学出版社
Economic Science Press

图书在版编目（CIP）数据

云南产业发展研究（第一辑）/梁双陆等著.
—北京：经济科学出版社，2016.3
ISBN 978-7-5141-6633-0

Ⅰ.①云… Ⅱ.①梁… Ⅲ.①区域经济发展-研究-云南省 Ⅳ.①F127.74

中国版本图书馆 CIP 数据核字（2016）第 039705 号

责任编辑：李 雪 刘 莎
责任校对：王苗苗
责任印制：邱 天

云南产业发展研究（第一辑）
梁双陆 蒋兴明 赵鑫铖 李 娅 等著
经济科学出版社出版、发行 新华书店经销
社址：北京市海淀区阜成路甲 28 号 邮编：100142
总编部电话：010-88191217 发行部电话：010-88191522
网址：www.esp.com.cn
电子邮件：esp@esp.com.cn
天猫网店：经济科学出版社旗舰店
网址：http://jjkxcbs.tmall.com
北京季蜂印刷有限公司印装
787×1092 16 开 22 印张 360000 字
2016 年 3 月第 1 版 2016 年 3 月第 1 次印刷
ISBN 978-7-5141-6633-0 定价：69.00 元
（图书出现印装问题，本社负责调换。电话：010-88191502）

前　言

产业是经济增长的基础，只有国民经济各产业壮大了，经济才能持续健康发展。产业弱是云南经济发展相对滞后的重要原因。云南省的产业发展除具有与全国其他地区的共性特征外，发展基础、发展环境和发展条件也具有很强的自身特殊性，历史和预期对云南产业发展具有重要影响。把握云南产业发展规律，剖析云南产业发展中的深层次矛盾，提出云南产业发展的对策建议，为云南省闯出一条跨越式发展道路提供研究成果，是我们的责任和使命。

2014 年，云南大学成立了由林文勋校长领导的“云南经济运行分析小组”，具体分析工作由工业经济研究中心和国民经济学研究中心承担，针对云南经济运行中的深层次问题，以云南产业发展为核心，每年完成两期云南经济运行分析报告，供省委省政府和相关部门决策参考。云南经济运行报告是集体智慧的结晶，是共同研讨的成果，在报告撰写过程中，杨先明教授、吕昭河教授给予了指导，省政府办公厅秘书八处给予了支持和帮助。本书是在 2014 年两期报告的基础上修改而成，主要研究了云南产业转型升级和云南产业发展能力。主要撰稿人员如下：梁双陆撰写了第 1、6、12 章并承担了全书的修改；蒋兴明确定了选题、研究框架和研究思路并对全书稿进行了审定；赵鑫铖撰写了第 2、10 章并承担了部分章节的修改；

李娅撰写了第5、7章；郭平撰写了第3章；刘萍萍撰写了第4章；马娜撰写了第8章；陈明明撰写了第9章；张梅撰写了第11章。在此，对各位的辛勤付出深表感谢。

梁双陆

2016年1月23日于东陆园

概　要

本书试图从产业转型升级和产业发展能力两方面揭示云南经济发展中面临的深层次问题，提出促进云南产业转型升级和提高产业发展能力的对策建议。

在“三期叠加”背景下，资源环境不堪重负，人口红利优势逐渐消失，过去那种拼资源、拼环境、拼投资的老路再也走不通了，除了积极探寻新的发展路径，别无他途。新旧转换间，发展动力从何而来？毫无疑问，只能从转型升级中来，从结构调整中来。唯有加快产业转型升级，走集约化、内涵式的发展道路，才能主动适应并引领新常态，充分释放发展内生动力，调动各种积极因素来对冲经济下行压力，实现有质量有效益的增长。

产业发展能力是指根据内部外部环境变化自发调整、升级以保持地区竞争优势的能力。云南在第一轮市场化改革中选择了市场竞争不充分的资源型工业，在节能减排和环境控制刚性政策下发展低能耗和环境友好型产业不够快，在国家扩大开放和创新型行动计划中的产业开放和产业创新也不够强。在云南省委省政府已确立的加快产业转型升级战略中，提升产业发展能力成为云南正确把握“认识新常态、适应新常态、引领新常态”的关键。

本书分为上下两篇，上篇“云南产业转型升级——发展失衡与改革深化的云南经济”共分5章，下篇“云南产业发展能力——云南经济发展新常态：创新·开放·环保”共分7章。各章节内容安排如下：

第1章论述了当前云南经济运行问题，并在此基础上指出了云南产业转型升级的方向。进入2014年以来的云南经济增长下滑，是云南经济结构失衡问题的集中体现，是长期增长内在动力不足在短期增长上的凸显。面对云南经济越来越大的增长下行压力和投资收益递减的加剧，依靠投资稳增长的空间越来越小。在目前全球经济和中国经济都处于传统产业增长能力不断减弱，需求结构转换催生新兴产业快速成长的产业变革背景下，面向市场需求加快扶持发展新兴产业是云南省产业转型升级的主要着力方向。

第2章分析了在经济新常态下投资促进经济增长的可行性。投资对经济增长的贡献和作用机制为学者和政策制定者所关注。金融危机以来，为保持云南经济与危机前相比增长速度不下降，云南的固定资产投资保持了年均25%以上的高增长，到2014年云南的资本形成率已高达91.1%。在如此高的资本形成率下，通过投资拉动经济增长的难度越来越大，因此，辨明云南经济是存在投资不足还是投资动态无效率，对云南经济未来发展至关重要。本章从总量和结构两个层面分析了云南的资本积累问题，研究结果表明：从总量的角度看，金融危机以来，云南经济已处于投资动态无效率状态；而从投资的行业结构看，云南经济在制造业、基础设施、科学技术及服务业的投资比重偏低，是需要重点加强的薄弱环节。

第3章研究了当前市场需求态势，为产业发展指明方向。对当前全球经济发展的新形势进行分析，发现“发达经济体”与“新兴经济体”之间出现“双循环”的趋势，因此要把握市场需求态势，一方面要关注全球市场最新需求动态，另一方面还要重点考虑新兴市场未来的发展潜力。本书还从社会需求变动和技术创新两个方面对未来具有较大市场潜力的产业进行筛选，发现医药产业、食品健康产业、新材料产业、节能环保产业、移动互联网产业具有良好的市场潜力，并表现出强劲的发展势头，不管是发达国家还是发展中国家，都在努力把握市场需求态势，占领未来经济增长的制高点，把握经济发展的主动权，进而率先走出衰退。云南应紧跟市场需求态势，明确产业升级的方向，依靠自身潜力，加大技术引入力度以及投资规模才能更好地完成当前云南亟待解决的转型升级任务。

第4章研究云南工业结构的可持续性。云南工业发展呈现出以资源型、原料型重化工业为主体的工业结构，但是，这种以重化工业为主导的工业发展模式是否是可持续的？尤其是目前云南的重化工业出现了大面积亏损的局面，不可持续发展的态势已现，这不得不引起我们的深思。因此，从剖析云南重化工业亏损的原因出发，采用杜邦分析法具体分析了云南铜业、罗平锌电、锡业股份、云铝股份、云维股份、云天化等上市公司的亏损原因，发现重化工业发展面临的风险是：能源消耗较大，增加了重化工业的生产成本；资源日趋短缺，原材料自给率低，对外依存度较高，增加了重化工业的经营风险；产品多集中在产业链的上游，受省外下游市场需求冲击大；生态环境影响突出，环境治理的隐性成本加大；重化工业吸收就业的能力较低，增加了解决就业问题的难度；对重化工业的过度投资孕育着金融风险；重化工业整体研发投入不足，导致高端产品以及高附加值产品较少，产品缺乏市场竞争力。针对以上问题，最后提出云南重化工业转型升级的建议：促进工业技术创新，实现工业发展的高端化；延伸重化工业的产业链条，实现工业发展的制造化、服务化；大力发展循环经济，实现工业发展的绿色化。

第5章提出了云南生物医药全产业链的“赶超计划”。全产业链模式实质上是一种集群模式，通过推进产业链、价值链的垂直整合、整体产业链引进，打破传统的“两头在外”产业发展模式。构建全产业链就是将微笑曲线中价值链上附加值高的环节都留在云南。本研究重点阐述四个方面：第一，从理论依据和国内经验两个方面，论证产业转型升级过程中构建“面向市场需求全产业链”的重要性；第二，生物医药全产业链建设的内在支撑条件；第三，云南生物医药全产业链构建的思路；第四，建设有云南特色的战略性新兴产业——把“云药”做成云南经济新标志；第五，提出创新驱动云南生物产业发展的“六化”思路：生物资源多样化、生物产业工业化、生物科技产业化、生物产品差异化、生物品牌高端化、生物服务国际化。

第6章在分析了新常态下的云南经济运行态势的基础上提出了调控建议。中国经济进入新常态背景下的云南经济运行也进入了新常态，与全国大趋势一致的同时，也反映出云南自身的一些特点和表现。把握住新科技革命与全球产业变革的趋势，正确把握“认识新常态、适应新常态、引领新常态”，主动转换经济范式，是提升云南产业发展能力，推进云南经济在新一轮经济增长中实现赶超的关键。

第7章在界定产业发展能力的基础上，进一步评价了云南产业发展能力，并提出了提高云南产业发展能力的建议。本章将产业发展能力界定为：“区域内的产业在发挥区域比较优势和保持可持续发展的前提下，通过持续的技术升级和创新推动传统产业发展，不断提升产业竞争力，创造高级生产要素并吸引区外要素的集聚，从而带动相关产业发展，实现产业结构向合理化和高度化发展的能力。”从主导产业群变迁、产业贡献、产业投资、经济效益四个方面对云南的产业转换能力、产业支撑能力、产业扩张能力、产业获利能力进行分析，结果表明：近十年来，云南产业发展能力在政府的强力推动下有了显著提高，但其发展能力整体是滞后的，突出表现为：产业转换能力十分滞后，产业支撑能力弱，产业扩张能力不足，产业获利能力低。云南未来产业发展和产业投资的方向既要化解部分传统产业产能过剩，也要通过发挥市场机制作用探索未来产业发展方向。进入新常态的云南一方面要积极主动适应新形势的变化，培育新的产业形态，发展新技术、生产新产品；另一方面要加快传统产业的转型升级，消化吸收过剩产能。将产业政策与投资需求和消费需求紧密结合来引导产业发展和产业投资。从带动制造业长期发展的角度而言，“交通基础设施互联互通网”应成为当前我省的重点投资领域和消化过剩产能的重要抓手，加强重大交通基础设施的互联互通，加快形成快速便捷、功能完善、互联互通的立体交通网络和现代物流体系。论证了云南发展“交通基础设施互联互通网”的必要性和重要性。

第 8 章从节能减排方面来分析和评估云南产业发展能力。根据国家政策变化调整产业结构、积极适应国家产业导向是一个地区具有产业发展能力的重要体现。节能降耗已经成为云南经济发展过程中的硬约束，云南工业行业中能耗较高的产业多，占比大。国家实施节能降耗刚性约束政策后，云南省能耗高的产业扩张受到一定程度的限制，能耗低的产业增长速度加快，但总体上还没有走出依赖高能耗产业的格局。继续深入推进企业的节能降耗，促进高能耗产业结构调整，加快技术创新，大力发展第三产业和新能源产业，是云南应对节能降耗刚性约束提升产业发展能力的重要举措。

第 9 章从云南产业对环境影响控制层面分析云南产业发展能力。国家实施严格的环境影响控制政策以来，云南省的工业行业中高“三废”排放行业的产值增长率仍然保持着比低“三废”排放行业高 2 个百分点的年均增长速度，产业比重还进一步提高了 1.44 个百分点，但高排放行业的经济效益明显低于低排放行业，反映出云南适应国家政策调整而转换产业的能力较弱。随着国家对环境影响控制的进一步增强，高排放行业的发展空间进一步受限，支撑云南经济平稳运行的能力也将进一步减弱。因此，加快高排放行业的转型升级，加快低排放行业的发展步伐，大力发展新产业，严格控制高排放行业的发展，是提升云南产业发展能力的重要内容。

第 10 章着重考察云南产业开放发展的能力。产业开放能力是指产业利用外部资源实现产业转型、升级以保持和提升产业竞争优势的能力，既是产业发展能力建设的重要内容，也是实现产业转型升级、建设开放型经济的重要内容。就目前来看，云南的产业开放能力还比较弱：云南利用外资的水平刚刚达到全国平均水平，但在利用外资的结构上还存在比较突出的问题；云南对外直接投资虽然有较大幅度的增长，但依然存在投资高度集中于资源开发业和初级加工制造业的问题；云南省对外贸易存在的主要问题是规模小、结构单一；对内开放存在的突出问题是省际贸易逆差不断扩大，抵消了消费、投资等对经济增长的贡献，说明云南产业竞争力减弱；国际旅游方面反映出云南单纯依赖旅游资源吸引外来游客的发展模式正面临严峻考验；直接融资方面存在的问题是以有色金属冶金、林业、旅游景点、中药等资源型行业为主，利用资本市场发展云南产业的能力有待提升。最后，本章从实际利用外资、对外直接投资、对外贸易（国际贸易和省际贸易）、国际旅游、资本市场融资等层面提出了加快云南产业发展能力建设的建议。

第 11 章着重考察云南产业创新发展的能力。通过新产品产值率、研发经费投入强度、新产品销售收入占主营业务收入的比重、R&D 项目数、有效发明专利数等指标分析云南省 36 个工业行业的产业创新能力，结果显示，云南省工业行业中新产品产值率高于全国平均水平的只有 9 个，比重较小；接近全国平均水平的有 8 个，是目前云南省产业创新能够较快突破的关键和重点；低于全国平均水平的行业有 19 个，占比较大，这些行业的研发经费投入强度、新产品销售收入占主营业务收入的比重普遍低于全国平均水平，说明云南省科技效率较低的行业还比较多。云南产业创新存在的主要问题是企业自主创新能力弱，创新投入不足，企业研究机构少，拥有自主知识产权的产品少等问题，建议通过加大力度实施创新型云南行动计划，推动创新能力强的产业发挥示范带动作用，加强重点产业技术创新体系建设，努力营造创新环境与氛围等措施来加快提升云南产业创新发展能力。

第 12 章以滇中产业聚集区为例，提出了提升云南产业发展能力的思路及建议。滇中产业聚集区是云南省委、省政府针对云南省产业弱、产业发展能力不足这个导致云南经济发展滞后的根本问题，重点打造的具有带动和示范效应的产业聚集区。滇中产业聚集区位于昆明市东西两侧，是滇中城市经济圈重要的产业承载区域。滇中产业聚集区发展规划于2014年5月28日获国家发展和改革委员等5部委联合批复，这使滇中产业聚集区发展步入快车道。滇中产业聚集区正在着力打造滇中城市经济圈一体化发展的产业发展和改革创新平台。我们认为，云南产业发展能力是指云南产业根据外部环境变化自发调整、转型、升级以保持和提升产业竞争优势的能力。很多地区很多产业受制于传统体制机制约束或陷入路径依赖，不能适应内部外部环境变化改造提升传统产业和培育新产业的形势。而滇中产业聚集区着力实现这种突破。虽然目前将滇中产业聚集区说成一种“模式”还缺乏时间验证，但滇中产业聚集区是云南省积极适应国内外经济形势和环境变化，深化体制改革机制创新，引领产业转型升级，是提升产业发展能力的积极探索与实践。

目　录

上篇　云南产业转型升级

——发展失衡与改革深化的云南经济

下篇 云南产业发展能力

——云南经济发展新常态：创新·开放·环保

上篇

云南产业转型升级

——发展失衡与改革深化的云南经济

上篇精要

新科技革命与全球产业变革正在加速传统产业的“蜕变”，催生新兴产业，对传统经济发展模式形成强烈冲击。云南经济长期以来在国家的产业分工布局和自身优势产业选择的演化过程中，形成了产业链上游和下游主要在省外的主导产业群，资源型产业在国民经济中占主体地位，2008年以来的危机应对举措强化了这种产业结构。这样的结构使云南经济面临着双重风险：一是国外垄断资源定价权，提高资源价格，从上游推高云南工业的生产成本；二是省外对云南重工业产品的需求下降，从下游降低云南工业的盈利空间。云南产业转型升级势在必行。

2001年以来，云南经济进入历史上最长的增长周期运行，整个周期长达13年，年均经济增长10.9%。其中，上行期5年，繁荣期持续了6年，下行期2年。云南经济总量跃上了万亿元大关，2013年全省人均生产总值达到4 043美元，顺利跨入中等收入发展阶段。

同时，云南经济运行中的深层次问题也开始显现，初步形成了投资收益递减和投资动态无效率的格局。投资收益递减表现为单位资本形成的GDP从2007年的2.31迅速下降到2013年的1.14，单位固定资产投资可支撑的地区生产总值从2001年的2.91持续下降到2013年的1.22。投资动态无效率表现为资本净收益与GDP之比从2008年的 -2.9%扩大到2013年的 -32.3%，处于动态效率逐渐恶化状态。云南省的投资收益递减和投资动态无效率，源于市场需求结构发生了转换，省内主要向省外供给金属冶炼及合金、金属压延加工产品、卷烟、电力等产品，这些产品需求增长慢；省内主要从省外购进汽车制造、石油、锅炉及原动机制造、通信设备、计算机及其他电子设备制造、电气机械及器材制造、金属矿采选等产品，这些产品的需求增长快。供需偏差越来越大。

云南工业结构的不可持续性增强。受世界《烟草控制框架公约》和人们健康意识的增强，烟草工业增长空间狭小；作为基础工业的冶金、化工、电力等产业在省内的产业链短，外部约束强；食品制造、饮料制造、家具制造、服装制造等非烟类轻工业满足不了云南人民生活改善的要求；装备制造业不适应云南经济发展的需要；生物产业链条短，加工增值环节薄弱，生物多样性优势和科研实力没有转化为生产力。

本书认为，要加快推进云南产业转型升级，需要着力解决铁路、公路、水利等基础设施薄弱环节；加快推进重点领域改革，催生新兴产业，促进中小企业成长；制订和实施民营企业振兴行动计划，增强云南经济活力。与此同时，突破习惯于依靠资源发展产业的“路径依赖”和思维定势，构建“面向市场需求的全产业链”发展模式，将产业价值链上附加值高的环节都留在云南，彻底改变云南经济易受外部冲击、货物与服务净出口抵消投资贡献的局面。

因此，云南产业转型升级的建议是：

增加技术投入，提高技术进步率，进而提高资本的边际产出水平，增大最优资本存量，改善投资的动态效率；优化投资结构，提高制造业投资，增加基础设施投资，改善实体经济的资本配置，有效遏制投资收益递减趋势。

加快调整工业结构。继续巩固云南具有技术优势的传统工业；促进工业技术创新和商业模式创新，实现工业价值链高端化发展；延伸重化工业产业链，实现工业发展制造化、装备化和服务化；大力发展循环经济，实现云南工业绿色化发展。

从生物资源多样化、生物产业工业化、生物科技产业化、生物产品差异化、生物品牌高端化、生物服务国际化入手，实施“生物产业赶超计划”，打造生物产业全产业链。通过产业链与价值链垂直整合、整体引进、产业链延伸和补齐价值链缺失环节等举措，重点构建云南生物医药全产业链、生物育种全产业链、生物化工全产业链。

在生物产业赶超计划基础上，以高原特色农业为重点，以有机食品为导向，不断延伸云南第一产业的产业链，不断深化同旅游业的融合与旅游商品开发，在补充价值链环节中向二、三产业延伸，壮大农副产品加工业、食品制造业、饮料制造业，促进生物农药、农业科技服务等新兴产业的快速成长。

做好主动迎接服务业驱动经济发展新阶段的前瞻性准备，以沿边开发开放为契机，提高向周边国家输出信息技术、商务咨询、金融保险服务的能力；按国际旅游标准提升旅游业，开拓旅游新业态，推进旅游业提质增效；发展科技服务业，打造面向“两亚”的服务外包基地；在深化改革中催生健康服务业，打造“大健康”产业集群；进一步挖掘释放全省区位通道建设效应，加快电子信息业对交通运输业的渗透，壮大现代物流业。

第1章　当前云南经济运行问题及产业转型升级的方向

进入2014年以来的云南经济增长下滑，是云南经济结构失衡问题的集中体现，是长期增长内在动力不足在短期增长上的凸显。面对云南经济越来越大的增长下行压力和投资收益递减的加剧，依靠投资稳增长的空间越来越小。在目前全球经济和中国经济都处于传统产业增长能力不断减弱，需求结构转换催生新兴产业快速成长的产业变革背景下，面向市场需求加快扶持发展新兴产业是云南省产业转型升级的主要着力方向。

1.1　云南经济运行下行趋势已成

云南经济经过长达13年的运行，进入到这一轮增长周期的调整期①，工业增长连续回落，克强指数持续下降，反映出云南经济运行下行趋势已经形成，企业亏损面扩大，投资收益递减加剧，依靠投资稳增长的难度越来越大。

1.1.1　工业经济拉动云南经济增长周期进入调整期

目前云南经济运行在增长周期中第五个周期的调整期，按照“谷—谷”周期划分法，这轮周期从2001年的谷底开始上行，而全国则是从1999年的谷底

---

① 在经典理论中的经济周期通常指古典周期，古典周期一般被划分为复苏期、繁荣期、衰退期和萧条期四个阶段，我国在改革开放以前的经济周期属于古典周期，改革开放以来的经济周期属于增长周期，由于在衰退期和萧条期往往具有较高的经济增长率，运用“复苏”、“衰退”、“萧条”等词汇不适合表达增长周期，所以我们将增长周期的四个阶段分别定义为上行期、繁荣期、下行期、调整期。

开始上行，这一轮周期最显著的特点是宏观调控延长了上行期和繁荣期，使整个周期已经延续了 13 年，全国是 15 年，改变了过去云南经济周期短，波动频繁的特点。这一轮经济周期的峰值在全国是 2007 年，云南是 2011 年，2007 年中国经济增长高达 14.2%，仅次于 1984 年我国改革开放以来经济增长的最高速度，云南经济却在全国 2007 年开始下行后继续保持繁荣，直到 2011 年才达到这一轮周期的最高值（见图 1－1）。

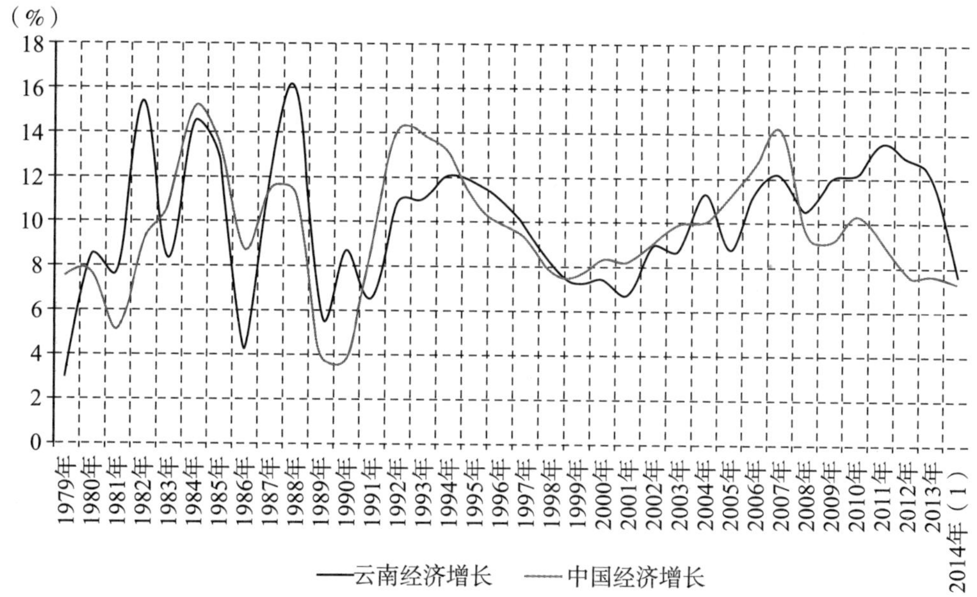

图 1－1　云南经济增长周期与全国对比

资料来源：《中国统计年鉴》、《云南统计年鉴》、云南统计局网站的“进度数据”栏、国家统计局的“国家数据”栏。

运用中位线周期划分方法①，云南省的这一轮经济周期经历了一个较长的上行期、繁荣期，而调整期则相对较短（见图 1－2）。上行期从 2001 年起步到 2005 年，经历了 2002 年 9.0%、2003 年 8.8%、2004 年 11.3% 和 2005 年 8.9% 的增长；之后云南经济进入繁荣期运行，繁荣期经历了 2006 年 11.6%、2007 年 12.2%、2008 年 10.6%、2009 年 12.1%、2010 年 12.3% 和 2011 年 13.7% 的

① 方法说明参见梁双陆著：《中国西部经济周期研究》，中国社会科学出版社 2004 年版，第 44 页。

高速增长；2011 年后云南经济进入下行期运行，经历了 2012 年 13% 和 2013 年 12.1% 的高速增长之后，继续下滑，正在进入调整期。

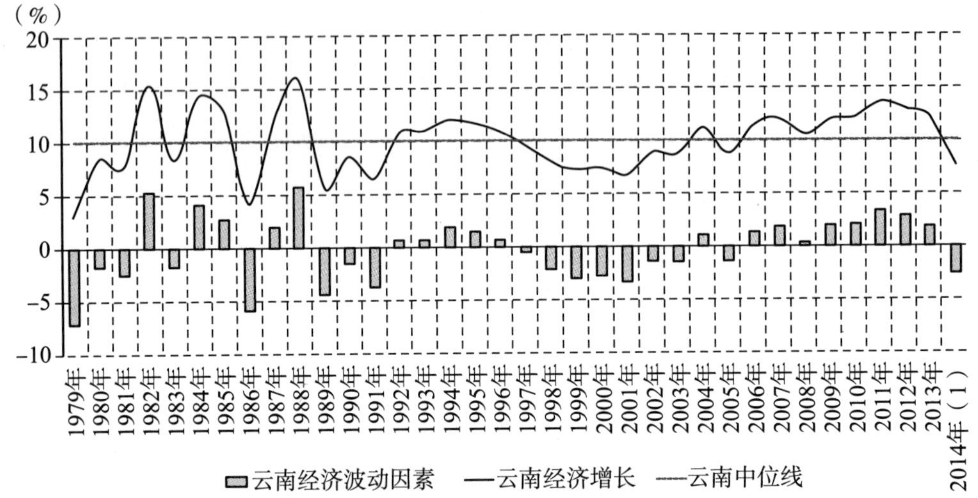

图 1-2　云南经济周期运行态势

资料来源：《云南统计年鉴》、云南统计局网站的“进度数据”栏。

云南省第一产业和第三产业增长都表现为在 20 世纪 90 年代中期以前波动较大，20 世纪 90 年代中期以后增长波动较小，呈现出显著的微波化运行特点，没有体现出明显的可划分的周期形态（见图 1-3）。云南省第一产业增长和第三产业增长的微波化运行，有效降低了工业和建筑业的大幅度波动，促进了云南经济运行的平稳性。

第二产业增长波动是引起云南经济增长波动的主要原因。云南第二产业波动比云南整体经济增长波动大、波动频繁。1978 年以来，云南第二产业具有明显周期形态的就有 7 个周期，通过中位线法可划分为 6 个周期，其中，2001 年以来的 13 年可划分为两个周期，比云南经济增长多了一个周期，其中，2001～2003 年为上行期，之后只有 1 年即 2004 年处于繁荣期，2005 年即进入调整期，同时也是新一轮增长周期的上行期，2006～2011 年都处于繁荣期，虽然 2008 年受金融危机影响而出现下滑，但增长速度仍然比较高，仍可判断为处于繁荣期。2011 年之后进入下行期，经过 2012 年和 2013 年两年的下行期，2014 年一季度进入调整期（见图 1-4）。由于第一产业和第三产业增长的相对稳定性，第二产业的下行和调整是云南整体经济于 2014 年进入调整期的主因。

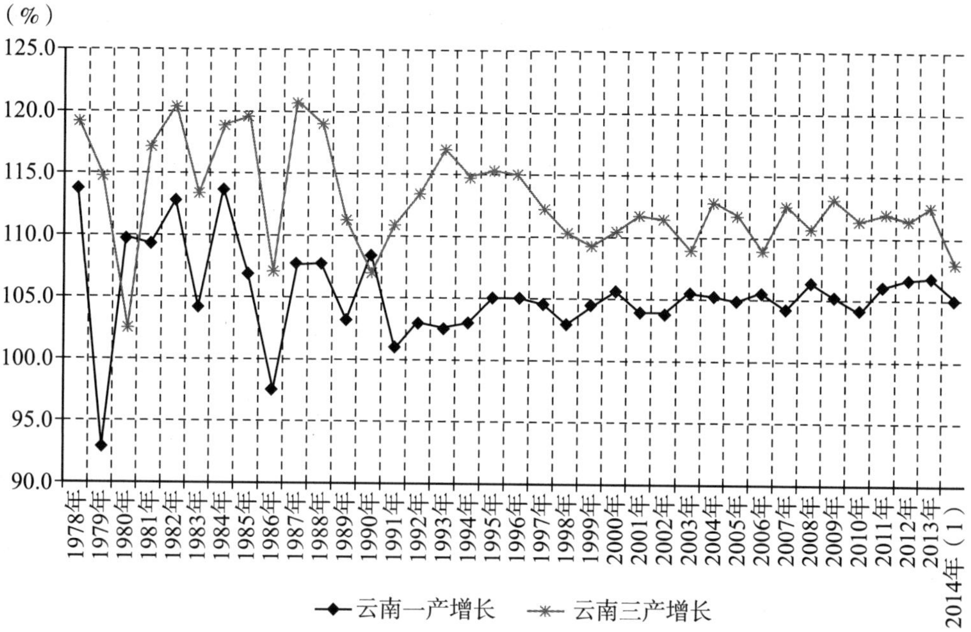

图 1－3　云南省第一产业和第二产业增长态势

资料来源：《云南统计年鉴》、云南统计局网站的“进度数据”栏。

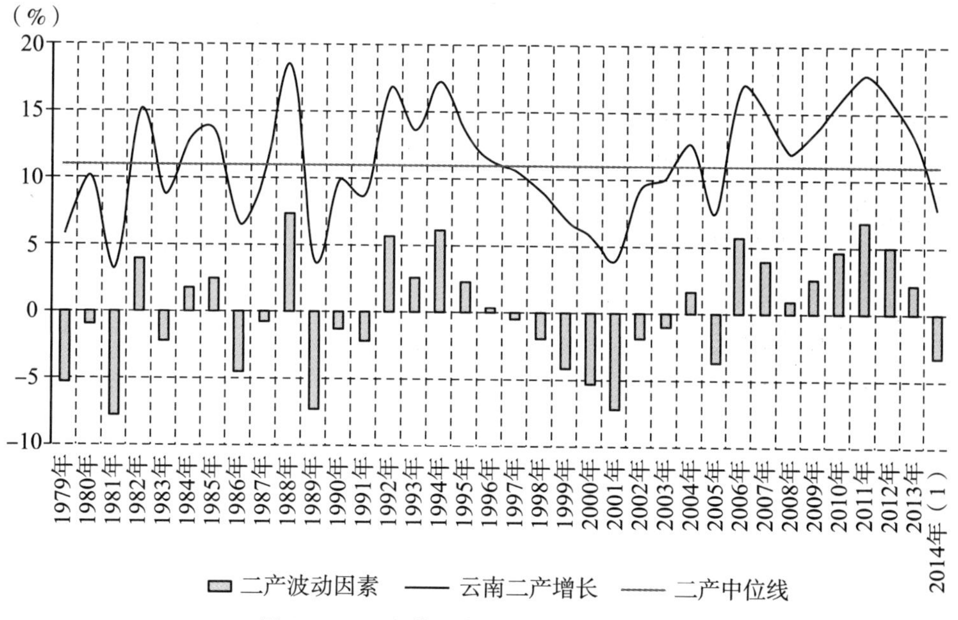

图 1－4　云南第二产业增长周期波动态势

资料来源：《云南统计年鉴》、云南统计局网站的“进度数据”栏。

工业是第二产业的主体，也是影响第二产业增长周期波动和云南经济周期波动的主要动力。云南工业经济增长周期的波动幅度和频率都要高于云南经济增长周期，2001 年以来的这一轮云南经济周期中，工业经济增长经历了 3 次明显的周期波动，通过中位线法，可明确划分为两个周期，与第二产业增长周期一致，虽然 2008 年和 2009 年在周期划分中仍然可作为繁荣期，但形成了明显的下行，2009 年工业增长率为 11.2%，略低于中位线（见图 1－5）。众所周知，2007 年的金融危机使中国经济面临严重冲击，在国家“强刺激”调控措施作用下，通过大规模的基础设施建设带动，阻止了工业经济增长下行会造成的整体经济下行，保证了 2009 年工业经济增长下行情况下云南第二产业和云南整体经济增长都处于中位线以上，保持了云南经济在这一轮经济周期中长达 6 年的繁荣期，为云南经济“调结构、转方式”营造了良好的增长空间，降低了“调结构、转方式”给云南经济造成太大冲击的风险，确保了云南经济不会进入萧条状态。

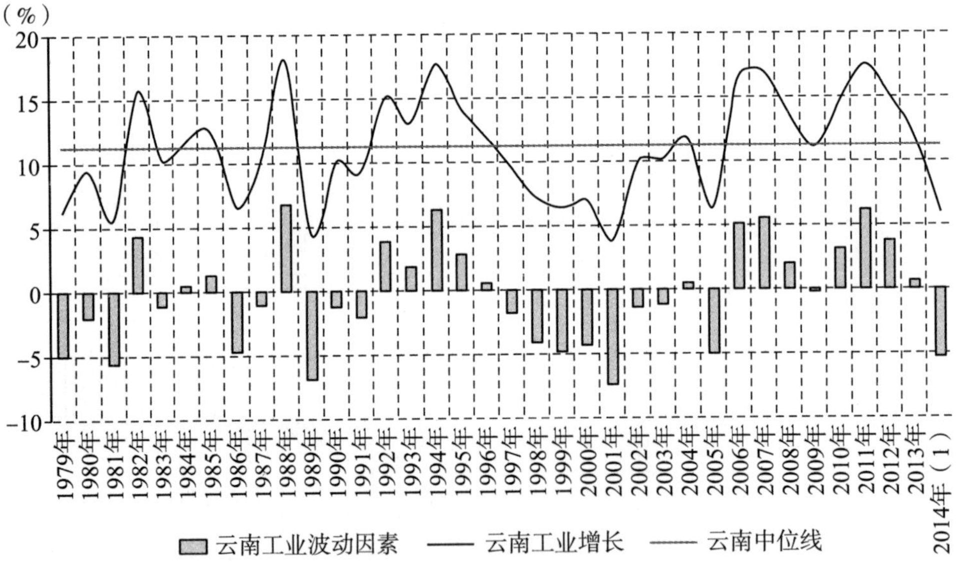

图 1－5　云南工业增长周期运行态势

资料来源：《云南统计年鉴》、云南统计局网站的“进度数据”栏。

宏观调控是在国民经济进入下行通道或面临较大的外部冲击时，更好地发挥政府作用的表现。调控所带来的增长并不能完全阻止市场的衰退和萧条，也难以

“熨平”商业周期波动，国民经济下行时经济结构或外部冲击的程度，决定了不同的调控力度和调控方式会产生不同的经济效果。当 2007 年美国爆发次贷危机时，会演变到什么程度的经济危机？以及对中国会造成怎样的影响？这样的问题并不清晰。虽然现在对当初“四万亿”强刺激调控的批评不少，但 2008 年之后世界经济和美国经济负增长即进入衰退和萧条的情况下，中国经济却保持了中高速增长，中国经济总量持续增加和城乡居民收入水平持续增长是显而易见的。当然，强刺激所带来的负面影响，中国经济存在的结构性失衡以及隐性存在的制度性痼疾显性化，也需要在强刺激措施后通过改革的深化来进一步完善、调整和消化。

综上所述，云南经济在这一轮增长周期中经过长达 13 年的运行，经历了 2004 ~ 2011 年长达 7 年的繁荣期，已经于 2011 年达到峰值后，经历了 2012 年和 2013 年的下行期，于 2014 年进入调整期，2014 年 1 ~ 2 月规模以上工业增加值比上年同期增长 6%，1 ~ 3 月增长 6.5%，1 ~ 4 月增长 6.8%，1 ~ 5 月增长 7.4%，都处于中位线以下。工业在云南经济中占有重要地位，在农业和服务业发展较为平稳的态势下，工业经济增长周期波动对云南经济周期波动具有重要影响，由于工业经济增长已经于 2011 年进入下行期，并于 2014 年一季度进入调整期，拉动云南经济增长周期进入调整期。

1.1.2　行业企业亏损问题严峻

经济周期中的萧条是指规模广且持续时间长的衰退，其明显特征是需求严重不足，生产相对严重过剩，销售量下降，价格低落，企业盈利水平极低，生产萎缩，出现大量破产倒闭，失业率增大。虽然增长周期中的调整期没有古典周期中的萧条期那么严峻的经济形势，但仍然具有生产过剩、企亏损、就业困难等一般特征。

在云南工业经济结构中，2009 年以来的这一轮工业经济增长速度主要依靠化学原料及化学制品制造业、非金属矿物制品业、电力热力的生产和供应业、黑色金属冶炼及压延加工业、有色金属冶炼及压延加工业、石油加工炼焦及核燃料加工业等重化工业的拉动。但 2013 年以来，受房地产、基础建设等领域消费需求疲软的影响，主营业务收入增长减缓，而原料、电力等生产成本上升快于主营业务收入的增长，导致重化工业进入较为严重的亏损局面（见表 1 - 1）。

表1－1　2013年云南省部分重化工业上市公司销售净利率和净利润情况

名称	云南铜业	云南锡业	云铝股份	罗平锌电	云维股份	云南盐化	云天化	云煤能源
销售净利率	－2.83%	－6.10%	－0.74%	－5.89%	0.01%	－0.14%	0.87%	0.83%
净利润（亿元）	－14.20	－13.37	－1.10	－0.50	0.01	－0.03	4.88	0.54

进入2014年，云南工业经济效益下滑问题十分严峻。1～2月，全省规模以上工业企业实现主营业务收入同比增长3.4%，增幅比2013年同期回落19.6个百分点；实现利税总额同比下降2.9%，增幅比2013年同期回落21个百分点；实现利润同比下降8.4%，增幅比2013年同期回落46.2个百分点；全省规模以上工业企业亏损面为40.2%，亏损面比2013年同期扩大4.0个百分点；亏损企业亏损额同比增长22.7%，增幅比2013年同期扩大25.3个百分点。1～2月，全省规模以上工业企业亏损户数为1 423，亏损面达40.2%，亏损面较2013年同期扩大4个百分点，较2013年年底扩大12.2个百分点，亏损面为近年来最高点。煤炭、黑色、有色、化工、非金属矿等传统支柱性行业亏损面远超全省平均水平。其中：煤炭亏损面为42.0%，超全省平均水平1.8个百分点；黑色亏损面为56.2%，超全省平均水平16个百分点；有色亏损面为52.6%，超全省平均水平12.4个百分点；化学亏损面为47.7%，超全省平均水平7.5个百分点；非金属矿亏损面为48.9%，超全省平均水平8.7个百分点。

2014年1～3月，规模以上工业企业主营业务收入同比增长4.3%，增幅比2013年同期回落16.9个百分点；实现利税总额同比增长0.1%，增幅比2013年同期回落12.8个百分点；实现利润同比下降3.3%，增幅比2013年同期回落26.6个百分点；全省规模以上工业亏损面38.91%，比2013年同期扩大0.8个百分点；亏损企业亏损额同比增长24.4%，增幅比2013年同期扩大27个百分点。

2014年1～4月，全省规模以上工业企业主营业务收入同比增长6.3%，增幅比2013年同期回落13.5个百分点；利税总额同比增长1.6%，增幅比2013年同期回落9.7个百分点；实现利润同比下降3.6%，增幅比2013年同期回落26.6个百分点。虽然1～5月规模以上工业企业主营业务收入和利税总额增速比一季度分别提高2.0个、1.5个百分点，但企业效益下滑总体态势没有改变。

1.1.3　克强指数持续下降

克强指数运用工业用电量新增、铁路货运量新增和银行中长期贷款新增三个指标的结合，能够较好地反映经济运行状况。由于云南省铁路不发达，货物运输以公路为主，本章采用规模以上工业耗电量增长率、铁路货运量增长率和公路货运量增长率、年末全省金融机构人民币各项贷款余额增长率来反映 2009 年以来（即云南经济在这一轮增长周期中由繁荣期转为下行期）的云南经济运行特点。

2009 年以来，无论是用公路货运量增长率测算的克强指数，还是用铁路货运量增长率测算的克强指数，都可以看出云南省的克强指数呈现明显的下降态势（见图 1－6），反映出云南经济运行下行特征显著，而在经济增长周期中，这个阶段处于繁荣到调整的转换时期。

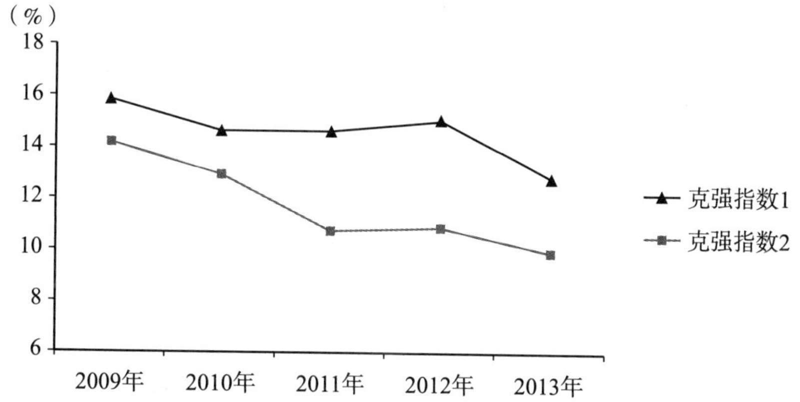

图 1－6　2009 年以来云南经济运行中的克强指数

资料来源：根据 2009～2013 年各年统计公报数据测算。

从克强指数构成指标的工业耗电量看，云南省规模以上工业耗电量增长率从 2009 年的 8% 逐年提高到 2012 年的 14.6%，2013 年下降为 11.5%（见表1－2）。2009 年以来云南省的化学原料及化学制品制造业、非金属矿物制品业、电力热力的生产和供应业、黑色金属冶炼及压延加工业、有色金属冶炼及压延加工业和石油加工炼焦及核燃料加工业等六大耗能工业的增长与云南省规模以上工业耗电量增长率并不一致，如2012年规模以上工业耗电量增长率达到14.6%，但六大耗能工业增长率只有12%，而2013年规模以上工业耗电量增长率下降到11.5%，但六大耗能工业增长率却达到15.9%（见表1－3），反映出云南省工业结构调整和六大行业的能源水平得到切实下降。

表1－2　　2009～2013年云南省的克强指数　　单位：%

年份	规模以上工业耗电量增长率	各项贷款余额增长率	公路货运量增长率	铁路货运量增长率
2009	8.00	33.1	4.2	-2.6
2010	11.04	20.4	12.0	5.4
2011	11.87	14.6	18.7	3.5
2012	14.62	14.3	16.7	0
2013	11.49	14.0	13.0	1.6

资料来源：2009～2013年各年统计公报。

表1－3　　2009年以来云南工业增长格局　　单位：%

年份	规模以上工业增长率	六大行业增长率	工业增长率
2009	11.2	9.2	11.2
2010	15	16.8	14.6
2011	18	17.2	17.6
2012	15.6	12	15.1
2013	12.3	15.9	12

资料来源：根据2009～2013年各年统计公报数据测算。

从克强指数构成中的货运量看，由于云南省铁路不发达，铁路营运里程短，货物运输以公路为主，主要以公路货运量增长率反映，公路货运量增长率在2009年后逐年提高，于2011年达到峰值18.7%，之后两年逐步下降，2013年下降到13%。公路货运量增长率充分反映了云南经济运行于2011年开始进入下行通道的态势。

从克强指数构成中的贷款余额增长率看，云南省全省各项贷款余额增长率从2009年高达33.1%的增长率之后一直下降，2013年下降为14%的增长率。反映出云南经济虽然高位运行，但市场对云南经济缺乏信心的程度在不断强化。

综合以上克强指数和各构成指标增长率分析可以看出，自2009年以来，云南经济一直在下行通道运行，从繁荣期到下行期再进入到调整期，2011 年以来，生产动力不断下降，市场信心在不断减弱，市场需求不断缩小。

1.1.4　投资收益递减持续加剧

云南经济增长依赖投资拉动的特征越来越强。在云南省国民经济核算的支出结构中，由于云南省的货物与服务净出口长期处于负值且越来越大，而消费需求呈现稳定增长态势，要保持地区生产总值较高速度的增长，只能依靠投资。由于货物和服务净出口对地区生产总值增长的负拉动越来越强，保持单位 GDP 所需的投资规模越来越大，即投资收益递减持续加剧。

云南省的最终消费率总体呈缓慢下降趋势（见图 1－7 中的 A 图），2007 年以来基本保持在 60% 左右，但资本形成率却从 2007 年的 44.3% 迅速提高到 2013 年的 87.3%[①]。从 1979～2007 年，云南资本形成对经济增长的贡献率平均为 27.9%，消费贡献率平均为 85.5%；从 2008～2012 年，投资贡献率平均为 196.1%，消费贡献率平均为 89.7%。2007 年以来云南省资本形成率的快速提高和资本贡献率的大幅度提升（见图 1－7 中的 B 图），反映出云南经济增长依赖投资拉动已经到了很严重的程度。

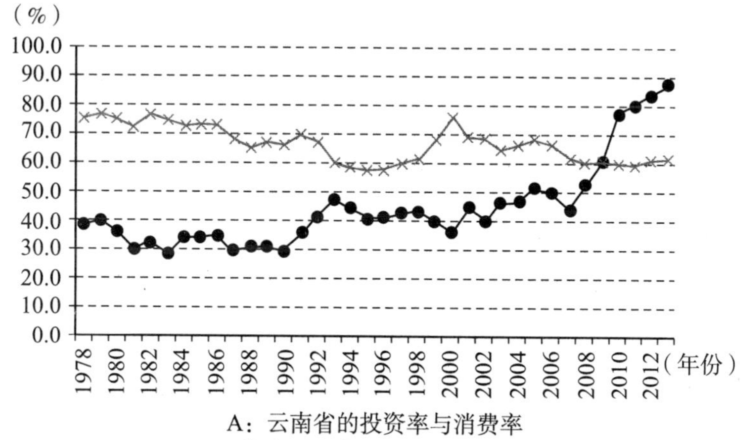

A：云南省的投资率与消费率

① 2013 年数据为笔者测算的趋势预测值，2007～2012 年为云南统计年鉴公布的资本形成率。

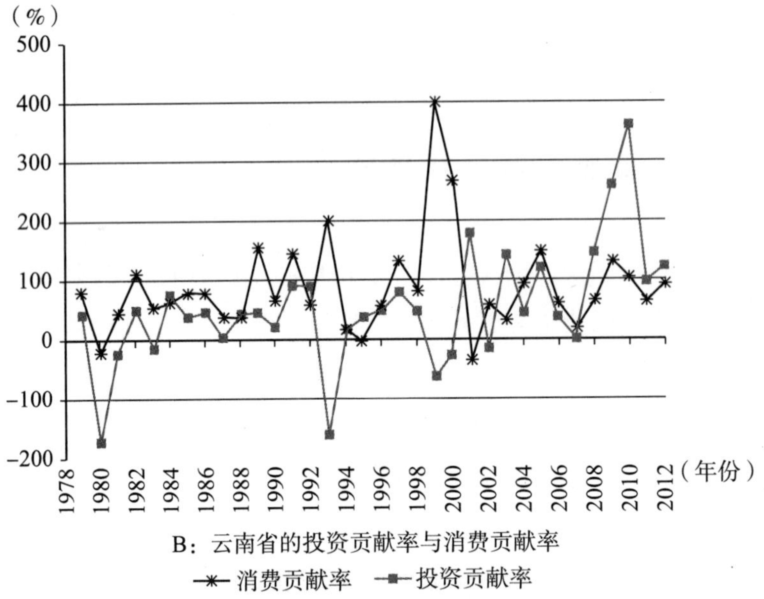

图1－7　云南省的消费率与投资率和消费贡献率与投资贡献率

资料来源：历年《云南统计年鉴》，2013 年统计公报。

在最终消费率变化不大的情况下，资本形成率快速提高，资本贡献率大幅提升，是源于云南省的货物和服务净出口负值越来越大，在支出法核算中，货物和服务净出口负值对 GDP 增长是负贡献。在云南省地区生产总值的支出法结构中，货物和服务净出口从 1997 年以来一直为负值且不断扩大（见图 1－8 中的 A 图），而 2007 年以来急剧扩大，从－296.05 亿元迅速扩大到 2012 年的－4 577.55亿元和 2013 年的－5 813.57亿元，云南省的货物和服务净出口呈负值且急剧扩大，说明云南省销往省内和国外的商品总额与从省外和国外购进的商品总额差额急剧扩大，是整体上云南产品的竞争力相对下降的结果，是云南产业结构失衡在支出结构上的集中体现。在云南省的最终消费增长较为稳定，基本与生产总值同步（见图1－8中的 B 图）的情况下，就需要不断扩大投资来弥补货物和服务净出口对经济增长的负贡献，2013 年 10 279 亿元的资本形成总额被货物和服务净出口抵消 5 813 亿元，只有 4 465 亿元的投资拉动了经济增长。

这样的支出结构变化态势反映出云南省的投资收益递减持续加剧的问题。以单位资本形成的 GDP 和单位最终消费的 GDP 进行对比，可以看出云南省单位最

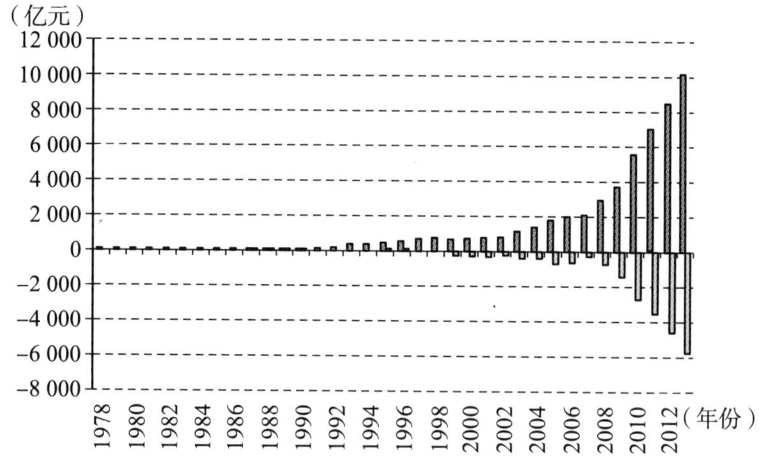

A：云南省的资本形成总额与货物和服务净出口额

■资本形成总额　□净出口

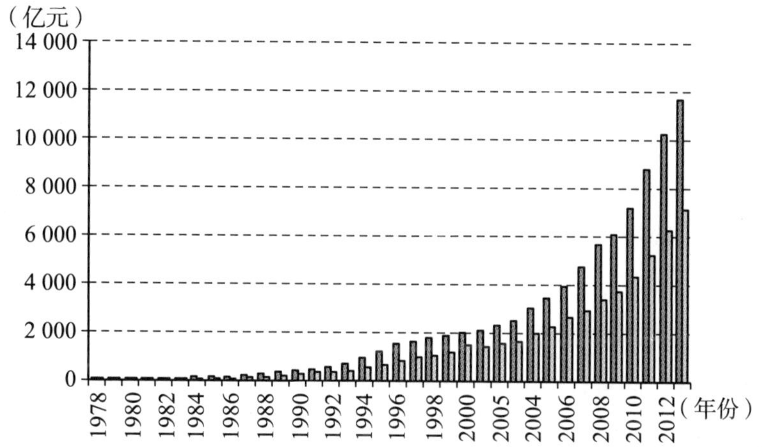

B：云南省生产总值与最终消费

■生产总值　□最终消费

图 1－8　云南省的支出法生产总值

资料来源：历年《云南统计年鉴》，2013 年统计公报。

终消费的 GDP 在 1.5 上下波动，总体上较为稳定，但云南省的投资收益递减下降特征非常显著（见图 1－9），云南省单位资本形成的 GDP 在 1978～1991 年期间处于 2.5～3.5 波动，在 1992～2007 年期间处于 2～2.5 波动，但 2008 年以来在 2 以下且持续下降，到 2013 年下降到只有 1.14。

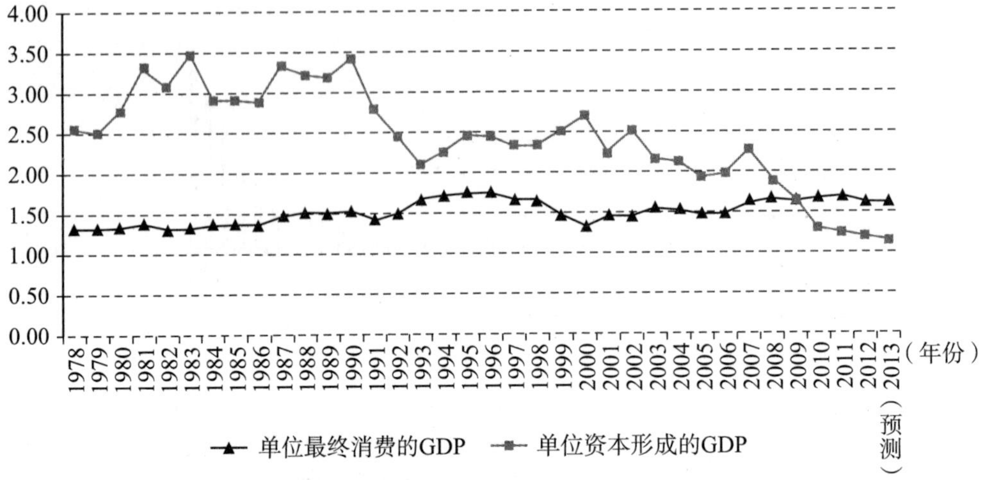

图1-9　云南省单位资本形成和单位最终消费的生产总值

资料来源：历年《云南统计年鉴》，2013年统计公报。

虽然进入2014年后投资增长回落幅度较大，但增速并不是特别低（见图1-10），1~2月全省固定资产投资（不含农户）同比增长23.6%，1~3月增长17.9%，1~4月增长12.3%，1~5月增长15.1%，虽然呈下降态势，但仍然保持着两位数的增长，这样的固定资产投资增速如果在20世纪80年代能支撑4倍左右的生产总值（见图1-11），若按照1987年的投资收益，2014年一季度完成的1 779.77亿元的全省固定资产投资（不含农户）可支撑7 495亿元左右的地区生产总值，而不仅仅只有实际的2 450亿元；在20世纪90年代能够支撑3倍左右的生产总值，若按1996年的投资收益，2014年一季度的固定资产投资也可支撑6 029亿元左右的地区生产总值；在刚进入21世纪的头几年还能支撑2倍左右的生产总值，若按2003年的投资收益，2014年一季度的固定资产投资也可以支撑4 454亿元左右的地区生产总值；但现在只能支撑1.3倍左右的生产总值，2014年一季度实际只支撑了2 450亿元左右的地区生产总值。可以看出云南投资收益递减不断加剧的严峻态势。

在投资收益递减的格局下，要保持足够的经济增长，需要保持递增的投资规模。如果云南省货物和服务净出口负值扩大的趋势得不到根本性扭转，云南经济结构失衡的问题得不到改善，按照这种投资收益递减趋势，云南经济稳增长所需

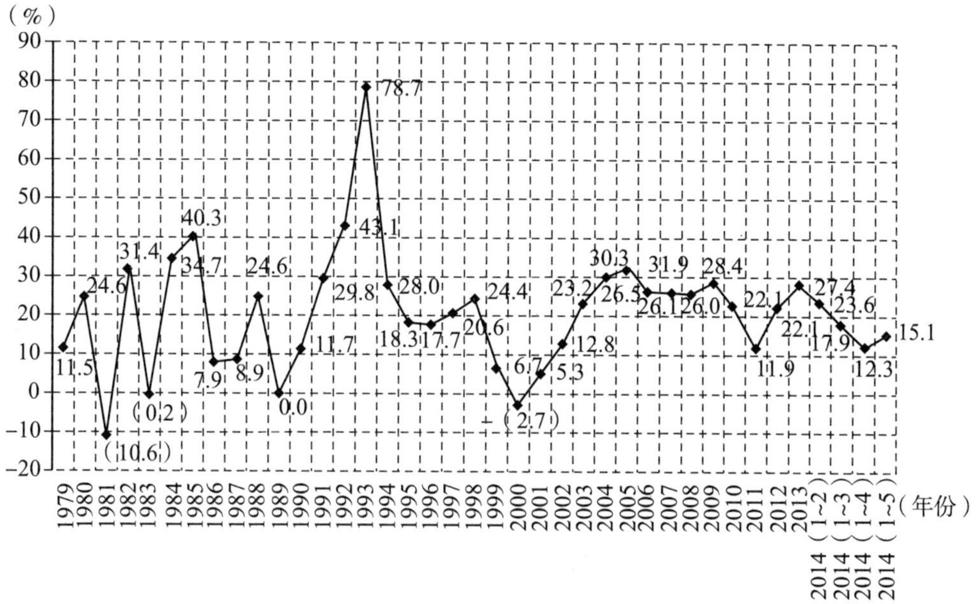

图 1-10　云南省 1979 年以来及 2014 年各月累计固定资产投资增长率

资料来源：《云南统计年鉴》2011 年、2012 年、2013 年统计公报。

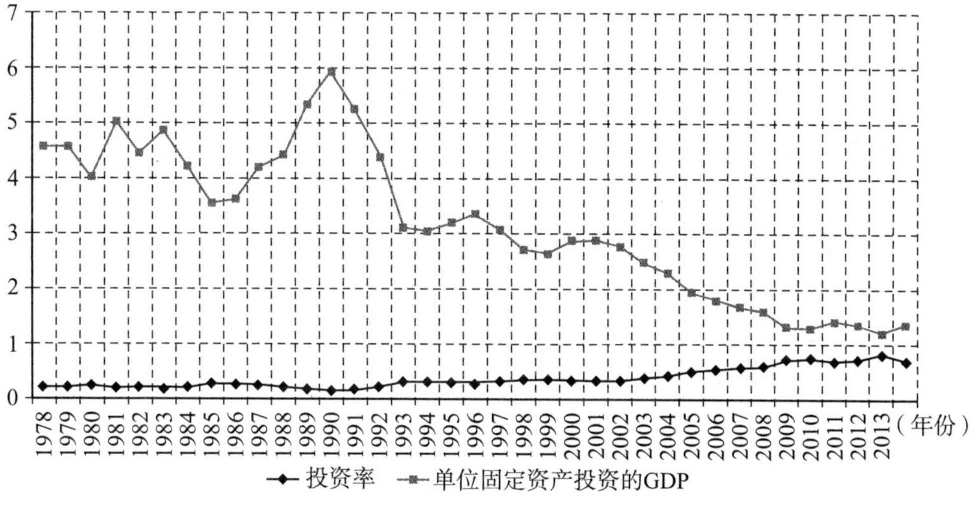

图 1-11　云南省投资率和单位固定资产投资的生产总值

资料来源：《云南统计年鉴》2011 年、2012 年、2013 年统计公报。

递增的投资规模将难以为继，2014 年一季度投资增长大幅回落造成的经济增长乏力，就是这种结构失衡问题在增长上的凸显。

1.2 结构性下滑是经济下行的主要原因

结构性下滑是指原有产业结构中的支柱产业、主导产业增速减缓，新兴产业未能在经济增长速度中实现接替，未能形成有效支撑经济增长的新支柱、新主导、新优势而导致经济运行进入经济增长周期中的下行期。结构性下滑往往发生在经济持续繁荣、支柱产业充分发展、技术创新能量充分释放之后，产业结构已经不适应于人们生活质量改善要求的情况下，国民经济进入经济增长周期的下行期运行。因此，结构性下滑是产业结构转换不适应消费需求转换的质变性矛盾，如果经济体没有得到及时的产业转型升级，经济运行会从结构性下滑转变为结构性衰退。

1.2.1 2008 年以来的强刺激措施掩盖了结构失衡

为应对 2007 年发端于美国次贷危机的全球性金融危机的影响，我国实施了以“四万亿”投资拉动经济增长为主的“强刺激”措施，这一力度空前的宏观调控措施确实发挥稳增长、保就业等方面的正效应，在国家强刺激调控措施下，通过增加库存，增加储备、扩大基础设施建设投资和房地产投资等举措为云南省的资源型工业赢得了较大的发展空间，石油加工炼焦及核燃料加工业、化学原料及化学制品制造业、非金属矿物制品业、电力热力的生产和供应业、黑色金属冶炼及压延加工业和有色金属冶炼及压延加工业 6 大重工行业增加值从 2008 年的 715.48 亿元扩大到 2013 年的 1 289.97 亿元，年均增长高达 14.2%，有效支撑了云南工业经济的高速增长，使云南经济在 2008 ~ 2013 年达到了年均增长 12.3% 的高速度，工业更是达到了年均增长 14.0% 的高速度，进一步强化了云南省的资源型工业在云南经济中的地位。

但强刺激措施也掩盖了国民经济体系中存在的结构失衡问题。云南省的资源型工业具有技术先进、产业链短、原料自给率低等特点①，已经形成了资源和市场“两头在外”的格局，极易受到外部经济的冲击。若上游的原料价格上涨或

① 这方面的分析详见笔者完成的《转变经济发展方式 科技支撑云南经济增长研究》报告。

国外控制资源出口，则会提高云南资源型工业品的生产成本，导致利润下降甚至亏损，竞争力减弱，若下游的其他省份对云南资源型工业品的需求下降，则会导致云南工业增长下滑。云南省资源型工业为主的结构失衡问题在强刺激措施下被掩盖，直到2013年上半年才开始凸显。2013年上半年，全省工业停产减值企业合计1 459户，占全部规模以上企业数比例达45.1%。其中：煤炭开采和洗选业、黑色金属矿采选业、有色金属矿采选业、化学原料和化学制品制造业、黑色金属冶炼和压延加工业、有色金属冶炼和压延加工业等行业的停产减值企业数均占行业企业数50%以上。

虽然2008年以来云南省在国家战略部署下加快推进“调结构、转方式”的步伐，在淘汰落后产能、培育新材料等提质增效和延伸产业链上努力转方式、调结构，促进了一批新兴产业的发展，但在整个工业结构中还处于量变阶段，还未形成合理的产业结构格局，结构失衡的问题十分突出。

1.2.2　云南工业产品的外部需求乏力触发结构性下滑

云南省的外部需求包括国内省外需求和国外需求两部分。国内省外对云南产品的需求集中在有色金属冶炼及合金产品、卷烟制品、电力三大类。在2007年国民经济144部门分类中，这三个行业产品销往国内省外的产品合计占国内省外对云南产品需求的61%以上，需求高度集中①。其中，有色金属冶炼及合金产品占比超过34%（见图1-12，若包含有色金属延压加工业，占比超过36%；若包含所有金属工业，占比超过40%），卷烟制品占比超过23%，电力占比超过3%。销往国内省外处于前十名的部门还有批发业、农业、有色金属压延加工业、畜牧业、制糖业、基础化学原料制造业和铁路运输业，这前十名合计占比超过77%，其他的134个部门占比不到23%，很多行业产品没有省外需求。云南省的这些产业与国内省外也不是产业内贸易，这些产业从国内省外的购进只占云南省对国内省外产品需求的6%，其中的前三名对国内省外的购进只占总购进的1%，几乎没有对省外的需求。

① 本节数据根据“云南省2007年投入产出表”计算。

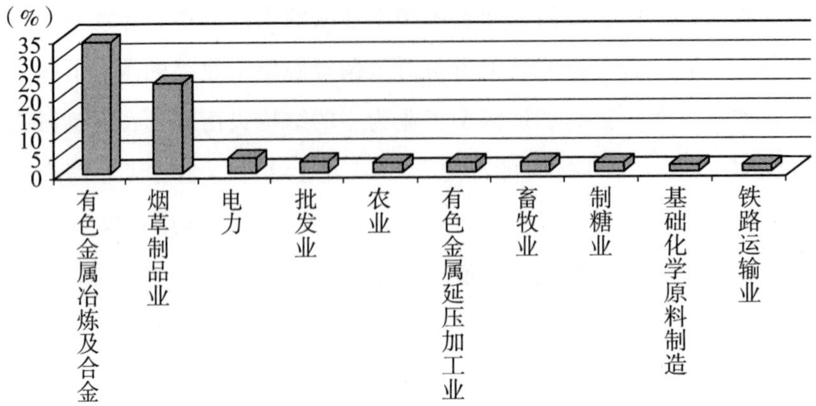

图 1-12　云南省国民经济构成部门中销往国内省外总额位于前十名的各部门占比

资料来源：2007 年云南省投入产出表。

到 2010 年，这一格局没有变，在 2010 年按 42 部门划分的国民经济行业部门构成中，金属冶炼及压延加工业调出（销往国内省外和出口）占总调出的比重为 36.47%，食品制造及烟草加工业调出占总调出的比重为 25.44%，两者合计占比高达 60% 以上，电力、批发和零售、住宿和餐饮业分别占到 6% 左右（见表 1-4），这 5 个部门的调出占比超过 80%，但这 5 个部门的调入占比仅有 10%。可以看出这 5 个部门是受外部需求影响最大的部门，也是云南国民经济的支柱。

表 1-4　　云南省 2010 年货物与服务调出最高的前五个部门情况

行业分类	调出（万元）	调入（万元）	调出比重（%）	调入比重（%）
金属冶炼及压延加工业	11 474 265	1 536 140	36.47	2.66
食品制造及烟草加工业	8 001 255	1 414 408	25.44	2.45
电力、热力的生产和供应业	2 093 284	0	6.655	0.00
批发和零售业	2 053 215	2 398 962	6.53	4.16
住宿和餐饮业	1 624 338	504 900	5.16	0.88

资料来源：云南省 2010 年投入产出延长表。

从国内省外购进的部门则较为分散，处于前三位的分别是汽车制造业、石油及核燃料加工、锅炉及原动机制造业（见图 1-13），这三个部门购进额占 2007

年云南省购进国内省外产品的比重只有 26.5%，其中，处于第一位的汽车制造业占比只有 12%，处于第二位的石油及核燃料加工占比只有 9%，处于第三位的锅炉及原动机制造业占比只有 5%。从省外购进额处于前十位部门合计占购进总额的比重不到 50%，其中还包括纺织服装、鞋、帽制造业，其他专用设备制造业，道路运输业，其他交通运输设备制造业，通信设备制造业，钢压延加工业，金属制品业，矿山、冶金、建筑专用设备制造业和教育。

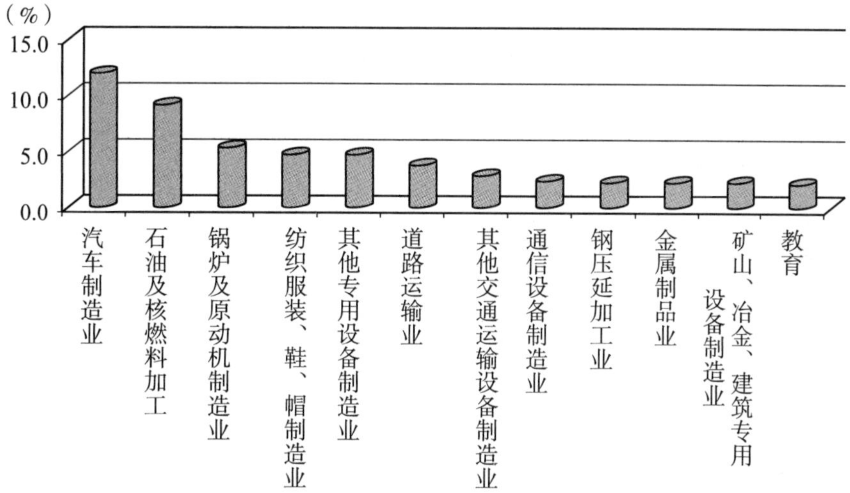

图 1-13　云南省国民经济构成部门中从国内省外购进总额位于前十名的各部门占比

资料来源：2007 年云南省投入产出表。

这一格局到 2010 年仍然没有大的变化，在 42 部门中，调入（国内省外购进和进口）占比最高的交通运输设备制造业，通用、专用设备制造业，金属矿采选业，交通运输及仓储业等前十个部门占调入总额的近 80%，其中交通运输设备制造业占 18.18%，通用和专用设备制造业占 15.18%。可以看出，装备制造业产品和矿产是云南省主要调入的产品（见表 1-5）。

表 1-5　云南省 2010 年货物与服务调入最高的前五个部门情况

行业分类	调入（万元）	调出（万元）	调入比重（%）	调出比重（%）
交通运输设备制造业	10 485 651	343 265	18.18	1.09
通用、专用设备制造业	8 751 368	282 052	15.18	0.89

续表

行业分类	调入（万元）	调出（万元）	调入比重（%）	调出比重（%）
金属矿采选业	5 148 740	43 746	8.93	0.14
交通运输及仓储业	4 964 264	482 787	8.61	1.53
通信设备、计算机及其他电子设备制造业	3 579 469	60 031	6.21	0.19
电气机械及器材制造业	3 485 432	48 678	6.04	0.15
石油加工、炼焦及核燃料加工业	3 198 237	121 103	5.55	0.38
批发和零售业	2 398 962	2 053 215	4.16	6.53
纺织服装、鞋、帽、皮革、羽绒及其制品业	2 364 776	5 145	4.10	0.017

资料来源：云南省2010年投入产出延长表。

对比图1－12和图1－13，可以看出，云南省与国内省外之间具有极强的产业互补性，但重点主要体现为基础原材料产品的售出和制造业产品的购进。

云南产品的外部需求还有一部分是对国外的出口，云南省的对外贸易出口规模小，对外开放程度低。而出口部门也较为集中，处于出口前五位的部门产品出口合计占全部国民经济144部门产品出口总额的比重超过65%，分别是烟草制品业15%、肥料制造业13%、有色金属延压加工业13%、农业12%、有色金属冶炼及合金制造业12%，除电力外，与销往国内省外的产业基本一致，资源型工业产品出口为主的特点十分突出。处于出口前十位的部门产品出口合计占比高达86%，还有批发业、住宿业、基础化学原料制造业、旅游业、钢压延加工业、棉、化纤纺织及印染精加工业和餐饮业（见图1－14）。

如图1－15所示，进口的部门则高度集中，处于第一位的有色金属矿采选业产品进口占全部行业产品进口的比重高达63%，处于前五位的部门产品进口额占比高达82%，其中包括批发业5.6%、其他专用设备制造业4.8%、煤炭开采和洗选业4.3%、黑色金属矿采选业4%。处于前十位的部门产品进口额占比达到89%，分别还包括农业、非金属矿及其他矿采选业、有色金属冶炼及合金制造业、橡胶制品业、住宿业。可见，云南省的资源型工业尤其是矿业对原材料的进口依

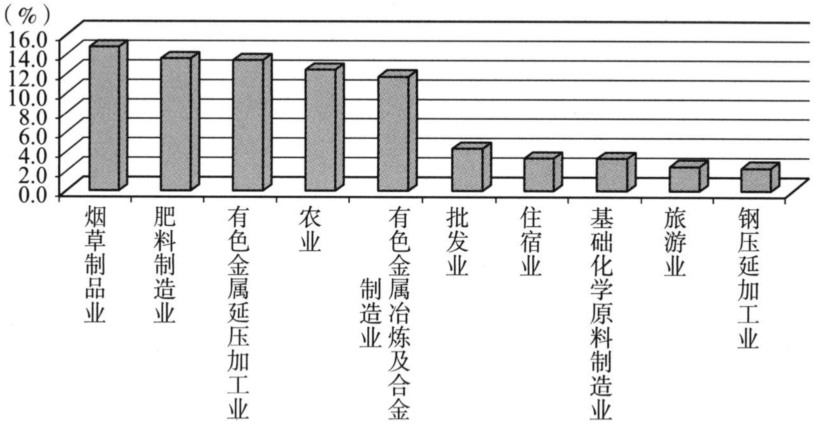

图 1－14　云南省国民经济部门构成中出口总额位于前十名的各部门占比

资料来源：2007 年云南省投入产出表。

赖性较强。有学者研究表明，矿石进口对我国经济运行的风险在增强①。云南省作为对矿石进口依赖越来越强的省份，经济运行的风险在加剧。

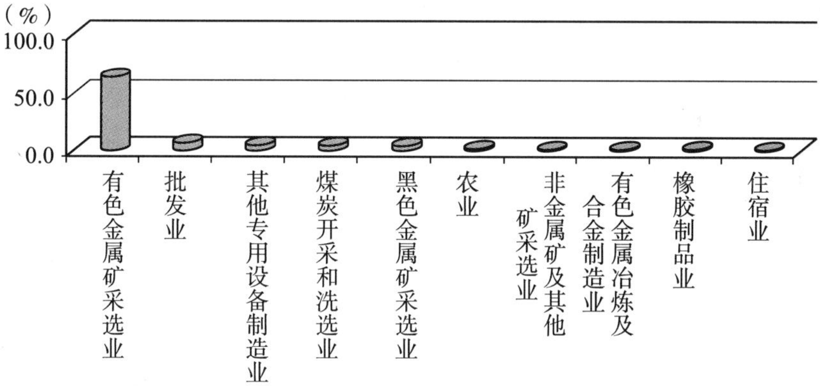

图 1－15　云南省国民经济部门构成中进口总额位于前十名的各部门占比

资料来源：2007 年云南省投入产出表。

通过以上对比可以看出，外部需求的部门结构较为单一，产业高度集中，国内外对云南省的矿业、烟草、电力、化工等资源型工业部门的产品需求支撑着云

① 张会清（2013）研究发现，中国铁矿石进口的系统性风险指数和特定风险指数急速上升，表明中国的铁矿石进口风险在不断积累。

南省资源型工业为主的经济结构，从而也对云南经济增长产生重要影响。

在我国各省（自治区、直辖市）的国内贸易联系中具有一个较为显著的特征是以所处的大区和周边省份为主①，而云南省与同属于西南地区的省份贸易联系较为薄弱，国内省外的货物贸易则面向全国市场，各省均有分布，相对而言，两广和周边省份比重略高一些，云南与广东、广西的贸易联系比较密切（见表1－6），主要商品货物通过铁路货物运输销往广西的比重占14.61%，四川占11.14%，广东占7.25%，贵州占2.67%，重庆占3.19%；从商品货物购进的比重看，广东占8.22%，广西占13.98%，四川占7.83%，贵州占8.47%，河南占2.15%。云南作为供给方，向广东、四川、广西输出货物居多；云南作为需求方，贵州向云南输出货物居多。

表1－6　　　云南省主要的贸易伙伴及相应贸易量和占总贸易量比重

流向	云南省商品货物输出				
省份	广西	四川	广东	重庆	贵州
贸易量（万吨）	728	555	361	159	133
比重（%）	14.61	11.14	7.25	3.19	2.67
流向	云南省商品货物输入				
省份	广西	四川	贵州	广东	河南
贸易量（万吨）	701	493	425	412	108
比重（%）	13.98	9.83	8.47	8.22	2.15

资料来源：《中国交通年鉴》2009年。

云南商品销往国内省外的产业结构和空间结构，决定了云南工业发展受制于东部地区尤其是珠三角地区的制造业。东部沿海地区尤其是珠三角地区经济已转换为依靠服务业驱动增长的阶段，东部沿海地区的制造业不断萎缩，向东南亚及其他发展中国家转移，对云南的资源型产品需求大幅度下滑，导致云南省的结构性矛盾凸显出来，原来支撑增长的动力变得不可持续。

① 这方面的详细分析报告见云南大学发展研究院的《研究报告》第73期《我国省际贸易问题及云南的特点》。

1.2.3　产业升级缓慢，难以抵御结构性下滑

一个地区的产业转型升级在国民经济的产业体系中表现为传统产业改造升级和新兴产业的成长两个方面。云南省的资源型工业由于原料和市场集中在省外和国外，产业链短的特征使云南经济极易受到外部冲击，要增强产业竞争力和抗风性能力，就需要破解资源型工业发展中产业链短的问题，就需要延伸产业链，产业链的延伸在国民经济部门构成中就是形成新的产业部门，必须通过技术创新来完成，但无论从云南省的高新技术产业发展还是传统产业的新产品研发看，云南省的产业升级都十分缓慢，不能有效抵御结构性下滑。

1. 云南省的高新技术产业发展缓慢

从高新技术产业地位看，云南省高新技术产业比重小，产业发展缓慢。以 2011 年为例，云南省高新技术企业有 104 户，年平均从业人员 25 390 人，总产值 201.4 亿元，仅占全国高新技术产业总产值的 0.23%，在全国 31 个省（自治区、直辖市）中位列第 25 位。我国高新技术产业主要集中在广东省和江苏省，两个省的高新技术产业总产值占全国的 48.67%。云南省高新技术产业产值仅占工业总产值的 2.59%，远低于 10.47% 的全国平均水平，在 31 个省（自治区、直辖市）中位列第 24 位。

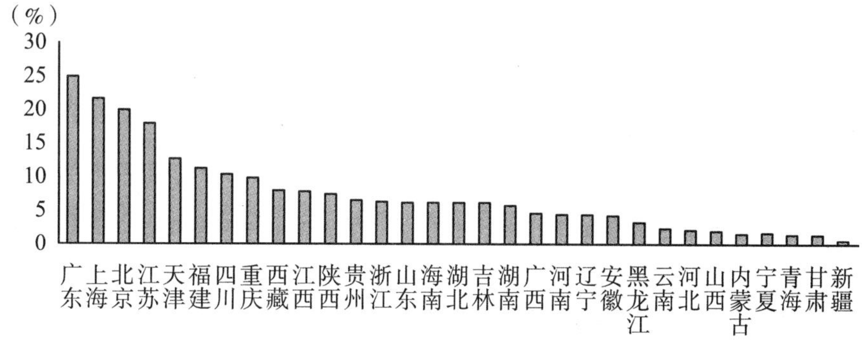

图 1－16　各省高新技术产业在工业中的地位

资料来源：《中国高新技术产业统计年鉴》2012 年。

从高新技术产业内部结构看，产业较为单一。云南省高新技术产业以医药制造业为主，企业单位数占78%，从业人员占80%，总产值占85%，利税占88%，出口占63%，各项指标均高于全国平均水平，也高于东部、中部和西部地区水平。云南省没有航空航天器制造业。而在全国和东部地区高新技术产业中占有重要地位的电子及通信设备制造业，云南省十分落后，各项指标占高新技术产业的比重不到5%，电子计算机及办公设备制造业也很落后，各项指标占高新技术产业的比重也不到10%（见附表1－1）。

从高新技术产业的企业类型看，以小型企业为主。2011年云南省高新技术产业中，小型企业单位数占75%，中型企业单位数占20%，大型企业单位数只占4%；小型企业从业人员占38%，中型企业从业人员占39%，大型企业从业人员占22%；小型企业总产值占38%，中型企业总产值占33%，大型企业总产值占28%；小型企业的出口交货值占43%，中型企业的出口交货值占17%，大型企业的出口交货值占40%（见附表1－2）。

2. 从新产品产值率看，新产业成长缓慢

传统产业升级源于技术创新。我国现有产业大多数处在价值链的低端，而云南更是如此。技术创新不同于技术的发明创造。技术创新（Technological innovation）是由技术的新构想，经过研究开发或技术组合，到获得实际应用，并产生经济、社会效益的商业化全过程的活动。是一个从“新构想”到“研究开发”再到“应用”最后到“商业化”的过程，没有实现商业化，没有真正变成商品或服务，就不算完成一个技术创新。因此，技术创新可以从新产品产值率等指标反映出来。云南省新产业发展缓慢，2011年云南省大中型工业企业新产品产值占工业总产值的比重只有5.03%，不但远低于16.8%的全国平均水平，而且在全国处于倒数第二位，仅高于青海省（见图1－17）。2010年云南省大中型工业企业新产品产值为240.83亿元，比2006年增长了1.43倍，这个增长速度在全国处于第27位，列倒数行列，远低于2.2倍的全国平均水平。从规模以上工业企业看，比重略有提高，但仍然偏低，2011年云南省规模以上工业企业新产品产值为356.82亿元，占规模以上工业总产值的4.59%，远低于11.95%的全国平均水平，在全国31个省（自治区、直辖市）中位列第27位。

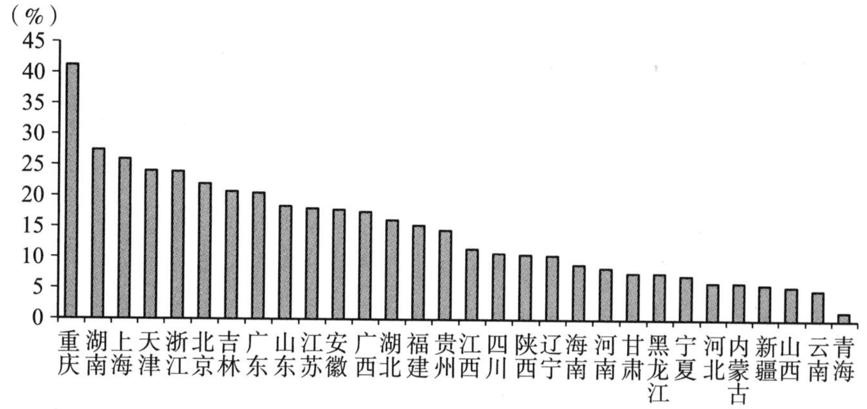

图 1－17　新产品产值占工业总产值的比重排序

资料来源：《中国统计年鉴》2012 年。

分行业看，无论是采掘业还是制造业，云南省的新产品产值率均低于全国平均水平，分 36 个工业行业看，云南省的新产品产值率普遍低于全国平均水平，仅有非金属矿采选业、造纸和纸制品业、印刷和记录媒介复制业、医药制造业、通用设备制造业、计算机、通信和其他电子设备制造业、仪器仪表制造业等行业的新产品产值率高于全国平均水平（见附表 1－3）。

高新技术产业发展缓慢和传统产业的新产品研发不足，使云南经济难以抵御全球性结构大调整和中国经济结构调整所带来的强烈冲击和影响，云南经济走向结构性下滑在所难免。

3. 云南农产品加工程度低，产业链短

云南农林牧渔业在国民经济中的比重高于全国平均水平，是较为典型的农业大省，但云南农产品加工增值程度很低，向第二、第三产业延伸的产业部门少。2011 年云南省轻工业总产值与农林牧渔总产值之比为 0. 916，不但远低于全国平均水平（2. 92），更是远低于农副产品加工业发达的浙江、广东、江苏、福建等省份，也低于周边省份重庆、四川、广西和贵州（见图 1－18）。

在云南省的轻工业中，烟草制品业占主体地位，如果扣除卷烟工业，云南省的非烟轻工业总产值与农林牧渔业总产值之比只有 0. 402，而相同的指标广东省是 0. 817，四川省是 2. 01。可以看出云南省在农产品深度加工增值和产业链延伸方面的发展是非常滞后的。另一方面看，由于云南省的农产品深加工程度低，因

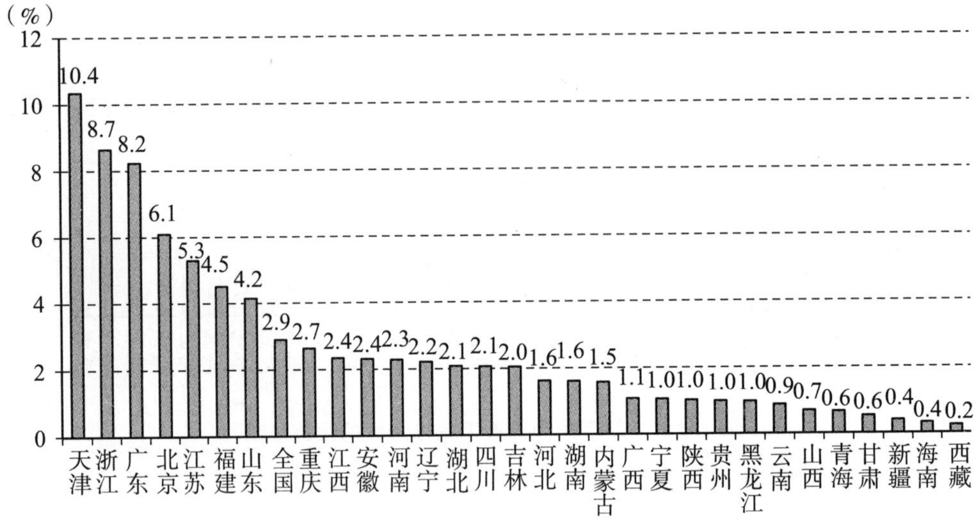

注：图中轻工业产值为规模以上企业轻工业总产值。

图 1－18　2011 年全国及各省（区、市）轻工业产值与农林牧渔业产值之比

资料来源：《中国工业经济统计年鉴 2012》，中国统计局网站——国家数据。

此也是当前和未来一个时期云南省在确保重化工业、卷烟工业等提供的存量基础上，扩大云南经济增量的重要领域。

1.3　以市场需求导向推进云南产业转型升级

2007 年的金融危机使我国出口导向型的经济发展模式不可持续问题凸显，从而使东部沿海地区进入了产业转型升级的新时代，东部沿海地区的产业转型也诱发了云南省“出省导向型”的经济发展模式不可持续，产业转型升级已变得刻不容缓。市场需求是云南产业转型升级的始终方向和根本动力。目前我国、我省城乡居民收入提高后的需求已经向全面小康的需求层次转换，健康品、民生品、差异化产品、智能化产品的需求正在替代原有需求。虽然云南省在抵御金融危机影响方面采取了一系列稳增长、调结构、转方式、惠民生的措施，但根据市场需求变化趋势主动转换产业结构的力度较小，及时性不突出，未能赶在市场需求新趋势、新潮流的“潮头”获得增长动力。解决云南经济结构性失衡问题的关键，是顺应市场需求转换趋势，在生物医药、有机食品、新材料、节能环保、移动互联网等新兴领域，选择物流成本较不敏感、面向全球市场、直接针对消费者、有较大市场潜力的产业，打破传统的“两头在外”资源型产业发展模式，突破“路径依赖”，高起点谋划，构建将“微笑曲线”中价值链的所有环节都留在云南，产业链和价值链垂直整合、整体引进的“面向市场需求的全产业链”发展模式，加快推进云南产业转型升级。

1.3.1　高起点打造生物全产业链

针对云南产业结构非均衡和“一产不优、二产不强、三产不快”的结构性失衡问题，改变“两头在外”的传统模式，主动适应现代人类对个性化、差异化产品需求和信息技术能够实现智能化定位、个性化设计的特点，依托云南生物资源多样性优势和生物科技基础研究优势，高起点打造若干条生物产业全产业链。

以生物资源多样化、生物产业工业化、生物科技产业化、生物产品差异化、生物品牌高端化、生物服务国际化的“六化”思路创新驱动生物产业发展，实施云南生物医药产业全产业链、生物育种全产业链、生物化工全产业链的“生物产业赶超计划”。

1. 打造领导型企业，发挥带动和引导作用

现阶段要积极发挥骨干企业在云南生物医药产业链、生物育种产业链、生物化工产业链构建中的主导作用，支持龙头企业进行技术创新和产业规模扩张，从而吸纳相关企业加入产业链。

2. 选择节点企业，形成分工协作的产业关系

云南的生物产业龙头企业不仅要选择自身发展的优势领域和市场，还要根据产业链各个环节的产能需求、技术需求等因素对相关企业进行选择，彼此间形成协作配套，共同开发新产品，或者利用产能优势进行贴牌生产，或者成为药材、化学原料、中间体、医药设备、包装材料等的供应商，或者利用已有的销售网络渠道成为制药公司的分销商，或者作为第三方提供医药信息咨询、研发设计、市场分析、技术预测、技术转移、知识产权、金融、广告等的服务商，或者成为风险投资方，利用资本参与新药的研发。

3. 推动产业集群的形成，实现群链互补

生物产业内部行业众多，产业集群是生物医药产业链的空间载体。许多国家或者地区生物医药产业集群的顺利形成正是得益于领导型的产业链构建模式所起的产业带动作用、资源集聚作用和示范作用。云南省现有生物医药产业集群还只是初具雏形，而生物育种、生物化工等则还不具备雏形，需要进一步的大力建设。这其中很重要的一个方面就是通过分布在各个产业园区的龙头企业将符合上、中、下游产业链关系的企业有机结合形成产业集群，实现产业集群与产业链的功能互补。

生物医药产业链重点建设中药、民族药、天然药物产业集群、化学原料药及制剂产业集群、生物制品产业集群、健康产品产业集群、植物提取物产业集群、中药材种植产业集群。

生物育种产业链重点建设热带水果、花卉、林木选育和热带畜禽、水产养殖品种繁育产业集群；亚热带水果、花卉、林木选育和亚热带畜禽、水产养殖品种繁育产业集群；温带水果、花卉、林木选育和温带畜禽、水产养殖品种繁育产业集群；高原型、山地型、高原湖泊型生物品种选育和繁育产业集群。

生物化工产业链重点建设生物农药产业集群、生物肥料产业集群、林化工产业集群和酶制剂产业集群。

生物林业产业链重点建设形成林木种植业——木材竹材加工业——木材竹材制品业——林浆纸一体化产业、林化产业、林板一体化产业——家具、装饰品制造——林业科技研发——林下产品开发一体的产业集群。

橡胶产业链重点建设橡胶种植业——橡胶初加工业——橡胶消费品制造——橡胶科技研发——信息服务等产业链条，大力推进橡胶循环经济，拓展橡胶木材加工——橡胶木锯末种植食用菌——橡胶籽生产肥料和橡胶籽生产食用油——油枯生产饲料两条循环经济产业链打造橡胶产业集群。

1.3.2 以大健康类产品需求为导向加快生物医药、文化旅游、医疗保健等新兴产业发展

随着人们收入水平的提高，伴随着社会的发展、人口结构和疾病谱的变化，人们对生命观念和生活方式，无论从生理到心理、从思想到精神、从知识到行

为、从人体到环境、从家庭到社会，正在发生着一场人类史无前例的大健康革命。随着人类现代医学模式及其医学价值取向的改变正在深刻影响着人们对疾病医疗与生命健康的多元化和多层次需求，即从过去侧重于疾病治疗的生物医学模式向着天人合一、心身和谐的健康生态医学模式转变、由重视临床治疗向重视预防保健的关口前移和慢病管理养生康复的功能延伸。顺应宇宙生命演化发展规律，借助大自然物质与能量的养生康复保健方法和健康相关产品，接受更多的健康专业信息和健康相关服务，为维护和促进生命健康，更加注重努力发掘和调动人体内生性卫生资源及自组织、自稳态、自适应、自调节、自修复的自我健康能力。人们的消费正向着生活型消费和更高级的生命型消费阶段转变，在过去的治病救命型医疗消费支出外，更选择营养改善与运动健身、健康体检与健康管理、中医专业健康调理与抗衰老养生美容、心理与行为健康专业咨询、慢病管理与康复疗养、生态养生与医疗康复旅游、健康，以及文化养生与休闲保健等方面的健康类消费投资。

进入 21 世纪以来，大健康产业发展势头迅速，无论在中国，还是在全球，已成为引领全球新经济发展和社会进步的重要产业。据统计，目前全球股票市值中，健康产业相关股票的市值约占总市值的 13% 左右。特别是在发达国家，健康产业已成为带动整个国民经济增长的强大动力，美国的医疗服务、医药生产、健康管理等健康行业增加值占 GDP 比重超过 15%，加拿大、日本等国健康产业增加值占 GDP 比重也超过了 10%。健康产业成为拉动国民经济发展的巨大动力。例如美国的健康产业约为 1.5 万亿美元，中国只有 400 亿美元，而中国的人口有 13.2 亿，美国人口约 3 亿多，美国人口仅占中国人口比例的 23.1%，可见中国健康产业的市场发展潜力巨大。目前美国医疗健康产业到了占美国经济的 17% 以上。据美国经济学家预测，到 2020 年，美国医疗健康产业将占到美国经济的 25%。德国政府于 2009 年 1 月批准了 500 亿欧元的经济刺激计划，而医疗健康产业和教育领域成为重点投资方向。泰国、菲律宾每年的疗养产业的产值分别达到 160 亿美元和 20 亿美元。

大健康时代正在造就现代大健康产业。大致可分为三大健康产业：第一健康产业是以疾病为中心、以疾病治疗和疾病康复为其主要目的、以开展疾病治疗与疾病管理为主要专业职能定位、以医疗服务机构和以医疗用途的药品及医疗器械产销为主体的疾病医疗与医药卫生产业，又通常被称为疾病产业。第二健康产业是以健康为中心、以健康保护与健康促进为主要目的、以开展健康管理、健康体检、食物营养与心理行为的健康咨询、健康调理、休闲保健、运动健身、健康教育与健康文化传播为主要专业职能定位、以健康服务机构和以具有特定保健用途的营养保健食品、功能性保健用品、保健器械及健身器材产销为主体的健康保护与健康促进产业，又通常被称为保健产业。第三健康产业是以生命为中心、以生命质量与生命价值提升为其主要目的、以开展生命质量管理、生命整体调理、生命文化教育、抗衰老及中医养生美容、开智益智、优生优育、养生养老、安老护理、休闲疗养旅游等服务以及有助于提升生命质量和生命价值的健康相关产品产销为主体的生命质量管理与生命养护产业，又可简称为生命产业。

以大健康时代对大健康类产品需求为导向，加快发展云南的生物医药、环保、旅游、养生、文化、体育、医疗、养老、保健等产业。这些产业关联着国民经济的第一、第二、第三产业，需要围绕人们的健康理念开发个性化、差异化和智能化新产品，发展新业态，以最优产品质量满足人们的健康消费需求，提升云南产品的竞争力。

1.3.3 以国家重大工程为导向加快功能性新材料产业发展

随着我国即将从工业化中期向后期的转变，大规模基础建设对钢、水泥、有色金属基础材料大规模需求的格局正在发生转变，云南省必须积极适应这种变化趋势，在继续保持资源型工业技术优势的基础上，通过延伸产业链，彻底改变云南经济易受外部冲击和货物和服务净出口对经济增长的负贡献抵消投资贡献的局面。高铁、航空航天、国防装备、电子信息等领域是我国处于技术前沿和难以获得技术引进而必须自主研发的领域，这些领域的重大装备对材料工业的需求是较为稳定的。云南省的基础原材料工业优势能够为这些领域的重大装备制造业提供支撑。

要以国家的高铁建设为导向，加快发展高铁所需新材料。我国在铁路发展上选择了新起点、高质量、快速度、大规模的科学发展模式，使铁路技术装备现代化实现重大跨越，目前我国高速铁路建设正在进入全面收获期。到 2020 年，我国新建高速铁路将达 1.6 万公里以上，快速客运网将达到 5 万公里以上，连接所有省会城市和 50 万人口以上城市，覆盖全国 90% 以上人口。高铁让中国铁路建设站在世界铁路发展前列。中国的高铁技术相对于德国、日本等有三个优势：一是从工务工程、通信信号、牵引供电到客车制造等方面，中国可以整体出口，这是别国难以做到的；二是中国高铁技术层次丰富，既可进行 250 公里时速的既有线改造，也可以新建 350 公里时速的新线路；三是中国高铁的建造成本较低，比其他国家低 20% 左右。因此，中国高速铁路建设和向世界各国的出口和承建高铁项目具有较为稳定的材料需求，是云南省的功能性新材料发展的重要产业需求导向。高速重载铁路交通材料主要包括高速列车车体材料和高速铁路轨道建设材料，其中高速列车车体材料主要包括列车车体材料和内饰材料、高速转向架构架材料、轮—轨系统材料、高速弓网系统材料、制动摩擦系统材料、减振、降噪材料等，这些都是云南省发挥冶金工业优势，延伸产业链，发展新兴产业的重要领域。

以航空航天、国防装备、电子信息等重大工程为导向，加快发展稀贵金属新材料产业。铂族、金、银、锗、铟、钛、镁、镓、钪、钇、铼、铊等稀贵、稀散金属和新金属的应用目前主要集中在航空航天、国防装备、电子信息等领域。虽然发达国家封锁这些金属的新材料生产技术和制备，但我国对这些金属的研究和应用材料的开发与发达国家基本同步，发展差距相对较小。这些金属的提取本身就属于高科技领域，金属的提取和材料的研发是各国争夺的经济科技制高点。这些金属的优越性能还未得到充分开发利用，关键技术突破后成本大幅度下降而被广泛应用的空间很大，许多金属具有成为带动新一轮经济增长的主导产业的巨大潜力。云南省被誉为有色金属王国，金属品种多是云南省的显著特征。长期的矿业发展为提取、生产这些稀贵、稀散金属和新金属产品奠定了良好的技术基础、人才基础和产业基础，云南省在稀贵金属的采选冶技术和装备水平已进入全国先进行列，知识外溢作用下的稀贵、稀散金属和新金属开发具有显著优势，能够与发达国家和国内先进地区同步发展这些稀贵、稀散金属和新金属新材料。应以我国航空航天、国防装备、电子信息对这些稀贵、稀散金属和新金属材料的需求，加快发展稀贵、稀散金属和新金属新材料产业。

1.3.4 加快第三产业转型升级步伐

做好主动迎接服务业驱动经济发展新阶段的前瞻性准备，以沿边开发开放为契机，提高向周边国家输出信息技术、商务咨询、金融保险服务的能力；按国际旅游标准提升旅游业，开拓旅游新业态，推进旅游业提质增效；发展科技服务业，打造面向“两亚”的服务外包基地；在深化改革中催生健康服务业，打造“大健康”产业集群；进一步挖掘释放全省区位通道建设效应，加快电子信息业对交通运输业的渗透，壮大现代物流业。

1. 以沿边开发开放为契机，打造制度创新优势

要以沿边开放先试先行和金融改革试验区为基础，继续挖掘制度创新空间，抓紧制定并完善支持瑞丽、磨憨、河口等试验区、跨合区建设的政策措施，在激活第三产业发展的微观主体活力的同时，还要积极开拓周边市场，加快形成更广泛的协调机制，优化服务业走出去的环境，提高全省向周边国家输出信息技术、商务咨询、金融保险等服务行业的能力。

2. 提升旅游业，打造世界重要旅游目的地、集散地

把握和顺应旅游业的发展趋势和需求变化，以旅游业引领第三产业发展，是激活全省的人流、资金流和信息流的关键。

要顺应国际化、全球化发展态势，以全新的国际化视野引领全省旅游业的发展。要从打造亚洲乃至世界重要旅游目的地、集散地的高度，整合全省的旅游资源和品牌路线，通过旅游商品、特别是特色文化产品提升旅游产业的附加值，延长产业链，并从中英文地路标、地图和便捷高效的咨询服务、公共交通等方面，为全省吸引国际游客创造良好外部环境。

其次，顺应国内自驾游、自由行和深度游的发展趋势，打造符合旅游市场发展趋势的文化品牌、热门景点、经典线路和旅游商品，突出云南的文化亮点，不同特色的人文自然资源，打造特色旅游线路和主题，形成全省旅游业的发展合力。要强化不同旅游产品的差异度，增加产品的附加值，打造精细化的旅游项目，独具特色的风气文化深度游项目，并加强整合线上、线下资源，形成有利于自助游便利出行和灵活安排形成的信息网络和服务体系。特别是要促进旅游业与其他产业的融合趋势，借助农业多样性，大力发展农业观光游；依托区域龙头企业，大力发展工业旅游，从而为旅游业的发展注入新的生机和活力。

3. 发展科技服务业，打造面向“两亚”的服务外包基地

要结合周边市场发展趋势，加强服务业的引进来和走出去步伐，加快和引导信息传输、计算机、软件等行业的发展。特别是信息技术行业，在第三产业中又具有基础性地位，所提供的信息产品和服务具有公共产品性质，能极大地改善地区的投资环境，提高商务的便捷性，降低交易成本。要以全省在生物、能源和文化等产业方面形成的技术优势和经验为基础，加快科技服务业开拓周边国家市场的步伐，抢占发展机遇，密切与周边国家企业在研发、生产、营销等方面的合作，打造面向东南亚、南亚的生物、能源、文化的服务业外包基地，从而形成全省区域经济增长的新动力。

4. 发展健康服务业，打造“大健康”产业集群

立足当前生物制药基础，依托目前已经形成的大型龙头企业，发展“大中药”产业链，打通各个生产、流通环节，丰富产品和服务种类，构建大健康产业的核心骨架。同时，要结合当前出行的养老养生旅游趋势，打造能够为居民和游客提供医疗保健、休闲养生等衣食住行“一条龙式”的软硬件服务，向广大国内外游客和本地居民提供国际水准的服务。把昆明的城市名片从“春城”提升和拓展到“健康保健之都”、“度假养生圣地”的层次，在提高健康产业链附加值的同时，增强城市对高端消费者和游客的吸引力。

5. 以物流业为龙头，进一步挖掘释放全省通道建设效应

在完成国家战略部署的同时，也能进一步巩固全省的交通、信息枢纽作用。着力用信息技术和现代物流理念改造云南省的交通运输和仓储物流行业。现代物流业以信息技术为支撑，在运输、仓储、装卸、加工、整理、配送、信息等方面形成了完整供应链，有利于提高流通效率，降低流通成本，优化区域产业结构。以现代物流业引领全省仓储物流行业的发展，有利于进一步挖掘全省区位和通道优势，提升辐射周边市场的能力。

1.3.5　以高原特色农业为重点，不断延伸产业链

抓住当前云南粮食增产，农民增收，农村经济稳定发展的良好局面，加快推

进《关于加快高原特色农业发展的决定》的实施。在生物产业赶超计划基础上，以高原特色农业为重点，以有机食品为导向，不断延伸云南第一产业的产业链，不断深化同旅游业的融合与旅游商品开发，在补充价值链环节中向二、三产业延伸，壮大农副产品加工业、食品制造业、饮料制造业，促进生物农药、农业科技服务等新兴产业的快速成长。

云南省除了自身具有丰富而多样的特色农产品可发展深加工外，还具有面向周边国家发展农产品加工业的优势，越南、老挝、柬埔寨、缅甸、孟加拉、印度等周边国家都是农业国，农业资源丰富，农产品种类多，规模大，但工业化程度低，农产品加工业不发达，扩大农产品出口是这些国家对外贸易的重要任务。云南省可通过吸引国内农产品加工企业来滇投资，加快发展农产品加工业，延伸农业产业链。着力延伸高原特色农业产业链的增长效应是：以产品差异化和信息技术对农业的渗透实现提质增效，推动农业的增长；以符合现代人需求的方便、安全、营养的绿色食品，推动轻工业的快速增长；以原生态、有机、纯天然的农产品，与旅游业结合，推动第三产业增长。

重点应以高原特色粮食品种开发保健食品、时尚糕点、休闲食品；以优质烟草开发生物肥料、生物化工产品；以高原特色野生果品开发果脯、功能性饮料；以优质蔗糖开发功能性食品；以优质茶叶开发各类茶饮品、保健品；以优质橡胶开发系列橡胶制品，深度开发工业用橡胶制品；以高原特色畜牧业开发肉、蛋、奶产品；以特色林木开发时尚家具。

1.4 措施建议

1.4.1 以解决云南基础设施薄弱环节为短期稳增长的抓手

以短期稳增长营造长期调结构的发展环境：（1）针对云南铁路设施严重不足这个薄弱环节，大力推进云南高铁建设计划。积极向国家争取云南的铁路基础设施建设项目，创新融资模式，加快推进云南的铁路建设。（2）针对云南水利基础设施薄弱的问题，大力推进农田水利基础设施建设。重点要加快病险水库出险改造、饮水调水工程、灌溉沟渠等工程建设步伐。（3）加快推进高速公路建设，以出省通边大通道为重点，加快尚未建成通车的路段的高速公路建设步伐。

1.4.2 以推进重点领域改革为新兴产业成长的关键

围绕着制约产业发展的体制机制障碍，以打破垄断、营造公平的市场竞争环境为突破点，推进重点领域改革：（1）推进医疗卫生体制改革，促进医疗服务、社会养老、生物医药、康体休闲养身、健康保险、健康体检咨询和健康服务快速发展。（2）推进行政管理体制改革，探索事业单位分类改革，深化为市场经济主体服务的职能，推进科技创新服务。（3）积极争取扩大人民币在与周边国家跨境贸易投资中的使用，逐步拓宽资本流出渠道，鼓励国内符合条件的机构"走出去"，积极落实国务院发布的《关于进一步支持小型微型企业健康发展的意见》，鼓励金融机构扩大对小微企业信贷服务、推动小型金融机构发展、拓宽小微企业融资渠道、鼓励担保机构提高对小微企业的担保业务规模、规范对小微企业的融资服务。

1.4.3 制订和实施民营企业振兴行动计划

发展民营企业是增强云南经济活力，实现产业转型升级的重要举措。深入调查了解各领域、各行业民营企业发展面临的障碍，加快制订和实施云南省民营企业振兴行动计划，针对民营企业和中小企业开展人才培训、金融支持、采购倾斜、财政扶持等方面出台扶持政策。重点清理规范现有针对民营企业和民间资本的准入条件、新兴产业扶持资金等公共资源对民营企业同等对待、保障民营企业参与新兴产业相关政策制定、支持民营企业提升创新能力、扶持科技成果产业化和市场示范应用、鼓励发展新型业态、引导民间资本设立创业投资和产业投资基金、支持民营企业充分利用新型金融工具融资、鼓励开展国际合作、加强服务和引导。支持民营资本进入金融、能源、电信、基础设施、教育、医疗等行业和领域，促进各类所有制经济公平竞争、共同发展。完善对民营企业在注册、税收、金融、收费、服务、国际贸易等方面的政策。改进服务，减少审批手续和行政干预。

附表1－1　云南省高新技术产业内部行业比重与全国及东中西部对比

行业	指标	全国	东部地区	中部地区	西部地区	云南省
医药制造业	企业单位数	27.33	19.12	51.54	53.33	77.88
	从业人员平均人数	15.57	10.36	37.60	29.32	80.16
	当年价总产值	16.90	11.64	46.02	31.18	85.61
	资产总计	20.37	15.97	40.94	29.00	74.45
	主营业务收入	16.55	11.50	46.79	29.09	83.75
	利润	30.62	23.88	53.73	50.66	86.93
	利税	30.39	24.00	53.59	46.76	88.51
	出口交货值	2.54	2.22	10.75	3.09	63.32
航空航天器制造业	企业单位数	1.03	0.72	0.80	4.59	0.00
	从业人员平均人数	3.05	1.37	4.17	18.13	0.00
	当年价总产值	2.16	1.24	3.76	10.32	0.00
	资产总计	5.65	3.10	9.31	21.54	0.00
	主营业务收入	2.21	1.26	3.79	11.13	0.00
	利润	1.98	1.32	2.00	8.49	0.00
	利税	1.79	1.27	1.70	6.52	0.00
	出口交货值	0.68	0.47	1.30	5.00	0.00
电子及通信设备制造业	企业单位数	47.14	53.83	28.04	24.49	5.77
	从业人员平均人数	55.42	60.36	43.42	26.66	4.81
	当年价总产值	49.26	52.81	35.41	30.30	3.26
	资产总计	51.25	56.02	35.92	32.73	3.07
	主营业务收入	49.36	52.75	35.05	31.46	3.05
	利润	41.22	45.43	28.59	25.07	5.86
	利税	42.96	47.52	29.51	25.89	4.53
	出口交货值	54.78	55.33	70.94	28.16	5.66
电子计算机及办公设备制造业	企业单位数	6.06	7.11	3.02	2.54	2.88
	从业人员平均人数	16.96	19.19	4.06	17.33	4.38
	当年价总产值	23.90	26.75	4.47	22.06	5.21
	资产总计	13.42	15.69	2.66	9.16	6.65
	主营业务收入	24.18	27.02	3.93	22.27	6.89
	利润	13.54	16.17	3.66	7.53	2.28
	利税	13.02	14.86	3.48	13.38	2.83
	出口交货值	39.11	39.07	12.81	62.47	5.21

续表

行业	指标	全国	东部地区	中部地区	西部地区	云南省
医疗设备及仪器仪表制造业	企业单位数	18.44	19.21	16.61	15.05	13.46
	从业人员平均人数	8.99	8.73	10.74	8.54	10.65
	当年价总产值	7.78	7.57	10.35	6.16	5.92
	资产总计	9.30	9.21	11.17	7.57	15.83
	主营业务收入	7.70	7.47	10.44	6.06	6.30
	利润	12.63	13.20	12.03	8.25	4.93
	利税	11.84	12.36	11.71	7.46	4.13
	出口交货值	2.89	2.92	4.21	1.28	25.82

资料来源：《中国高新技术产业统计年鉴》2012 年。

附表 1－2　　云南省高新技术产业内部各类型企业比重与全国及东中西部对比

类型	指标	全国	东部地区	中部地区	西部地区	云南省
大型企业	企业单位数	6.99	7.64	4.33	6.64	3.85
	从业人员平均人数	54.84	55.47	50.75	55.74	22.34
	当年价总产值	63.28	66.62	42.36	58.19	27.74
	资产总计	57.90	59.18	49.17	58.94	28.50
	主营业务收入	64.05	67.10	42.96	60.95	28.53
	利润	53.41	56.64	42.19	44.18	43.96
	利税	54.98	58.12	41.27	51.03	40.65
	出口交货值	83.18	83.05	75.49	92.66	39.62
中型企业	企业单位数	24.80	25.81	20.26	25.23	20.19
	从业人员平均人数	28.39	28.62	27.08	28.42	39.46
	当年价总产值	18.97	17.94	24.00	22.88	33.48
	资产总计	24.92	24.64	26.61	24.93	43.12
	主营业务收入	18.45	17.57	23.34	21.15	34.10
	利润	24.66	23.54	26.21	32.52	36.14
	利税	23.35	22.30	25.90	28.25	36.07
	出口交货值	12.01	12.24	14.50	4.44	17.58

续表

类型	指标	全国	东部地区	中部地区	西部地区	云南省
小型企业	企业单位数	68.21	66.55	75.41	68.13	75.96
	从业人员平均人数	16.77	15.91	22.17	15.85	38.20
	当年价总产值	17.75	15.45	33.64	18.93	38.79
	资产总计	17.19	16.18	24.21	16.12	28.38
	主营业务收入	17.51	15.33	33.70	17.90	37.36
	利润	21.93	19.82	31.60	23.31	19.90
	利税	21.67	19.58	32.83	20.72	23.27
	出口交货值	4.82	4.71	10.00	2.90	42.80

资料来源：《中国高新技术产业统计年鉴》2012年。

附表1-3　2011年按行业分的规模以上工业新产品产值率云南省与全国比较　单位：%

指标	云南省	全国
规模以上工业	4.59	11.95
采矿业	0.82	2.25
煤炭开采和洗选业	0	3.89
石油和天然气开采业	0	0.28
黑色金属矿采选业	0	0.40
有色金属矿采选业	0.03	1.35
非金属矿采选业	8.31	1.41
制造业	5.76	13.52
农副食品加工业	0.92	3.35
食品制造业	4.49	4.80
酒、饮料和精制茶制造业	8.45	6.83
烟草制品业	3.15	22.00
纺织业	0.58	10.21
纺织服装、服饰业	0	6.33
皮革、毛皮、羽毛及其制品业和制鞋业	0	5.91
木材加工及木、竹、藤、棕、草制品业	0.74	2.89
家具制造业	0	5.07

续表

指标	云南省	全国
造纸和纸制品业	14.03	8.39
印刷和记录媒介复制业	24.77	7.30
文教、工美、体育和娱乐用品制造业	0	6.53
石油加工、炼焦及核燃料加工业	0.24	3.04
化学原料和化学制品制造业	3.94	10.84
医药制造业	17.65	16.68
化学纤维制造业	0	20.29
橡胶和塑料制品业	10.83	14.20
非金属矿物制品业	0.13	3.74
黑色金属冶炼和压延加工业	2.64	10.70
有色金属冶炼和压延加工业	7.47	9.87
金属制品业	0.44	6.84
通用设备制造业	17.08	14.47
专用设备制造业	9.79	17.66
交通运输设备制造业	22.07	31.12
电气机械及器材制造业	21.34	22.38
计算机、通信和其他电子设备制造业	66.74	26.60
仪器仪表制造业	46.09	19.81
其他制造业	0.22	5.38

资料来源：《中国统计年鉴》2012 年、《云南统计年鉴》2012 年。

第2章　云南经济是投资不足还是动态无效率

投资是经济增长的三驾马车之一，而且在中国也是动力最为强劲的“马车”，在云南也是如此：1978～2013年，投资对云南经济增长的贡献率超过30%。从投资对经济总量的贡献看，云南的资本形成率从1978年的39%飙升到2014年的91.1%。不论是从增量层面还是总量层面来看，投资对云南经济的贡献是巨大的。但以投资推动经济总量和增量的方式对云南经济发展来说是否是可持续的？通过投资高速增长推动经济增长的空间还有多大？这些问题是目前云南经济运行过程中不可回避的问题。本章针对这些问题对云南的投资进行分析。结构安排如下：第一部分评估了投资对云南经济增长的贡献，第二部分考查云南资本积累是否过度的问题，第三部分进一步考查云南投资的行业结构，第四部分给出了结论并对产业转型升级提出投资结构调整的建议。

2.1　投资对云南经济的贡献分析

投资对经济的贡献可从两个角度来衡量：一是对经济总量（地区生产总值）的贡献；二是对经济增量（经济增长）的贡献。前者一般用资本形成率来衡量，资本形成率是资本形成总额占地区生产总值的比重，反映了投资总量对支出法GDP总量的贡献。投资的增量贡献用资本形成贡献率来衡量，资本形成贡献率反映投资增量对支出法GDP增量的贡献。资本形成率与资本形成贡献率之间的联系在于：资本形成贡献率与资本形成率的变动方向是一致的，通常情况下，资本形成贡献率上升时，资本形成率也上升；反之，资本形成贡献率下降时，资本形成率也随之下降。因此，可以利用资本形成率间接反映投资对经济增长的拉动。

2.1.1　投资的总量贡献分析

改革开放以来，云南省的资本形成率演变大致经历了三个阶段：第一阶段是1978～1990年，资本形成率从1978年的39%逐渐下降到1990年的29.3%，大致下降了10个百分点，也就是说投资对经济总量的贡献在这一时期是下降的；第二阶段是1991～2008年，资本形成率从1991年的35.9%逐年上升到2008年的53%，上升了17个百分点，投资对经济总量的贡献一直在上升；第三阶段是2009～2013年，资本形成率急剧上升，从2009年的60.9%急剧上升到2013年的83.3%（见表2－1），经过4年时间上升了22.4%，这一阶段还有一个重要特征，就是投资对经济总量的贡献在2010年首次超过了消费对经济总量的贡献，说明云南经济的投资驱动特征已相当突出。

表2－1　　改革开放以来云南投资对经济的总量贡献演变　　单位：%

年份	最终消费率	资本形成率	净出口率	年份	最终消费率	资本形成率	净出口率
1978	75.4	39.0	－14.4	1990	66.2	29.3	4.5
1979	76.6	39.9	－16.5	1991	69.9	35.9	－5.8
1980	75.2	36.0	－11.1	1992	66.8	41.1	－7.9
1981	72.1	30.1	－2.2	1993	60.5	47.6	－8.1
1982	76.7	32.5	－9.2	1994	58.6	44.5	－3.1
1983	74.8	28.8	－3.6	1995	57.1	40.8	2.1
1984	72.6	34.4	－7.0	1996	57.6	41.1	1.3
1985	72.7	34.4	－7.1	1997	59.8	42.8	－2.6
1986	73.0	34.7	－7.7	1998	60.8	42.9	－3.7
1987	68.0	30.0	2.1	1999	67.7	40.1	－7.8
1988	65.4	31.1	3.4	2000	75.8	37.1	－12.9
1989	66.6	31.5	2.0	2001	68.9	44.8	－13.7

续表

年份	最终消费率	资本形成率	净出口率	年份	最终消费率	资本形成率	净出口率
2002	68.4	39.8	-8.2	2008	59.9	53.0	-12.9
2003	64.8	46.5	-11.3	2009	61.1	60.9	-22.0
2004	66.3	47.1	-13.3	2010	60.0	77.2	-37.2
2005	68.3	52.0	-20.2	2011	59.3	80.3	-39.6
2006	66.7	50.8	-17.5	2012	61.2	83.2	-44.4
2007	61.9	44.3	-6.2	2013	61.0	83.3	-44.7

资料来源：《云南统计年鉴》2013 年，2013 年数据为预测值。

总需求的另外两个部分的特点是，最终消费对经济总量的贡献在波动中下降，近年来一直在 60% 上下波动，但最终消费对经济总量的贡献高于全国平均水平。云南净出口对经济总量的贡献除极少数年份外均为负值，且在 2007 年后有逐渐加剧的趋势。

2.1.2 投资的增量贡献分析

资本形成贡献率波动性较大（见图 2-1），云南资本形成贡献率的变化可分为两个阶段：第一阶段是 1979~2007 年，资本形成贡献率较高但仍然低于最终消费贡献率，资本形成贡献率为平均 27.9%，最终消费贡献率平均为 85.5%；第二阶段是 2008~2013 年，资本形成贡献率急剧上升且远远超过了最终消费贡献率，资本形成贡献率为平均 196.1%，最终消费贡献率平均为 89.7%。

通过以上分析可以看出：不论从经济总量贡献的角度还是从经济增量贡献的角度，投资对云南经济的贡献在 2007 年前后发生了巨大的变化。2007 年金融危机后，云南经济不论是从总量还是从增量来看越来越依赖于投资，投资对云南经济的贡献在急剧的上升。因此，在消费和净出口态势保持现有水平不变情况下，若云南投资总量及增速回落，则经济增长速度降低将不可避免。

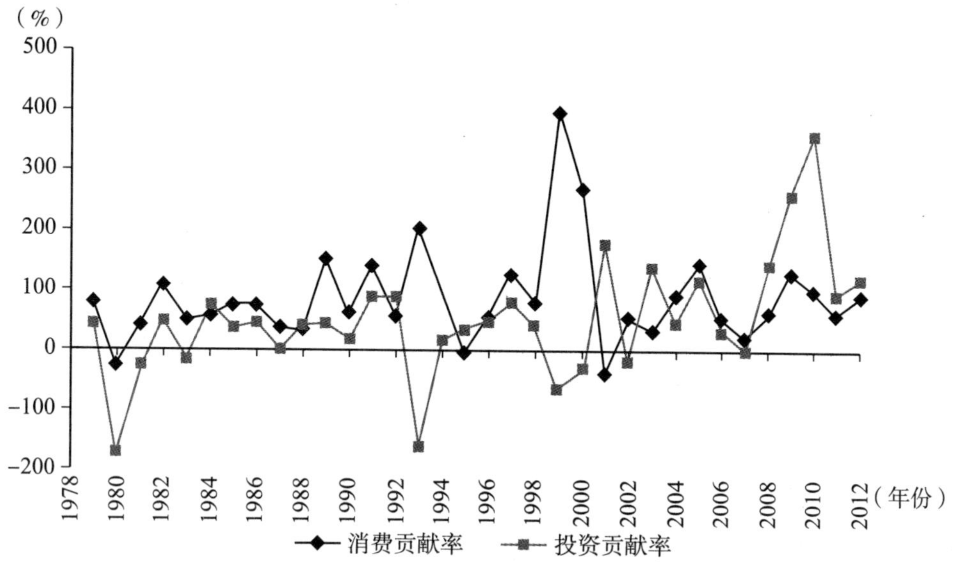

图2-1　云南消费与投资贡献率演变

资料来源：《云南统计年鉴》和笔者的计算。

2.2　云南资本积累的投资效率分析

一般来说，投资在我国的统计核算体系中有两个衡量指标：资本形成总额和全社会固定资产投资，这两个指标的内涵是不一样的[①]，为了能够全面地分析云南的投资问题，我们采用两个指标展开分析：第一部分采用资本形成总额来分析云南资本积累的投资效率；第二、三部分用固定资产投资来分析云南的投资结构。

① 资本形成总额包括固定资本形成总额和存货变动两部分，全社会固定资产投资实际上是与其中的固定资本形成总额相对应的统计指标，但两者在内涵上仍然存在明显的区别，主要表现在以下四个方面：一是全社会固定资产投资包括土地购置费、旧设备和旧建筑物购置费，而固定资本形成总额不包括这些费用。GDP是生产活动成果，不是生产活动成果不能计算到GDP中去。土地购置费是指通过划拨方式或出让方式取得土地使用权而支付的各项费用，这种土地使用权不是生产活动的成果，所以资本形成总额不包括土地购置费。旧设备和旧建筑物虽然是生产活动成果，但是它们已经包括在前期或者当期的固定资本形成总额中，不能重复计算。二是全社会固定资产投资不包括城镇和农村非农户50万元以下项目的固定资产投资，而固定资本形成总额包括这部分投资。三是全社会固定资产投资不包括矿藏勘探、计算机软件等无形生产资产方面的支出，而固定资本形成总额包括这方面的支出。就计算机软件来说，它和计算机硬件一样，能够在生产过程中长期发挥作用，相应的支出应当作为固定资本形成处理。四是全社会固定资产投资不包括房地产开发商的房屋销售收入和房屋建造投资成本之间的差额，而固定资本形成总额包括这部分差额。

2.2.1 基于最优资本存量的动态效率分析

投资动态效率涉及经济长期增长过程中的最优资本积累问题，具体来说分析的是一个经济体的资本存量是否与经济最优增长所要求的资本存量相一致。费尔普斯（Phelps，1961）根据索洛的经济增长模型提出了经济最优增长所要求的资本存量——黄金定律（Golden Rule）资本存量，进而最早分析了资本积累的动态效率问题。当一个经济体的资本存量超过黄金律资本存量时，该经济体处于投资动态无效率状态，资源配置在当期和未来没有达到帕累托最优，存在帕累托改进的余地。从理论层面分析，检验投资动态效率的方法主要有三种[①]：（1）比较现实经济中的资本存量与黄金律资本存量，当资本存量大于黄金律资本存量时，资本积累动态无效率；（2）比较资本的边际产出或利率与经济增长率，当资本边际产出或利率小于经济增长率时，资本积累动态无效率；（3）AMSZ现金流准则：当净资本收益小于零时，资本积累动态无效率。若经济不存在不确定性，则这三种方法是等价的；但若经济存在不确定性的时候，则AMSZ现金流准则优于其他两种方法。

在我国经济转型过程中，资本的迅速积累是三十多年来我国经济高速增长的一个主要源泉，1978～2013年我国的资本形成率平均为38%，远远高于同期世界平均水平。经过三十多年的高速资本积累，我国资本积累的投资动态效率成为国内外学者关注的一个热点问题。不同学者运用不同的方法检验了中国经济的投资动态效率问题：大部分学者运用AMSZ准则检验中国经济的投资动态效率，但由于使用的数据和统计数据的差别，检验结果并不一致，最开始以动态无效率为主导，而近来由于统计数据等改善的原因则倾向于得到动态有效率的结论（史永东和杜两省，2001；史永东和齐鹰飞，2002；袁志刚和何樟勇，2003；刘宪，2004；项本武，2008；黄伟力，2008；孟祥仲和严法善，2008；蒲艳萍和王维群，2009）。另外一些学者则运用比较资本边际产出或利率与经济增长率的方法来检验动态效率，袁志刚和何樟勇（2003）、王晓芳和

① 谭鑫，赵鑫铖．经济动态效率研究综述［J］．云南财经大学学报，2012（5）．

王维华（2007）得到了中国经济是投资动态无效率的结论，而吕冰洋（2008）则得到了全国资本边际生产率均大大高于经济增长率，资本积累是动态有效率的结论。[11][12]

AMSZ 现金流准则：如果对于所有时期和所有自然状态，$D_t/V_t \geq \varepsilon > 0$ 都成立，那么均衡经济是投资动态有效率的；如果对于所有时期和所有自然状态，$D_t/V_t \leq -\varepsilon < 0$ 都成立，那么均衡经济是动态无效率的，资本积累过度，其规模超过了最优水平。

该准则说明判断动态效率的标准是，看一个经济体的生产部门是现金流的净流入还是净流出，当流向生产部门的现金流大于从生产部门流出的现金流时，资本积累是动态无效率的。

由 AMSZ 现金流准则可知，判断一个经济体的投资动态效率的关键在于如何计算净现金流。阿伯尔等人（Abel et al.，1989）采用的指标计算方法如下：总资本收益（π_t）= 国民收入 + 折旧 - 劳动者报酬，总投资（I_t）= 固定资产投资 + 存货投资，净收益（Dt）= 总资本收益 - 总投资。国内学者在运用 AMSZ 现金流准则时，考虑到云南相关指标的统计口径与美国存在差异，一般会对总资本收益作出相关调整。限于数据可得性的考虑，我们采用如下的指标测算：总资本收益（π_t）= 国内生产总值 - 劳动者报酬；总投资（I_t）= 固定资本形成总额 + 存货投资；净收益（D_t）= 总资本收益 - 总投资。另外，AMSZ 现金流准则中的 V_t 代表有形资产的市场价值，由于现实中这一数据难以获得，我们用国内生产总值来代替，具体到产业时，产业的 V_t 值我们用各产业增加值来代替。

从表 2 - 2 可知，1993 ~ 2013 年云南资本积累的动态效率大致可分为三个阶段：1993 ~ 2000 年，云南经济的资本总收益大于总投资，净收益为正，表明这期间是动态有效率的，且动态效率有逐渐增强的趋势。2001 ~ 2007 年，云南经济的资本总收益大于总投资，净收益为正，但净收益占 GDP 的比重与上一阶段相比有所下降且波动性大，但总体上云南还是动态有效率的。2008 ~ 2013 年，云南经济的资本总收益小于总投资，净收益为负，这一时期云南是动态无效率的且动态效率逐渐恶化。

表 2-2　　1993～2013 年云南省的资本总收益和总投资　　单位：亿元

年份	GDP	资本收益	总投资	净资本收益	净收益/GDP (%)
1993	783.27	423.57	371.24	52.33	6.68
1994	983.78	552.36	433.59	118.77	12.07
1995	1 222.15	657.77	492.77	165.00	13.50
1996	1 517.69	799.63	613.55	186.08	12.26
1997	1 676.17	890.59	703.39	187.20	11.17
1998	1 831.33	1 008.36	770.10	238.26	13.01
1999	1 899.82	988.07	744.31	243.76	12.83
2000	2 011.19	1 119.26	746.15	373.11	18.55
2001	2 138.31	1 138.25	957.96	180.29	8.43
2002	2 312.82	1 255.53	920.50	335.03	14.49
2003	2 556.02	1 372.50	1 188.55	183.95	7.20
2004	3 081.91	1 716.74	1 450.44	266.30	8.64
2005	3 462.73	1 824.88	1 798.86	26.02	0.75
2006	3 988.14	2 152.73	2 025.26	127.47	3.20
2007	4 772.52	2 492.06	2 113.54	378.52	7.93
2008	5 692.12	2 852.36	3 017.36	-165.00	-2.90
2009	6 169.75	3 111.55	3 756.61	-645.06	-10.46
2010	7 224.18	3 880.11	5 578.57	-1 698.46	-23.51
2011	8 893.12	4 621.78	7 138.91	-2 517.13	-28.30
2012	10 309.47	5 095.46	8 576.36	-3 480.90	-33.76
2013*	11 720.91	5 977.66	9 763.518	-3 785.85	-32.30

资料来源：历年《云南统计年鉴》，表中 2013 年为预测值。

根据表 2-3 我们来分析云南投资动态效率变化的趋势，看看净收益率变化的原因是投资变化还是总收益变化（见图 2-2）。云南资本总收益占 GDP 的比重 1993～2013 年的变动区间为［49.4%，54.1%］，该值一直比较稳定；而总投资占 GDP 的比重（投资率）则波动性比较大且 2007 年后呈现急剧上升的态势，从 2007 年的 44.3% 上升到 2013 年的 83.3%。因此，云南投资动态效率的变化主要由资本形成率上升引起，资本形成率太高则导致投资动态无效率。

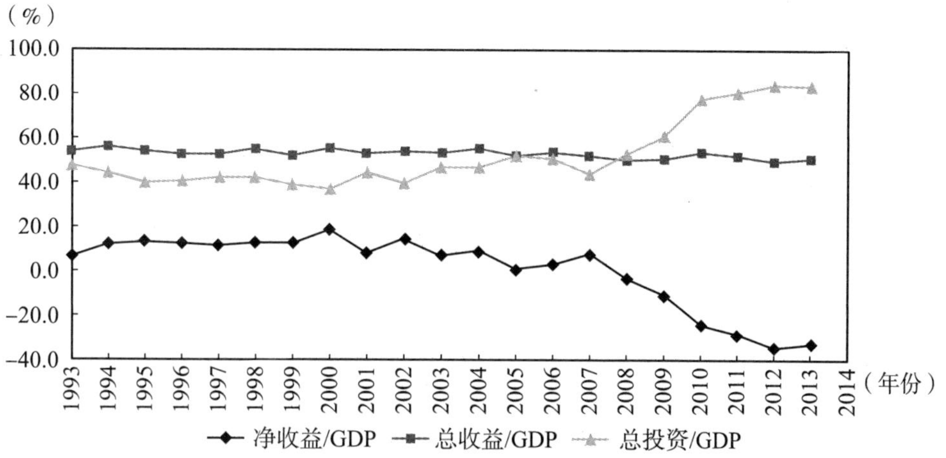

图 2-2　云南经济动态效率变化趋势

资料来源：《云南统计年鉴》和笔者的计算。

从图 2-2 可以看出，资本形成率和净收益占比呈现明显的负相关关系。资本形成率低时，净收益占比大于零，投资动态有效率；资本形成率高时，净收益占比小于零，投资动态无效率。研究结果表明，云南经济在 2007 年前均处于投资动态有效率状态；2007 年后，由于资本形成率的急剧上升，云南投资动态效率发生了转变，由动态有效率转化为动态无效率，即 2007 年后，云南的投资动态效率逐渐恶化。

2.2.2　全社会固定资产投资高速增长难以为继

固定资产投资的高速增长是处于工业化阶段经济体的一般化特征，但这种高速增长也要与经济发展相适应。图 2-3 给出了云南和全国固定资产投资增速对比图，显示除了 1999~2004 年这一时期云南固定资产投资增速低于全国外，其他时间特别是 2007 年后均高于全国平均水平。固定资产投资的高速增长使得云南的资本形成率上升到2013年的83.3%，高于全国平均水平35.5个百分点（同期全国资本形成率为47.8%）。另外，从固定资产投资增速和GDP增速的比较来看，2005～2013年云南固定资产投资增速高于GDP增速平均为14.1%。

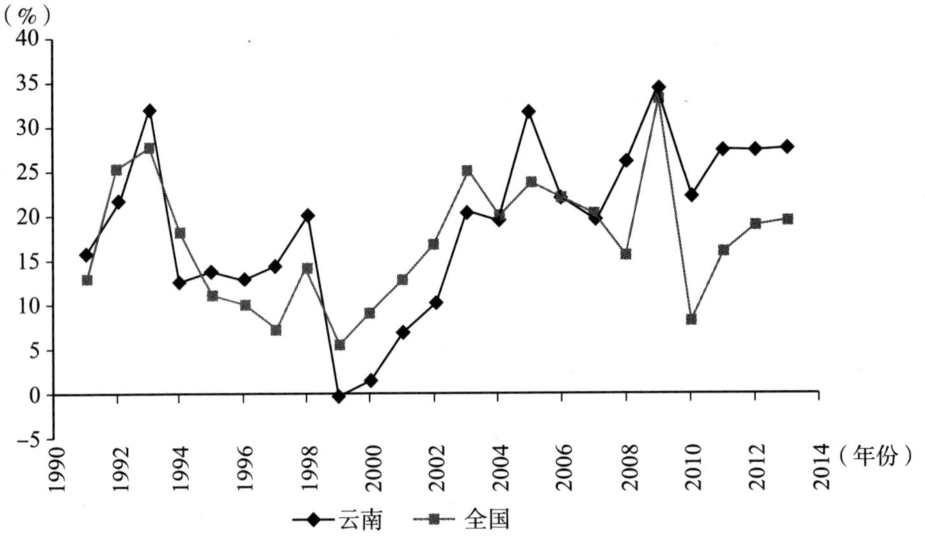

图2－3　云南和全国的固定资产投资增速比较

资料来源：全国、云南统计年鉴和笔者的计算。

投资持续快速增长，已经导致资源能源紧缺、生态环境恶化、投资效率下降，并使产能过剩问题日益突出。而且主要靠投资拉动的经济增长并不能使大众同步享受到发展成果，对居民收入增长带来挤出效应，使居民消费能力无法明显提升，经济增长不具有可持续性。首先，目前云南的资本形成率已高达83.3%，继续上升的空间非常有限，而且资本形成率继续上升面临经济结构失衡加剧的风险。其次，投资是由储蓄转化而来的，云南的储蓄率大致在40%上下波动，而资本形成率则高达80%多，其中有40%的缺口，云南近些年来一直靠巨额的负净出口和消耗政府储蓄来填补这个缺口。因此，从投资的资金来源看，云南固定资产投资高增长不可持续。最后，土地、资源环境和劳动力成本对投资增长的制约作用将会持续显现，投资高速增长的潜在能力下降；制造业、基础设施和房地产开发三大产业投资占全部投资的70%左右，是支撑投资增长的主要力量，其高速增长空间的大小直接决定我国投资的增长潜力。但当前主要产业投资面临的制约因素明显增加，高速增长空间缩小。

2.2.3 云南省投资效率分析

2014年1~5月，云南固定资产投资维持了较快的增长速度，全省完成固定资产投资（不含农户）3 657.20亿元，同比增长15.1%；其中，第一产业完成投资99.39亿元，增长35.9%；第二产业完成投资930.42亿元，增长2.1%；第三产业完成投资2 627.39亿元，增长19.8%。但地区生产总值同比增速回落却很明显，这实际上反映了云南投资效率较低的问题。

投资的效率可以从两个方面来衡量，其一是投资的生产效率，它反映了资本在生产过程被有效利用的程度；其二是资本的配置效率，它表示作为稀缺资源的资本是否配置在能够产生最高回报的行业。对于衡量投资效益的宏观经济指标，则通常用资本产出比或增量资本产出比这一指标来衡量。

1. 基于资本产出比的分析

资本产出比是一个经济系统为获得单位产出所需要投入的资本量，低的资本产出比意味着可以用相对少的资本获得相对多的产出，投资效率较高。图2-4[①]表明，1990年以来，云南经济的资本产出比与全国的变动趋势基本是一致的：资本产出比逐年上升。事实上说明，云南经济和全国经济的投资驱动特性使得随着资本存量的增加资本的边际产出下降，且云南资本产出比大于全国一般水平，特别是，金融危机以来，云南资本产出比上升非常明显。资本产出比的这些特征说明，云南资本的边际产出随时间的变化而下降，即获得单位产出需要付出的资本量上升，金融危机以来投资生产效率下降尤其明显。

---

① 中国和云南资本存量数据来源张军（2004）的数据并更新到2012年，资本存量和GDP都以2000年不变价进行核算。具体过程为：首先从复旦大学中国社会主义市场经济研究中心数据库获得东西部1952~2005年各省份1952年不变价计算的资本存量序列，并将其转化为2000年不变价的资本存量序列。其次，计算2006~2008年以2000年不变价表示的资本存量。知道2005年的资本存量，我们采用永续盘存法来计算2006~2008年的资本存量，估算公式为 $K_t=(1-\delta)K_{t-1}+I_t$，$t=2006, 2007, \cdots, 2012$，取折旧率 $\delta=9.6\%$，而 I_t 则选取固定资本形成额并折算成2000年不变价格表示的实际值。由此，我们就得到以2000年不变价格计算的资本存量序列。

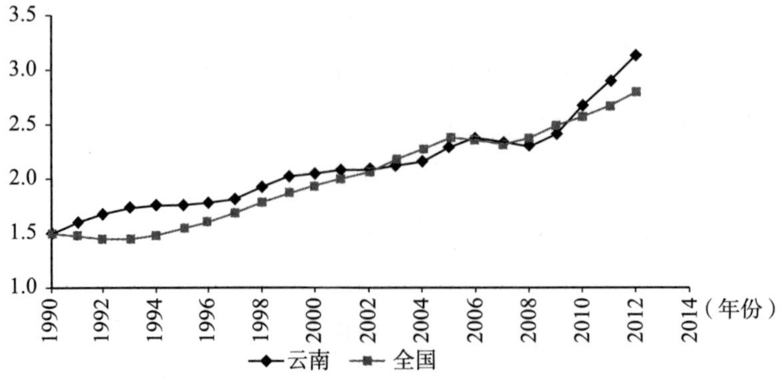

图 2－4　云南和全国的资本产出比对比

资料来源：全国、云南统计年鉴和笔者的计算。

2. 基于 ICOR 的分析

衡量投资配置效率的指标本书主要采用增量资本产出比（ICOR）进行分析。若用 I 表示资本增量，ΔGDP 表示总产出增量，则增量资本产出比可以表示为 $ICOR = \Delta K/\Delta GDP = I/\Delta GDP$），ICOR 实际上是资本边际生产率的倒数，ICOR 表明增加单位总产出所需要的资本增量，ICOR 值越高，说明增加单位总产出所需要的资本量越大，也就意味着投资效率越低，反之亦然。根据定义分别计算云南和全国的 ICOR①，所得结果如图 2－5 所示。

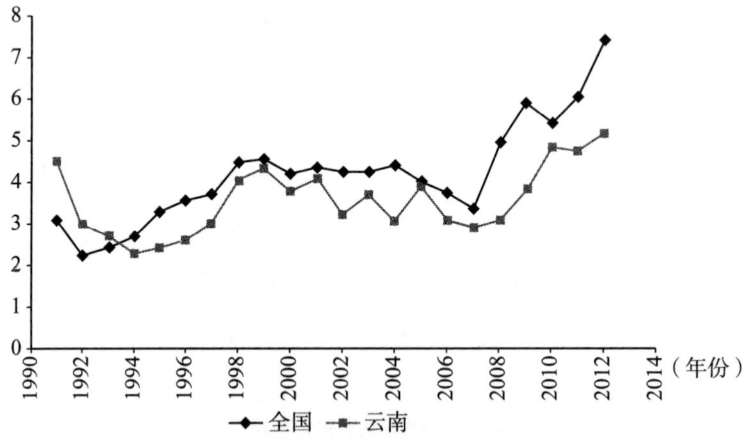

图 2－5　中国和云南的 ICOR

资料来源：全国、云南统计年鉴和笔者的计算。

① 计算中的 GDP 和固定资产投资总额均换算为 1990 年不变价。

图 2－5 非常清晰地显示，1990 年以来，云南和全国的 ICOR 值呈现出较大的波动性，说明随着产业结构的调整，投资的效率也发生较大的波动。另外，2007 年以来，云南的边际资本产出比进入了一个新的上升周期，这意味着投资的边际效率开始上升从而投资效率下降了。

2.3　云南投资结构分析

以上分析表明，云南经济的资本积累自全球金融危机后为维持与危机前相同的高增长水平，大幅度提高了资本形成率，进而导致投资动态无效率和投资效率的下降。事实上，若从总量资本角度看，资本积累是动态无效率的，但并不代表经济的所有产业都是动态无效率的，可能是某几个份额较大的产业资本积累过度导致了整体的动态无效率，而其他产业的资本积累则没达到其最优规模。因此，需要考察投资的产业结构问题。

2.3.1　固定资产投资的行业结构分析

1. 云南固定资产投资结构的纵向比较分析

表2－3 是最近两个时期2003～2007 年和2008～2012 年云南固定资产投资在各行业间的分布状况。云南对制造业、电力、燃气及水的生产和供应业、交通运输、仓储和邮政业、信息传输计算机服务和软件业、房地产业、水利、环境和公共设施管理业6 大行业的固定资产投资占总固定资产投资比重从 2003～2007 年和 2008～2012 年发生了相对比较大的变化，变化比重大于 1.81%。但从三次产业投资结构来看（见表2－4），云南的固定资产投资在三次产业间的分布从 2003～2007 年和 2008～2012 年几乎没有发生变化。这实际上说明了云南对投资结构进行调整的效果不明显。

表 2－3　　**云南固定资产投资行业分布状况**　　单位：%

部门	云南			全国		
	2003～2007	2008～2012	变化	2003～2007	2008～2012	变化
农、林、牧、渔业	3.95	3.88	－0.07	2.18	3.98	1.80
采矿业	3.56	4.64	1.08	1.52	2.05	0.53

续表

部门	云南			全国		
	2003～2007	2008～2012	变化	2003～2007	2008～2012	变化
制造业	12.36	14.42	2.06	17.60	26.45	8.85
电力、燃气及水的生产和供应业	17.55	14.58	-2.97	7.99	4.46	-3.54
建筑业	0.54	0.44	-0.10	1.97	2.17	0.20
交通运输、仓储和邮政业	17.45	13.16	-4.30	10.66	10.48	-0.19
信息传输计算机服务和软件业	3.18	1.14	-2.04	2.42	1.03	-1.38
批发和零售业	1.50	2.79	1.29	1.10	1.00	-0.10
住宿和餐饮业	1.41	1.48	0.07	0.57	0.54	-0.04
金融业	0.23	0.10	-0.13	0.14	0.07	-0.07
房地产业	20.80	25.04	4.24	32.90	30.66	-2.23
租赁和商务服务业	0.26	0.45	0.19	0.49	0.78	0.29
科学研究、技术服务和地质勘查	0.24	0.32	0.08	0.17	0.22	0.05
水利、环境和公共设施管理业	8.32	10.13	1.81	12.58	10.93	-1.65
居民服务和其他服务业	0.50	0.22	-0.28	0.08	0.31	0.23
教育	2.40	2.50	0.10	2.99	1.68	-1.32
卫生、社会保障和社会福利业	0.72	1.00	0.28	0.80	0.61	-0.19
文化、体育和娱乐业	0.90	1.22	0.33	0.85	0.91	0.06
公共管理和社会组织	4.13	2.49	-1.64	2.99	1.68	-1.31

资料来源：历年《云南统计年鉴》。

表2-4　两个时期云南固定资产投资的产业结构

	时期	第一产业	第二产业	第三产业
云南	2003～2007	3.95	34.01	62.04
	2008～2012	3.88	34.08	62.04
全国	2003～2007	2.65	42.31	55.04
	2008～2012	2.92	42.92	54.16

资料来源：《云南统计年鉴》和笔者的计算。

与同时期的全国相比，云南对第二产业固定资产投资占比低于全国平均水平8个百分点，而对第三产业固定资产投资占比高于全国平均水平7个百分点。从具体行业来看，云南对制造业固定资产投资占比从2003～2007年的12.36%增加到2008～2012年的14.42%，提高了2.06个百分点，从投资结构调整和产业经济发展的要求来看，云南制造业投资占比偏低；而同期全国对制造业固定资产投资占比从2003～2007年的17.60%增加到2008～2012年的26.45%，提高了8.85个百分点；云南对电力、燃气及水的生产和供应业固定资产投资占比从2003～2007年的17.55%减少到2008～2012年的14.58%，降低了2.97个百分点，从加强云南经济长远发展基础来看，云南还需加大对燃气及水的生产和供应业的固定资产投资；而同期全国对电力、燃气及水的生产和供应业固定资产投资占比从2003～2007年的7.99%减少到2008～2012年的4.46%，降低了3.54个百分点。

云南对交通运输、仓储和邮政业固定资产投资占比从2003～2007年的17.45%减少到2008～2012年的13.16%，降低了4.3个百分点，金融危机后，云南对交通运输、仓储和邮政业固定资产投资的比重还下降了，从加强云南发展基础的角度看，下阶段云南有必要加大基础设施的投资力度；而同期全国对交通运输、仓储和邮政业固定资产投资占比从2003～2007年的10.66%减少到2008～2012年的10.48%，降低了0.19个百分点；云南对信息传输计算机服务和软件业固定资产投资占比从2003～2007年的3.18%减少到2008～2012年的1.14%，降低了2.04个百分点；而同期全国对信息传输计算机服务和软件业固定资产投资占比从2003～2007年的2.42减少到2008～2012年的1.03%，降低了1.38个百分点；云南对房地产业固定资产投资占比从2003～2007年的20.8%增加到2008～2012年的25.4%，提高了4.24个百分点，从上一时期到2008～2012年云南的房地产投资比重上升了，考虑到房地产市场的发展状况，今后还应适度降低对房地产业的投资；而同期全国对房地产业固定资产投资占比从2003～2007年的32.90%减少到2008～2012年的30.66%，降低了2.23个百分点；云南对水利、环境和公共设施管理业固定资产投资占比从2003～2007年的8.32%增加到2008～2012年的10.13%，提高了1.81个百分点；而同期全国对水利、环境和公共设施管理业固定资产投资占比从2003～2007年的12.58%

减少到2008～2012年的10.93%，降低了1.65个百分点；其他行业的固定资产投资比例相对较小且变化也不大。

从上面的分析可知，云南的固定资产投资结构与全国相比，主要体现出以下几个特征：首先，云南对第二产业的投资比重低于全国水平，对第三产业的投资比重高于全国平均水平；其次，云南对制造业固定资产投资占比低于全国水平；再次，云南对电力、燃气及水的生产和供应业固定资产投资占比高于全国水平；最后，云南对交通运输、仓储和邮政业固定资产投资占比高于全国水平①。因此，从投资结构的视角来看，云南对工业的固定资产投资占比从2003～2012年来看是低于全国水平的，这反映出云南的投资结构不合理。

2. 云南固定资产投资结构的横向比较分析

表2－5给出了2003～2007年和2008～2012年两个时期，云南、重庆、浙江三省的固定资产投资行业占比的情况。从表中可以看出，三省主要的差别在于制造业、电力、燃气及水的生产和供应业、交通运输、仓储和邮政业、房地产业、水利、环境和公共设施管理业5个行业。云南、重庆、浙江三省的固定资产投资占比在如下行业比重小且变化不显著：金融业、建筑业、租赁和商务服务业、文化、体育和娱乐业、科学研究、技术服务和地质勘查业、卫生、社会保障和社会福利业、批发和零售业、住宿和餐饮业。

表2－5　两个时期云南、重庆与浙江固定资产投资行业占比比较

行业分类	2003～2007			2008～2012		
	云南	重庆	浙江	云南	重庆	浙江
农、林、牧、渔业	3.95	2.18	1.11	3.88	3.98	0.91
采矿业	3.56	1.52	0.18	4.64	2.05	0.17
制造业	12.36	17.60	36.42	14.42	26.45	34.82
电力、燃气及水的生产和供应业	17.55	7.99	7.24	14.58	4.46	4.83
建筑业	0.54	1.97	0.54	0.44	2.17	0.29
交通运输、仓储和邮政业	17.45	10.66	9.65	13.16	10.48	8.35

① 云南对基础设施的投入比重高于全国水平是由区位差异和资源禀赋决定。

续表

行业分类	2003 ~ 2007			2008 ~ 2012		
	云南	重庆	浙江	云南	重庆	浙江
信息传输计算机服务和软件业	3. 18	2. 42	1. 61	1. 14	1. 03	1. 17
批发和零售业	1. 50	1. 10	1. 17	2. 79	1. 00	1. 68
住宿和餐饮业	1. 41	0. 57	0. 74	1. 48	0. 54	1. 13
金融业	0. 23	0. 14	0. 11	0. 10	0. 07	0. 28
房地产业	20. 80	32. 90	26. 05	25. 04	30. 66	32. 66
租赁和商务服务业	0. 26	0. 49	0. 98	0. 45	0. 78	1. 05
科学研究、技术服务和地质勘查	0. 24	0. 17	0. 17	0. 32	0. 22	0. 31
水利、环境和公共设施管理业	8. 32	12. 58	8. 95	10. 13	10. 93	8. 57
居民服务和其他服务业	0. 50	0. 08	0. 36	0. 22	0. 31	0. 13
教育	2. 40	2. 99	1. 93	2. 50	1. 68	1. 11
卫生、社会保障和社会福利业	0. 72	0. 80	0. 77	1. 00	0. 61	0. 68
文化、体育和娱乐业	0. 90	0. 85	0. 61	1. 22	0. 91	0. 78
公共管理和社会组织	4. 13	2. 99	1. 42	2. 49	1. 68	1. 06

资料来源：《云南统计年鉴》和笔者的计算。

从制造业来看，2003 ~ 2007 年，云南固定资产投资占比是三个省中最小的，为 12. 36%，重庆次之，为 17. 60%，浙江最大，为 36. 42%；而从 2003 ~ 2007 年到 2008 ~ 2012 年重庆制造业固定资产投资占比增加了 8. 85%，云南则只增加了 2. 06%，浙江减少了 1. 6%。存在的问题是，云南对制造业的投资占比过低。

从电力、燃气及水的生产和供应业来看，2003 ~ 2007 年，云南固定资产投资占比是三个省中最大的，为 17. 55%，重庆次之，为 7. 99%，浙江最小，为 7. 24%；而从 2003 ~ 2007 年到 2008 ~ 2012 年三个省份的固定资产投资占比均下降了约 3 个百分点。

从交通运输、仓储和邮政业来看，2003 ~ 2007 年，云南固定资产投资占比是三个省中最大的，为 17. 45%，重庆次之为 10. 66%，浙江最小为 9. 65%；而从2003～2007年到2008～2012年三个省份的固定资产投资占比均下降了约3个百分点。

从房地产业来看，2003～2007年，重庆固定资产投资占比是三个省中最大的，为32.9%，浙江次之，为26.05%%，云南最小，为20.8%；而从2003～2007年到2008～2012年，云南房地产固定资产投资占比上升了4.24个百分点，重庆则下降了2.24个百分点，浙江则上升了6.61个百分点。

从水利、环境和公共设施管理业来看，2003～2007年，重庆固定资产投资占比是三个省中最大的，为12.58%，浙江次之，为8.95%，云南最小，为8.32%；而从2003～2007年到2008～2012年，云南水利、环境和公共设施管理业投资占比上升了1.81%，重庆下降了1.65%，浙江下降了0.38%。

因此，不论是从横向比较还是从纵向比较来看，云南的投资结构都存在一些问题。首先，制造业发展水平低，制造业发展速度低于东部。其次，云南对基础设施的投入比重远远高于重庆和浙江，但这种高是由区位差异和资源禀赋决定的，且也是合理的和符合长远发展目标的。最后，对科学研究、技术服务和地质勘查业、教育的投入有待提高，以提升技术进步率和劳动资本的素质。

2.3.2 固定资产投资的资金来源结构分析

地处西部的云南和重庆对国家预算内资金有很强的依赖性。云南、重庆、浙江三省投资的资金来源结构见表2－6。三省的固定资产投资资金来源都是以自筹资金为主，浙江的自筹资金比例稍高一些但差距不大；其次是国内贷款，都占了16%以上，差距不大。但从国家预算内资金和利用外资来看，云南和重庆的国家预算内资金比重显著高于浙江，而对外资的利用情况云南显著低于重庆和浙江。

表2－6　云南、重庆和浙江三省的资金来源结构分析

地区	时期	国家预算内资金	国内贷款	利用外资	自筹资金	其他资金
云南	2003～2007	7.46	27.30	0.90	47.52	16.82
	2008～2012	8.61	19.64	0.30	54.30	17.15

续表

地区	时期	国家预算内资金	国内贷款	利用外资	自筹资金	其他资金
重庆	2003~2007	6.08	23.84	1.97	43.49	24.61
	2008~2012	5.64	19.31	1.29	50.42	23.33
浙江	2003~2007	1.84	21.19	3.74	53.87	19.36
	2008~2012	3.76	16.20	1.83	57.07	21.15

资料来源：云南、重庆与浙江统计年鉴和笔者的计算。

国外资本进入的一个最大特征是附带先进技术，能极大提高劳动生产率，推动区域经济增长腾飞，尽管以上分析显示云南存在过度投资，但实际上是一种相对的过剩，即相对于创新不足的过剩。这主要体现为云南企业缺乏创新的动力和投资渠道受阻，最终导致投资回报率的低下和“资本过剩”的假象。相反，国外投资者由于有技术创新，借助于中国巨大的市场容量，能够获取比在他们自己国家投资更高的投资回报率，能带动国内企业的技术得到提高，从而有利于投资效率的提高。

2.4　调整投资结构，促进产业转移升级

本章分析了云南投资规模和投资结构是否合理的问题，分析的结论表明：从经济动态效率的角度看，云南资本积累自2008年以来存在过度积累的趋势；从ICOR指标与全国的比较来看，云南的投资效率高于全国平均水平，但自2000年以来呈下降的趋势；另外，从投资行业结构、资金来源结构的角度来看，金融危机以来云南投资结构调整作用不是很明显，投资资金来源过度依赖国家预算内资金、利用外资比重非常低。因此，在进行投资时，需要考虑投资结构的问题。

因此建议：

第一，提高经济的技术水平。实际上，经济增长来源于劳动与资本投入增长和技术增长，当劳动水平固定时，技术进步会提高资本的边际产量，进而增大经济的最优资本存量（黄金律资本存量），从而改善经济的动态效率状态。

第二，深化投资体制改革，优化政府投资结构。规范各级政府、各类企业的投资行为，强化投资的约束机制；健全政府投资管理体制；政府投资更多地向老少边穷，向农村地区倾斜，向教育、医疗、社区等社会领域倾斜，向高新技术领域倾斜，促进城乡、区域、经济与社会协调发展。

第三，提高投资效率和效益。改变现有的经济增长方式，尽快实现从粗放型向集约型增长方式转变；改变对各级政府的政绩评价体系，努力消除地方政府普遍存在的“投资饥渴症”现象，这是提高投资效益的制度保证。

第四，在“引进来，走出去”的战略方针指导下，为了适应新形势的要求，积极有效地利用外资。

第五，优化投资结构，提高投资效率。在积极增加投资机会的同时，努力改善资本配置、优化投资结构，适度减少各产业内资本积累过度产业的投资水平，增加资本存量未达到黄金律资本存量的产业的投资水平。

第3章　当前市场需求态势分析

随着全球化的推进，发展中国家与发达国家的市场关联性日趋显著，但伴随经济差距的不断缩小，新兴经济体自身的市场潜力也变得尤为重要。近30年来，中国和其他成功的新兴经济体一样都采取出口导向型的发展战略，为发达国家提供原材料与中间产品，这种“中心—外围”的发展模式，使得发达国家与发展中国家的经济水平都得到了极大发展，特别是中国等发展中国家在近些年来都保持了较高的增长势头，其经济发展水平不断提高，产业结构不断升级，市场结构不断优化，人们的生活水平和教育水平也得到极大提升。金融危机出现后，这种正向关联变得更为显著，从股票市场和债券市场看，拉美股票市场和亚洲股票市场在十年前的相关度大概是42%左右，目前是81%①。全球经济关联性的提升，表明发达国家与发展中国家之间市场变动的传递是极为迅速的，其市场需求态势的变动是同周期的。另外从未来的发展趋势，我们也可以看到，新兴经济体与发达国家的差距不断缩小，特别是金融危机后，发达国家开始重新关注自身制造业的发展，发达国家与发展中国家的经济发展出现了一定程度的“趋势脱钩”，以往“中心—外围”的单一经济循环格局被打破，而“发达国家”和“新兴经济体”的双循环态势开始出现，如美国的“再工业化”政策和中国的“扩大内需”政策②，这样新兴经济体自身市场的需求就显得更为重要，以往简单的“发达国家消费，发展中国家生产”的贸易模式被打破，取而代之的是以中国为核心的新兴经济体和以美国为核心的发达经济体之间的复杂关联的贸易模式。因此，我们对市场需求态势的把握，一方面要关注全球市场最新需求的变动，另一方面还

① 朱民．变化中的世界［J］．国际经济评论，2013（6）：9－19.

② 王跃生，马相东．全球经济“双循环”与“新南南合作”［J］．国际经济评论，2014（2）：61－80.

要重点考虑新兴市场未来的发展潜力。

从需求理论和技术创新理论来看，对未来市场需求以及产业升级方向的把握，需要从社会需求变动和技术创新两方面进行分析。从社会需求的角度来看，市场需求的变动与国家（或地区）的经济发展水平相关，当人均收入提高时，整个社会的需求总量和需求结构都会得到提升。一般而言，需求结构的升级体现在人们拥有充足生活资料后对其他方面如医疗、教育等产品的需求，以及对更健康、更便利、更人性化的生活体验的需求。人们需求结构的变动必将导致市场产品结构的变动，只有实现以人为本的发展战略，才能更好地把握市场需求态势的方向。从技术创新的角度来看，市场需求的变动是与新技术的产生与扩散紧密相关的。新技术的应用或新产品的出现能够创造出新的市场需求，这是因为虽然技术的创新并不一定是需求导向，但市场对当前出现的新技术的筛选机制以及研发部门与市场的反馈机制，都能使得适宜的新技术出现，并快速应用于实际生产中，因此把握新技术的应用趋势方向也就把握了市场需求的方向。基于以上两个方面，本章将对全球经济发展中的市场需求态势进行分析，并结合云南区域优势和资源优势试图进一步发掘未来云南发展的机会。

3.1 发达国家医药消费减速，新兴经济体医药消费有望翻番

金融危机后，全球医药市场经历了若干年的缓慢增长，主要是因为发达国家的药物消费面临减速，2011～2016年5年间发达国家药物消费总额将增加600亿～700亿美元，而此前的2006～2011年期间，发达国家医药消费总额增加值达到1 040亿美元，预期美国的药物消费支出在2011～2016年将保持着1%～4%的年平均增长率，而欧洲归因于其大规模的财政紧缩计划和医疗健康成本控制措施，其药物消费增长率将维持在-1%～2%的范围，日本医药市场在2016年以前，预计将以1%～4%的速度增长，略低于过去5年[①]。

① Global Use of Medicines：Outlook through 2016，IMS，2013.

相对于发达国家医药市场增速下滑，新兴经济体医药市场未来将持续增长，带领全球医药市场复苏，这种增势得益于民众收入的增加、药物成本的持续走低，以及政府旨在通过减少病人花费和鼓励增加药物使用来提升治疗普及率的赞助项目，而仿制药和其他产品（包括非处方药、诊断产品和非治疗产品）将为增长贡献约83%的份额，其年度药品支出预计将从2011年的1 940亿美元，增至2016年的3 450亿~3 750亿美元（或人均支出91美元）。根据IMS医疗健康信息学院发布的研究报告显示，2016年全球医药市场增长率预期上升至5%~7%。全球年药物消费支出从2011年的9 650亿美元在2016年增加至1.2万亿美元，年复合增长率达3%~6%。受新兴医药市场销量增加的驱动，全球年药物消费支出预计在2016年翻番，从2011年的300亿美元上升至2016年的700亿美元①。同时麦肯锡报告也指出，中国医药市场在2012年零售销售总额达6 000亿元人民，复合年增长率达21%，因此他们预测，到2020年中国医药市场将保持每年17%左右的增长率，市场零售销售预计将达到1.9万亿元人民币，成为世界第二大医药市场②。

对于云南而言，中医药及民族药等天然药物具有资源优势，且云南省医药制造业整体表现出良好的盈利水平，同时涌现了一批优秀的企业，因此发挥“云药”的现有优势，努力发展医药产品以及医疗服务，将会很好地迎合市场需求。

3.2　食品健康更受消费者青睐，有机食品销量大增

随着人们收入的增长，生活水平以及生活质量的提升，食品健康开始受到广泛专注。有机食品作为新世纪的健康食品，渐渐受到了消费者的青睐，从全球来看，全球有机产品的市场以良好态势持续发展。1999~2012年，世界有机农业用地由11.0百万公顷上升到37.5百万公顷，增长了240%。2011~2012年欧洲有机农业用地增长较快，增幅为6%，而其他大洲增长缓慢。2012年全球有机食

① Global Use of Medicines：Outlook through 2016，IMS，2013.

② The pharmasia summit report – CHINA 2013：In Search of New Growth Models For Big Pharma In China.

品（含饮料）的销售额约达到640亿美元，全球最大的有机产品市场依然是美国、德国和法国，美国作为最大的有机产品消费国，2012年销售额达到315亿美元，并实现两位数的增长率，为10.3%，其中有机食品销售额比上年上涨10.2%，而传统食品则只增长了3.7%。2002～2012年美国有机市场零售额增长了2.6倍。德国是欧洲最大的有机食品市场，零售额达到70.4亿欧元，德国的有机食品销售额从1997年的14.8亿欧元增加到2012年约70.4亿欧元，增长了3.76倍①。相关学者认为，有机农业在德国还有相当大的潜力，因为德国的有机产品供应跟不上持续增长的有机食品需求，尽管有些有机产品在德国国内生产，但是德国消费的一大部分有机产品还是来源于进口。

与发达国家相比，我国的有机食品消费占比较低。据美国有机贸易协会统计数据，当前美国有机食品销售额已占其全部食品销售的4.2%，七成美国人消费过有机食品，而我国有机食品在整个食品行业市场份额中所占的比例估计还不足1%。但我国有机食品的消费随着人们收入的增加迅速增长，目前我国有机食品消费额正以每年30%～50%的速度增长，常年缺货达到30%。

云南省地处亚热带高原区域，气候多样化，生态环境良好，使得云南可以依托“绿色云南”的优势以及结合食品资源多样化的特征，形成了特色农业产业带和优势农业产业区域，为进一步发展绿色食品和有机食品提供有力支持。另外云南省的绿色食品产业也已初具规模，加强绿色食品出口贸易的国际交流，推动绿色产品对欧美国家的出口是未来发展的趋势。

3.3 新材料产业市场规模较大，应用前景广阔

新材料是一切高新技术的基础，所以任何一个技术的突破，都要首先从新材料开始。新材料产业是目前全球最重要、发展最快的高技术产业领域之一，随着全球制造业和高新技术产业的飞速发展，新材料的市场需求日益增长，新材料产业发展前景十分广阔。2000年，全球新材料市场规模为4 000亿美元，2008年

① 2014年世界有机农业概况与趋势预测。

全球新材料市场规模已超过8 000亿美元，到2009年已接近10 000亿美元。其中，全球半导体专用新材料市场规模为500亿美元，功能陶瓷的市场总规模达800亿美元，节能环保类新材料市场规模约为1 800亿美元，高速铁路及汽车用新材料约为2 400亿美元，生物医用材料超过4 000亿美元，由此带动的新产品和新技术则是更大的市场。近年来，市场需求平均每年以10%以上的速度增长，市场潜力巨大。

新材料市场需求前景十分看好，以新材料为支撑的新兴产业，如计算机、通讯、绿色能源、生物医药、纳米产业等的快速发展，对新材料的种类和数量需求也将进一步扩大。近年来，新材料的发展主要表现在如下方面：新能源材料，新能源材料是发展新能源的核心和基础，发展方向是开发绿色二次电池、氢能、燃料电池、太阳能电池和核能的关键材料；生物医用材料，随着生物技术、医药技术、信息技术、制造技术、纳米技术和材料科学技术的迅猛发展与交互融合，新型和新概念生物医用材料层出不穷。药物控制释放材料、组织工程材料、可降解和吸收生物材料、新型人造器官、人造血液等代表了新的发展趋势。化工新材料，化工新材料向高性能化、多功能化、精细化、低成本化，工艺无害化，应用普及化等方向发展。高性能结构材料，主要是新一代钢铁结构材料、高性能陶瓷材料、稀贵金属材料、新型有色金属合成材料等。

对于云南而言，发展新材料产业是具有有利条件的，开发和发展新材料产业始终也离不开传统的矿产资源，云南省拥有丰富的有色金属、黑色金属、稀贵金属、稀土以及一些非金属矿产资源，这就能够为发展新材料产业提供可靠的资源依靠，另外，随着工业化的进展，尤其是重化工业的快速推进，以有色金属采选、压延以及加工产业，黑色金属采选，压延和加工产业、磷化工产业、煤化工产业为主的冶金和化学工业得到了快速的发展，并成为全省国民经济发展的支柱产业，也为日后发展新材料产业打下了基础。

3.4　节能环保产业全球投资力度加大

节能环保产业是一个跨产业、跨领域、跨地域，与其他经济部门相互交叉、相互渗透的综合性新兴产业。根据涉及的节能环保技术、装备、产品和服务等八大领域，可以将其分为节能产业、环保产业和资源循环利用产业三大产业，主要包括八大细分领域：节能技术和装备、高效节能产品、节能服务、先进环保技术和装备、环保产品与环保服务、资源综合利用、再生资源利用。在节能产业方面，目前欧洲各国都在加大对节能产业的投入，其中欧盟在 2013 年投入 32 亿欧元用于环保汽车及智能化交通系统等的研发，英国专门成立了国家低碳技术投资公司，发展低碳工业、汽车等节能产业。资源循环利用产业已成为全球发展最快的产业之一，再生资源回收总值以每年 15% ~20% 的速度增长，在今后 30 年内，产业规模将超 3 万亿美元，欧洲在此领域处于世界领先水平，已建立起较成熟的废旧物资回收网络和交易市场。对于清洁能源的使用，麦肯锡预测到 2025 年太阳能与风能能源生产比重将达到 15% ~16%，显著高于当前的 2%，由此产生的年增加值达到 1 650 亿 ~2 750 亿美元[①]。此外，欧洲主要工业化国家的大企业已经相继开展了以节材、节能、减少环境污染为目的的再制造，再制造产业主要涉及的领域包括汽车、工程机械、机械制造、家用电器、办公设备等，在欧洲已形成巨大产业规模。

近年来，我国的节能环保产业也取得较大进展，长期以来的粗放式发展方式导致我国生态环境付出了沉重代价，水污染、大气污染及垃圾污染等生态破坏现象严重，政府开始大力推动节能环保产业。2001 ~2012 年，我国环境污染治理投资总额增长了 6. 07 倍，环境污染治理投资占 GDP 比重增长了 0. 52%。截止到 2011 年，全国从事环境保护产品生产的单位 4 471 个，从业人员 39. 6 万人，当年实现销售收入 1 997. 3 亿元，销售利润 213. 9 亿元，出口合同额 20. 4 亿美元。与 2004 年相比，我国环境保护产品年销售收入增长了 484. 2%，年平均增长速度为 28. 7%。我国环境保护产品生产主要分布在 96 个国民经济行业大类中的 56 个。其中，环境保护产品生产年销售收入超过 700 亿元的是专用设备制造业；超过 100 亿元的有通用设备制造业、生态保护和环境治理业、化学原料和化学制品制造业；超过 50 亿元的有汽车制造业，电力、热力生产和供应业[②]。

① Disruptive technologies：Advances that will transform life，business，and the global economy. McKinsey Global Institute，2013.

② 2011 年全国环境保护相关产业状况公报。

对于云南而言，云南急需发展环保技术产业，一是针对工业污染物排放，特别针对云南省磷煤化工、冶金、建材、火电、医药、造纸、亚麻等主要行业的工业清洁生产工艺；二是固体废物处理处置技术及设备和加工业固体废物再生循环利用技术，利用工业固体废物生产；三是高原湖泊综合治理保护技术，高原湖泊保护是云南省生态环境建设的重点，是实现我国经济社会可持续发展的重要保障。因此发展节能环保产业不仅是未来市场的需求也是云南自身发展的需要，云南已有相关产业的发展经验，将已有经验与未来市场发展需求相结合是未来产业升级的重要方向。

3.5　移动互联网产业开始兴起且潜力巨大

随着移动互联网技术的广泛应用，移动互联网产业已成为未来市场发展的新的增长点，全球有超过11亿人使用智能手机和平板电脑，据预测到2025年，移动互联网产业每年将产生3.7万亿～10.8万亿美元的产值[①]。2013我国新增网民上网使用设备有73.3%是使用手机上网，而台式电脑与笔记本电脑为28.7%和16.9%。我国手机网民规模达5亿人，网民中使用手机上网的人群占比高达81%[②]。根据工信部公布的数据，2013年1月至10月，我国智能手机出货量达到3.48亿部，销量保持快速增长；2013年11月3G移动电话用户达3.86亿户，较上年同期增长1.54亿户。另一方面移动互联网的发展还得益于手机应用服务的多样性和深入性，尤其是新型即时通信工具和生活类应用的推动下，手机上网对日常生活的渗透进一步加大，在满足网民多元化生活需求的同时提升了手机网民的上网黏性。移动互联网的发展极为迅速，但当前市场占有率仍不高。从终端设备看，智能手机用户仅占52亿移动用户的30%，平板电脑出货量2013年虽然增长52%，超过PC所有年份的增长率，但平板电脑用户仅为笔记本的56%，智能手机的28%，电视机的8%；从广告收益看，2013年互联网广告营收增长

---

① Disruptive technologies: Advances that will transform life, business, and the global economy. McKinsey Global Institute, 2013.

② 2014年中国互联网络发展状况统计报告。

16%，移动广告增长47%，但后者在互联网广告中仅占11%。因此，以上数据表明，移动互联网产业发展还有很大的增长空间。

目前移动互联网的应用场景主要有移动医疗、移动支付、位置服务、物联网、移动搜索、多屏互动等领域，拿移动医疗应用程序来看，它已占安卓移动应用的1.6%，国内医疗健康类APP多达2 000多款。随着4G网络的普及，移动互联网应用场景将更加广泛。移动互联网的发展还与电子商务的发展密切相关，据调查在智能手机用户中，放弃店内购物的原因之一就是他们通过应用在网上发现有更好的价钱（占受访者52%），第二大原因是发现另一个场所的价格更为优惠（51%的受访者）。近年来，我国移动支付与移动购物规模不断增大，2014年第1季度，中国手机购物市场交易规模达780.2亿元，环比增长13%，与2013年第1季度相比，同比增长207%，整体市场处于快速发展期。未来移动互联网产业需求不断扩大，整体向好。

对于云南而言，云南互联网产业刚刚起步。2014年6月昆明经开区银河科技产业园与惠普公司合作建设云南首个移动互联网产业基地和云计算服务平台。惠普公司还将发挥其技术、研发、运营、推广的优势，在科技园区内创建人才实训基地和移动互联网创新中心，为科技型中小企业和青年创业者提供培训和技术平台服务。全球第二大软件公司甲骨文股份有限公司也于日前确定入驻意向，依托这些公司的技术支持，在银河科技园区内将建设云南省第一个云计算服务中心。硬件设施引入与相关人才的培养将促使云南逐渐具备发展移动互联网产业的潜力。

综上所述，从社会需求变动来看，随着人们收入的提高，对医药保健，食品健康的需求将日益增大，特别在新兴经济体，医药和食品健康产品的收入弹性较大，具有可观的市场发展潜力；从技术创新的角度来看，关键技术的创新将会给整个经济发展带来颠覆性的变革，如新材料的技术突破，节能环保技术的革新以及移动互联网技术的扩散都给相关产业带来了历史发展机遇。对于云南而言，紧跟市场需求趋势，依靠自身发展潜力，将是未来实现需求导向的产业升级的必要途径。重点扩大医药产业、推广绿色食品、引进新材料以及节能环保技术、建立移动互联网平台将是云南未来产业升级的思路。

第4章 云南工业结构的不可持续性研究

云南的工业发展与经济增长存在着紧密联系。据测算，云南工业增加值占GDP的比重为42.2%，其中，规模以上工业增加值占GDP的比重为37.7%。2014年一季度，云南规模以上工业增加值增速比2013年同期回落8.4个百分点，比全国低2.2个百分点，这无疑对云南GDP的增长形成了挑战。因此，如何促进云南工业的可持续发展已成为促进云南经济增长的关键。

目前，云南工业最突出的问题是结构性矛盾。具体而言，云南工业内部构成中，轻重工业结构失衡，云南重工业占全部工业总产值的比重为70%左右，轻工业的占比只有30%左右（见图4-1），若扣除卷烟工业，轻工业比重更低；此外，云南轻重工业的内部结构也存在失调，重工业中的资源型、原料型工业比重过高，而装备制造业比重太低；轻工业中卷烟比重过大，非卷烟工业比重过低①。

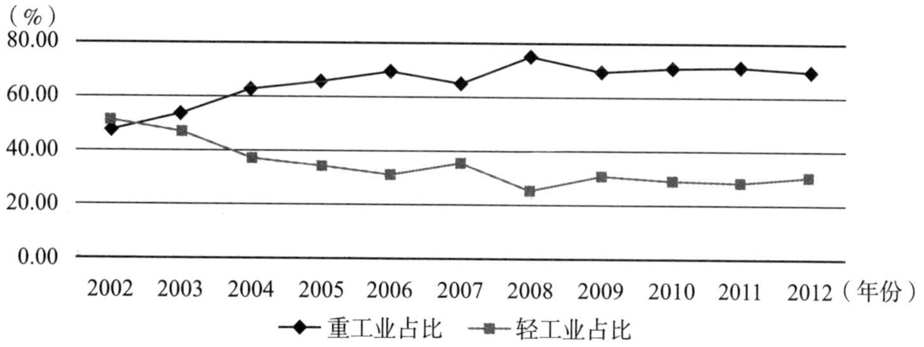

图4-1 云南省轻、重工业占工业总产值的比重

资料来源：历年《云南统计年鉴》。

① 云南“七招”加快调整工业结构［N］. 中华工商时报，2010-2-26.

由此可见，云南工业发展呈现出以资源型、原料型重化工业为主体的工业结构。但是，这种以重化工业为主导的工业发展模式是否是可持续呢？这个问题的回答是云南产业结构转型升级过程中不可回避的关键问题。

4.1 云南重化工业发展态势

纵观云南省的工业经济发展史，烟草工业曾为云南创造了巨大的财政收入，推动了云南经济的快速发展；自2002年中共十六大报告重新部署中国的新工业化战略以来，云南重点布局了以能源、有色金属、化工等为重点的重化工行业，并着重建设了磷化工基地、国家重要的能源基地、有色金属工业基地、煤化工基地等。自此，云南的工业结构开始出现转折性变化，无论是在产值、投资、利润增长方面，还是在占GDP的比重上，重化工业都超过了轻工业，也为拉动云南的经济增长做出了巨大的贡献。然而，自2008年金融危机爆发后，云南重化工业呈现震荡下行趋势，重化工业增长同比下滑，企业亏损面不断扩大，不可持续发展的趋势已然显现。

4.1.1 受国际金融危机的影响，2008年云南重化工业普遍处于亏损或亏损的边缘

受2008年国际金融危机的冲击，国内外经济形势十分严峻，云南重化工业的发展也呈现出下降趋势。2008年云南重化工业增加值为985.02亿元，比上年同期增长11.3%，增幅比上年同期回落5.2个百分点，比全国低2个百分点；2008年云南亏损工业企业达1 056家，占全部工业企业的32%，亏损面比上年增长了5%。以云南重化工业上市公司为例，除云天化和云维股份2008年还有一定盈利外，云南重点规模以上重化工业上市公司普遍处于亏损或者亏损边缘的局面（见表4－1）。

表 4-1　　云南省重点规模以上重化工业 2008～2013 年净利润　　单位：亿元

重点规模以上重化工业	2013	2012	2011	2010	2009	2008
云南铜业	-14.20	1.31	8.37	6.58	4.40	-29.25
锡业股份	-13.37	0.64	6.98	3.66	1.31	0.22
云铝股份	-1.10	0.29	1.24	0.49	0.62	0.21
罗平锌电	-0.50	0.21	-2.82	-0.12	0.07	-0.52
云煤能源	0.54	-0.90	1.88	-1.58	-2.77	0.27
云维股份	0.01	-13.77	0.73	2.43	1.17	1.47
云南盐化	-0.03	-1.87	0.03	0.14	0.14	-0.67
云天化	4.88	4.02	2.39	3.00	0.01	8.24

资料来源：新浪网上市公司财务报告。

4.1.2　受政府强经济刺激措施的影响，2009～2010 年云南重化工业的盈利普遍递增

由于 2008～2010 年正处于"十一五"时期的后三年，为了抵御金融危机对我国的冲击，保证五年发展规划预期目标的实现，我国采取了一系列刺激经济的调控措施，如 2009 年国家出台了《有色金属产业结构调整和振兴规划》，在中央政策的大力支持下，各地方政府都通过稳定国内外市场、改善出口环境、促进企业重组、加强技术改造等方式着力解决了有色金属行业面临的困境①，同时，中央银行也积极实施稳健而较为宽松的货币政策，大幅降低了企业的筹资成本。

政府的强经济刺激措施取得了显著的效果。2010 年云南省重化工业增加值为 1 209.46 亿元，比上年同期增长 15%，增幅比去年同期上涨了 5.2 个百分点；2010 年云南省亏损工业企业为 832 家，占全部工业企业的 23%，亏损面比上年下降了 9%。从表 4-1 也可以看出，除云煤能源、罗平锌电 2009～2010 年仍处于亏损或亏损边缘②外，云南重点规模以上重化工业上市公司都普遍盈利，且处于盈利递增的态势。

① 《有色金属产业调整和振兴规划》公布［EB/OL］.［2009-05-11］. 新华网 . http://news.xinhuanet.com/fortune/2009-05/11/content_11353937.htm.

② 云煤能源其前身是云南马龙产业集团股份有限公司，2010 年之前公司的主营业务是磷化工，2011 年其主营业务才由磷化工变更为焦炭、焦炉煤气、煤焦油深加工和苯加氢深加工。

4.1.3 受政府强经济刺激措施副作用以及需求不足的影响，2011～2013年云南重化工业增加值持续下降，再次出现大幅亏损的局面

政府的强经济刺激措施也产生了一定的副作用，如2011年就面临着因强经济刺激措施所释放的较大流动性导致经济出现通货膨胀的压力，政府转向采取了紧缩性的宏观调控政策措施，同时开始实行严格的商品房限购政策。同时，国际、国内市场也呈现出总体需求不足的趋势。

因此，在各种因素的共同作用下，虽然2011年云南工业经济增长整体仍保持增长趋势，统计数据显示，2011年云南重化工业增加值为1 507.99亿元，比上年同期增长18%，增幅比上年同期上涨了3个百分点，但逐月的增长速度却显著下降。到2012年，云南重化工业增加值为1 731.17亿元，比上年同期增长14.4%，增幅比上年同期下跌了3.6个百分点；2012年云南省亏损工业企业为805家，占全部工业企业的25%，亏损面占比上涨了4%；2013年，云南重化工业增加值为1 942.53亿元，比上年同期增长12.2%，增幅比上年同期下跌了2.2个百分点；2013年云南工业企业亏损面达28.03%，比上年同期增长3.5%，亏损额达154.33亿元，同比增长18.5%。由表4－1也可以看出，除云天化外，2011～2013年云南重点规模以上重化工业上市公司呈现净利润下滑的趋势，直到2013年出现大面积亏损局面。

4.1.4 2014年1～5月份云南工业增加值止跌回升，但重化工业仍持续亏损

2014年1～3月份，云南规模以上工业增加值为846.87亿元，增长6.5%，增速比上年同期回落8.4个百分点，比全国低2.2个百分点。其中，有色、化工、钢材等重要基础原材料行业累计完成增加值175.1亿元，增长3.3%，增幅比上年同期回落25.5个百分点，仅拉动全省工业增长0.74个百分点。

2014年5月份，全省规模以上工业完成增加值269.99亿元，同比增长

10.1%，增速比 4 月份提高 2.5 个百分点。1～4 月全省规模以上工业企业实现主营业务收入 3 097.37 亿元，同比增长 6.3%；利税总额 633.07 亿元，同比增长 1.6%，增速比一季度分别提高 2.0 个、1.5 个百分点；实现利润 158.80 亿元，同比下降 3.6%，降幅比 3 月末提高 0.3 个百分点；规模以上企业亏损面为 36.23%，同比扩大 2.6 个百分点，较上年年底扩大 10 个百分点，亏损面为近来最高，煤炭、黑色、有色、化工、非金属矿等传统支柱性行业亏损面远超全省平均水平；亏损企业亏损总额达 81.8 亿元，增长 21.9%。

综上所述，自 2002 年开始云南工业结构开始向重化工业为主的结构转换，重化工业推动云南经济发展进入了一个较长的繁荣期，经历了 2008 年金融危机的震荡后又逆势上涨并达到顶峰，此后于 2012 年开始出现下滑，不可持续发展的态势已现。

4.2 云南重化工业不可持续的风险因素分析

根据对云南重化工业的三大支柱产业（有色金属、煤炭、化工）亏损原因的分析（见附录），重化工业的发展虽然在一定程度上促进了云南 GDP 的快速增长，但也因其在发展过程中忽略了资源和能源“瓶颈”问题、污染和环境破坏问题、就业压力问题和过度投资孕育金融风险问题等，使其面临着不可持续发展的诸多因素。

4.2.1 能源消耗较大，进而增加了重化工业的生产成本

工业化进入到重工业主导阶段，最显著的特点是能源消耗大量增加。由于重工业每单位产出所消耗的能源大约是轻工业的 4 倍，因此，重工业增长速度加快，整个工业部门能源消耗的比重就会上升①。从表 4－2 可以看出，2002～2009 年云南能源生产与消费总额的差额为负（除 2008 年外），说明这段时间云

① 简新华，余江．中国现阶段的重工业发展［J］．发展经济学研究，2011（12）．

南能源的生产还无法满足由于重化工业的增长对能源的需求，但这段时间能源生产的增长率大于消费增长率，说明这段时间不断加大了对能源的生产；自2008年金融危机后，云南工业能源消费总量增长率逐年递增，至2012年能源生产增长率已经低于能源消费的增长率，如果这种趋势持续下去，云南重工业的发展将进入能源紧缺的“瓶颈”状态。

表4－2　　2002～2012年云南能源生产与消费总量增长情况

年份	能源生产与消费差额（万吨标准煤）	能源生产总量增长率（%）	能源消费总量增长率（%）	生产与消费增长率差额（%）
2002	－871.36	24.83	10.43	14.40
2003	－841.52	10.69	7.71	2.98
2004	－754.13	23.48	17.08	6.40
2005	－670.61	20.15	15.63	4.52
2006	－545.48	13.48	9.90	3.58
2007	－585.98	7.76	7.73	0.03
2008	84.49	16.02	5.30	10.72
2009	－180.85	3.37	6.94	－3.57
2010	147.86	12.37	7.99	4.37
2011	212.36	10.55	9.98	0.56
2012	143.94	8.46	9.36	－0.91

资料来源：根据历年《云南统计年鉴》计算而得。

以电力消费为例，一般来说，合理的电力弹性系数应当小于1，超过1就说明高耗能产业占的比重过大，世界各国工业化过程中电力消耗对GDP增长的弹性系数一般保持在0.8～1.0[①]。根据表4－3可知，云南近年电力弹性系数平均为1.15，正是因为高耗能重工业的快速发展，成为云南用电量高速增长的主要推动力，也加剧了云南电力供应的紧张，从而进一步增加了重化工业的生产成本。

① 简新华，余江．中国现阶段的重工业发展［J］．发展经济学研究，2011（12）．

表 4－3　　2007～2012 年云南能源消费弹性系数

年份	能源消费增长（%）	电力消费增长（%）	能源消费弹性系数	电力消费弹性系数
2007	7.73	15.47	0.63	1.27
2008	5.30	11.26	0.50	1.06
2009	6.94	7.44	0.57	0.62
2010	7.99	22.04	0.65	1.79
2011	9.98	19.90	0.73	1.45
2012	9.36	9.28	0.72	0.71

资料来源：历年《云南统计年鉴》。

通过对云南有色金属行业亏损的原因分析可以看出，云南有色金属行业的电力成本占其营业成本的比重较大，以云铝股份为例，2011～2013 年，云铝股份电力成本占其总成本的比例分别为 49.03%、51.49%、47.21%。然而，在电力成本方面，云南有色金属行业近几年却受到了双重约束：一是受工业电价上调以及节能减排目标的影响，导致用电成本过高，使企业利润大幅下降，甚至亏损，以电解铝为例，电价每上涨 1 分，每吨铝成本上升 150 元以上；二是受云南地区百年不遇干旱的影响，降水量大幅减少，发电量为历史最低，所欠缺的大量生产用电只能外购，而所购电价则需按云南省电网划分的丰水期、枯水期和平水期执行，其间电价再按峰、平、谷时段计价，每类时段电价在过去的基础上均有大幅提升，导致生产成本大幅增加①。

4.2.2　原材料自给率低，对外依存度较高，增加了重化工业的经营风险

云南发展重工业所需的矿产资源如铁、铝、铜、锌等资源的人均占有水平都低于世界平均水平，重化工业的发展造成了资源“瓶颈”的现象，形成了较强的对外原料供应的依赖性。因此，一旦原材料供应不足或价格出现大幅波动，就会给云南重化工业的生产经营带来较大影响，同时影响其盈利能力。资源保障

① 云南铝业股份有限公司 2010 年年度报告［R］. 新浪网 . http：//finance. sina. com. cn/.

程度低已经成为云南重化工业发展的重要“瓶颈”。

通过对云南有色金属行业和煤炭行业亏损原因的分析可以看出，云南有色金属行业和煤炭行业所需的原材料自给率较低。分别以云南铜业、云煤能源、云维股份三大上市公司为例，2011～2013年云南铜业原材料占其营业成本的比重分别为92.24%、93.53%、93.52%，且呈逐年递增趋势，然而，其矿山自产铜金属产量却呈现震荡下降趋势（见图4－2）；云煤能源的原材料占其主营业务成本的比重大约平均为83%，而云煤能源目前实际控制的煤炭资源几乎为零；云维股份的原材料占其主营业务成本的比重大约平均为94%，但云维股份的煤炭自给率不足5%。

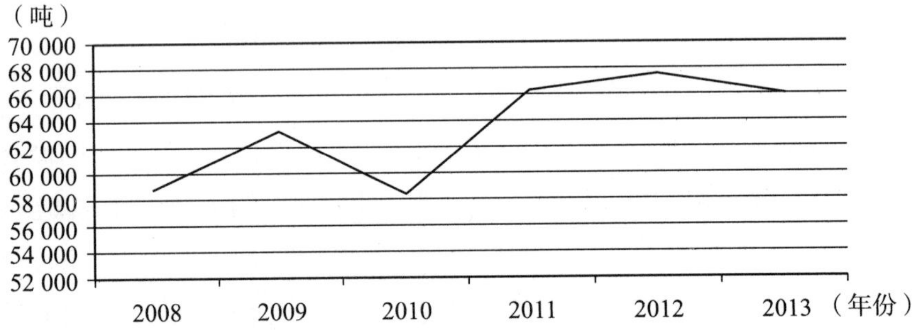

图4－2　云南铜业2008～2013年矿山自产铜变化趋势

资料来源：新浪网“云南铜业历年财务报告”。

原材料自给率较低，导致云南重化工业对外依存度较高，给生产经营带来了极大的风险。比如，云南煤炭行业所需的原料煤主要依赖市场采购，从而面临着巨大的采购风险，若受到受煤矿安全事故及煤矿安全整顿的影响，煤炭产量会有所降低，采购难度将会加大，同时，大部分煤炭资源都掌握在一些大型集团手中，其议价能力较强，这也会直接增加企业的采购成本。

4.2.3　重化工业产品多集中在产业链的上游，受下游市场需求影响大

云南重化工业产品多集中在产业链的上游，主要是冶炼和初加工，因此，国

内外市场对云南重化工业产品的需求成为重化工业发展的主要动力。2002 年以来重化工业的大幅增长就与固定资产投资的快速增长存在着密不可分的关系。有研究表明，重化工业利润的大幅增长并非是劳动生产率的大幅提高，而正是因为房地产和大规模基础设施的建设创造了持续的投资需求，对能源和原材料需求的持续增长，使上游企业获得了丰厚的利润①。因此，一旦国内外市场对重化工业产品的需求下降，就会直接导致云南重化工业发展的动力不足。

从国际市场来看，自 2008 年世界金融危机以来，世界各国的经济增长速度放缓，购买能力的增长速度也放慢了，从而导致对国内重化工业的市场需求下降。以世界市场对铜的需求为例，2013 年，包括中国、美国、意大利、法国等国家在内的主要铜消费国均呈现出低速增长甚至小幅下滑的格局，消费整体增幅不及产量增幅②（见表 4－4）。另外，各国为促进自身经济的发展，开始实行贸易保护政策，国际贸易摩擦加剧，不利于重化工业产品的出口。比如，欧盟委员会、土耳其、印度等国对中国玻璃纤维出口企业征收反倾销税就是一个例证（见附录 3－3）。

表 4－4　全球铜供需平衡表　　单位：万吨

	2011 年	2012 年	2013 年	2014 年
产量	1 916	1 983	2 076	2 162
消费量	1 922	1 970	2 055	2 136
供需平衡	－6	13	21	26

资料来源：安泰科。

从国内市场来看，重化工业的消费需求主要集中在房地产行业、汽车行业、家电行业、电力行业、基础设施等行业，这些行业的消费需求锐减直接影响了重化工业的发展。

（1）房地产业：自 2008 年以来，国家出台了一系列的房地产宏观调控措施，

① 张燕生等．重化工业阶段的增长困境［J］．经济与管理研究，2007（8）．
② 2013 年铜市场评述［EB/OL］．［2014－03－10］．中国有色金属工业协会．http：//www.chinania.org.cn/html/hangyeyanjiu/2014/0310/13997.html.

现已初见成效，房地产投资增速回落（见图4－3）。根据国家统计局网站数据，从2008～2012年，房地产开发企业新开工面积逐年的变化趋势分别是7.5%、13.52%、40.56%、16.86%、－7.27%。作为有色金属行业消费的最大板块，房地产行业新开工建筑面积的下滑在很大程度上削弱了有色金属的消费量。

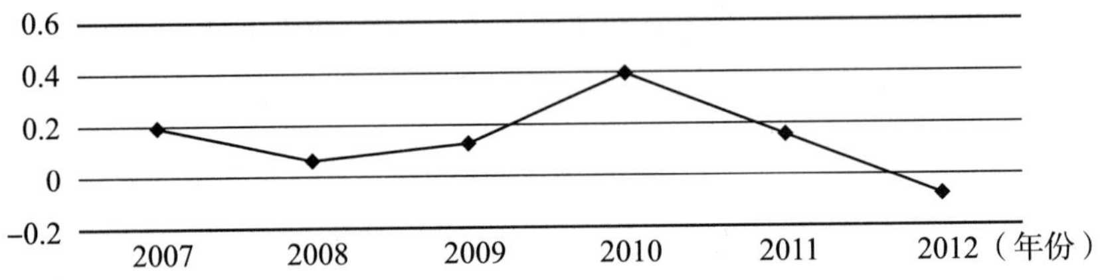

图4－3　2007～2012年房地产行业新开工面积增长趋势

资料来源：根据历年国家统计局网站数据计算而得。

（2）汽车行业：近几年随着汽车工业经济刺激政策的相继退出以及部分城市购车新规的出台，中国汽车产销量增速大幅下滑。据中国汽车工业协会统计分析，2014年1月，中国品牌轿车销量明显下降，共销售27.88万辆，环比下降24.49%，同比下降22.18%，占轿车销售总量的23.31%，占有率比上月下降8.09个百分点，比上年同期下降6.85个百分点。

（3）家电行业：由于"家电下乡"、"家电以旧换新"以及"空调节能补贴"等优惠政策的相继退出，我国家电的销售量增幅逐渐趋缓。另外，受欧洲经济持续下滑以及美国经济复苏缓慢的影响，我国空调的出口量持续下滑。

（4）电力行业：从近几年的情况看，由于火电、核电和风电投资均出现较大回落，导致电力工程建设、电源工程建设、电网工程建设都大幅缩减。

（5）基础设施行业：受高铁事故的影响，中国铁路建设的步伐明显放缓。按照"十二五"规划，快速铁路建设里程由原计划的5万公里下降到4.5万公里左右，铁路每年投资规模由原计划的7 000亿元下降到5 000亿元左右。2012年，除部分在建项目外，部分项目尤其是高铁项目集体叫停①。

① 2013年铜市场评述［EB/OL］.［2014－03－10］.中国有色金属工业协会.http：//www.chinania.org.cn/html/hangyeyanjiu/2014/0310/13997.html.

4.2.4　生态环境影响加剧，环境治理的隐性成本加大

根据欧洲环境（Europe's Environment）的统计数据，对环境有最大影响的和最具潜在威胁的工业部门有化学工业（包括有机和无机化学原料及其制品的制造业，不包括石油加工业）、造纸业、水泥、玻璃、钢铁、有色金属、石油加工、皮革制造八个行业，其中大部分是重工业①。云南自 2002 年工业结构转型后，对环境污染严重的有色金属、化工、煤焦化等行业的规模投资不断扩大，这势必对生态环境造成巨大的压力。从图 4－4 就可以看出，云南自 2002 年工业结构转型以来，二氧化硫的排放量逐年递增，工业 SO_2 排放占 SO_2 排放的比例也逐年递增，2002 年工业 SO_2 的排放占 SO_2 排放比为 80%，2012 年已经达到了 92%。

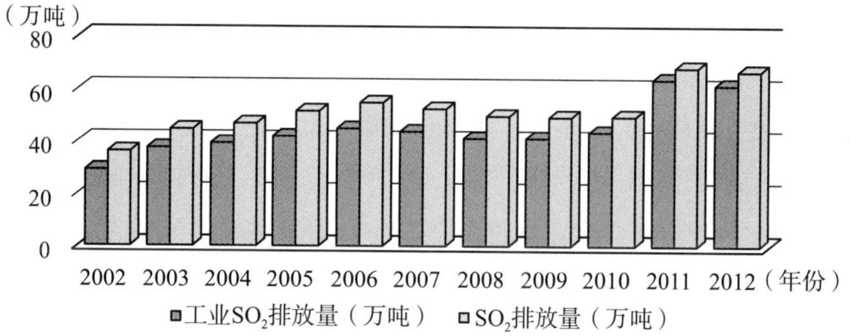

图 4－4　2002～2012 年云南工业主要污染物排放量

资料来源：历年《云南统计年鉴》。

近几年，国家开始转变对经济增长方式的要求，严控重化工业污染对环境的破坏。如国家发布的《国家环境保护标准》强调了对铅锌工业污染物排放标准的要求；2012 年 6 月环境保护部颁布了《炼焦化学工业污染物排放标准》；2013 年 10 月又发布了《焦炭单位产品能源消耗限额》，这些新规定和新标准规定了单位产品能源消耗限额的限定值、准入值和先进值的技术要求、统计范围和计算

① 转引自：简新华，余江．中国现阶段的重工业发展［J］．发展经济学研究，2011（12）．

方法，同时对企业技术研发创新能力和安全生产、节能环保水平及污染物排放提出了更高的要求及投入，这些无疑都增加了重化工行业的经营成本。以云维股份为例，云维股份2009～2013年排污费总体呈大幅上升的趋势，2009～2013年排污费占管理费用的比重分别为1.8%、4.33%、5.43%、4.69%、2.98%。

4.2.5 重化工业吸收就业的能力较低

与轻工业或第三产业主导的产业结构相比，重化工业结构容易出现经济增长与就业增长不同步的现象。这是因为重化工业属于资本和技术密集型产业，资本的有机构成较高，必然会产生“资本排斥劳动”的内在机制[①]，尤其是在许多重化工企业中，机械化和自动化的程度越来越高，无人操作的环节和空间越来越多，对工人知识和技能的要求也越来越高，所有这些都不利于解决就业问题。据统计，重工业部门每亿元提供0.5万人的就业机会，只及轻工业的1/3；在以轻工业为主导的工业结构中，生产总值每增长1个百分点能安置300万人，而在以重化工业为主导的工业结构中则降低为70万人[②]。因此，重工业比重的快速上升，虽然对生产总值的增长贡献较多，但创造就业岗位和吸纳就业的能力却较低。

世界银行的统计资料也证明了这一点，发展中国家工业产值在国内生产总值中的比重达到了37%，而就业比重仅为21%，而发达国家分别为32%和31%。云南2012年工业产值占GDP的比重为33.47%，第二产业（包括工业和建筑业）的就业比重仅为13.5%，2012年第二产业（包括工业和建筑业）就业增长率仅为3.83%（见表4－5）。

表4－5　2002～2012年云南第二产业就业情况　单位：%

年份	工业总产值占GDP的比重	第二产业就业人数占总就业人数的比例	第二产业就业增长率
2002	34.09	8.82	－0.67
2003	34.51	8.92	1.65

① 转引自：张培刚．新发展经济学［M］．郑州：河南人民出版社，1999.
② 余丽霞．浅析重化工业对GDP可持续增长的影响［J］．改革与战略，2010（6）.

续表

年份	工业总产值占GDP的比重	第二产业就业人数占总就业人数的比例	第二产业就业增长率
2004	34.60	9.09	4.05
2005	33.75	9.96	12.23
2006	35.14	10.42	7.08
2007	35.54	10.87	6.61
2008	36.05	11.32	6.71
2009	33.85	11.97	7.61
2010	36.05	12.60	8.50
2011	33.67	13.10	7.37
2012	33.47	13.49	3.83

资料来源：根据历年云南统计数据计算而得。

4.2.6　对重化工业的过度投资孕育着金融风险

近年来，重化工业发展所需的资金主要来源于银行贷款，企业的财务成本较高。从表 4 -6 可以看出，云南部分重化工业上市公司 2008 ~2013 年的财务费用一直处于持续增长的趋势，尤其是云天化，2012 ~2013 年的财务费用上涨了近 4 倍多。

表 4 -6　　云南部分重化工业上市公司 2008 ~2013 年财务费用一览　　单位：亿元

股票名称＼年份	2013	2012	2011	2010	2009	2008
云南铜业	5.92	10.57	7.67	7.05	6.43	9.33
锡业股份	6.75	5.67	3.76	2.10	1.82	3.12
云铝股份	5.28	3.20	2.46	1.70	1.00	1.59
罗平锌电	0.44	0.52	0.45	0.37	0.26	0.29
云煤能源	0.75	0.81	0.22	0.45	0.42	0.57
云维股份	6.40	7.00	5.10	2.49	1.84	2.17
云南盐化	0.93	0.82	0.59	0.51	0.50	0.66
云天化	23.19	19.88	5.32	3.77	4.50	3.24

资料来源：新浪网上市公司财务报告。

但随着国内外市场价格的波动，重化工业主营业务收入增长乏力，平均利润下降，引发呆坏账的金融风险是存在的。目前，云南重化工企业负债占 GDP 的比重总体呈上升的趋势，潜在风险不容忽视，据近期对有色行业的调研了解，有色行业平均资产负债率已大幅超过 60% 的行业警戒线，为历史最高水平，部分企业的资产负债率高达 80% 以上。

通过对云南煤炭行业亏损原因的分析，云南煤炭行业的资产负债率也较高，以云维股份为例，2009～2013 年云维股份的资产负债率分别为 71.39%、74.64%、77.43%、88.86%、86.76%，权益乘数分别为 3.50、3.94、4.43、8.98、7.55，呈现逐年递增的趋势且 2012 年尤为严重。受国家宏观调控的影响，不仅使云南煤炭行业频现结构性和时点性“钱荒”，导致企业融资难度增加，而且也由于国家采取紧缩性货币政策提高了贷款利息，进一步加剧了公司的财务风险。

4.2.7 重化工业整体研发投入不足，产品缺乏竞争力

目前，云南重工业产值占工业总产值的比重已达 70%，但重工业增加值的涨幅却逐渐降低，可见继续沿用高投入、高消耗的模式发展重化工业实现经济增长的空间几乎没有了，而如何实现重化工业的技术化、集约化、大型化、低碳化，才是未来重化工业发展的机会，因此，技术创新成为重化工业发展的最关键的因素。

然而，重化工业技术结构变迁和产业结构升级的历程，主要是通过进口成套设备实现的。研究表明，以资本扩张为特征的重化工业时期，引进先进设备的激励高于自主创新的激励，各国的重工业自主研发强度都低于工业的平均水平。这主要是因为①：（1）重化工业的生产特征决定了研发过程将产生高额的研发费用。比如，重化工业的相关技术系统性、复杂性较强，批量试验耗费的设备、资金极为昂贵，工艺流程的特性导致每一次试验都耗费巨大的成本。（2）重化工业研发的新产品获得的市场机会较低，从而抑制了企业自主创新的积极性。专利

① 安果，伍江．重工业深化、技术转移与产业结构升级［J］．兰州商学院学报，2011（10）．

竞赛理论阐明了企业在研发与生产部门的选择：若不能率先创新，不如放弃创新，而创新的速度与研发投入、研发强度正相关。而由于云南重化工业的自主研发的基础、条件都比较薄弱，企业不愿意将有限的资金用于不定性强和期望效率较低的研发活动。(3) 重化工业具有资本密集和规模经济的特性，若采用新技术、新设备，企业的沉没成本效应明显。

通过对云南有色金属行业、煤炭行业、化工行业亏损原因的分析（详见附录），可看出云南重化工业整体研发投入不足，技术创新对产业发展的贡献较低，产品缺乏竞争力。以有色金属行业为例，据统计，全国有色金属行业的平均研发支出占主营业务收入的比重为 0.65%，这个平均水平已经低于国际同行业水平，也低于国内其他工业企业平均水平。然而，云南铜业 2012 年研发支出占主营业务收入的比重为 0.05%，2013 年下降到 0.02%；云铝股份 2012 年研发支出占主营业务收入的比重为 0.10%，2013 年下降到 0.09%；锡业股份 2012 年研发支出占主营业务收入的比重为 0.18%，2013 年下降到 0.10%。由此可见，云南有色金属行业的研发支出不仅离国内平均水平有较大距离，更比不上国际水平了。

化工行业也是如此。据统计，化学工业大中型企业研发投入占销售收入的比重平均为 0.79%，而云天化 2008 ~ 2013 年研发支出占销售收入的比重分别为 0.1%、0.05%、0.04%、0.01%、0.1%、0.06%，云南盐化 2008 ~ 2013 年的研发支出占销售收入的比重分别为 0.04%、0.02%、0.01%、0.03%、0.03%、0.03%，由此可见，云天化和云南盐化的研发支出不仅呈现下降趋势，而且与国内平均水平相比，差距也较大。

4.3　云南工业转型升级的建议

云南工业呈现出以资源型、原料型重化工业为主体的工业结构，然而，目前重化工业不可持续发展的态势已现，严重制约着云南经济的增长。因此，从云南经济的三大支柱产业（有色金属、煤炭、化工）近年亏损的原因分析着手①，深

① 详见附录 4－1、附录 4－3、附录 4－5。

入剖析了云南重化工业不可持续性发展的深层原因，并得出如下结论：（1）云南重化工业产品多为产业链的上游，主要集中在开采和加工，没有形成高效的市场，进而不能充分实现资源的价值；（2）云南重化工业存在着资源自给率不足的现象，对外依存度较高，因此容易受控于国内外市场需求以及国际大宗商品价格、能源价格的影响，运营风险较高；（3）云南重化工业的产业链多集中在上游，缺乏对本土资源的深加工以及产品的精加工；（4）云南重化工业的整体研发投入不足，导致高端产品以及高附加值产品较少，产品缺乏市场竞争力。

鉴于以上结论，工业是转变经济发展方式、调整优化产业结构的主战场，推进云南工业发展方式的转变，对于云南的整体经济发展具有全局性的战略意义。建议通过以下方面推进云南工业转型升级：

4.3.1 促进工业技术创新，实现工业发展的高端化

工业发展的高端化，实质是通过技术创新和商业模式创新进入更具独特优势的产业领域，运用技术发明以及工艺改进持续保持技术领先的地位。

云南重化工业整体研发投入不足，未来的结构性技术变革和产业技术创新将会给云南工业结构带来巨大的挑战和压力。2012 年以来云南重化工业增加值持续下滑，云南的重化工业也必须通过技术创新，寻找新的利润增长点。对促进云南工业技术创新的建议是：（1）在国家技术机构、云南当地的大学和企业之间建立长期、稳定的合作关系，建设云南区域技术创新平台，促进产学研的紧密结合，降低重化工业企业技术创新的风险和成本，提升技术创新的能力；（2）发挥重化工业中优势企业的带动作用，建设企业垂直创新网络；（3）由政府牵头，发展重化工业技术联盟，建设技术标准网络。

4.3.2 延伸重化工业产业链条，实现工业发展服务化、制造化

工业发展的服务化，表明是三次产业结构变化，服务业比重提高，但其经济性质不是工业与服务业的此消彼长，而是工业产业链的分解分工而向服务业的延

伸，本质是工业文明的深度化和扩展。

云南重化工业的产业链多集中在上游，缺乏对本土资源的深加工以及产品的精加工，因此，云南重化工业的未来发展应按照专而精的发展方向，重点发展高精尖和进口替代产品，做精加工板块，延伸产业链，培育增长源，发展装备制造业和日用消费品加工制造业，本地消化重化工业产品。以有色金属行业的产业链环节为例，随着矿价的下降，采选业的利润率将明显出现下降，而中游冶炼和压延加工环节由于加工费较为稳定且有上升的趋势，利润率将保持稳定。因此，有色金属行业的未来发展必须要走深加工的路子，完成有色金属行业产业链的分解，以社会化分工替代企业内部分工，实现工业发展的服务化、制造化。

4.3.3　大力发展循环经济，实现工业发展的绿色化

工业发展的绿色化是工业整体素质的全面提升，而不是关闭或迁移一些工厂或者制造一些新产品就可以达到的目标，更不是为追求“新能源”等设备的发展而盲目扩大投资和产能。

云南近年重化工业的大力发展，使得资源环境约束日趋强化，污染减排面临的形势十分严峻。因此，本章建议：（1）加快出台能源消费总量控制工作方案，推动传统能源的高效清洁利用；（2）加大财政、税收政策对节能减排的支持力度；（3）大力发展循环经济，建立和完善再生金属资源回收利用体系；（4）遏制产能过度扩张，按期淘汰落后冶炼生产能力。

附录 4 - 1　云南有色金属行业亏损的原因分析

有色金属工业是国民经济重要的基础原材料产业，因其产业关联度高、应用领域广，因此在经济社会发展以及国防科技工业建设等方面发挥着重要作用。云南多种有色金属保有储量位居全国前列，据了解，云南省已发现的矿产将近 150 种，92 种探明了储量，其中 35 种矿产的保有储量居全国前 5 位，54 种矿产保有储量居全国前 10 位。因此，有色金属工业也是云南工业经济的重要支柱产业。然而，云南有色金属行业大多数公司目前处于亏损局面，以云南有色金属行业的 7 家上市公司为例，2013 年处于亏损局面的就有 4 家，亏损额达到 29.17 亿元。云南有色金属行业的亏损当然与全球有色金属市场的持续低迷不无关系，但也与其自身的经营有着密不可分的关系。因此，本章将从外部因素和内部因素两个方面剖析云南有色金属行业亏损的深层原因。

1. 外部因素的原因分析

（1）受内外部环境的影响，有色金属价格震荡下跌，影响了云南有色金属行业大部分公司销售收入的增长。

自 2008 年爆发金融危机以来，国际国内经济受到巨大冲击的同时也进一步向实体经济蔓延和扩散，有色金属产品包括铜产品、锡产品、锌产品、铝产品价格震荡下跌（见附图 4 - 1、附图 4 - 2），有些已经无限逼近成本，有些甚至已经造成了倒挂现象。以电解铝为例，电解铝的生产成本中大约生产 1 吨电解铝需要 1.9 吨氧化铝、14 500 度电，合成电解铝生产成本约在 15 300 ~ 15 700 元/吨，有的甚至更高①。而 2013 年电解铝 SHFE 现货和三个月期货的平均价格为14 561 元/吨和 14 592 元/吨左右的铝价格，这无疑已跌穿铝冶炼企业的生产成本线。因此，有色金属价格的震荡下跌，导致云南有色金属行业大部分公司的销售收入增长乏力。

① 国内有色金属行业净利润将首现负增长［EB/OL］.［2012 - 12 - 04］. http：//www.smm.cn/newsinfo/2012 - 12 - 04/3295797.html.

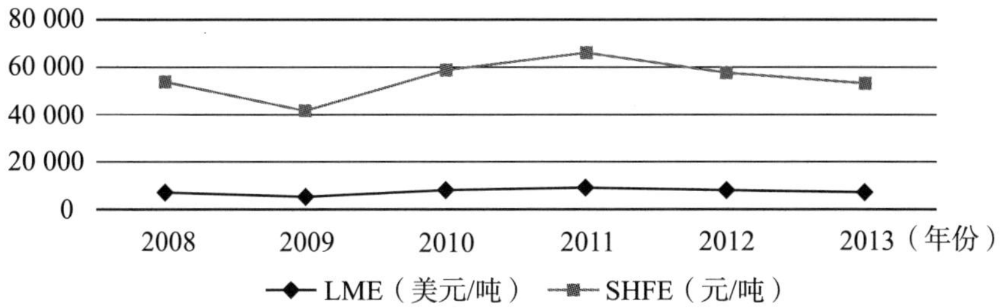

附图 4－1　2008～2013 年铜价变化趋势

资料来源：有色金属工业网站。

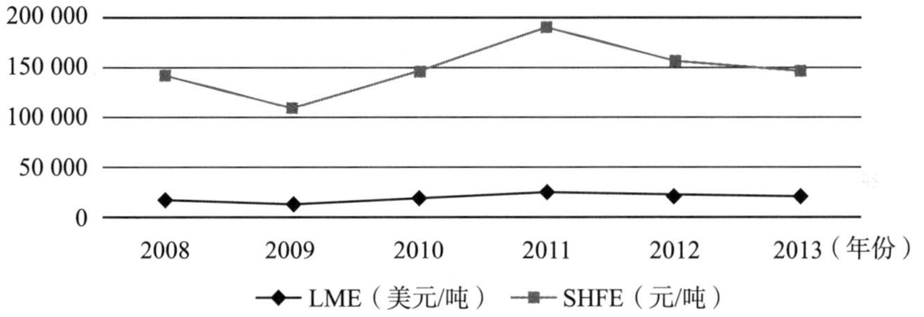

附图 4－2　2008～2013 年锡价变化趋势

资料来源：有色金属工业网站。

（2）受宏观经济不稳定的影响，有色金属行业的终端消费需求疲软，也进一步影响了云南有色金属行业大部分公司销售收入的增长。

重化工业的增长与我国固定资产投资的快速增长存在着密不可分的关系，有研究表明，重化工业利润的大幅增长并非是劳动生产率的大幅提高，而正是因为房地产和大规模基础设施的建设创造了持续的投资需求，对能源和原材料的需求持续增长，使上游企业获得了丰厚的利润①。因此，一旦有色金属行业的终端消费需求不足，势必会严重影响有色金属行业的利润。

通过对有色金属的主要消费需求行业进行研究，发现国内主要用铜行业有汽车、发电设备、家用电冰箱、家用冷柜、通信及电子网络用电缆、发电设备和电力电缆等；主要用锡行业有电子信息加工业、通信设备业、计算机行业、电子元

① 张燕生等．重化工业阶段的增长困境［J］．经济与管理研究，2007（8）．

器件行业、家用视听行业等；主要用锌行业有房地产、基础设施、汽车、家电、电力等行业；主要用铝的行业有房地产、电子电力、交通运输、耐用消费品等。综合来看，有色金属行业的消费需求主要集中在房地产行业、汽车行业、家电行业、电力行业、基础设施等行业。受2008年金融危机的影响，这些行业的市场需求都呈现下降趋势。比如，在国际市场上，欧债危机不断发酵并不断向欧元核心国蔓延，美国曾一度拉响了债务违约的警报，日本经济陷入罕见大地震和日元持续升值的困境中，很多新兴市场国家面临着通货膨胀的困扰。在国内市场中，我国的宏观经济形势也不容乐观，对有色金属的消费需求动力不足，中国的PMI下滑至49.0，开始出现收缩①。

（3）受宏观调控的影响，云南有色金属行业的相关经营成本大幅增加。

一是受中央银行实行紧缩性货币政策的影响，由于贷款利率大幅提高，银行借款利率、票据贴现率上调使借款利息、票据贴现利息支出增加，财务费用大幅上涨；二是受国家关于《国家环境保护标准》对铅锌工业污染物排放标准的要求，加大了铅锌行业的成本；三是受国家《财政部、国家税务总局关于取消部分商品出口退税的通知》政策影响，出口退税率下调，加大了出口的相关成本。

2. 内部因素的原因分析

（1）云南有色金属行业的原料自给率较低，对外依存度较高，增加了运营风险。

云南有色金属行业的原料自给率不高，对外购原料供应的依赖性较强。因此，一旦原材料供应不足或价格出现大幅波动，就会给云南有色金属行业的生产经营带来较大影响，同时影响其盈利能力。可见，资源保障程度低已经成为云南有色金属工业发展的重要瓶颈。

以云南铜业为例，2011～2013年云南铜业原材料占其营业成本的比重分别为92.24%、93.53%、93.52%，逐年呈现递增趋势，然而，其矿山自产铜金属产量却呈现震荡下降趋势。可见，云南有色金属行业的原材料成本在很大程度上受控于外部市场价格的波动，给企业经营带来了不可预估的风险。

---

① 2013年铜市场评述［EB/OL］.［2014-03-10］.中国有色金属工业协会.http：//www.chinania.org.cn/html/hangyeyanjiu/2014/0310/13997.html.

（2）云南有色金属行业的自主创新能力不强，高附加值产品少，产品竞争力较弱。

云南虽然是有色金属资源大省，但是长期以来其有色金属行业的产业链主要集中在开采与加工，处于国际产业链分工的中、低端环节，自主创新能力不强，技术创新对产业发展的贡献较低。

在有色金属行业处于供过于求的市场趋势下，产品趋同化发展必将导致企业产品在市场上竞争乏力，因此，拥有技术含量高、附加值高的产品才是企业拥有市场占有率的法宝。然而，云南有色金属行业研发支出费用不仅较低而且呈下降趋势，不仅严重影响了企业开发高附加值产品的动力，也导致企业产品竞争力较弱。云南有色金属行业自主创新能力较弱主要表现在两个方面：一是突出表现在新材料开发利用领域，缺乏开发技术含量高、附加值大的有色金属深加工产品；二是有色金属新材料的开发滞后于战略性新兴产业的发展要求①。

（3）云南有色金属行业存在供给大于需求的隐患，导致企业盈利能力低下。

2009 年全年，伦敦、上海两市的各金属品种价格大幅上涨，从涨幅上来看，LME 铅价的涨幅最大为 130.73%，铜涨幅居次为 122.91%，再其后为锌与铝，涨幅分别为 89.63% 与 47.84%。

2009 年金属价格的触底反弹，在成本价格相对刚性的条件下，使大多数上市公司的盈利明显改善，如云南铜业、锡业股份、云铝股份、罗平锌电四家公司在 2009 年都转亏为盈并呈现利润上升的趋势。但随后，大量投资蜂拥而至，为云南有色金属行业埋下了“散而杂”和产能过剩的隐患。以云铝股份为例，云铝股份自 2009 ~ 2011 年在建工程逐年分别以 99.31%、73.34%、114% 的速度递增，云南铜业和锡业股份也不例外，自 2008 ~ 2013 年其固定资产和在建工程的总投入呈现逐年上涨的趋势（见附图 4 – 3）。

① 有色金属王国云南陷入产业困局［EB/OL］．［2014 – 05 – 23］. http：//www. chinaccm. com/35/20140523/3528_ 1916410. shtml.

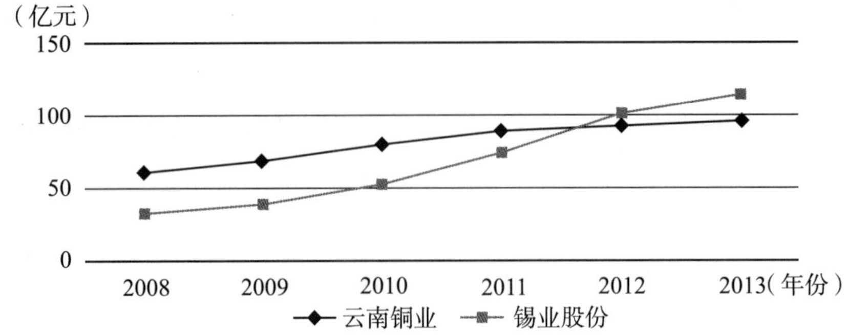

附图 4－3　云南铜业及锡业股份 2008～2013 年固定投入趋势

资料来源：新浪网上市公司财务报告。

根据前面的分析可知，2008～2013 年国内外对有色金属的需求疲软，但云南有色金属行业却受利益驱动，不顾市场、资源等外部条件的现状，大规模新建、扩建工程，出现了盲目投资、低水平重复建设的问题。有色金属行业属于高耗能、高污染、资源型的重化工业，若供求不均衡，必将导致产品积压、企业利润下降、设备闲置等问题，严重影响企业的盈利能力。

（4）云南有色金属行业规避市场风险的能力较弱，产业金融发展不足。

近几年，由于有色金属价格铜价呈大幅震荡下跌趋势，越来越多有色金属公司会在期货市场做相应的套期保值业务以对冲风险，这也在很大程度上决定着有色金属公司的盈利能力。所谓的套期保值业务，一般情况下也就是在期货市场做空，等生产现货之后，要么拿到交易所去交割，或者平掉空单，然后卖出现货。通过这项套期保值业务，有色金属公司可以很好地规避市场带来的价格下行的风险。比如，江西铜业的套期保值业务做得比较好，因此，江西铜业在铜价如此波动的市场情形下，仍能保持稳定的业绩。与之相对比，正是因为云南铜业的套期保值业务较弱，所以才发生了巨亏的现象①。

此外，由于稀有金属不仅具有基本的金属商品特征，而且能够被市场赋予金融属性，稀有金属具有良好的自然属性和保值功能，成为重要的投资工具。因此，发展产业金融，将稀有金属行业的发展与金融市场的发展结合起来，不仅能

① 云南铜业为何会亏损 15 亿？［EB/OL］．［2013－11－05］. http：//ntt. nbd. com. cn/articles/2013－11－05/785083. html.

为稀有金属带来更多更大的投资机会，而且有利于促进区域金融中心的发展。然而，目前云南有色金属行业还没有开始产业金融的发展①。

（5）云南因其特殊的地理位置以及市场容量小的特点，有色金属行业的运输费用较高。

对于云南有色金属行业而言，由于其产品主要集中在产业链的上端，而云南省内的消费市场较小，大部分产品都必须运输到外地销售或出口到国外。然而，云南省地处我国西南边陲，且云南地貌呈现出山区多、平地少的特点，因此，运输费用较高。

以云南有色金属行业的 4 家上市公司为例，云南铜业 2008 ~ 2013 年运输费占销售费用的比重分别为 18.91%、23.53%、71.97%、72.1%、71.25%、66.65%；云铝股份 2008 ~ 2013 年运输费占销售费用的比重分别为 71.18%、75.06%、73.57%、72.47%、78.33%、87.19%；锡业股份2008 ~ 2013 年运输费占销售费用的比重分别为 38.49%、40.13%、38.03%、46.41%、49.11%、52.97%；罗平锌电 2008 ~ 2013 年运输费占销售费用的比重分别为 83.16%、91.46%、90.48%、88.94%、88.34%、90.74%（见附图 4 – 4）。

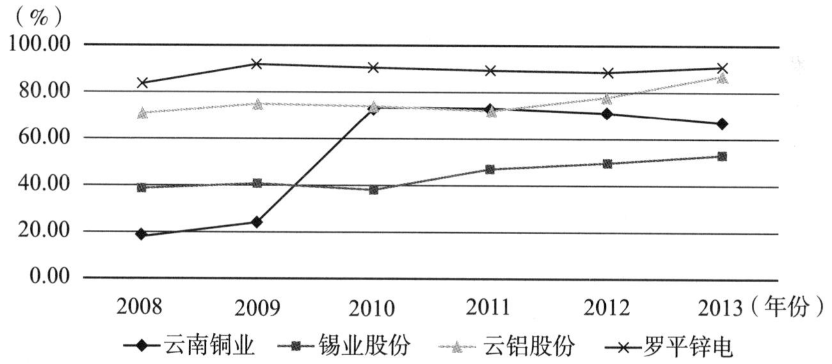

附图 4 – 4　云南主要有色金属上市公司 2008 ~ 2013 年运输费用占销售费用比重

资料来源：新浪网上市公司财务报告。

① 有色金属王国云南陷入产业困局［EB/OL］.［2014 – 05 – 23］. http://www.chinaccm.com/35/20140523/3528_1916410.shtml.

（6）受云南干旱天气的影响，云南有色金属行业的电力成本过高。

云南有色金属行业的电力成本占营业成本的比重较大，以云铝股份为例，2011～2013年，云铝股份电力成本占其总成本的比例分别为49.03%、51.49%、47.21%。然而，在电力成本方面，云南有色金属行业近几年受到了双重约束：一是受工业电价上调以及节能减排目标的影响，导致用电成本过高，使企业利润大幅下降，甚至亏损，以电解铝为例，电价每上涨1分，每吨铝成本上升150元以上；二是受云南地区百年不遇干旱的影响，降水量大幅减少，发电量为历史最低，所欠缺的大量生产用电只能外购，而所购电价则需按云南省电网划分的丰水期、枯水期和平水期执行，其间电价再按峰、平、谷时段计价，每类时段电价在过去的基础上均有大幅提升，导致生产成本大幅增加①。

① 云南铝业股份有限公司2010年年度报告［R］．新浪网．http：//finance. sina. com. cn/.

附录 4－2　云南有色金属行业上市公司杜邦财务分析

云南有色金属行业上市公司共 7 家，处于亏损局面的共有 4 家，即云南铜业、锡业股份、云铝股份、罗平锌电，本文主要以这 4 家公司 2008～2013 年的财务报告为数据来源，分析云南有色行业亏损的原因。

通过对这 4 家公司的深入分析，可看出有色金属行业上市公司亏损的主要原因是相对于主营业务收入的增长，成本上升得更快。云南铜业、锡业股份、云铝股份这 3 家公司 2008～2013 年的业绩变化轨迹相同，都是 2008 年的业绩较差，处于亏损或接近于亏损边缘，2009 年开始逐渐有所盈利并呈现持续上升的趋势，但是到 2012 年又开始大幅下降，直至 2013 年再度处于亏损局面。罗平锌电和上述 3 家公司相比，亏损时间较长，其中 2008 年、2010 年、2011 年、2013 年都处于亏损，2009 年虽没有亏损，但处于亏损边缘，只有 2012 年稍有盈利。

1. 云南铜业杜邦财务分析

（1）净资产收益率分析。

从附表 4－1 可看出，云南铜业 2008 年的净资产收益率急剧下降，从 2009 年开始逐渐上升，但是到 2012 年又开始下降，直至 2013 年再一次成为负增长。

附表 4－1　　云南铜业 2008～2013 年净资产收益率及构成因素一览

名称	2013	2012	2011	2010	2009	2008
净资产收益率	－13.47%	1.61%	10.28%	10.47%	9.19%	－67.34%
总资产净利率	－5.34%	0.41%	2.74%	1.96%	1.66%	－13.54%
权益乘数	2.52	3.89	3.75	5.36	5.53	4.97

2008 年净资产收益率大幅下跌的主要原因是总资产净利率大幅下跌；2009 年、2010 年、2011 年的净资产收益率呈现大幅持续上升的趋势，但 2009 年和 2010 年是由于总资产净利率和权益乘数都持续上升推动的，而 2011 年的权益乘

数下降，主要是由于总资产净利率的进一步大幅上升推动的；2012 年的总资产净利率却下降了 84.92%，由此导致净资产收益率大幅下降了 84.37%；2013 年的总资产净利率和权益乘数持续下降，直接导致净资产收益率的进一步大幅下降甚至为负。

（2）总资产净利率的分析。

从附表 4－2 可以看出，云南铜业 2008 年的总资产净利率为负，但是从 2009 年开始转负为正并逐渐上升，但是到 2012 年又开始下降，直至 2013 年再一次成为负增长。

附表 4－2　　云南铜业 2008～2013 年总资产净利率及构成因素一览

名称	2013	2012	2011	2010	2009	2008
总资产净利率	－5.34%	0.41%	2.74%	1.96%	1.66%	－13.54%
销售净利率	－2.83%	0.32%	2.37%	2.05%	2.72%	－11.36%
总资产周转率	188.42%	128.51%	115.32%	95.54%	61.12%	119.19%

2008 年总资产净利率为负的主要原因是销售净利率大幅下跌并为负增长；2009 年、2010 年、2011 年的销售净利率转负为正并逐年上升的主要原因是销售净利率大幅上升，即使这三年的总资产周转率比 2008 年还略有下降，也依旧推动总资产净利率的持续上升；2012 年销售净利率较上年大幅下降了 86.47%，虽然总资产周转率还有所上升，但还是导致总资产净利率大幅下降了 84.92%；2013 年销售净利率继续下降直至为负，导致总资产净利率持续大幅下降并出现负值。

（3）销售净利率分析。

从附表 4－3 可以看出，云南铜业 2008 年的销售净利率为负，但是 2009 年转负为正并有所上升，2010 年、2011 年虽然较 2009 年有所下降，大体还是保持平稳的状态，但是到 2012 年又开始大幅下降，直至 2013 年再一次成为负增长。

附表 4－3　　　云南铜业 2008～2013 年销售净利率及构成因素一览

名称	2013	2012	2011	2010	2009	2008
销售净利率	－2.83%	0.32%	2.37%	2.05%	2.72%	－11.36%
净利润（亿元）	－14.20	1.31	8.37	6.58	4.40	－29.25
主营业务收入（亿元）	501.00	408.26	352.43	321.37	161.84	257.55

除 2009 年的主营业务收入较 2008 年有所降低外，2008～2013 年的主营业务收入大体一直持续上升，因此，造成销售净利率波动的主要原因是净利润。2008 年销售净利率为负的主要原因是净利润为负；2009～2011 年净利润持续增长，平均增长率达到 38%，由此推动销售净利率也转负为正并有一定上升；但 2012 年净利润忽然大幅下跌了 84%，由此导致销售净利率也大幅下跌；2013 年净利润持续下滑并出现亏损，进一步导致销售净利率持续下跌并为负数。

（4）净利润分析。

从附表 4－4 可以看出，2008 年净利润为负的主要原因是主营业务收入相对于各项成本的增长较低；虽然 2009 年主营业务收入进一步下滑，但该年的营业成本、销售费用和财务费用都较 2008 年有较大幅度下降，由此推动 2009 年的净利润扭亏为盈；2010～2012 年，营业成本、销售费用、财务费用和管理费用一直持续上升，2010 年、2011 年净利润却大幅上升的原因是主营业务收入大幅增加，2012 年净利润大幅下跌的原因是相对于持续上升的成本主营业务收入增长速度下滑；2013 年的财务费用虽有大幅下降，但营业成本却上涨了 31%，相对于高涨的成本主营业务收入增速较慢，由此导致净利润出现亏损。

附表 4－4　云南铜业 2008～2013 年主营业务收入及主要成本构成因素一览　单位：亿元

名称	2013	2012	2011	2010	2009	2008
主营业务收入	501.00	408.26	352.43	321.37	161.84	257.55
营业成本	495.60	379.52	312.08	294.02	140.10	250.99
销售费用	3.68	3.23	3.17	2.97	2.32	3.19
管理费用	9.08	9.27	10.55	9.24	6.81	6.86
财务费用	5.92	10.57	7.67	7.05	6.43	9.33

2. 锡业股份杜邦财务分析

（1）净资产收益率分析。

从附表4－5可看出，锡业股份2008年的净资产收益率较低，从2009年开始逐渐上升，但是到2012年又开始下降，直至2013年成为负增长。

附表4－5　　锡业股份2008～2013年净资产收益率及构成因素一览

名称	2013	2012	2011	2010	2009	2008
净资产收益率	－18.86%	1.43%	13.35%	7.88%	5.12%	0.88%
总资产净利率	－5.90%	0.27%	4.22%	3.23%	1.78%	0.31%
权益乘数	3.20	5.37	3.16	2.44	2.88	2.81

2008年净资产收益率较低的主要原因是总资产净利率较低；2009年、2010年、2011年的净资产收益率持续大幅上升，但2009年、2010年主要是因为总资产净利率大幅上涨推动的（2010年权益乘数还稍有下降），而2011年是总资产净利率和权益乘数都上涨推动的；但2012年的总资产净利率却下降了93.7%，虽然权益乘数还较上年增加了70%，但还是导致净资产收益率大幅下降了89.27%；2013年总资产净利率为负，权益乘数持续下降，直接导致净资产收益率的进一步大幅下降甚至为负。

（2）总资产净利率的分析。

从附表4－6可以看出，锡业股份2008年的总资产净利率较低，但是从2009年开始逐渐上升，但是到2012年又开始下降，直至2013年成为负增长。

附表4－6　　锡业股份2008～2013年总资产净利率及构成因素一览

名称	2013	2012	2011	2010	2009	2008
总资产净利率	－5.90%	0.27%	4.22%	3.23%	1.78%	0.31%
销售净利率	－6.10%	0.39%	5.43%	3.95%	1.84%	0.23%
总资产周转率	96.75%	67.94%	77.61%	81.78%	96.67%	133.34%

2008年总资产净利率较低的主要原因是销售净利率大幅下跌；2009年、2010年、2011年的销售净利率持续大幅上升，即使这三年的总资产周转率比

2008 年持续下降，也依旧推动了总资产净利率的持续上升；2012 年销售净利率较上年大幅下降了 92.8%，导致总资产净利率也大幅下降了 93.7%；2013 年销售净利率继续下降直至为负，导致总资产净利率也持续大幅下降并出现负值。

（3）销售净利率分析。

从附表 4 – 7 可以看出，锡业股份 2008 年的销售净利率较低，从 2009 年开始逐渐上升，但是到 2012 年又开始下降，直至 2013 年成为负增长。

附表 4 – 7　　锡业股份 2008 ~ 2013 年销售净利率及构成因素一览

名称	2013	2012	2011	2010	2009	2008
销售净利率	-6.10%	0.39%	5.43%	3.95%	1.84%	0.23%
净利润（亿元）	-13.37	0.64	6.98	3.66	1.31	0.22
主营业务收入（亿元）	219.22	162.77	128.42	92.67	71.55	91.64

除 2009 年的主营业务收入较 2008 年有所降低外，2008 ~ 2013 年的主营业务收入大体一直持续上升，因此，造成销售净利率波动的主要原因是净利润。2008 年销售净利率较低的主要原因是净利润较低；2009 ~ 2011 年净利润持续增长，平均增长率达到 259.86%，由此推动销售净利率也持续大幅上升；但 2012 年净利润忽然大幅下跌了 90%，由此导致销售净利率也大幅下跌；2013 年净利润持续下滑并出现亏损，进一步导致销售净利率持续下跌并为负数。

（4）净利润分析。

从附表 4 – 8 可以看出，2008 年净利润较低的主要原因是主营业务收入相对于各项成本的增长较低，且营业成本较高；虽然 2009 年主营业务收入进一步下滑，但该年的营业成本、销售费用、管理费用和财务费用都较 2008 年有较大幅度下降，由此推动 2009 年的净利润有一定程度的上涨；2010 ~ 2013 年，营业成本、销售费用、财务费用和管理费用一直持续上升，2010 年、2011 年净利润却大幅上升的原因是主营业务收入大幅增加，2012 年、2013 年净利润大幅下跌的原因是营业成本和财务费用上涨较多，主营业务收入增长较缓。

附表 4－8　锡业股份 2008～2013 年主营业务收入及主要成本构成因素一览　单位：亿元

名称	2013	2012	2011	2010	2009	2008
主营业务收入	219.22	162.77	128.42	92.67	71.55	91.64
营业成本	218.73	147.23	107.74	79.82	62.81	91.82
销售费用	2.02	1.83	1.66	1.36	1.21	1.25
管理费用	6.00	5.27	5.24	4.45	3.28	3.46
财务费用	6.75	5.67	3.76	2.10	1.82	3.12

3. 云铝股份杜邦财务分析

（1）净资产收益率分析。

从附表 4－9 可看出，云铝股份 2008 年的净资产收益率较低，从 2009 年开始逐渐上升，但是到 2012 年又开始下降，直至 2013 年成为负增长。

附表 4－9　云铝股份 2008～2013 年净资产收益率及构成因素一览

名称	2013	2012	2011	2010	2009	2008
净资产收益率	－2.03%	0.58%	2.41%	1.07%	1.37%	0.62%
总资产净利率	－0.48%	0.15%	0.81%	0.41%	0.64%	0.29%
权益乘数	4.24	3.76	2.97	2.61	2.15	2.15

由于 2008～2013 年期间权益乘数一直呈现上升的势头，但净资产收益率的波动还是很大，这说明云铝股份的净资产收益率主要取决于总资产净利率。2008 年净资产收益率较低的主要原因是总资产净利率较低；2009 年、2010 年、2011 年的总资产净利率大体都呈现逐渐上升的趋势（除 2010 年总资产净利率稍有下降外），从而推动这三年的净资产收益率大幅上升；但 2012 年的总资产净利率却下降了 81%，虽然权益乘数较上年增加了 26.5%，但还是导致净资产收益率大幅下降了 76%；2013 年总资产净利率为负，直接导致净资产收益率的进一步大幅下降甚至为负。

（2）总资产净利率的分析。

从附表 4－10 可以看出，云铝股份近几年的总资产净利率较低，尤其是

2013 年已成为负增长。总资产净利率较低的原因之一，是近几年的总资产周转率始终较低，表明云铝股份的资产运营能力较低。除此之外，销售净利率较低且波动较大是更重要的原因。

附表 4 - 10　　云铝股份 2008 ~ 2013 年总资产净利率及构成因素一览

名称	2013	2012	2011	2010	2009	2008
总资产净利率	-0. 48%	0. 15%	0. 81%	0. 41%	0. 64%	0. 29%
销售净利率	-0. 74%	0. 27%	1. 54%	0. 67%	1. 19%	0. 35%
总资产周转率	65. 00%	56. 82%	52. 70%	61. 62%	53. 77%	82. 88%

2008 年总资产净利率较低的主要原因是销售净利率大幅下跌；2009 年、2011 年的销售净利率大幅上升，2010 年稍有回落但高于 2008 年，即使这三年的总资产周转率比 2008 年持续下降，也依旧推动了总资产净利率的上升；2012 年销售净利率较上年大幅下降了 82. 5%，导致总资产净利率也大幅下降了 81%；2013 年销售净利率继续下降直至为负，导致总资产净利率也持续大幅下降并出现负值。

（3）销售净利率分析。

从附表 4 - 11 可以看出，云铝股份 2008 年的销售净利率较低，从 2009 年开始逐渐上升，但是到 2012 年又开始下降，直至 2013 年成为负增长。

附表 4 - 11　　云铝股份 2008 ~ 2013 年销售净利率及构成因素一览

名称	2013	2012	2011	2010	2009	2008
销售净利率	-0. 74%	0. 27%	1. 54%	0. 67%	1. 19%	0. 35%
净利润（亿元）	-1. 10	0. 29	1. 24	0. 49	0. 62	0. 21
主营业务收入（亿元）	149. 28	106. 93	80. 39	73. 26	52. 10	61. 61

除 2009 年的主营业务收入较 2008 年有所降低外，2008 ~ 2013 年的主营业务收入大体一直持续上升，因此，造成销售净利率波动的主要原因是净利润。

2008 年销售净利率较低的主要原因是净利润较低；2009 年、2011 年净利润都大幅增长，由此推动销售净利率也持续大幅上升；2010 年净利润相较于 2009 年有所回落，因此销售净利率也有所下降；2012 年净利润大幅下跌了 77%，由此导致销售净利率也大幅下跌；2013 年净利润持续下滑并出现亏损，进一步导致销售净利率持续下跌并为负数。

（4）净利润分析。

从附表 4－12 可以看出，2008 年净利润较低的主要原因是主营业务收入相对于各项成本的增长较低；虽然 2009 年主营业务收入进一步下滑，但该年的营业成本、管理费用和财务费用都较 2008 年有较大幅度下降，由此推动 2009 年的净利润有一定程度的上涨；2010～2013 年，营业成本、销售费用、财务费用和管理费用一直持续上升，2010 年净利润有所回落的主要原因是主营业务成本上涨了 48%，2011 年净利润大幅上升的主要原因是主营业务收入上涨了 10% 而成本变化较小，2012 年净利润又大幅下跌的主要原因是营业成本上涨了 40%、财务成本上涨了 30%，2013 年净利润亏损的主要原因是营业成本、管理费用、财务费用和销售费用都上涨较快。

附表 4－12　云铝股份 2008～2013 年主营业务收入及主要成本构成因素一览 单位：亿元

名称	2013	2012	2011	2010	2009	2008
主营业务收入	149.28	106.93	80.39	73.26	52.10	61.61
营业成本	142.49	100.75	72.00	67.76	45.67	55.93
销售费用	3.02	2.02	1.78	1.50	1.26	1.13
管理费用	3.40	2.64	2.98	2.55	2.17	2.71
财务费用	5.28	3.20	2.46	1.70	1.00	1.59

4. 罗平锌电杜邦财务分析

（1）净资产收益率分析。

从附表 4－13 可看出，罗平锌电 2008～2013 年的亏损较严重，尤其是 2011 年最为严重。

附表 4－13　　　罗平锌电 2008～2013 年净资产收益率及构成因素一览

名称	2013	2012	2011	2010	2009	2008
净资产收益率	－6.45%	9.96%	－144.84%	－2.56%	1.34%	－11.02%
总资产净利率	－2.85%	2.54%	－26.05%	－0.91%	0.58%	－5.55%
权益乘数	2.26	3.93	5.56	2.79	2.30	1.99

由于 2008～2011 年期间权益乘数一直呈现上升的势头，但净资产收益率的波动还是很大，这说明净资产收益率主要取决于总资产净利率。2008 年净资产收益率为负的主要原因是总资产净利率为负；2009 年由于总资产净利率转负为正，由此推动净资产收益率也转负为正并有所上升；2010 年、2011 年总资产净利率又大幅下跌并为负数，导致净资产收益率大幅下跌，尤其是 2011 年下跌了 5 568.45%；2012 年总资产净利率上升了 109.73%，推动净资产收益率转负为正，并上升了 106.9%；2013 年总资产净利率又大幅下跌并为负数，直接导致净资产收益率的大幅下降。

（2）总资产净利率的分析。

从附表 4－14 得知，罗平锌电 2008 年总资产净利率为负的主要原因是销售净利率为负；2009 年的销售净利率和总资产周转率都有所上升，推动总资产净利率也大幅上升；2010 年、2011 年的销售净利率持续大幅下跌，尤其是 2011 年下跌了 2 127.89%，导致总资产净利率也大幅下跌了 2 747.91%；2012 年销售净利率较上年上涨了 107.52%，导致总资产净利率也转负为正并有所上升；2013 年销售净利率又大幅下降并为负数，总资产周转率也大幅下降，导致总资产净利率也大幅下降。

附表 4－14　　　罗平锌电 2008～2013 年总资产净利率及构成因素一览

名称	2013	2012	2011	2010	2009	2008
总资产净利率	－2.85%	2.54%	－26.05%	－0.91%	0.58%	－5.55%
销售净利率	－5.89%	1.69%	－22.43%	－1.01%	0.58%	－6.06%
总资产周转率	48.33%	150.40%	116.15%	90.86%	100.96%	91.52%

（3）销售净利率分析。

从附表4-15得知，2008~2012年期间主营业务收入一直持续上升，2013年却大幅下跌。可见，导致销售净利率波动甚至为负的主要原因是净利润的波动。2008年、2010年、2011年、2013年的销售净利率为负的主要原因都是净利润亏损，尤其是2011年，净利润亏损了2 216.22%，而2009年、2013年销售净利率转负为正并有所上升的主要原因是净利润有盈利，尤其是2012年，净利润上涨了107.54%。

附表4-15　罗平锌电2008~2013年销售净利率及构成因素一览

名称	2013	2012	2011	2010	2009	2008
销售净利率	-5.89%	1.69%	-22.43%	-1.01%	0.58%	-6.06%
净利润（亿元）	-0.50	0.21	-2.82	-0.12	0.07	-0.52
主营业务收入（亿元）	8.55	12.62	12.58	12.10	11.37	8.65

（4）净利润分析。

从附表4-16可以看出，2008年净利润亏损的主要原因是主营业务收入相对于各项成本的增长较低；2009年净利润稍有盈利的主要原因是主营业务收入涨幅较大，上涨了31.5%；2010年、2011年净利润亏损的主要原因是营业成本、销售费用、管理费用和财务费用都有较大幅度的增加，但主营业务收入的涨幅却较小；2012年净利润盈利的主要原因是营业成本和管理费用大幅下降，尤其是营业成本下降了13.96%；2013年净利润亏损的主要原因是主营业务收入下滑较大，下降了32.22%。

附表4-16　罗平锌电2008~2013年主营业务收入及主要成本构成因素一览　单位：亿元

名称	2013	2012	2011	2010	2009	2008
主营业务收入	8.55	12.62	12.58	12.10	11.37	8.65
营业成本	7.72	11.14	12.95	10.88	10.02	8.51
销售费用	0.30	0.31	0.34	0.34	0.29	0.23
管理费用	0.66	0.50	0.63	0.60	0.52	0.37
财务费用	0.44	0.52	0.45	0.37	0.26	0.29

附录 4－3　云南煤炭行业亏损的原因分析

煤炭被人们誉为黑色的金子、工业的食粮，它是 18 世纪以来人类世界使用的主要能源之一。云南省不仅有“植物王国”和“有色金属王国”之美誉，同时也是我国重要的煤炭生产区域。云南省的煤炭资源总量为 691 亿吨，已探明储量 253 亿吨，保有储量 246 亿吨，居全国第 8 位，现探明亿吨以上煤矿区有 28 个。然而，近年来，国内煤炭需求增幅持续放缓，煤价连跌，云南煤炭全行业出现亏损，严重影响了云南工业经济的发展。

为了深刻地认识云南煤炭行业亏损的原因，这里将从外部原因和内部原因两个角度进行分析。

1. 外部原因

（1）受宏观经济波动的影响，煤炭行业产品的下游市场需求下降，导致销售收入锐减。

作为我国最重要的基础性能源物资，煤炭市场需求变化根本上取决于一个国家的经济增长速度。过去煤炭市场的辉煌与经济的高速发展是密切相关的。但是自 2009 年 12 月以来，我国经济增速持续下降，2013 年的 GDP 增长速度为 7.7%，与过去 10% 的 GDP 增长速度相比，对煤炭的需求拉动不可比拟。

近年来，由于华北、华东地区空气污染严重，雾霾天气频繁，使得政府压缩钢铁行业、水泥行业、火电行业落后产能的力度不断加大，而这些行业都是煤炭行业产品最重要的下游市场，其产能的压缩，必然严重影响了对煤炭行业产品的市场需求。

（2）煤炭行业供过于求，但煤炭进口仍持续增加，严重冲击了煤炭市场价格，导致煤炭行业整体销售收入下降。

根据国家统计局统计，2013 年全国焦炭产量为 4.76 亿吨，同比增长 8.1%，而焦炭出口量增量下跌，受钢铁市场需求不旺的影响，全行业产能过剩严重，行业平均产能利用率约为 74%。然而，在煤炭行业产能过剩的情况下，进口煤炭却仍在高速增长，据海关统计，2013 年全国累计进口煤炭 3.2708 亿吨，同比增长高达 13.4%，远超国内煤炭市场需求增速①。

在国内煤炭供给充足的情况下，进口煤炭的主要原因在于进口煤炭在价格上更具优势。相对于国内煤炭的物流成本及税费负担，进口煤炭的价格优势主要是由运输、税收方面的优势决定的，比如，从美国运到中国港口的煤炭运价比单纯从内蒙古西部运到秦皇岛的运价还低，若再加上中国煤炭企业沉重的税费负担，使得我国煤炭价格严重缺乏竞争优势②。因此，进口煤炭的竞争性价格，严重冲击了我国煤炭市场的整体价格，导致煤炭行业整体盈利能力较弱。

（3）受国家政策调整的影响，煤炭行业的经营成本相对大幅增长。

由于近几年国家开始转变对经济增长方式的要求，国家开始对焦化行业的节能减排出台了更加严格和标准更高的规定。比如，2012 年 6 月环境保护部颁布了《炼焦化学工业污染物排放标准》；2013 年 10 月又发布了《焦炭单位产品能源消耗限额》。这些新标准规定了焦炭单位产品能源消耗限额的限定值、准入值和先进值的技术要求、统计范围和计算方法，同时对焦化企业技术研发创新能力和安全生产、节能环保水平及污染物排放提出了更高的要求及投入，这些无疑都增加了煤炭行业的经营成本。

以云维股份为例，云维股份 2009～2013 年排污费总体呈大幅上升的趋势，2009～2013 年排污费占管理费用的比重分别为 1.8%、4.33%、5.43%、4.69%、2.98%。

2. 内部原因

（1）云南煤炭行业的原材料供给率较低，增加了煤炭行业的运营风险。

云南煤炭行业的原材料供给率极低，煤炭行业所需的原料煤主要依赖市场采购，由此导致原材料对外依赖程度较高，从而面临着巨大的采购风险，具体表现在：一方面，若受到受煤矿安全事故及煤矿安全整顿的影响，煤炭产量会有所降低，采购难度加大，比如 2011 年 11 月云南省由于受师宗矿难的影响，导致全省矿井停产，进而出现了一个煤价上涨的阶段，当时煤价远远高于国内其他省份和进口煤的价格；另一方面，由于近几年煤炭企业重组，大部分煤炭资源都掌握在大型集团，其议价能力较强，这也会直接增加企业的采购成本。这两方面的主要

①② 今年我国煤炭行业亏损面在不断扩大［EB/OL］.［2014－04－24］. http：//www. chinairn. com/news。20140424/091723211. shtml.

原因都无疑会增加煤炭行业的运营风险。

以云南煤炭行业两大上市公司为例，云煤能源的原材料占其主营业务成本的比重大约平均为83%，而云煤能源目前实际控制的煤炭资源几乎为零；云维股份的原材料占其主营业务成本的比重大约平均为94%，但云维股份的煤炭自给率不足5%。

（2）云南煤炭行业存在供大于求的隐患，导致煤炭价格大幅下降，企业销售收入锐减。

在全国煤炭行业处于供过于求的严峻形势下，云南省近两年把煤矿关停标准从3万吨以下逐步提高到了9万吨以下，很多煤矿通过技改均提高了产能。同时，云南煤炭行业大部分企业为获得更高的产能持续加大固定资产投入，恶化了企业产能过剩的隐患，供需不平衡导致煤炭价格大幅下降，导致企业获利能力较弱。

以云煤能源为例，云煤能源的前身是云南马龙股份有限公司，从2011年开始该公司才转产到煤炭行业，云煤能源从2011～2013年的固定资产投入分别为29.95亿元、31.16亿元、31亿元，尤其是2011年固定资产投入上涨了17%。

（3）云南煤炭行业的高附加值产品发展受限，产品竞争力差。

在全国煤炭行业处于产能过剩的情况下，如何采用新技术、新材料、新装备、新工艺，加强资源的综合利用，大力发展循环经济、发展高附加值产品成为企业在市场中取胜的关键。但云南煤炭行业尤其是煤化工企业缺乏对开发高附加值产品的研究投入，影响了煤化工产品的市场竞争力。

以云煤能源为例，云煤能源2011～2013年的研发支出分别为950万元、840万元、640万元，2012年比2011年下降了11.22%，2013年比2012年又下降了23.58%，研发支出呈逐年下降的趋势，且下降的幅度逐渐加大。

（4）云南煤炭行业的资产负债率较高，不仅存在着资金链风险，而且也增加了企业的融资成本。

云南煤炭行业的资产负债率较高，再加之在国家宏观调控影响下频现结构性和时点性“钱荒”，导致公司融资难度增加，此外，由于国家采取紧缩性货币政策提高了贷款利息，融资成本也逐渐升高，进一步加剧了公司的财务风险。

以云维股份为例，2009～2013年云维股份的资产负债率分别为71.39%、

74.64%、77.43%、88.86%、86.76%，权益乘数分别为3.50、3.94、4.43、8.98、7.55，呈现逐年递增的趋势且2012年尤为严重，由此可见，云维股份的负债杠杆率非常高，潜在风险较大。

（5）云南煤炭行业化工产品投入产出比较低，且煤化工产品价格大幅下降，严重影响了企业的运营效率。

云南煤炭行业尤其是煤化工产品需经过复杂的转换过程，并且在生产过程中需要消耗大量能源，投入产出比较低，以技术最成熟的煤制甲醇为例，按热值计算，能量投入产出比就只有4.2∶1①。此外，据某专业机构监测，截至2013年6月份，在重点监测的109个化工代表性产品中，上涨品种仅19个。

以云维股份为例，云维股份的产品构成中，煤化工产品所占比重较大，如聚乙烯醇、醋酸乙烯、纯碱等，不仅受投入产出比较低的限制，而且受控于宏观经济形势的影响价格下滑，且售价降幅较大，造成了成本售价倒挂严重的现象。

① 今年我国煤炭行业亏损面在不断扩大［EB/OL］.［2014-04-24］. http://www.chinairn.com/news/20140424/091723211.shtml.

附录 4 -4　云南煤炭行业上市公司杜邦财务分析

根据杜邦财务分析法对云煤能源和云维股份两家亏损上市公司的深入分析，可以看出，云煤能源的亏损较严重，但这两家亏损或处于亏损边缘的主要原因都是主营业务收入下降，另外，对于云维股份而言，其总资产周转率较低也是导致公司营运能力较差的重要原因。

1. 云煤能源杜邦财务分析

（1）净资产收益率分析。

从附表 4 -17 可看出，云煤能源这几年总体处于亏损状态，尤其是 2009 年和 2010 年亏损较严重。

由于 2009 年和 2010 年的总资产净利率和权益乘数都为负，说明这两年云煤能源已经资不抵债，虽然通过净资产收益率的计算公式求得其值为正，但这两年的数据已无实际参考价值。2008 年净资产收益率较高，主要原因是总资产净利率和权益乘数都较高；2011 年由于总资产净利率和权益乘数转负为正，推动净资产收益率有一定上涨；但 2012 年总资产净利率又大幅下降并为负，导致净资产收益率为负；2013 年总资产净利率转负为正，但权益乘数有所下降，两者作用还是推动净资产收益率转负为正。

附表 4 -17　　云煤能源 2008 ~2013 年净资产收益率及构成因素一览

名称	2013	2012	2011	2010	2009	2008
净资产收益率	1.70%	-3.77%	8.31%	43.72%	134.07%	31.68%
总资产净利率	0.87%	-1.50%	3.41%	-17.42%	-27.92%	2.45%
权益乘数	1.94	2.51	2.43	-2.51	-4.80	12.95

（2）总资产净利率的分析。

从附表 4 -18 得知，2009 年、2010 年、2012 年总资产净利率为负的主要原因是销售净利率为负；2008～2013 年总资产周转率逐年下降；2011 年、2013 年销售净利率转负为正并有小幅上涨，推动总资产净利率有所上升。

附表 4-18　　云煤能源 2008～2013 年总资产净利率及构成因素一览

名称	2013	2012	2011	2010	2009	2008
总资产净利率	0.87%	-1.50%	3.41%	-17.42%	-27.92%	2.45%
销售净利率	0.83%	-1.37%	2.68%	-13.48%	-22.19%	1.46%
总资产周转率	105.02%	109.75%	127.32%	129.24%	125.85%	167.41%

（3）销售净利率分析。

从附表 4-19 得知，2009 年、2010 年、2012 年销售净利率为负的主要原因是净利润亏损，2011 年净利润扭亏为盈，但主营业务收入增长了 500%，所以销售净利率只是稍有增长；2013 年净利润虽为正，但涨幅较小，导致销售净利率也只有小幅增长。可见，影响销售净利率的主要因素是净利润。

附表 4-19　　云煤能源 2008～2013 年销售净利率及构成因素一览

名称	2013	2012	2011	2010	2009	2008
销售净利率	0.83%	-1.37%	2.68%	-13.48%	-22.19%	1.46%
净利润（亿元）	0.54	-0.90	1.88	-1.58	-2.77	0.27
主营业务收入（亿元）	64.73	66.00	70.28	11.70	12.49	18.25

（4）净利润分析。

从附表 4-20 可以看出，2009 年、2010 年净利润亏损的主要原因是主营业务收入分别大幅下降了 31.6%、6%，但各项成本的变化却不大；2011 年净利润盈利的主要原因是主营业务收入大幅上涨了 500%，财务费用下降了 50.5%；2012 年净利润亏损的主要原因是主营业务收入下降了 6%，但销售费用、管理费用、财务费用均大幅上涨，尤其是财务费用上涨了 263.9%；2013 年净利润小有盈利的主要原因是营业成本下降了 5.2%、财务费用下降了 6.8%。

附表 4－20　云煤能源 2008～2013 年主营业务收入及主要成本构成因素一览　单位：亿元

名称	2013	2012	2011	2010	2009	2008
主营业务收入	64.73	66.00	70.28	11.70	12.49	18.25
营业成本	59.61	62.88	65.34	10.52	12.30	13.42
销售费用	0.10	0.07	0.05	0.03	0.05	0.04
管理费用	2.70	2.86	2.11	1.44	1.38	1.38
财务费用	0.75	0.81	0.22	0.45	0.42	0.57

2. 云维股份杜邦财务分析

（1）净资产收益率分析。

从附表 4－21 可看出，云维股份从 2011 年开始财务指标不太理想，尤其是 2012 年处于亏损状态。

附表 4－21　云维股份 2008～2013 年净资产收益率及构成因素一览

名称	2013	2012	2011	2010	2009	2008
净资产收益率	0.06%	－75.65%	2.29%	7.59%	4.16%	7.76%
总资产净利率	0.01%	－8.42%	0.52%	1.92%	1.19%	2.04%
权益乘数	7.55	8.98	4.43	3.94	3.50	3.81

由于权益乘数大体一直处于上升趋势，影响净资产收益率的主要因素是总资产净利率。2012 年总资产净利率为负，导致净资产收益率也为负；2009 年由于总资产净利率大幅下跌了 41.6%，导致净资产收益率下跌了 46.4%；2010 年由于总资产净利率大幅上涨 61.7%，由此推动净资产收益率上涨了 82.4%；2011 年由于总资产净利率大幅下跌了 73.2%，导致净资产收益率下跌了 70%；2013 年总资产净利率刚刚转负为正，推动净资产收益率转负为正且有小幅增长。

（2）总资产净利率的分析。

从附表 4－22 得知，2008～2013 年云维股份的总资产净利率大体一直持续下跌，总资产周转率总体也较差。2009 年由于销售净利率下降了 2.5%、总资产周转率下降了 40%，导致总资产净利率下降了 41.6%；2010 年由于销售净利率上涨了37%、总资产周转率上涨了18%，推动总资产净利率上涨了61%；2011年由于销售净利率大幅下降了77.4%，导致总资产净利率下降了73.2%；2012年由于销售净利率为负，导致总资产净利率为负；2013年由于销售净利率转负为正，也推动总资产净利率转负为正。

附表4－22　　云维股份2008～2013年总资产净利率及构成因素一览

名称	2013	2012	2011	2010	2009	2008
总资产净利率	0.01%	－8.42%	0.52%	1.92%	1.19%	2.04%
销售净利率	0.01%	－14.65%	0.83%	3.68%	2.69%	2.76%
总资产周转率	62.43%	57.51%	62.06%	52.22%	44.25%	73.77%

（3）销售净利率分析。

从附表4－23得知，2011～2013年期间销售净利率呈现下跌的趋势，主要原因是净利润大幅下跌。2009年净利润下跌了20%，导致销售净利率下跌了2.5%；2010年净利润上涨了106.8%，推动销售净利率上涨了37%；2011年净利润大幅下跌了70%，由此导致销售净利率下跌了77.4%；2012年净利润亏损13.77亿元，导致销售净利率为负；2013年净利润刚刚转亏为盈，销售净利率也非常低。

附表4－23　　云维股份2008～2013年销售净利率及构成因素一览

名称	2013	2012	2011	2010	2009	2008
销售净利率	0.01%	－14.65%	0.83%	3.68%	2.69%	2.76%
净利润（亿元）	0.01	－13.77	0.73	2.43	1.17	1.47
主营业务收入（亿元）	84.74	94.02	87.81	65.90	43.67	53.29

（4）净利润分析。

从附表4－24可以看出，2009年净利润下跌的主要原因是主营业务收入下跌了18%；2010年净利润上涨的主要原因是主营业务收入大幅上涨了50.1%；2011年净利润大幅下跌的主要原因是营业成本大幅上涨了34%、销售费用上涨了 72%、管理费用上涨了 30%、财务费用上涨了 104.8%；2012 年净利润亏损的主要原因是主营业务收入只上涨了 7%，而营业成本上涨了 22.8%、管理费用上涨了 30%、财务费用上涨了 37%；2013 年净利润扭亏为盈的主要原因是营业成本下降了 17.7%、财务费用下降了 8.5%。

附表 4-24　云维股份 2008~2013 年主营业务收入及主要成本构成因素一览　单位：亿元

名称	2013	2012	2011	2010	2009	2008
主营业务收入	84.74	94.02	87.81	65.90	43.67	53.29
营业成本	77.12	93.73	76.30	56.96	38.12	46.22
销售费用	3.41	2.35	2.55	1.48	1.36	1.25
管理费用	3.54	3.38	2.61	2.00	1.52	1.43
财务费用	6.40	7.00	5.10	2.49	1.84	2.17

附录 4－5 云南化工行业亏损的原因分析

化学工业主要为国民经济提供基本原材料和中间产品，“引致需求”的特点非常突出，因此，受宏观经济景气程度的影响较大。近几年，云南化工行业普遍处于业绩下滑、亏损边缘甚至是亏损的局面，严重影响了云南工业经济的发展。以云南盐化和云天化两家上市公司为例，云南盐化 2008 年以来基本上都处于亏损边缘甚至是亏损状态，尤其是 2012 年亏损极为严重，亏损额达 1.87 亿元；云天化虽没有像云南盐化那样处于亏损状态，但从 2008 年以来一直呈现业绩下滑的趋势。

为了深刻地认识云南化工行业亏损的原因，这里将从外部原因和内部原因两个角度进行分析。

1. 外部原因

（1）受金融危机的影响，云南化工行业下游市场需求疲软，导致销售收入锐减。

根据学者们对化工行业两碱的分析，发现两碱的产能消化与下游企业的需求密切相关。但受 2008 年金融危机的影响，化工行业下游市场需求疲软，严重影响了化工行业的主销售收入，云南的盐化工行业也不例外。

两碱的传统消费领域主要为轻工、纺织和化工行业，这三大行业每年消费的两碱量约占总量的 70%，其次是医药、冶金、稀土金属、石油、电力、水处理及军工等行业。其中，轻工业近年需求呈下降趋势；纺织业产能过剩问题尤为突出，出口面临显著萎缩；电解铝和氧化铝市场的产能也存在 20%～30% 的过剩，消费需求不足[①]。

此外，自 2008 年后，云南盐化工行业的 PVC 产能扩张的速度已经远远快于下游制品行业的发展速度，PVC 市场已经存在明显的供过于求的矛盾，行业竞争加剧。

（2）受内外部经济环境的影响，化工行业的原材料及能源成本上涨，云南化工行业普遍开工不足，产量下降进而导致销售收入下降。

受国际金融危机、云南干旱限电、天然气供应紧张等因素的影响，云南化工

① 我国盐及盐化工行业状况及发展前景分析 [EB/OL]. [2012－10－11]. http://finance.glinfo.com/12/1011/11/76AB98565B4C9E1B.html.

行业的原材料及能源成本大幅上涨，具体表现在电石供应短缺、电石调运困难、电石及煤炭价格大幅上涨上，导致企业开工不足，影响了企业的产量。

以云天化和云南盐化为例，云南盐化氯碱、电石装置开工不足，导致其电石产量同比降低、消耗及成本却同比上升；云天化的生产装置开工不足，曾一度暂停 F01 线，并对 F05、F06 等生产线进行限产。

（3）受国际上对玻纤产品反倾销案调查的影响，严重影响了云南化工行业部分企业的出口。

2010 年 12 月 22 日，欧盟委员会开始向中国玻纤生产企业的相关涉案产品征收税率为 13.8% 的反倾销税。与此同时，土耳其对部分中国玻璃纤维出口企业出口到土耳其的相关涉案产品也征收 23.75% 的反倾销税，正式到期日为 2015 年 12 月 31 日；印度征收的反倾销税的税率为 18.67%，正式到期日为 2016 年 1 月6 日①。

反倾销税的实施使云南化工行业部分以玻纤产品为主的企业利益受到大幅影响，云天化就是其中一个例子。

2. 内部原因

（1）云南化工行业研发投入不足，高技术含量的产品较少，产品缺乏竞争力。

化工行业属于技术密集型产业，对持续创新和研发投入的要求较高。化工行业只有不断采用新技术、新工艺、新装备，开发高技术含量的产品，才能应对激烈的市场竞争。然而，云南化工行业大部分企业原创性的核心技术不多，高消耗、粗加工、低附加值产品的比重较高，原料和产品的深加工程度不够，以苦卤为例，苦卤是化工行业宝贵的资源，含有镁、钾、溴、硫等化学成分，每生产一吨原盐约副产 1 吨（约 0.8 立方米）苦卤，然而，由于技术水平受限，目前对苦卤的利用率不足 10%，资源浪费严重②。这些都与云南化工行业的研发投入较低有较大的关系。

以云天化和云南盐化为例，云天化 2008 ~ 2013 年研发支出占销售收入的比重分别为 0.1%、0.05%、0.04%、0.01%、0.1%、0.06%，云南盐化 2008 ~ 2013 年的研发支出占销售收入的比重分别为 0.04%、0.02%、0.01%、

① 印度、土耳其对中国玻纤产品征收反倾销税［EB/OL］.［2011 - 1 - 14］. http://www.caijing.com.cn/2011 - 01 - 14/110619106.html.

② 我国盐及盐化工行业状况及发展前景分析［EB/OL］.［2012 - 10 - 11］. http://finance.glinfo.com/12/1011/11/76AB98565B4C9E1B.html.

0.03%、0.03%、0.03%，而化学工业大中型企业研发投入占销售收入的比重平均为0.79%，可见，云天化和云南盐化的研发支出不仅呈现下降趋势，与国内平均水平相比，也差距较大。

（2）云南化工行业还存在落后产能，进而导致大部分企业内部管理费用增加。

云南化工行业仍存在一定比例的落后产能，资源消耗高，“三废”处理措施不到位，技术装备水平低，原料配套条件差，不仅影响了整个行业的市场竞争力，也导致企业的管理费用上升，加大了企业的运营成本。

以云南盐化和云天化为例，云南盐化因产能落后导致修理费增加以及3万吨氯碱装置和控股子公司普阳煤化工有限责任公司停产导致停工损失增加，云南盐化2011～2013年修理费占其管理费用的比重分别为14.7%、20.18%、18.23%，停工损失占其管理费用的比重分别为6.87%、8.43%、8.69%；云天化2012～2013年修理费占管理费用的比重也分别高达23.85%、22.12%，停工损失占其管理费用的比重分别为4.86%、4.81%。

（3）云南化工行业存在企业运营架构不合理的现象，导致企业利益受损。

合理的企业运营架构能有效地促进企业的发展，而不合理的运营架构却会导致企业的利益严重受损。云南化工行业部分企业为了延伸企业产业链，盲目收购、兼并重组上下游企业，导致企业利益大幅受损。

以云南盐化为例，云南盐化目前的主要利润来源在于食盐专营体制下的区域性绝对垄断销售收入，而其2010年却收购了净资产处于亏损状态的云南天南冶化工有限公司70%的股权①，目的是为了扩大公司的盐化工业务，然而，云南盐化工的主要化工产品近年出现全线亏损：工业盐销售价格降低；聚氯乙烯价格降低；烧碱价格降低，导致云南盐化化工产品的毛利率持续下跌。

---

① 食盐专营体制改革难破冰云南盐化亏损式扩张［EB/OL］.［2011－1－5］. http：//finance.qq.com/a/20110106/002939.htm.

附录 4－6　云南化工行业上市公司杜邦财务分析

根据杜邦财务分析法对云南盐化和云天化两家亏损上市公司的深入分析，可以看出，云南盐化 2008 年以来基本上都处于亏损边缘甚至是亏损状态，尤其是 2012 年亏损极为严重；云天化虽没有像云南盐化那样处于亏损状态，但从 2008 年以来一直处于业绩下滑的状态。这两家公司亏损或处于亏损边缘的主要原因或者是主营业务收入下降，或者是相对于主营业务收入的增加成本上涨得更快。

1. 云南盐化杜邦财务分析

（1）净资产收益率分析。

从附表 4－25 可看出，云南盐化 2008 年以来基本上都处于亏损边缘甚至是亏损状态，尤其是 2012 年亏损极为严重。

附表 4－25　　云南盐化 2008～2013 年净资产收益率及构成因素一览

名称	2013	2012	2011	2010	2009	2008
净资产收益率	－0. 28%	－20. 95%	0. 29%	1. 36%	1. 39%	－6. 62%
总资产净利率	－0. 07%	－5. 70%	0. 11%	0. 61%	0. 67%	－2. 92%
权益乘数	3. 78	3. 67	2. 60	2. 22	2. 07	2. 27

由于权益乘数大体一直处于上升趋势，影响净资产收益率的主要因素是总资产净利率。2008 年由于总资产净利率为负，直接导致净资产收益率为负；2009 年、2010 年、2011 年由于总资产净利率转负为正并小有上涨，推动净资产收益率也转负为正并有小幅上升；2012 年由于总资产净利率又大幅下跌并为负，由此导致净资产收益率大幅下跌并为负；2013 年由于总资产净利率仍没有转负为正，导致净资产收益率也持续亏损。

（2）总资产净利率的分析。

从附表4-26得知，云南盐化近几年的总资产周转率总体较差。2009年由于销售净利率转负为正、总资产周转率上涨了17.17%，推动总资产净利率转负为正并有小幅增长；2010年由于销售净利率下跌了8.89%，导致总资产净利率下跌了8.93%；2011年由于销售净利率大幅下降了78.71%、总资产周转率下跌了14.68%，导致总资产净利率下降了78.76%；2012年、2013年由于销售净利率持续大幅下降并为负，导致总资产净利率也大幅下降为负。

附表4-26　　云南盐化2008~2013年总资产净利率及构成因素一览

名称	2013	2012	2011	2010	2009	2008
总资产净利率	-0.07%	-5.70%	0.11%	0.61%	0.67%	-2.92%
销售净利率	-0.14%	-12.71%	0.19%	0.89%	0.97%	-4.96%
总资产周转率	51.79%	44.89%	58.74%	68.85%	68.88%	58.79%

（3）销售净利率分析。

从附表4-27得知，2008~2013年期间销售净利率的波动原因主要是净利润的大幅波动。2009年、2010年净利润转负为正并稍有盈利，推动销售净利率也转负为正并有所上升；2011年净利润大幅下跌了78.25%，由此导致销售净利率下跌了78.71%；2012年、2013年净利润继续大幅下跌出现亏损，导致销售净利率也持续下跌并为负数。

附表4-27　　云南盐化2008~2013年销售净利率及构成因素一览

名称	2013	2012	2011	2010	2009	2008
销售净利率	-0.14%	-12.71%	0.19%	0.89%	0.97%	-4.96%
净利润（亿元）	-0.03	-1.87	0.03	0.14	0.14	-0.67
主营业务收入（亿元）	18.30	14.72	16.32	15.97	14.72	13.57

（4）净利润分析。

从附表4-28可以看出，2008年净利润亏损的主要原因是主营业务收入相较于各项成本之和增长较少；2009 年净利润上涨的主要原因是主营业务收入上涨了 8.48%，但管理费用和财务费用都有大幅下跌；2010 年净利润与上年持平的原因是主营业务收入上涨幅度不大，成本的变化也不大；2011 年净利润大幅下跌的主要原因是主营业务收入只上涨了 2.18%，但营业成本上涨了 0.64%、销售费用上涨了 2.28%、财务费用上涨了 15.2%、管理费用上涨了 13.51%；2012 年净利润亏损的主要原因是主营业务收入下降了 9.78%，但销售费用上涨了 12.44%、财务费用上涨了 38.3%、管理费用上涨了 25.51%；2013 年净利润持续亏损的主要原因是营业成本上涨了 10.76%、销售费用上涨了 25.71%、财务费用上涨了 14.1%。

附表 4-28　云南盐化 2008～2013 年主营业务收入及主要成本构成因素一览　单位：亿元

名称	2013	2012	2011	2010	2009	2008
主营业务收入	18.30	14.72	16.32	15.97	14.72	13.57
营业成本	13.28	11.99	12.33	12.25	11.27	10.25
销售费用	1.93	1.53	1.36	1.33	1.32	1.17
管理费用	2.01	2.09	1.67	1.47	1.26	1.68
财务费用	0.93	0.82	0.59	0.51	0.50	0.66

2. 云天化杜邦财务分析

（1）净资产收益率分析。

从附表 4-29 可看出，云天化 2008 年后的净资产收益率大幅下降。由于权益乘数大体一直处于上升趋势，影响净资产收益率的主要因素是总资产净利率。2008 年由于总资产净利率较高，直接推动净资产收益率较高；2009 年总资产净利率大幅下跌了 99.86%，导致净资产收益率也大幅下跌 99.86%；2010 年总资产净利率大幅上涨了18 735.93%，推动净资产收益率也大幅上涨了20 239.39%；2011 年总资产净利率下跌了 28.3%，导致净资产收益率也下跌了 32.98%；2012 年总资产净利率持续下跌了 35.75%，导致净资产收益率也持续下跌了 4.66%；2013 年总资产净利率上涨了 31.19%，推动净资产收益率也大幅上涨了 85.85%。

附表 4-29　　云天化 2008~2013 年净资产收益率及构成因素一览

名称	2013	2012	2011	2010	2009	2008
净资产收益率	5.04%	2.71%	2.84%	4.24%	0.02%	15.17%
总资产净利率	0.74%	0.57%	0.88%	1.23%	0.01%	4.67%
权益乘数	6.78	4.78	3.22	3.45	3.20	3.25

（2）总资产净利率的分析。

从附表 4-30 得知，云天化近几年的总资产周转率总体较差。2008 年由于销售净利率较高，推动总资产净利率也较高；2009 年由于销售净利率大幅下跌了 99.8%、总资产周转率下跌了 29.17%，导致总资产净利率大幅下跌了 99.86%；2010 年由于销售净利率大幅上涨了 19 818.52%，推动总资产净利率大幅上涨了18 735.93%；2011 年由于销售净利率大幅下降了 43.93%、总资产周转率上涨了 27.87%，导致总资产净利率下降了 28.3%；2012 年、2013 年由于销售净利率持续大幅下降，但总资产周转率却大幅上涨，推动总资产净利率一直处于 2011 年水平左右。

附表 4-30　　云天化 2008~2013 年总资产净利率及构成因素一览

名称	2013	2012	2011	2010	2009	2008
总资产净利率	0.74%	0.57%	0.88%	1.23%	0.01%	4.67%
销售净利率	0.87%	0.68%	2.36%	4.21%	0.02%	10.69%
总资产周转率	85.12%	82.81%	37.37%	29.23%	30.91%	43.63%

（3）销售净利率分析。

从附表 4-31 得知，2009 年净利润大幅下跌了 99.85%，导致销售净利率大幅下跌了 99.8%；2010 年净利润上涨了 23 496.06%，推动销售净利率大幅上涨了 19 818.52%；2011 年净利润下跌了 20.56%、主营业务收入上涨了 41.67%，导致销售净利率大幅下降了 43.93%；2012 年净利润上涨了 68.29%、主营业务收入大幅上涨了 480.36%，导致销售净利润大幅下跌了

71%；2013年净利润上涨了21.5%、主营业务收入下降了4.8%，推动销售净利率上涨了27.62%。

附表4-31　　云天化2008~2013年销售净利率及构成因素一览

名称	2013	2012	2011	2010	2009	2008
销售净利率	0.87%	0.68%	2.36%	4.21%	0.02%	10.69%
净利润（亿元）	4.88	4.02	2.39	3.00	0.01	8.24
主营业务收入（亿元）	558.96	587.13	101.17	71.41	60.28	77.04

（4）净利润分析。

从附表4-32可以看出，2009年净利润大幅下跌的主要原因主营业务收入下跌了21.76%，但管理费用和财务费用都有所上升；2010年净利润有所上涨的原因是主营业务收入上涨了18.46%且财务费用有所下滑；2011年净利润有所下跌的主要原因是主营业务收入只上涨了41.67%，但营业成本上涨了47.13%、销售费用上涨了50.8%、财务费用上涨了41.28%、管理费用上涨了16.08%；2012年净利润大幅上涨的主要原因是主营业务收入上涨了480.36%；2013年净利润持续上涨的主要原因是营业成本下降了3.43%、管理费用下降了15.76%。

附表4-32　　云天化2008~2013年主营业务收入及主要成本构成因素一览　　单位：亿元

名称	2013	2012	2011	2010	2009	2008
主营业务收入	558.96	587.13	101.17	71.41	60.28	77.04
营业成本	487.15	504.47	81.16	55.16	49.74	59.30
销售费用	33.05	25.95	3.74	2.48	1.62	1.85
管理费用	22.96	27.26	7.75	6.67	4.28	3.43
财务费用	23.19	19.88	5.32	3.77	4.50	3.24

第5章 云南生物医药全产业链的“赶超计划”

全产业链模式实质上是一种集群模式，通过推进产业链、价值链的垂直整合、整体产业链引进，打破传统的“两头在外”产业发展模式。构建全产业链就是将微笑曲线中价值链上附加值高的环节都留在云南。本研究重点阐述四个方面：第一，从理论依据和国内经验两个方面，论证产业转型升级过程中构建“面向市场需求全产业链”的重要性；第二，生物医药全产业链建设的内在支撑条件；第三，云南生物医药全产业链构建的思路；第四，建设有云南特色的战略性新兴产业——把“云药”做成云南经济新标志；第五，提出创新驱动云南生物产业发展的“六化”思路：生物资源多样化、生物产业工业化、生物科技产业化、生物产品差异化、生物品牌高端化、生物服务国际化。

5.1 产业转型升级中构建“面向市场需求的全产业链①”的重要性

目前云南产业转型升级过程中存在以下深层次矛盾：

第一，与工业化过程的“一般模式”相比，云南产业结构非均衡性特征十分突出，具体表现为“一产不优、二产不强、三产不快”等问题。

---

① 产业链作为一种新形态的产业组织，其具有复杂的系统结构体系。产业链构建是产业链研究中的一个重要内容。产业链构建的过程就是对产业链上的节点企业进行链接的过程，即对产业链纵向关系的治理过程。这种产业链的链接就是要对选定的产业链纵向环节之间所形成的组织关系或制度进行安排，选择适合的治理结构，以更好地完成产业链上企业间的交易，提高产业链的运行效率。

第二，云南多数产业仍被挤压在国内产业链和价值链低端，经济净调入偏高，净出口-20%以上的结构，还是外地产品的销售地，远不是辐射周边的地区中心。

第三，技术基础薄弱，短时期内难以适应建设现代产业体系、实现传统产业转型升级的需要，工业企业技术层次低，高技术产业规模不大。研发投入不足，限制了产业结构的调整和升级。关键零部件对外依存度高，产业链的关键环节，特别是部分零部件以及重要材料依赖进口，无法形成完整的产业链和高效的产业协同效应。企业开发具有自主知识产权核心技术产品的内在动力和能力不足。

第四，粗放型经济增长方式没有根本转变，给资源与环境容量带来的压力仍然较大。

如果依靠常规的发展路径和发展模式，云南的产业发展很难实现突破。目前正值云南产业发展大有可为的战略机遇期，国内外市场要素跨区域加速流动，重新整合。云南产业要发展，就要突破“路径依赖”，高起点高水平谋划。而“面向市场需求的全产业链构建”是结合当前国内外产业发展趋势和发展形态提出的一种产业发展战略。

5.1.1 “面向市场需求全产业链”的产业选择标准和理论依据

一般认为，产业选择的标准是：第一，对物流成本不敏感；第二，面向全球市场；第三，直接针对消费者；第四，有较大的市场潜力。

1. 为什么要面向市场需求?

波特（Poter）认为，决定一个国家的某种产业竞争力的有四个因素：

（1）生产要素——包括人力资源、天然资源、知识资源、资本资源、基础设施。

（2）需求条件——主要是本国市场的需求。

（3）相关产业和支持产业的表现——这些产业和相关上游产业是否有国际竞争力。

（4）企业的战略、结构、竞争对手的表现。

波特的理论表明，要从生产要素中获得优势，**现在拥有什么资源并不重要，重要的是有没有一套能够提升生产要素的机制。这一观点对云南的产业发展非常重要。**在目前科学技术不断进步和全球经济一体化进程加快的背景下，企业所面临的生存环境越来越复杂多变。由于国际国内环境的变化，消费需求结构出现了较大转变，产品的差异性和消费者多样性偏好成为主流经济学关注的焦点，寻找新的支柱产业不能偏离这两个方向。当前，消费者的需求扩展到了健康、环保、科学的生活方式上，所以未来产业的发展方向和发展形态必须是市场需求导向的，才能符合产业发展的趋势。

2. 为什么要构建全产业链?

完整的产业链，是指从原料采集、运输、半成品、成品生产，到产品进入分销渠道，最终到达消费者，实现商品市场价值的整个过程。包括调研产品市场信息、加工制造流程控制、品质管理和投放市场，所有这个过程涉及生产者和生产活动的组织及利润分配。同时，产业链是一条增值链，产业链各个环节的增值大小并不相同。对最初的原料和材料进行逐级加工、深加工和精深加工，其产业经济活动表现是各个经济活动环节环环相扣，从而形成了一条具有内在经济技术联系的环环相扣的产业链条（见表 5－1）。

表 5－1　　产业升级的四种分类

升级的类型	升级的实践	升级的表现
流程升级	生产过程更加有效率	降低成本，提高产品开发力
产品升级	新产品开发，比竞争对手更快的升级	新产品、新品牌市场占有率的提高
功能升级	获取价值链中更高附加值环节	承担价值链中关键功能，获得更高的利润率
链条升级	剥离原来的生产经营活动进入一个新的产业链	新产品成差异化产品，市场占有率上升，获得更高的利润率

产业链构建包括接通产业链和延伸产业链两个方面的内涵。其中接通产业链是指借助于某种产业合作形式把一定区域空间范围内联系中断的产业部门串联起

来的过程，其主要途径是新创造出若干承上启下的产业链环实现断环的接续，在形式上表现为产业链环的增加，即在原有产业群体的基础上产生若干新兴产业部门。延伸产业链则是将现存的产业链尽可能地向上下游延展的过程。产业链向上延伸通常会使产业链进入基础产业和技术研发环节，向下游延伸则进入到市场开发环节。产业链在地域和空间的延伸，归结起来主要包括产业内的产业链延伸、产业间的产业链延伸、区域内的产业链延伸、区域外的产业链延伸四种基本类型。

5.1.2　突破传统路径依赖寻找新支柱——重庆的启示

在重庆，“无中生有”的电子信息产业正在成为重庆工业第一支柱，是一种产业发展模式的创新。2008 年，重庆将电子信息产业作为第一支柱产业，创造性地提出实施“整机 + 配套”全流程垂直整合招商引资模式，改变“两头在外、大进大出”的传统模式，打破了沿海数十年加工贸易水平分工方式，将集产品研发、生产、营销、服务为一体的“微笑曲线”整体引入，通过电脑整机销售企业带动零部件生产企业的进入，或者零部件生产企业延伸生产整机，先后引进惠普、宏碁品牌商，富士康、广达、英业达等代工商，以及一批零部件配套厂商，成为亚洲最大的笔记本电脑基地，实现了重庆笔记本电脑产业从无到有、由小至强的嬗变，由于加工贸易的模式创新，两年走完了沿海十年的发展之路。与此同时，重庆高水平发展优势产业，以民生导向、创新体制、扩大开放为主驱动力，着力提升研发、创新、生产能力，加快推进信息化与工业化融合，增强产业集群的集聚力与核心竞争力。重点发展壮大电子信息产业、汽车产业、装备制造产业、石油天然气化工、铝加工等优势产业，促进“整机 + 配套”集群发展，拓展和延伸原材料和成品产业链，引进一批核心技术与大型成套项目，推进一批重大项目，攻破一批关键核心技术，培育一批大型龙头核心企业，打造一批国内外品牌产品。这种“突破传统路径依赖，寻找新支柱”的产业发展思路值得借鉴。

基于以上分析，结合“面向市场需求的全产业链”的产业选择标准和云南自身条件，本章提出构建云南“生物医药产业全产业链”的观点。下面就云南建设“生物医药产业全产业链”的内在条件、理论模式、发展战略做出分析。

5.2 生物医药全产业链建设的内在支撑条件

5.2.1 发展前景与需求分析

生物产业在中国，有着迫切的发展需要。有着广阔的发展前景。中国是全世界人口最多的国家，粮食安全是永恒的话题。实践证明，生物农业及相关领域的开发，对保障中国粮食安全有着重要的作用，生物农业及其技术对提高农业效率，保证粮食安全都有着重要的意义，同时也有着巨大的市场需求。随着生活质量的提高，对生命健康的进一步重视，生物制药产业市场前景广阔。随着世界能源形势日益紧张，生物能源如燃料乙醇、生物质能源等也受到了一定的市场认可。生物技术是当今国际科技发展的主要推动力，生物产业已成为国际竞争的焦点，对解决人类面临的人口、健康、粮食、能源、环境等主要问题具有重大战略意义。基因组学、蛋白质组学及干细胞等前沿生物技术的发展使人类对生命世界的认识水平发生了质的飞跃；医药生物技术将大幅提高人类的健康水平，以及生活的质量；农业生物技术将大幅度提高农产品产量与质量，降低农业生产成本；工业生物技术将加速“绿色制造业”发展，大幅度减少污染物排放，降低生产成本；发展生物质能将有效缓解能源短缺压力；环境生物技术将在治理环境污染、改善生态环境方面发挥巨大作用；生物技术还将在保障国家安全、防御生物恐怖威胁中发挥不可替代的作用。生命科学和生物技术相关研究已经占据了科学研究的主导地位。世界各国也在不断加强生物产业的发展，除美国已形成较其他国家的明显优势外，英国也发布了发展生物技术的5年规划——《生物科学时代：2010～2015年战略计划》，计划将尖端生物科学与技术作为优先支持领域。日本将生物技术产业上升到国家战略高度，将“生物技术产业立国”战略作为日本新的国家目标，通过强大的财政支持，发展生物技术产业。

从生物产业的发展趋势来看，2000～2020年是全球生物产业高速成长并趋于成熟的阶段。世界生物产业尚未形成如高端装备制造、新一代信息技术等少数公司控制最尖端技术的垄断局面。由于多年以来对生物产业的重视，以及良好的人才培育、科技研发基础，中国生物产业和发达国家技术水平相对差距较小，但产业化程度较低，有巨大的发展潜力。全球生物产业技术专利中，仅美国就占总数的 59%，已经形成了较为完善的研发和产业化体系，而中国仅占不到 5%。专利数量的匮乏一部分原因是国内生物产业研发和发达国家尚有一定差距，但更多是因为产业化途径匮乏以及国内需求的不足。

“十二五”规划中，生物制药产业被明确列入七大新兴产业之一重点发展，生物产业在得到资金、政策等多方面支持后，预计会迎来产业化进程迅速加快的高速发展期。预计未来十年，生物技术在经济各产业部门得到广泛应用，在工业领域中的应用占生物技术总产量的 35%，农业领域占 36%，医疗保健占 24%，其他相关产业占 5%。国内申请生物医药专利数量将会达到世界总量的 10% 以上，有一批具有重大意义的生物医药、生物制造、生物农业等科技成果出现。生物产业在全球范围内形成具有自身特色的重要地位，部门生物技术跃居世界先进水平，形成一批具有国际领先竞争力的生物产业企业，生物产业出口额占据总出口额的 8% 以上。中国生物产业总产值将达到 45 000 亿元，其中生物医药 30 000 亿元，生物制造 5 000 亿元，生物农业 5 000 亿元，生物能源及生物环保 5 000 亿元，占据国内生产总值的 8% 左右。

未来中国医药市场潜力巨大，为生物制药企业的发展提供广阔空间。在收入增长、医保改革逐渐深入、城镇化、人口老龄化等多重因素影响下，国内医疗和药物需求已经进入快速增长期。国内药品市场总规模由 2000 年的 1 572 亿元上升到 2010 年的 7 556 亿元，年复合增长率约为 17%，预计中国医药市场规模将在 2013 年前后将进入世界医药市场前三名。作为未来医疗健康的重要发展方向，生物制药行业发展受到中国政府政策鼓励。国家在从“八五”到“十二五”的连续五个战略规划中都将生物制药产业列为重点。“十一五”和“十二五”规划中均列明“重大新药创制”专项，分别投入 66 亿元、100 亿元用于新药研发，而生物制药是这一专项扶持重点之一。国家生物制药“十二五”专项规划必然带动各级政府密集出台配套政策，从科技投入、税收激励、金融支持、政府采购等多方面支撑产业发展。在巨大市场潜力和广泛政策支撑引导下，私营和外资部门对生物制药产业的投资意愿强烈。近年来生物制药已经成为国内外投资者关注的投资热点之一，Novonodisk、GSK、Eli Lilly、Astrazeneca、Roche 等的研发中心已投入运行，Pfizer、J&J、Novartis 也正在或已宣布在国内筹建研发中心。国内企业也不甘落后，例如天坛生物在亦庄的新生产基地项目投资 26.7 亿元兴建生产基地，修正医药科技产业园、微谷生物新型疫苗产业基地等项目也相继开工。

5.2.2 作为未来支柱产业集群的内生条件

1. 创新工业

基于国家发展战略的需要，我国提出了建立创新型国家的目标，医药行业是创新的重要领域。《国家中长期科学和技术发展规划纲要（2006～2020 年）》将《重大新药创制》确定为科技重大专项。它的实施有利于我国研制出一批具有自主知识产权和市场竞争力的新药。建立起一批具有先进水平的技术平台，形成支撑我国制药业自主发展的新药创新能力与技术体系，使我国新药创制水平显著提高，推动医药产业由仿制为主向自主创新为主的战略性转变。与此同时，伴随着新药品的研制，制药装备一定会有用武之地，尤其是项目成功后的产业化更需要制药装备的配合。

医药产业政策鼓励制药企业自主创新和技术升级。加强新药投入力度，已成为我国医药产业政策的重要战略。现在我国医药产业研发投入仅为年销售收入的 1.02%，而跨国公司为 15%～20%，以仿非专利药为主的印度则是 10%。因科技投入少，多数企业难以成为科技创新的主体，一些关键性产业化技术长期不能突破，产品更新速度缓慢，严重制约着我国由制药大国向制药强国的战略转移。随着我国改革开放向深度和广度发展，制药企业的管理模式正向发达国家靠拢，企业的研发意识和能力迅速增强。我国医药产业政策及推行的增值税转型改革，将有力地推进制药企业自主创新和技术升级的步伐。现在已有许多研发型企业，从新药项目中获得了不菲的收益，得到了亿万级的投资。

包括生物技术在内的现代科学和手段已经并将广泛地应用于生物行业。如在药物剂型方面，透皮控释制剂、新复方制剂、释药器具和制剂设备新工艺的专利文献大量涌现，新剂型大大提高了药效；在药物开发方面，化学制药仍占主导地位，但随着现代生物技术的发展，生物药品的研制、开发和生产将是 21 世纪制药业的重点；在医疗器械方面，该行业作为跨学科的综合性高技术产业，与计算机科学、图像处理、精密仪器、放射科学和人体科学等密切相关。

2. 民生工业——直接针对消费者

人类的医疗模式正由单纯的疾病治疗转向预防。保健和治疗相结合的模式；威胁人类健康的疾病，也由传染性疾病向慢性疑难疾病转化；人口的老龄化使一些老龄性疾病的防治问题更加突出；人类健康水平的提高，对医疗保健体系提出更高和更多样化的要求，医疗卫生的实践证明对于防治身心疾病为主的疾病，应考虑到作用的多靶点和人体的整体性等。由此可见，我国生物制药在绿色健康产品市场上将有更大的发展潜力，根据测算绿色健康产品在美洲的消费市场可达 120 亿美元，在欧洲为 120 万美元，在亚洲为 120 亿美元，其他地区为 90 亿美元，这些因素对中国生物制药的发展，都提供了有利的机遇和条件。

随着化学药品毒副作用不断出现，药源性疾病日益增加，人们希望用天然药物和绿色植物来治疗疾病和自身保健。近年来人们已把眼光转而投向自然，投向民族传统医药，投向草药、植物药等天然药物，天然产物已成为国际医药产业的热点领域，这为生物制药产业的发展提供了战略性契机。据世界卫生组织统计，当前，全世界 60 多亿人口中，80% 的人使用过天然医药，在全世界药品市场中，天然物质制成的药品已占 30%，国际上植物药市场金额已达 300 多亿美元，且每年以 20% 以上速度增长。从北美、西欧等国家草药市场的兴起，到“世界传统医药日”的确定都表明一个有利于生物制药发扬光大的社会环境正在日渐形成。由于人类寿命的延长，防止衰老、免疫调节、抗氧化和防细胞突变的保健品需求将增加，人参、西洋参、党参、三七、枸杞、山药、大枣、黄芪、黄精、冬虫夏草、鹿茸、五味子、灵芝、山楂、何首乌等一大批药食两用的品种，将随着保健食品、天然绿色食品的开发，成为黄金健康产业的重要组成原料。生物制药保健产品的销售规模将会不断上升。

3. 全球市场需求巨大

各国政府将中医药的管理逐渐纳入法制化轨道。由于世界卫生组织的推动和我国综合国力的不断上升，中医药文化不断为更多的国家政府所接受，越来越多的国家将生物制药纳入了药品管理体系或承认了中医的合法地位。中医药在东南亚、日本、韩国等地取得了较好的发展，在澳大利亚已取得合法地位，连限制最为严厉的欧洲和美国，也在逐步放松对中医药的限制。如法国目前约有 2 800 个中药诊所，每年消耗中药 4.3 万吨；在英国经过考核者可以经营中医业，用中药医治病人，仅伦敦就有 600 多家中医诊所；美国近期更是专门制订了《植物药研究指南》，开始接受传统药物中的天然药物复方混合制剂作为治疗药物，为生物制药作为治疗药物进入美国市场打开了大门。美国 FDA 最近正式表态，今后植物药只要经过 FDA 指定的权威医药研究机构证实确有治疗作用，暂时可不必弄清楚其所有化学成分和药理作用，即可摆在 OTC 药品专柜销售，但对于某些植物制剂则必须凭医生处方才能销售。我国乃至国际生物制药市场还是很广阔的，在未来很长一段时间内生物制药的市场需求会不断增加，但是供给仍然不足，因此就目前来说生物制药市场的潜力是无穷的。

4. 产品差异性强

医药产品特异性强。有道是“对症下药”，药品种类繁多、各不相同。产品多样化、产品差异化特征明显。从本质上讲，医药行业是与生命科学紧密相关的产业，因此，它不存在成熟期，是一个永远成长和发展的行业。在世界范围内，医药行业的发展速度一般高于其他行业，而且较少受经济危机影响，在世界经济中占有重要位置。

5. 需求收入弹性较高，需求价格弹性较低

从一个国家范围来看，由于医药产品具有较高的需求收入弹性（据测算，医疗保健产品的需求/收入弹性为 137%，即收入每提高 100 元，医疗消费水平要增长 137 元），因此，国家经济良好时，个人收入增长将拉动个人药品需求增加；但在相反情况下，由于药品的需求价格弹性较低，因此药品需求并不会有大幅度减少，这在国家经济不景气时表现得尤为明显。国际经验表明，由于医药行业受宏观基本面的影响较小，在国家经济处于不景气周期时，医药行业上市公司的市场表现一般要优于其他行业。

6. 成长性好

改革开放以来，我国医药行业年均增长 17.7%，已成为当今世界上发展最快的医药市场之一。“十一五”期间，生物产业产值由 2005 年的 6 000 亿元跃升至 2010 年的 16 000 亿元左右，年均增速高达 21.6%，超过电子、通信设备制造业和电子计算机制造业的增速。2010 年，生物医药产业总产值超过 10 000 亿元，占全部生物产业总产值的 62.5%。在“十二五”期间，我国医药工业发展目标包括总产值年均增长 20%，工业增加值年均增长 16%等。而在医药产业之中，又以生物制药效益和成长性最好。从医药需求前景来看，目前，我国人均用药水平与发达国家相比，相差甚远。随着我国人口的自然增长、老龄化比例的加大、国民经济的持续增长、医疗体制改革及药品分类管理的实施，我国医药行业将持续高速增长。

从全球范围看，据美国 IMS 战略小组预测，全球药品市场在未来 5 年将增长近 8 000 亿美元，到 2020 年达到 2.5 万亿美元，此期间的年增长率在 15%以上。随着医药行业的高速发展，天然药品、生物药品和非处方药将三分天下，形成 21 世纪药业的三大新兴市场。因此，生物制药行业必然吸引大量投资资金，成为 21 世纪企业投资的一个重要行业。

5.2.3　云南发展生物医药全产业链的必要性

1. 云南目前的工业结构和发展模式与全省工业可持续发展存在极大矛盾

云南工业在长期的发展过程中，产业选择与资源禀赋的结合逐步形成了烟草、化工、有色、电力等重化工为主的结构。除烟草工业外，大多数与初级产品加工化为主，产业层次较低。资源型、原料型工业是云南重工业的主体，产品多为产业链的上游，以及本土资源精加工深加工工业企业的缺乏，造成云南工业对国内国际市场需求严重依赖，也极易受到国内外供给市场的影响。从长期看，这种畸形的工业结构与全省工业可持续发展存在极大矛盾。因此，云南要发展生物制药的全产业链模式就是要打破云南传统的“两头在外，大进大出”的产业模式，建立“多头在内，一头在外”的垂直整合产业链模式。

2. 发展全产业链模式有效解决了长期制约云南产业发展的交通运输成本的问题

产业分工的出现意味着，在形成分工关系的产业集聚之间的运输成本必须比较低廉，因为过高的运输成本会切断产业集聚与外界的交流。在足够近的地理距离和空间范围内，运输成本、客户的搜索成本有效降低，马歇尔的外在性、知识溢出的效果明显，产业链上下游的关联性增强，在这些因素的共同作用下，形成规模经济、进而进一步降低成本，从而形成相互影响的循环累积的结果。云南作为边疆内陆省份，交通运输成本过高一直制约着产业的发展，而全产业链模式有效解决了距离和运输成本的问题。

3. 多样而丰富的生物资源及其适生环境是云南生物医药产业发展的基础

丰富多样的生物资源使云南在物种方面具有特殊性，主要表现为：云南特有和优良品种较为丰富且其所含有效成分较之国内外产品品质更高；近缘及可替代的种类丰富，如云南砂仁、马钱子、龙血树、美登木素、三七等均作为近缘的替代种类，而且其有效成分含量远高于进口药品；种质资源数量巨大。丰富的近缘及可替代的生物种类降低了生物产业的生产成本与使用成本。云南多样性的生物资源为诸如医药制品、生化提取寻找可替代的生物物种提供了可能，而且这种可能性在20世纪利用云南萝芙木和披针叶萝芙木替代印度蛇根木提取治疗高血压有效药物成为现实，由于云南萝芙木含有与蛇根碱相同的生理活性物质，疗效也相近，而毒副作用却比蛇根木弱，通过工业化生产满足了国内需要，不再进口蛇根碱，这一替代极大减少了因进口原材料或成品药对企业与消费者造成的成本增加。云南西双版纳分布的植物锡生藤已合成新药“傣肌松”，与进口的“氯化箭毒碱”有相似的肌肉松弛作用。云南省的适生环境具有较强的包容性，全球其他地区与此相似的地理环境与气候条件下生存的动植物很可能易于适应云南的生存环境而易于成活并适用于经济发展。以制造甾体激素类的薯蓣引种为例，来自于墨西哥的菊叶薯蓣的皂甙元含量高于本地盾叶薯蓣，菊叶薯蓣在较好的栽培环境条件下，栽培三年，平均每株产鲜块茎14 500克，皂甙元含量为4.6%。薯蓣皂素（皂甙元）是目前世界上合成避孕药、镇痛消炎药、麻醉药、肾上腺素、皮质激素、性激素以及蛋白同化激素等400多种甾体类药物的起始原料，被医药界称为“药用黄金”。

4. 未来医药产业产品差异化的竞争，需要有强大产业链支持能力

技术创新能力要能够支持全产业链布局，在全产业链各个环节均要有突出的能力。以高新技术创新为主导的医药产品差异化，更需要整条产业链运营的各个环节来保障其有效性。

5.3　云南生物医药全产业链构建思路

5.3.1　生物制药的全产业链模式

1. 生物医药价值链的微笑曲线

生物医药价值链包括三个阶段：研发创新、生产制造、营销和品牌服务。每个阶段包含各自的环节，每个环节的附加价值是不同的，所有环节构成了典型的倒 U 形曲线形状，即生物医药价值链的微笑曲线（如图 5－1 所示）。全产业链的构建思路和目的就是要改变大进大出的产业模式，将微笑曲线上附加值高的所有环节留在云南。

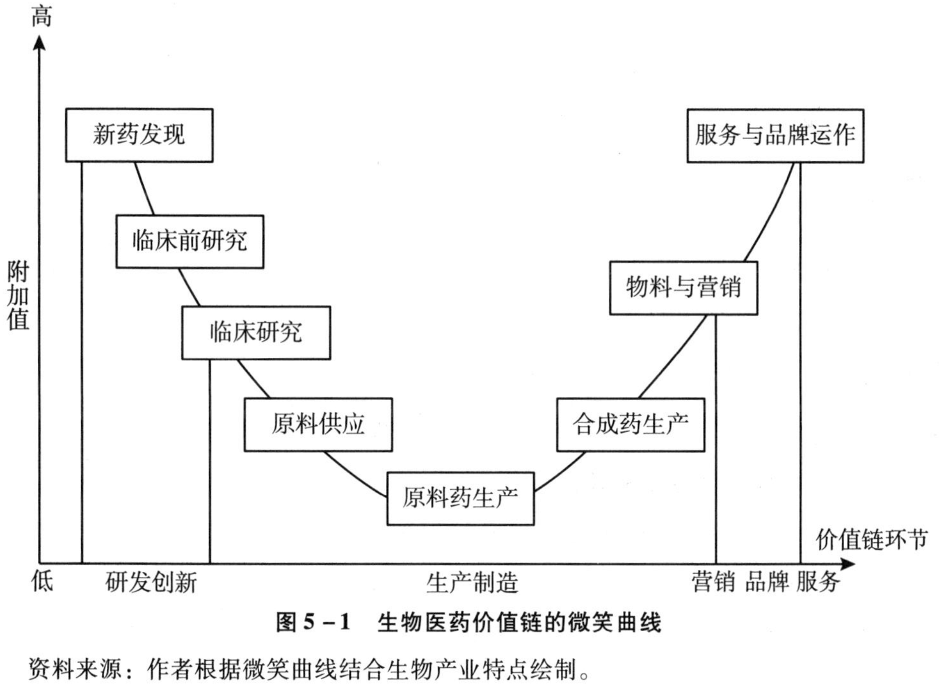

图 5－1　生物医药价值链的微笑曲线

资料来源：作者根据微笑曲线结合生物产业特点绘制。

2. 生物医药产业链主要环节

生物制药的全产业链模式涉及几个关键环节，包括研发设计、原料药生产、合成药生产、物流与营销以及品牌运作。在新药物研发阶段，通过建设实验室支撑技术研发，通过建立知识产权体系保护和鼓励技术及产品创新。在药物开发阶段，通过开发生产设备，在产品开发管理体制下对新药物临床批量制造进行研究。在原料药生产和合成药生产阶段。加强生产质量管理，进行生产设备制造升级，利用配方技术进行药物制造。展开销售网络建设，完善和维护客户关系管理体系，创立品牌价值，积极进行服务质量管理（见图5－2）。

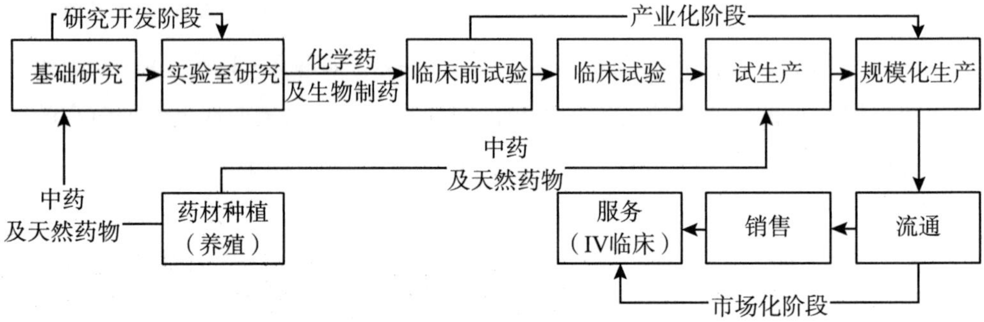

图5－2　生物医药产业链主要环节（阶段）示意

资料来源：程磊．湖北省生物医药产业链构建研究［D］．华中科技大学，2011.

先进的制药工艺、制药技术都是通过制药装备来实现的，医药行业的创新、发展，有利于制药装备的创新、发展（医疗器械、包材辅料产业是云南一直以来所急需发展的，“在过去，连一块纱布都要从外省采购”）。包括：高性能医学装备、高附加值介入材料及制品、新型体外诊断产品等制造业。

3. 生物医药产业链构建的理论模式

生物医药产业链的四种构建模式在实践中共存，并互相影响，在一定条件下可能会发生转化。随着技术的不断进步，技术标准化程度从低到高不断提升，产业链构建的模式也由高度内部化到高度市场化的过程演进（如图5－3所示）。从全球范围来看，生物医药产业链构建模式的演化历史可以分早期阶段（现代生物技术未得到广泛应用前）、中期阶段（产业集群式发展）、后期阶段（战略联盟大量产生）、未来（模块化广泛应用）。

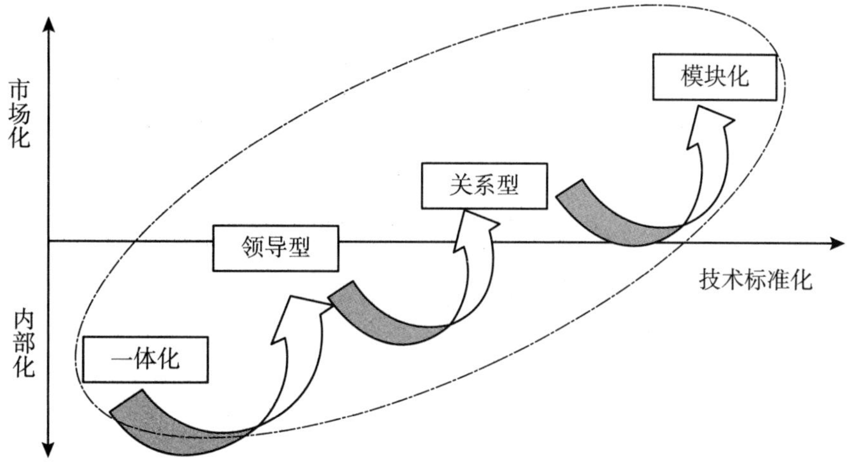

图 5－3　生物医药产业链构建的理论模式演进

资料来源：程磊．湖北省生物医药产业链构建研究［D］．华中科技大学，2011.

4．国内外生物医药产业链成功模式借鉴

（1）加州模式

加利福尼亚（简称加州）地区的生物医药产业集群是美国发展最快、最活跃、也是规模最大的生物医药产业集群。加州的成功模式已成为世界其他国家或地区学习的对象，其主要有以下几个方面的特点：

①以市场机制为主导力量，各主体角色定位准确。加州生物集群发展过程中，不同的机构扮演不同的角色。在从知识创新到技术成果实现商业化的整个过程中，政府向高校和研发机构投入用以资助研发活动的基金起到了“发动机作用”，持续地促进科研机构产生出新的技术或工艺。生物科学家们则以科研基金资助研究出来的成果与风险资本家合作创办企业，这也称之为“知识外溢”。加州境内的斯坦福大学、加州大学、伯克利大学以及旧金山加利福尼亚大学的分校区等研究机构则为新创企业提供技术、研究工具以及专利等智力成果。这样的一个机制使得研发出来的技术能迅速转变成生产力，生产出来的产品或是优化的工艺迅速推向市场，实现市场价值。

②产学研合作催化生物技术企业间形成紧密联系的社会网络。从 1987 ~

1997年的10年间整个产业集群的企业数量成倍增长，企业与企业人员之间的联系非常紧密，形成了一张庞大的社会关系网络。产业集群内部企业联系紧密，有利于形成“外部经济性”，提高集群的整体效益、降低成本，且有利于技术扩散。

③健全的风险投资机制是实现生物医药产业化的主推手。生物医药产业集群的资金来源主要是政府投资、资本市场募集和企业投入三个方面。其中，资本市场中的风险投资、基金投资等资本募集方式对于生物医药企业所需的大量资金更为关键。在加州，这些资金来源为生物医药产业集群从上游基础研究、中游产业化到下游市场化的产业链各个环节提供了完备的资金支持。风险投资机构在生物技术商业化过程中可谓是“主推手”。风险投资家出资金，科学家出技术成果，两者合作创办企业。这种创办模式至今仍是加州生物技术企业创立的最基本模式。

（2）波士顿模式

波士顿地区以研发实力雄厚为主要优势，是美国九大生物医药产业集群中的典型代表。该地区生物医药产业发展的成功经验，概括起来主要体现在产学研联盟，领导型生物科技企业两个方面。

①产学研联盟是技术创新与成果产业化的加速器。波士顿地区集聚了哈佛、MAN、波士顿大学、M6JJ综合医院等顶尖科研机构。该地区绝大部分的生物技术专利都集中在当地的医院或者研究机构手中，创新主体主要是研究机构或医院。知识源的聚集正是波士顿生物医药产业发展的原动力，然而更重要的是知识源与产业之间良好互动关系的建立，这也就是我们说的“产学研”联盟。过去的20年中波士顿地区生物技术产业的大多数企业都与当地高校有深厚的渊源，通过建立大量的产学研联盟，大大加速了波士顿地区生物医药技术转移和成果产业化的进程。

②领导型生物医药科技企业是产业集群形成的关键。通常一个生物技术子领域的领导型企业，其规模在研究阶段是追随者的5～10倍，在商业化阶段可以是追随者的30～100倍。正是这种规模效应为一个地区性产业集群吸纳和配备了一些关键性的资源，如产业化必需的工艺和管理人才以及支持配套性产业。Biogen公司正是波士顿地区生物技术公司中商业化相当成功的领导型企业，在把该地区

研究机构周围产生的一大批新创企业转变成为一个真正的地区性生物医药产业集群的过程中起了决定性的作用。

除此之外，完善的风险投资体系、高效的公共服务平台、良好的知识产权保护环境是波士顿地区生物医药产业持续快速发展的重要支撑条件。

（3）上海模式

上海已经成为四大国家生物医药产业规模基地之一，是国内生物医药领域研发机构最集中、创新实力最强的基地之一。在政府政策引导下，上海生物医药产业高速发展，规模不断扩大，利润上升，呈现良好发展态势。上海市在推进生物医药产业发展上主要有以下几个方面的经验：

①着力打造航母企业构建全产业链。2009 年，在上海市市政府的支持下，上海医药、上实医药、中西药业三家上市公司进行“三合一”的重组整合形成“新上药”。“新上药”将作为国内医药龙头企业，拥有包括医药研发与制造、医药分销和医药零售在内的完备的医药产业链。通过“新上药”带动上海大批新创或落户的制药企业构建完善的生物医药产业链。

②产学研医联动实现研发创新网络。目前，上海已形成了由 10 多所高校、30 多家专业研究机构（平台）、30 多个研发中心、30 家新药临床研究医院、200 多家研发型企业组成的，集人才培养、科学研究、技术开发、中试孵化、规模生产、营销物流于一体的现代生物医药研发创新网络。

③优化产业布局形成医药产业集群。通过市区联动的方式，引导企业向浦东张江、闵行、徐汇临床外包服务区、奉贤、金山和青浦六大产业基地聚集，形成优势互补、错位发展、各具特色的生物医药产业布局，共筑未来“药谷”。目前，已经形成以张江国家基地为核心的生物医药产业集群，包括研究开发、生产制造、孵化创新、教育培训、研发外包、风险投资。园区内有 20 多家国家和市级研发机构、20 多家国内外制药公司研发中心、40 多家生产企业、250 多家创业企业和 60 多家研发外包企业等。

④制度聚集打造良好公共服务体系。通过多种制度聚集有效地促进了人才集中、制度创新、金融服务聚集、公共服务平台建设等生物医药产业进一步发展的关键条件。目前已初步形成了由人才知识平台、技术服务平台、创业投资平台、专业服务平台、生活服务平台和政策法规平台等构成的有助于生物医药产业发展

的公共服务平台支撑体系。

（4）江苏模式

作为江苏省重点发展的新兴产业之一，江苏省生物医药产业年产值2012年达到5 000亿元，总量规模约占全国的11.5%。其中，工业酶制剂市场占有率居全国首位，重组人胰岛素、血管内皮抑素等基因工程药物处于全国领先水平，并且形成了苏州、南京、泰州、连云港等一批医药研发的重要基地。江苏省作为国内省区市中生物医药发展的领跑者，其发展经验主要有以下几点：

①运用品牌战略打造国际医药卫星城。江苏举全省之力着力打造泰州“中国第一医药城”品牌。中国医药城定位为集研发、生产、交易、医疗四大板块为一体的国际一流水平医药卫星城。“十一五”期间，已初步建立了综合配套、康健医疗、生产制造、会展交易、科研开发五大功能区；知识产权保护、创业融资、政策咨询、药品报批、资讯资源共享五大创新支撑体系；药学研究与开发、药理毒理评价、仪器分析检测、药物中试、模式动物实验五大新药公共平台。

②借鉴“加州模式”积聚一流研发力量。“中国第一医药城”重点借鉴“加州模式”，积极吸纳国内外著名的科研院所和高等院校前来设立研发机构，使全球最新的医药研究成果在“中国第一医药城”孵化、转化和产业化。目前已有美国加州QB3、哈佛大学、哥伦比亚大学，日本神户大学、崎玉医科大学，新加坡国立大学以及国内的中科院、复旦大学、南京大学、中国药科大学等30多家科研院所落户，一批新药成果成功实现落地申报，新药项目有70个。

③省内各产业园区特色发展优势互补。江苏省已基本形成以泰州“中国医药城”为中心，南京、苏州、连云港等地各具特色、差异发展的产业发展布局。其中苏州生物医药产业以生物纳米园为核心园区，以基因药物为核心产品群，形成了国内产业链最为完整、产业集聚度最高的基因技术产业集群，已经形成了基因试剂开发、基因检测服务、基因诊断与基因治疗药物研发、基因工程药物与疫苗研发、基因产业配套等完整的产业链。连云港市以化学药、中成药为主体，以医药包装材料和器械为辅翼，以海洋医药为突破点的现代医药产业集聚而成的“中国药港”。

总结以上国内外生物医药产业发展的成功模式，归纳起来有以下几条值得云南重点借鉴的经验：（1）通过龙头企业带动产业整体发展；（2）建立产学研联盟促进技术创新与成果产业化；（3）通过产业集群实现较好的“规模效应”和“知识溢出效应”；（4）打造良好的产业发展软环境为产业发展提供重要基础支撑。在借鉴国内外成功经验模式的同时，我们必须因地制宜，深入考察本地的研发基础、产业基础、比较优势和市场基础，找准最能发挥本地优势的环节，选择适当的发展模式和路径，这也是成功构建云南生物医药全产业链的关键。

5.3.2　云南生物医药全产业链构建思路

1. 云南生物医药产业链构建模式和产业链组织结构

目前，云南生物医药产业已初步构建起以中药、天然药、民族药为主，包括化学药、生物生化制品、医疗器械、天然营养补充剂和保健品，天然香料和天然化妆品，植物农药和公共卫生产品，特色中药材料植物加工等产业发展支撑体系，初步形成了以云南白药、昆药集团、滇虹药业、沃森生物等国内外知名品牌为龙头，以昆明、玉溪、楚雄生物医药产业园区为基地的产业发展集群，产业聚集效应已初步显现。

云南现有的规模以上制药企业 104 家，其中销售收入过亿元的制药企业 24 家。大部分企业规模都偏小，研发创新能力较弱，彼此间链接关系松散。根据生物医药产业链构建模式，结合云南省的比较优势，借鉴国际国内成功经验模式，可以形成复合构建形式（如图 5 -4 所示）。具体来讲，就是以云南的龙头企业为主导力量，发挥品牌、技术、资金、规模等优势，吸纳省内外各类相关支持企业和配套企业加入产业链主要环节，并在特定区域积聚成企业群或者生物医药产业集群。以产学研一体化的战略联盟为辅助力量，协调各利益主体的关系，发挥各自的优势，共同提高技术创新和技术成果产业化环节的效率。利用外包服务的标准化、模块化的优势，提高生物医药产业链各环节核心企业的专业化水平，缩短产业链循环周期（见图 5 -5）。

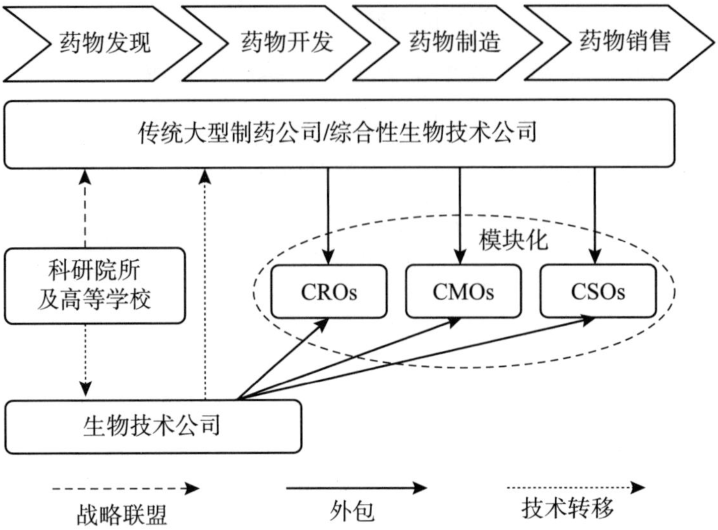

注：CRO：（Contract Research Organization）“委托合同研究机构”，指将“研究环节外包”，一般称为“生物医药研发外包”。出现于20世纪80年代，一种学术性或商业性的科学机构。申办者可委托其执行临床试验中的某些工作和任务，此种委托必须作出书面规定，其目的是通过合同形式向制药企业提供新药临床研究服务的专业公司。CRO可以作为制药企业的一种可借用的外部资源，可在短时间内迅速组织起一个具有高度专业化的和具有丰富临床研究经验的临床研究队伍，并能降低整个制药企业的管理费用，大大提高效率。在中国，由于资金力量普遍比较薄弱，成本承担能力有限，因此新药研发一直是中国药企的软肋，长期制约了国内制药产业的利润水平。外包不仅是一种经营现象，也是世界经济一体化形势下使产业链关系发生转变的要素，是世界产业基地转移的反映。对于制药巨头而言外包是最优选择，外包后可以集中精力于核心业务，利用外部资源和技术，加快产品上市的速度、控制成本、改进成本效益。

CMO：（Contract Manufacture Organization）“委托合同生产机构”，指将“生产环节外包”。主要是接受制药公司的委托，提供产品生产时所需要的工艺开发、配方开发、临床试验用药、化学或生物合成的原料药生产、中间体制造、制剂生产（如粉剂、针剂）以及包装等服务。中国CMO另一个特点是在委托合同研究（CRO）作为先导下孕育而生。产能过剩、过度竞争所带来的对新机会新市场渴望与需求；国际化分工所带来的机会。

CSO：（Contract Sales Organization）“委托合同营销机构”，指将“销售环节外包”。

图5-4　云南生物医药产业链构建的复合模式示意

资料来源：程磊．湖北省生物医药产业链构建研究［D］．华中科技大学，2011.

当前，越来越多的国外大型制药公司在中国设立研究中心或选择与CRO（医药研发服务外包）公司深入合作，以低成本、专业化和高效率的运作方式同步开发全球市场，拉动了我国CRO产业的发展。在标准化程度较高的前提下采用模块化生产的模式是缩短生物医药产业链循环周期的有效方式。国际大型综合医药企业现在都选择将部分新药研发的业务，采用合同式生产的方式外包给具有

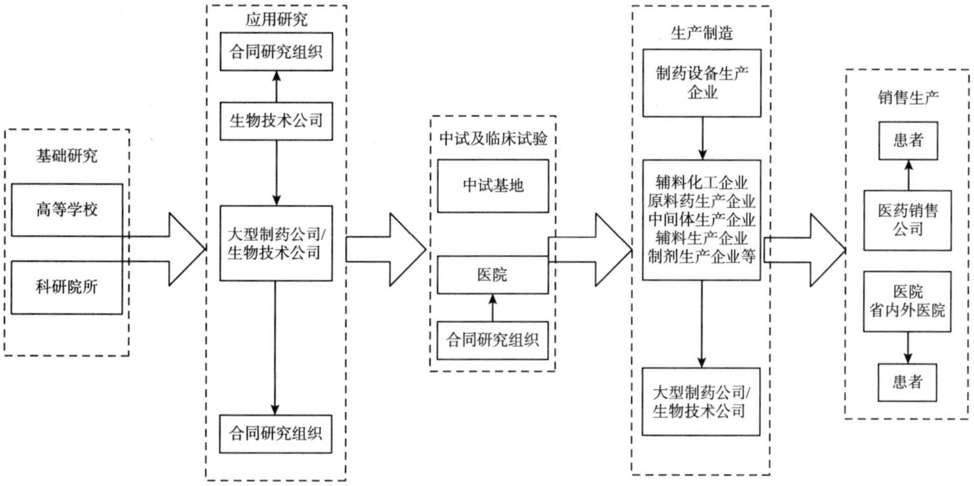

图5－5 云南生物医药产业链总体结构示意

资料来源：程磊．湖北省生物医药产业链构建研究［D］．华中科技大学，2011.

专业优势的CRO，从而大大缩短新药研发的周期。云南省在生物医药产业中拥有研发基础优势，可以发展研发和生产外包服务，通过CRO和CMO组织为本地生物技术和医药企业在新药研发过程中提供专业的技术服务和生产服务。

2. 构建全产业链的三个关键要素：领导型企业——节点企业——产业集群

（1）打造领导型企业，发挥带动和引导作用。现阶段要积极发挥骨干医药企业在云南生物医药产业链构建中的主导作用，支持龙头企业进行技术创新和产业规模扩张，从而吸纳相关企业加入产业链。

（2）选择节点企业，形成分工协作的产业关系。云南的生物医药龙头企业不仅要选择自身发展的优势领域和市场，还要根据产业链各个环节的产能需求、技术需求等因素对相关企业进行选择，彼此间形成协作配套，共同开发新药，或者利用产能优势进行贴牌生产，或者成为药材、化学原料、中间体、医药设备、包装材料等的供应商，或者利用已有的销售网络渠道成为制药公司的分销商，或者作为第三方提供医药信息咨询、研发设计、市场分析、技术预测、技术转移、知识产权、金融、广告等服务商，或者成为风险投资方，利用资本参与新药的研发。

（3）推动六大产业集群的形成，实现群链互补。生物医药产业集群是生物医药产业链的空间载体，产业集群是生物医药产业发展的必然趋势。许多国家或者地区生物医药产业集群的顺利形成正是得益于领导型的产业链构建模式所起的产业带动作用、资源集聚作用和示范作用。云南省现有生物医药产业集群还只是初具雏形，需要进一步的大力建设。这其中很重要的一个方面就是通过分布在各个产业园区的龙头企业将符合上、中、下游产业链关系的企业有机结合形成产业集群，实现产业集群与产业链的功能互补。

中药、民族药、天然药物产业集群——以云南白药集团股份、云南特安呐制药股份、云南生物谷灯盏花药业等为代表的中药、民族药、天然药产业集群，占云南规模以上制药企业的70%，拥有90%以上的云南自主创新新药品种、独家生产品种，是支撑云南生物医药产业的最大和发展基础最好的产业集群。

化学原料药及制剂产业集群——以昆明制药集团、昆明积大制药、昆明滇虹药业、昆明贝克诺顿制药等为代表制药企业，构成云南省化学原料药、化学药产业集群。

生物制品产业集群——昆明医学生物所、云南沃森生物技术公司是云南省生物制品产业中发展最快、活力最强、技术含量最高的代表企业，为构建云南省以新型疫苗为重点的生物制品产业集群奠定了产业基础。

健康产品产业集群——以云南白药集团股份、云南绿A生物工程技术公司、昆明滇虹药业、云南东方不老生物技术有限公司等为代表的企业构成的天然保健品、特殊化妆品、日化产品等为代表的健康产品产业集群，是“十一五”期间形成的新兴产业集群，是云南生物医药产业发展又一新的增长点。

植物提取物产业集群——以云南博浩生物、云科药业、丽江映华、云南红河森菊生物、云南红河千山生物等为代表的企业，构成植物原料药、精油、香料、食品添加剂等为代表的植物提取物产业集群，是“十一五”期间形成的云南生物医药产业发展的又一新兴产业集群。

中药材种植产业集群——云南独特的生态环境具有发展中药材种植产业的良好条件。

5.4　把“云药”做成云南经济新标志

5.4.1　定位发展战略，制定由政府推动的“生物产业赶超计划”

云南省早在2002年就已经出台发展“云药”的文件，有高度但政策不具体。云南在特色植物药业方面有非常好的资源、技术和生产基地，围绕云南丰富的生物资源，集中力度发展，上下通力则能形成“云药”产业集群。要发挥云南的资源优势、产业优势和研发优势，抓住市场扩张、国际合作、国家政策扶持的机会，化解产业链技术创新成果产业化难的问题；围绕产业链和产业集群推进项目库建设。面对激烈的竞争态势，云南省必须根据实际条件选择合适的本地生物医药产业链的构建模式，鼓励优势企业实施兼并重组。支持研发和生产、制造和流通、原料药和制剂、中药材和中成药企业之间的上下游整合，完善产业链，提高资源配置效率，为创新型企业提供多样的融资渠道。搭建企业间合作平台，鼓励合作共同进行新药研发。鼓励外资参与生物制药行业，鼓励跨境合作。要打造一个新支柱，还必须强化政府在工业发展中的引导作用，创造性地实施户籍、土地流转、住房、融资等一系列制度改革，解决产业发展用地及劳动力资源等问题，汇集诸多优惠政策，除拥有国家普惠政策、西部优惠政策、“桥头堡”以及沿边开放政策外，还有将政策转化为生产力的行动和措施。

可以借鉴新加坡、韩国等发展生物产业的经验，实现由政府推动的生物产业赶超计划。新加坡在2000年开始将生物制药作为国家发展的重点支柱产业，短短10年间，新加坡已经吸引百余家生物制药企业、30多个研究机构，产值约千亿元人民币。新加坡经验可以简单总结为“先筑巢后引凤”，在加强国内产业软硬件环境之后，再利用自身东南亚“窗口”地位吸引先进生物制药厂家进入。

案例：新加坡生物产业的“先筑巢后引凤”的发展战略

“筑巢”：软件环境：（1）严厉的知识产权法规：新加坡的专利法比中国的

多出12个章节，对侵权细节和罚则做出非常具体的规定。（2）完备的技术和伦理监管：2001年将卫生部下属的与药品监管相关的5个专职机构合并成立健康科技局（Health Science Authority）。（3）低税率：例如为创业企业提供10%的税收抵免（tax credit），并为相关天使投资人提供3%的税收优惠。（4）利用IT优势发展生物制药辅助性尖端科技，如生物显像（bio－imiging）、表型分型（phenotyping）等。

硬件环境：3年内建设了建筑面积20万平方米工业园Biopolis，低价吸引企业和研究机构进驻。

“引凤”：（1）新加坡30余家治疗机构完全对外开放，制药企业在健康科技局的监督下每年在新加坡进行约250项临床试验。（2）为相关人才进出新加坡提供便利，并在大学设立奖学金促进人才培养。（3）目前，GSK、先灵葆雅等不仅将研发工作转移至新加坡，也把生产环节中技术含量较高的过程研发项目转移至新加坡进行。

5.4.2 借鉴全产业链国际化创新战略

1. 生物制药创新网络战略

云南是原料药生产大国，有着较好的发展基础和成绩，但随着世界生物制药技术水平的提高，云南传统的原料药生产优势已经降低，云南原料药要想实现跨越式发展，走技术创新路线是关键。生物药品的开发费用是惊人的，国际大型生物制药企业的研发费用一般占销售收入的20%以上，纯粹的生物技术公司的研发投入比重更大。云南生物制药科研开发经费资金投入严重不足，研发投入占销售收入比重保持在略高于1%的水平。

要加大研发投入，建立创新资源共享平台，构建生物制药创新网络，以建立共享机制为核心，以资源系统整合为主线，建设具有公益性、基础性、战略性的科技基础平台，整合现有科技基础条件资源，建设科技基础条件平台中心，搭建一站式服务与共享平台，实现与国家和其他省市科技基础条件平台的无缝对接。建设若干国家级重大科学工程和国家重点实验室，引进培育一批国内外一流科研院所，推动重点优势学科建设。引进一批创新团队和领军人才，形成企业研发、孵化、中试、教育等一体化的科技创新体系，形成由多所高校、多家专业研究机构和研发中心（含外资）、多家新药临床研究基地、多家研发型企业组成的生物制药创新网络。

2. 物流与营销模式——商业模式创新战略

打开物流与营销渠道是企业获得稳定利润的重要保障，也是云南白药企业成功的关键点之一。实施商业模式创新战略，搭建研产销对接体系，以销促产。营销人员是最了解市场的企业人员，是直接接触客户的群体，对于客户需求、市场动态信息的获取能力更强。通过研发人员和营销人员的定期交流和沟通，可以使企业准确把握市场定位，研发满足市场需求的产品，同时也可以有效控制产量，避免产品积压。走品牌战略路线，云南白药成功的案例说明，制药企业应提升自身的公众形象，打造强势品牌，走品牌战略路线。通过取得国家各类药物证书，重点培育一批研发能力强拥有创新产品和自主知识产权的旗舰企业，形成品牌优势。

3. 研发设计外包和创新国际化战略

云南生物制药产业集群可以广泛深入开展国际科技合作与研发服务外包，积极与美国、欧盟、日本等国家开展合作，大力引进国际著名跨国生物企业基地建设产业化项目，设立研究机构。支持基地生物企业吸引国际风险投资，开展国际并购，鼓励基地生物企业海外上市，拓宽融资渠道，在海外建立研发中心，积极吸引国际知名生物产业专家、学者和海外留学人员到基地工作、讲学或开展合作研究工作。与国内外大企业、科研机构建立生物医药产业战略联盟。

5.4.3 坚持生物产业发展的“六化”思路

在前人研究和云南省长期探索的基础上，本章提出创新驱动云南生物产业发展的思路是“生物资源多样化、生物产业工业化、生物科技产业化、生物产品差异化、生物品牌高端化、生物服务国际化”的“六化”思路。

第一，云南省在加快发展战略性新兴产业进程中，面对云南的药物资源多样化优势，生物医药产业的发展不能仅仅依靠资源，更重要的是应充分认识和掌握科学技术发展的趋势和规律，有效地组织力量，抓住生物技术药物研发的重点，应用新技术、新方法、新理念指导新药设计，建立自己的药物筛选新模型，深化生物大分子药物的代谢与动力学研究，完善质量控制和评估体系，突出重点项目进行重点部署和重点资助，加快生物技术药物研发的国产化，力争在某些领域率先取得突破性的进展。

第二，深化产品多元化的开发力度，以差异化产品的生产作为云南生物医药产业发展的主要方向。针对云南省物品丰富但规模不足的特点，细分产品市场，利用云南省良好的资源环境条件，生产纯天然的有机生物产品；分析市场需求变化，利用已有生产工艺，进行技术改进或创新，实现生物制药、生物化工产品的多样化，实现清洁生产。

第三，由于一般性生物工业制品属于完全竞争市场上的商品，利润空间狭窄，云南企业所面对的本地市场小于发达地区企业所面对的本地市场，发展过程中云南企业竞争力不强，所以生物产业工业化程度低。要加快云南生物产业工业化，就必须提升生物资源深加工企业的获利空间和竞争能力。鼓励生物产品生产装备化。

第四，积极开展生物医药产业的国际合作与交流，推进省外先进的技术“引进来”，推进具有比较优势的产品“走出去”，带动生物医药技术研发的健康快速发展。充分利用国内和国际两种创新资源，加大招商引资力度，完善相关配套政策，利用研发机构和产业基地平台吸引省外生物医药技术企业入驻云南省，全面提升生物医药产业的技术创新能力、国际国内市场开拓能力和参与国际国内市场竞争能力。

第五，要建立以满足顾客需求为导向的技术研发与创新体系，开发出能够满足客户需求的差异化产品。通过品牌差异化与产品差异化的结合，创造强势品牌。

从产业层面看，医药产品差异化要着眼于引领生物医药产业的未来，这是产品差异化的最高境界，通过技术创新实现产品差异化才能获得先发市场优势与技术创新壁垒。首先，要创新商业模式。商业模式主要由赢利模式、产品模式、业务模式、运营模式、管理模式等构成，本质是围绕产品模式创新，打造全新运营模式，为企业打造更具差异化与竞争力的盈利模式。在商业模式中，产品环节的创新关键在于产品技术创新，通过产品技术创新为商业模式创新提供支撑。其次，要打造完整产业链。产品差异化的竞争，需要有强大产业链支持能力，技术创新能力要能够支持全产业链布局，在全产业链各个环节均要有突出的能力。以高新技术创新为主导的产品差异化，更需要整条产业链运营的各个环节来保障其有效性。最后，要突破核心技术。虽然很多企业已明确知道实施何种产品差异化有利于本企业的发展，但是又受制于某些关键技术未获得突破，这是中国企业在技术创新中的普遍困境。直接掌控核心技术并拥有成本优势，使其能够研发出各类差异化的产品，满足不同消费者的需求，形成同类产品的价格优势。

第六，生物医药服务业已成为重点领域，借鉴“制造业服务化”的思想。制造业服务化，就是制造企业为了获取竞争优势，将价值链由以制造为中心向以服务为中心转变。计算机、通信、互联网等信息技术的发展，拉近了产品的最终顾客与生产企业的距离，也使得顾客更容易地表达他们对产品的满意度。如何更好地提高顾客满意度，成为企业提升产品价值的努力方向。从全球制造企业发展的趋势来看，越来越多的制造业企业不再仅仅关注产品的生产，而是将行为触角延伸至产品的整个生命周期，包括产品开发或改进、生产制造、销售、售后服务、产品的报废、产品的解体或回收。越来越多的制造业企业不再仅仅提供产品，而是提供产品、服务、支持、自我服务和知识的“集合体”。这就是所谓的全球制造业服务化趋势。制造业服务化的发展模式，可借鉴到生物医药服务国际化的实施进程之中，除目前的生物服务外包，还应包括产品和过程开发、设计、后勤、扩展训练、岗前培训以及价值链管理，以及组织开发和协调、人力资源管理、会计、法律及金融等全价值链的服务。

下篇

云南产业发展能力

——云南经济发展新常态：创新·开放·环保

下篇精要

与全国一样，云南经济运行进入到新常态。产业发展能力是指根据内部外部环境变化自发调整、升级以保持地区竞争优势的能力。云南在第一轮市场化改革中选择了市场竞争不充分的资源型工业，在节能减排和环境控制刚性政策下发展低能耗和环境友好型产业不够快，在国家扩大开放和创新型行动计划中的产业开放和产业创新也不够强。当前省委省政府已确立加快产业转型升级战略，提升产业发展能力成为云南正确把握“认识新常态、适应新常态、引领新常态”的关键。

云南经济新常态表现为经济中高速增长、调整变革加速、体制改革深入、节能减排刚性、外贸增长宽幅波动、对外投资加速，随着经济运行发展变化，新常态的更多方面还将不断呈现。面对新常态，必须转换省级调控方式。建议以主动调整来适应变革，重点以新业态新产业培育来获得增长动力升级，以扩大对外投资来推进产业转型，以增加就业为调控首要目标来转变政府职能，以加快综合改革来增强市场活力，以加快基础设施互联互通建设来迎接新一轮经济增长，以融入国内区域一体化来获取高级生产要素，逐步提升云南产业发展能力。

新科技革命引领下的新“技术—经济”范式的形成，总是在新基础设施的形成、能源革命和新产业成长过程中实现的。新一代物联网、绿色能源和生产过程智能化的强大动力正在催生众多新产业。我国已开启了迎接新科技革命，把握全球产业变革，尝试引领全球新一轮经济增长的伟大征程。云南要在这个进程中实现赶超，就必须跳出传统的产业发展路径依赖，将精力放在主动培育新“技术—经济”范式可能出现的新业态新产业，转变产业结构来获得增长新动力。这样的产业目前已存在于被传统产业挤压或不被目前的“技术—经济”范式中主流社会所认可却依然顽强地成长着。

我们认为，正确把握“认识新常态”就是要认识变革与调整的根源（人的更高需求）；正确把握“适应新常态”就是要主动应变，如主动争取微刺激政策中的基础设施互联互通投资，民生关注下省级调控的主动转换，我国构建开放型经济新体制下的对外投资主动加速等；正确把握“引领新常态”就是要及时抓住变革与调整带来的机遇，及时形成生产能力，如网络融合催生的新业态，分享经济中的新业态，节能减排远期目标锁定下的新能源开发等。云南省提升产业发展能力的行动已经启程，滇中产业新区是重要探索，值得全省各地重点关注和借鉴。

第6章 新常态下的云南经济运行态势与调控建议

中国经济进入新常态背景下的云南经济运行也进入了新常态，与全国大趋势一致的同时，也反映出云南自身的一些特点和表现。把握住新科技革命与全球产业变革的趋势，正确把握“认识新常态、适应新常态、引领新常态”，主动转换经济范式，是提升云南产业发展能力，推进云南经济在新一轮经济增长中实现赶超的关键。

6.1 中国经济新常态对云南的影响

2014年5月，习近平总书记在河南考察工作时第一次提及新常态：“我国发展仍处于重要战略机遇期，我们要增强信心，从当前我国经济发展的阶段性特征出发，适应新常态，保持战略上的平常心态。”7月29日，习近平总书记在和党外人士的座谈会上又一次提出，要正确认识中国经济发展的阶段性特征，进一步增强信心，适应新常态。习近平总书记于2014年11月9日在北京召开的亚太经合组织（APEC）工商领导人峰会上所做的题为《谋求持久发展共筑亚太梦想》的主旨演讲中，首次系统阐述了中国经济新常态，他指出“走向新常态的中国也将给处于缓慢且脆弱复苏中的全球经济注入持久动力”。面对中国前三个季度经济增长下降到7.4%引起的国内外一些人对中国经济下行的担忧，习近平在演讲中特别讲了中国的经济形势，他认为“中国经济呈现出新常态”就业持续增加，居民企业和财政收入稳增，服务业增势显著，内需不断扩大等反映出“各项主要经济指标处于合理区间”。2014 年 12 月 5 日召开的中共中央政治局会议重申了中国“进入经济发展新常态”的论断，12 月 9～11 日召开的中央经济工作会议指出，科学认识当前形势，准确研判未来走势，必须历史地、辩证地认识我国经济发展的阶段性特征，准确把握经济发展新常态。国内的专家学者也对新常态和当前的经济运行提出了自己的认识和看法。

6.1.1 中国经济进入新常态的主要特点、表现及对云南的影响

习近平总书记所说的“新常态”是中国经济的一系列新表现，包括增速变化、结构升级、动力转变，新常态下的中国经济增长更趋平稳，增长动力更为多元，发展前景更加稳定。

习近平总书记认为中国经济进入新常态的主要特点：

速度——正在“从高速增长转为中高速增长”。

结构——“经济结构不断优化升级”。

动力——正在“从要素驱动、投资驱动转向创新驱动”。

习近平总书记认为当前的中国经济新常态主要包括四个方面的表现：

（1）经济增速虽然放缓，实际增量依然可观。

（2）经济增长更趋平稳，增长动力更为多元，战略目标明确，调控方式和调控手段更为科学，政策储备充足，中国经济更多依赖国内消费需求拉动，避免依赖出口的外部风险。

（3）经济结构优化升级，发展前景更加稳定。前三个季消费对经济增长的贡献率超过投资，服务业增加值占比超过第二产业，高新技术产业和装备制造业增速高于工业平均增速，单位 GDP 能耗下降，反映出中国经济结构“质量更好，结构更优”。

（4）政府大力简政放权，市场活力进一步释放，由于改革了企业登记制度，前三个季度新增企业数量较上年增长 60% 以上。

习近平在演讲中还指出，新常态也伴随着新矛盾，新问题，一些潜在风险渐渐浮出水面。他强调，能不能适应新常态，关键在于全面深化改革的力度。

基于云南的经济结构特征，中国经济增长速度从高速向中高速转变，将使以原材料工业为主的云南经济面临更严峻的外部需求约束；经济结构的不断优化升级在迫使云南必须加快转型升级的同时也带来了新兴产业发展的空间；我国增长动力的转换将给云南的传统产业发展带来更大的生产过剩压力。

2014 年 12 月 9 ~ 11 日召开的中央经济工作会议上，习近平进一步系统阐述新常态的 9 个特征并指出引领新常态的战略取向，我们认为这 9 个特征反映在云南经济中会呈现不同的影响。

（1）消费：模仿型排浪式消费阶段基本结束，个性化、多样化消费渐成主流，保证产品质量安全、通过创新供给激活需求的重要性显著上升，必须采取正确的消费政策，释放消费潜力，使消费继续在推动经济发展中发挥基础作用。这种消费模式的逐步转换将给云南生物产业发展带来巨大的发展空间。过去基于多样性和多品种、小规模的云南生物产业难以在规模经济时代获得快速发展，在个性化、多样化消费时代有了新机遇。

（2）投资：传统产业相对饱和，但基础设施互联互通和一些新技术、新产品、新业态、新商业模式的投资机会大量涌现，对创新投融资方式提出了新要求，必须善于把握投资方向，消除投资障碍，使投资继续对经济发展发挥关键作用。云南省铁路、水利、通信等基础设施网络还很薄弱，基础设施互联互通还没有完全形成，依靠投资基础设施互联互通来拉动经济增长还有一定的空间，同时也要求云南加快发展新业态新产业。

（3）出口和国际收支：全球总需求不振，我国低成本比较优势也发生了转化，同时我国出口竞争优势依然存在，高水平引进来、大规模走出去正在同步发生，必须加紧培育新的比较优势，使出口继续对经济发展发挥支撑作用。云南省作为“一带一路”上的重要区域，将面临巨大的对外直接投资机遇与空间，扩大对外投资将会使云南省在我国构建开放型经济新模式中发挥重要作用。

（4）生产能力和产业组织方式：传统产业供给能力大幅超出需求，产业结构必须优化升级，企业兼并重组、生产相对集中不可避免，新兴产业、服务业、小微企业作用更加凸显，生产小型化、智能化、专业化将成为产业组织新特征。产业发展能力不足是云南经济运行中的突出问题，新常态要求云南省必须以更大的力度来提升产业发展能力；从产业组织方式上讲，云南省经济发展的滞后一定程度上是规模经济不足的结果，生产小型化、智能化、专业化能够更好地发挥云南省的资源多样性优势而降低难以形成规模经济的劣势。

（5）生产要素：现在人口老龄化日趋发展，农业富余劳动力减少，要素的规模驱动力减弱，经济增长将更多依靠人力资本质量和技术进步，必须让创新成为驱动发展新引擎。科技和教育的落后使地处边疆和民族多样的云南省目前仍然面临着技术要素短缺、人力资本要素短缺的局面，创新驱动经济增长模式还未根本形成，要在新常态中实现赶超需要非常规思维和非常规举措。

（6）市场竞争：正逐步转向质量型、差异化为主的竞争，统一全国市场、提高资源配置效率是经济发展的内生性要求，必须深化改革开放，加快形成统一透明、有序规范的市场环境。从国内市场而言，云南省的开放程度是很高的，市场化的一个重要结果就是极化效应强于扩散效应，如何在全国统一大市场中形成云南优势是一个亟待研究的难题。市场化程度低是云南经济存在的一个重要问题，要求进入新常态的云南必须以更大力度的改革，真正发挥市场活力，让市场选择产业还是政府主导产业选择，是云南经济面临的抉择。

（7）资源环境约束：环境承载能力已经达到或接近上限，必须顺应人民群众对良好生态环境的期待，推动形成绿色低碳循环发展新方式。资源环境约束使资源型产业为主的云南省经济发展面临严峻挑战，云南省的生态脆弱性和资源丰度的快速下降要求云南省做出更大力度的产业转型升级，必须尽快跳出资源型产业发展思维定式和路径依赖，发展新经济范式中的新业态新产业。

（8）经济风险积累和化解：伴随着经济增速下调，各类隐性风险逐步显性化，风险总体可控，但化解以高杠杆和泡沫化为主要特征的各类风险将持续一段时间，必须标本兼治、对症下药，建立健全化解各类风险的体制机制。进入新常态的云南省也面临着地方债务风险等各种风险，化解风险成为未来一个时期的重点任务。

（9）资源配置模式和宏观调控方式：全面刺激政策的边际效果明显递减，既要全面化解产能过剩，也要通过发挥市场机制作用探索未来产业发展方向，必须全面把握总供求关系新变化，科学进行宏观调控。长期依靠投资拉动经济增长的调控方式已经形成路径依赖，面对投资边际收益递减、投资动态无效等问题，必须转变调控目标、调控思路、调控手段，转变政府职能，对经济的调节从直接调节向间接调节转变。

6.1.2　调整与变化是理解新常态的关键

从国内宏观经济分析专家的理解可以看出，调整与变化是理解新常态的关键：

北京大学国家发展研究院卢锋教授认为，新常态的提出，意味着中国经济要摆脱“旧常态”。他认为旧常态是指一段时期增长速度偏高、经济偏热、经济增长不可持续的因素累积，并带来环境污染加剧、社会矛盾增加以及国际压力变大的严峻挑战，也是中共十八大以前长期改革滞后形成的“体制病”和宏观失衡“综合征”。国际经济危机带来的外部风险，使中国经济发展的旧有模式难以为继。卢锋认为新常态化过程中可能伴生的新矛盾和新风险，主要是房地产的“去泡沫”、影子银行与地方债务的“去杠杆”、产能过剩“挤水分”等，是对早先累积的失衡因素和矛盾的调整和化解。

国家行政学院王小广研究员认为，进入新常态后进行结构优化升级等调整和改革是风险释放的过程。如果不主动积极作为，“等、靠、要”，改革不成功，就会出现经济增速放缓，社会发展停滞不前，甚至掉进中等收入陷阱。

施芝鸿认为，中国领导人已经营造了“十个新常态”，分别是坚持和发展中国特色社会主义、推动全面深化改革、促进经济持续健康发展、发展社会主义民主政治和依法治国、建设社会主义文化强国、改善民生和创新社会治理、大力推进生态文明建设、加强国防和军队建设、国际关系和中国外交战略，以及党要管党、从严治党，并指出“在当下中国，新常态已大量出现，今后还将持续涌现”。

中国人民大学国家发展与战略研究院执行院长刘元春教授认为，“新常态”提出就是变化是常态，转型是常态，不变才是怪现象。

面对这种变化与调整的新常态，云南应立足把握大变化、大变革，主要是把握新科技革命与全球产业变革会催生的新业态、新产业、新生活方式，尽早培育新产业，形成新动力，立足存量保增量，而不能只盯着传统产业争政策、争规模。

6.1.3 2014年中国经济进入新常态的表现

中国人民大学的经济运行报告显示，2014年的“新常态”表现为：

（1）中国GDP呈现出一个前低、中稳、后缓的季度波动模式，四季度即使在微刺激常态作用下，依然没有出现明显反弹。

（2）CPI总体平稳，从累计增速来看，从2.2%～2.5%基本平稳，面临通货紧缩压力，货币政策有所调整，中国人民银行决定，自2014年11月22日起下调金融机构人民币贷款和存款基准利率。金融机构一年期贷款基准利率下调0.4个百分点至5.6%；一年期存款基准利率下调0.25个百分点至2.75%，同时结合推进利率市场化改革，将金融机构存款利率浮动区间的上限由存款基准利率的1.1倍调整为1.2倍。

（3）投资增速出现持续下滑，但行业分化。下滑的核心是房地产、制造业，以及一些原材料行业。而建筑行业、批发零售、交通水利等与基础设施相关联的行业投资还保持持续上扬的态势。

（4）消费增速较上年出现回落。

（5）进出口增速出现低迷状态，出口是前低后高，进口持续低迷，表明国内整个需求的确比较低迷。为此，2014年11月6日国家出台了《国务院办公厅关于加强进口的若干意见》。

（6）2014年城镇新增就业超预期，估计全年会超过1 400万人。

（7）社会融资总量比2013年总体回落大约1万亿元左右的规模。

（8）财政收入与企业利润出现回落，目前财政增速回落到8.2%，会让很多地方政府和中央政府压力增大。

6.2 云南经济新常态

云南经济是在全国经济运行态势下运行的，全国经济形势也会有效传递到云南省的微观层面、产业层面和全省层面。而云南经济的区域特征、产业特征和自然禀赋决定了云南经济新常态与全国有一定的差异性。2014 年的经济形势会在 2015 年持续，但矛盾和问题会发生分化。因此，云南经济新常态大致可总结为六个方面：经济增长中高速、调整变革加速、体制改革深入、节能减排刚性、外贸增长宽幅波动、对外投资加速。

6.2.1　经济中高速增长常态化

2014 年 1 ~9 月份地区生产总值增长 8%，与上年同期增长持平，有机构预测 2014 年全年增长也在 8% 左右，虽然这样的增速低于全国同步建成小康社会的增长率要求（见图 6 –1），但这样的增速将会常态化，原因是在未来一个较长时期内云南经济增长动力多元化但贡献率都不会太高。

（1）原来支撑云南经济强劲增长的资源型工业处于转型升级期，外部需求乏力会在对外投资促进下有所缓解，传统增长方式还会继续起作用但效应会递减（见图 6 –2）。

（2）体制改革和新科技革命所催生的新业态新产业会逐步成为经济增长的新动力，但进程会很缓慢。

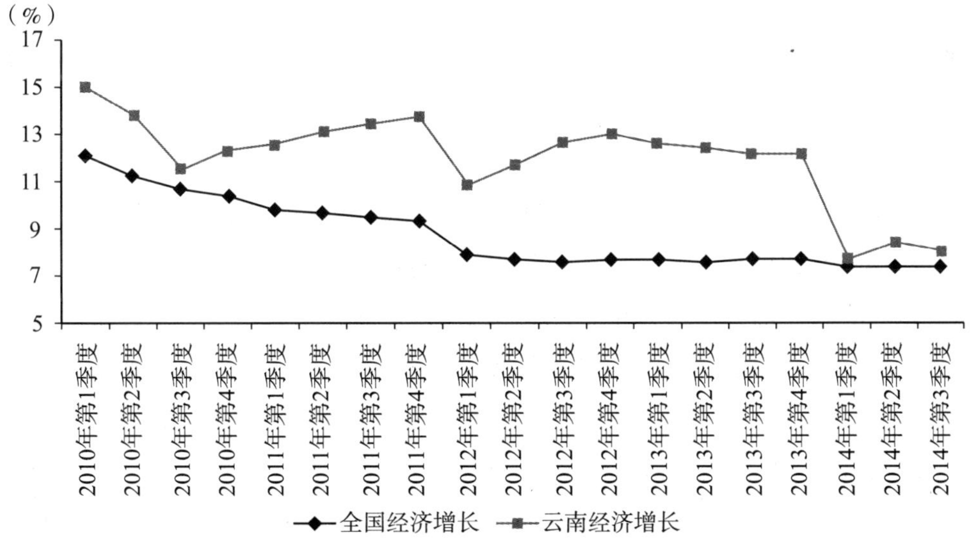

图 6 –1　云南经济增长与全国对比

资料来源：中国统计局国家数据网站，累计值（上年同期等于 100）。

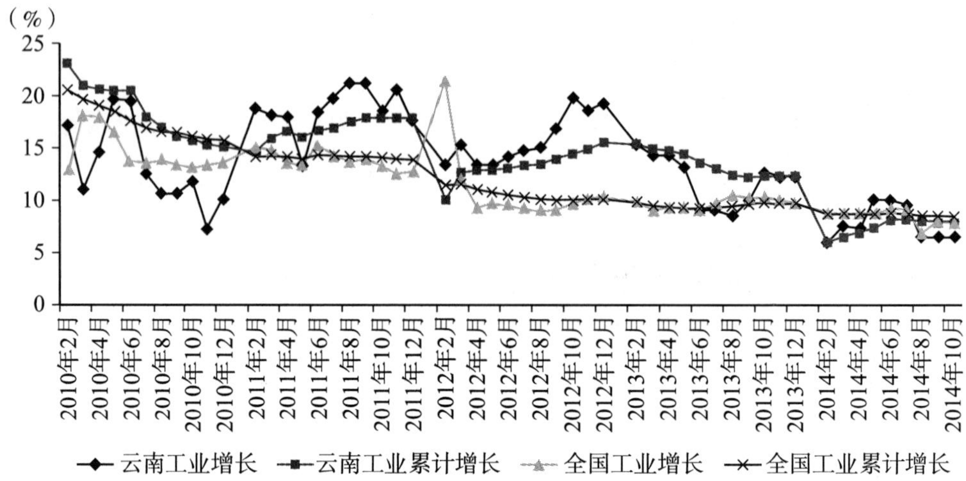

图6－2　云南工业增长与全国工业增长对比

资料来源：中国统计局国家数据网站。

（3）投资领域的分化使投资对经济增长的拉动作用还会继续，但效应在减弱，如房地产投资还将继续下滑，而基础设施建设投资会在国家微刺激常态化背景下继续发挥拉动作用。

（4）对外开放新机遇下的云南外贸将会保持高速增长，对经济增长的拉动作用不断增强。

（5）高原特色农业在国外和省外的需求会进一步扩大，对经济增长的拉动作用会进一步增强。

由于体量较大的传统工业企业利润率持续下降（见图6－3、图6－4），中小企业和小微企业经营全面困难，到2015年甚至会不断出现倒闭的问题，投资拉动经济增长模式将不会再持续，投资类财源会进一步萎缩，科技创新所催生的新业态新产业需要减税和补贴。因此，财政收入中速增长将常态化。有关机构预计，2014年地方公共财政预算收入仅增长2%，充分说明这种格局的严峻性。

2014年前三个季度云南城镇居民人均可支配收入增长8.7%，低于年均增长10%的预期目标。随着工业企业经营困难向第三产业传递，一些生产性服务业和生活性服务业企业将难以为继，加剧城镇就业困难，但一些新业态和新产业加速

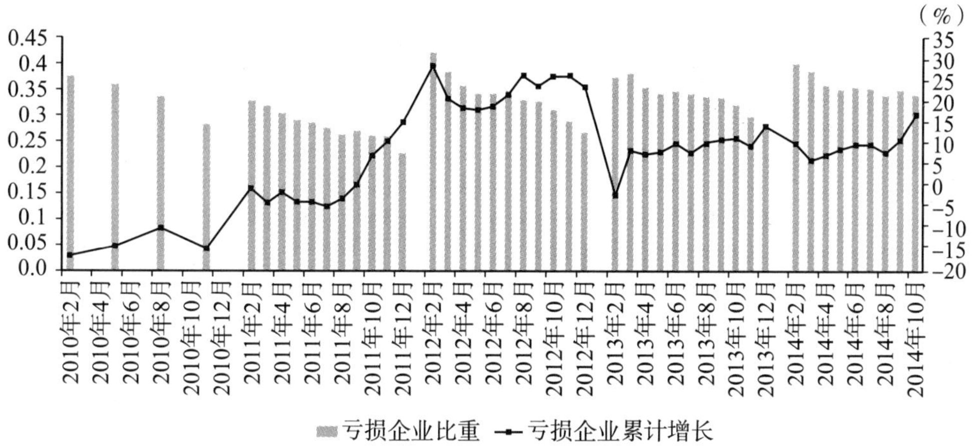

图 6－3　云南工业亏损变化态势

资料来源：中国统计局国家数据网站。

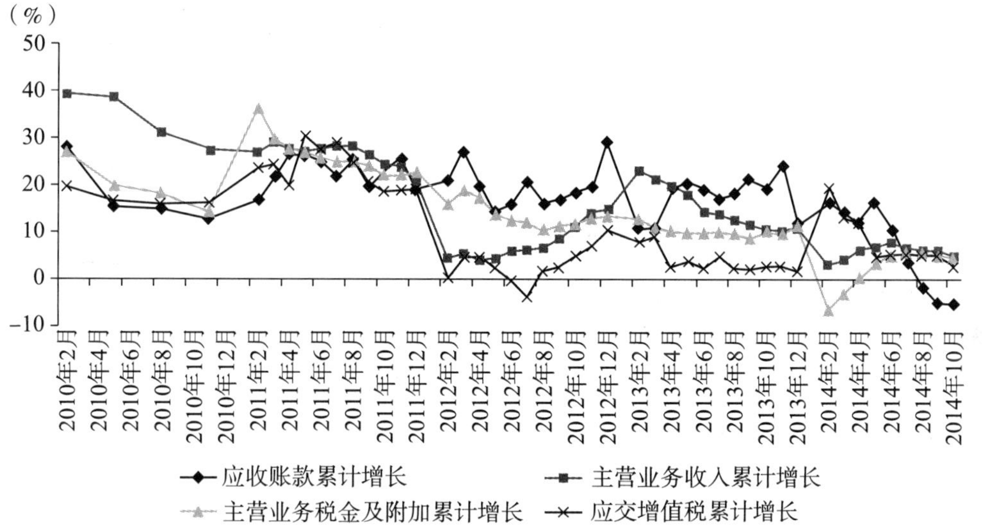

图 6－4　云南工业企业经济指标走势

资料来源：中国统计局国家数据网站。

成长，会吸收传统产业调整升级释放出的劳动力，新型城镇化进程中城镇人口规模将持续增加，会进一步增强城市就业的压力。在这样的格局下，城镇居民收入增长将不可能实现高增长，在产业的新旧交替中、在倒闭企业不断抛出劳动力而新增企业不断吸收劳动力的变化状态中，城镇居民收入将是中等增长常态化。

2014 年 1～10 月，云南省规模以上固定资产投资增长 16.1%（见图 6－5），这样的增长速度难以有效支撑云南经济增长预期目标。而且这样的增速在全年乃至 2015 年都将持续甚至下降。支撑投资高增长的领域在发生分化：房地产投资将在国家房地产政策常态化中进一步萎缩，资源型工业企业投资也将在持续经营困难中进一步萎缩；云南省铁路基础设施、高铁、水利基础设施的严重短缺将能够在国家微刺激常态化政策和“一带一路”建设中获得投资增长；改善民生需要的教育、医疗、文化、体育、卫生等公共设施也将获得一定投资增长。因此，投资中速增长将会常态化，云南经济增长必须尽快降低传统的投资依赖程度，寻找创新驱动的空间和新业态新产业。

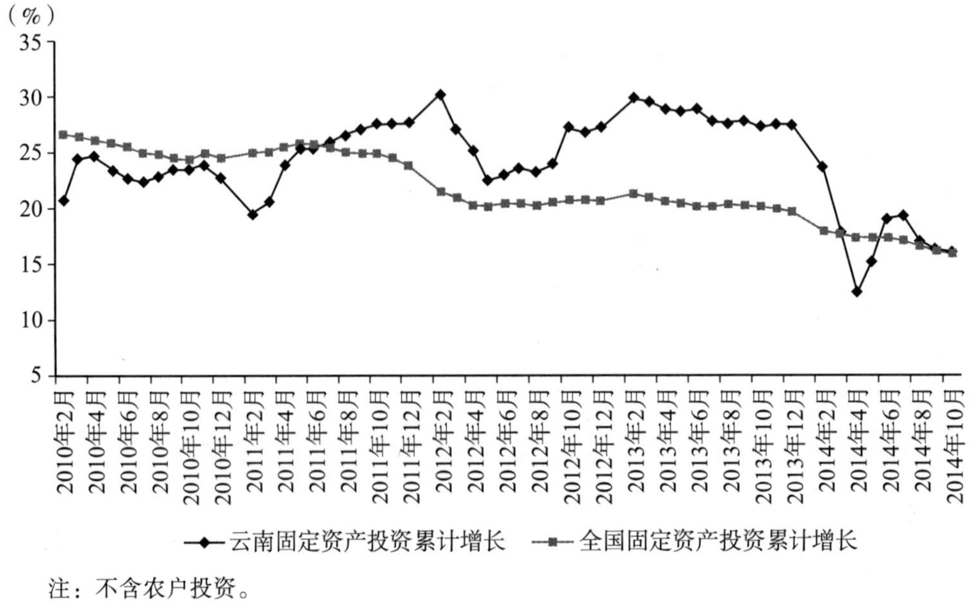

注：不含农户投资。

图 6－5　云南固定资产投资增长与全国对比

资料来源：中国统计局国家数据网站。

6.2.2　调整变革常态化

习近平总书记指出“开弓没有回头箭，我们将坚定不移把改革事业推向深入”。面对资源型工业的经营困难和投资拉动经济增长的艰难，习近平却表示“各项主要经济指标处于合理区间”。这充分说明我国正在开启的改革不会向旧体制复归，国家大规模刺激经济带来资源型产品需求扩张的时代已经结束，微刺激带来的资源型产品扩张也面临着全国大部分省份资源型工业的恶性竞争，资源型工业进入“微利”时代、“无利”时代和“亏损倒闭时代”。资源型工业不景气将呈常态化，只有极少数具有竞争优势的企业能够抢占中西部地区还在增加的原材料需求市场。作为资源型产业为主的云南经济结构，调整将呈常态化。

2015 年的冶金、化工等重化工业将处在前期刺激政策的产能消化期之中。云南省冶金、化工等重化工业主要依靠省外市场，全国各地投资增速下滑导致对原材料工业需求疲软和生产成本持续上升的压力将在 2015 年更为突出，很多企业面临倒闭或资金不足却必须加大技术改造和研发新产品的两难选择。同时，体制改革的深入会在教育、文化、卫生、体育等领域消除垄断后给社会资本释放投入空间，民营企业在这些领域开始缓慢成长。以新能源、新通信技术催生的新业态新产业会继续成长，但受体制机制的束缚还很强。而“一带一路”建设、孟中印缅经济走廊建设中基础设施互联互通的融资环境不断改善，也使基础设施对外投资成为新的增长点，为云南省发挥区位优势，带动机床、机械等工业发展和机电产品出口带来了更大的产业发展空间。地方债务和企业债务的消化和风险化解成为 2015 年结构调整的难点。

因此，结构调整和社会变革所形成的“变”的格局是新常态。产业层面看，第二产业增速减缓，第三产业增速会较为平稳，微观层面看，老企业会不断倒闭，新企业会不断产生。传统产业会越来越困难，而新产业新业态会不断形成。这种调整变革的终点在哪里？不同学派有不同的观点，观点的变化也是常态。但围绕着人的更高需求而变是核心，满足物质财富需求后向更高的精神需求转换是社会变革的脉络与方向，因此而形成的新业态就是有生命力的产业。只有这类产业成长为全球经济的主要动力，调整变革趋势才会减弱。

6.2.3　体制改革常态化

2014 年云南省深入推进经济体制改革，通过减政放权，2015 年共取消、下放和调整了 38 项省级行政审批项目，提高了审批效率，新登记注册企业出现快速增长的势头；深化国资国企改革，推进了 33 个省属企业项目的混合所有制发展；沿边金融综合改革试验区建设取得阶段性成果；先后放开了 25 项商品和服务价格。农村综合改革、教育、就业、医药卫生、文化、科技、计划生育等改革深入推进。

按照中央深改小组的时间表，2015 年所进行的经济体制改革进程将快于 2014 年，以财税体制改革、金融改革、国有企业改革为核心内容的经济体制改革将会全面展开，这将对传统社会主义市场经济运行模式带来实质性的重构和深化。

按照国家的战略部署和云南省的实际，2015 年将会继续深化财税综合改革，省级预算编审、省对下财政转移支付、地方性政府债务管理等改革将会继续深入。随着中央推进金融体制改革，云南省依托沿边金融综合改革试验区建设将会在汇率形成、国际结算、境外人民币流通、金融机构出境审批等方面深化改革。在农村土地制度、教育体制、医药卫生等方面的改革将继续深化。改革以及改革过程所产生的问题的消解成为常态。

这次改革也由于国际环境的差异而有别于 1978 年的市场化改革，虽然这次改革有了顶层设计，但更复杂的国际环境将使改革面临更多的不确定性，化解改革过程中的风险本身也成为改革的重要内容。

6.2.4 刚性减排常态化

2014 年 11 月 12 日，中美双方共同发表了《中美气候变化联合声明》，宣布了各自 2020 年后的行动目标。美方承诺到 2025 年努力减排 28%。中方承诺 2030 年二氧化碳排放达到峰值且将努力早日达峰。这是中国积极适应新科技革命，推动产业变革的重大战略。在这样的战略部署下，刚性的节能减排措施将持续并可能进一步强化。云南省的电力工业虽然以水电为主，但目前体制下全国“一刀切”的行政调控方式尚未根本性改变之前，在全省各地强行推进节能减排任务仍然是常态。随着降耗程度的加深，高载能产业可节能的空间越来越小，面临巨大压力。同时，碳排放承诺将会促进我国深化能源结构调整，具有电力体制改革试点省份的云南将会具有发展大用户直供电、电价改革试点、水电载能产业发展等优惠政策争取的空间。同时，也为云南省积极推进碳汇交易，在碳汇交易中获得收益带来机遇。

6.2.5　外贸增长宽幅波动常态化

据昆明海关统计，2014 年前三个季度，云南省外贸进出口 1 261.1 亿元人民币，同比增长 37.8%（见图 6－6），贸易额排名全国各省区市第 20 位、西部省区市第 4 位，增幅居全国第 5 位。其中出口 735.2 亿元，增长 41.3%；进口 525.9 亿元，增长 33.3%，进、出口均保持较快增长，贸易顺差 209.3 亿元。其中，出口机电产品 248.9 亿元，增长 66.4%，占全省出口额 33.9%。上半年增幅为 49%，处于全国第 2 位。出口以机电产品、农产品、纺织服装为主，而机电产品出口东盟也是外贸增幅处于前列的陕西、重庆、贵州等省份的出口的重点。

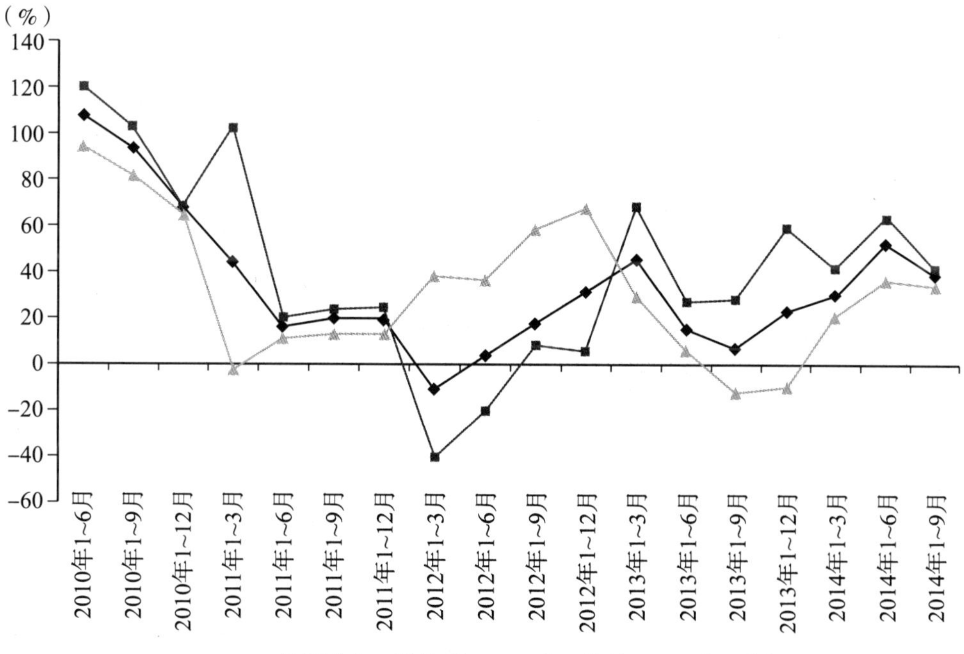

图 6－6　云南外贸进出口增长变化态势

资料来源：中华人民共和国国家统计局《中国景气月报》。

随着我国各地最低工资标准连续上涨，劳动力、融资、土地等企业综合经营成本持续上升，资源环境的约束不断加大，制造业由国内向东南亚转移，转移过去的企业对机电产品的需求旺盛。随着东南亚经济增长成为新动力、云南高原特色农业的进一步发展，以及部分转移到云南的出口导向型产业陆续投产，云南省的外贸出口将会保持一个高速增长的格局，但由于产业结构问题在短期内难以解决，外部市场变化会造成出口产品结构单一的云南外贸出口增长波动幅度大，随着出口规模的扩大，出口对经济增长的拉动作用会有所增强。虽然国家于2014年11月7日出台了《国务院关于进一步加强进口工作的意见》，但资源型工业增长乏力，将会使目前资源型产品为主的进口需求减弱，进口增长难有大的提高，只有中国经济景气缓慢回升，“一带一路”、孟中印缅经济走廊建设中对外投资带来的资源型产品和加工产品进口才会不断扩大。

因此，在中国未来积极构建开放型经济新体制的进程中，总体上云南外贸会在更高的增长幅度内波动形成常态化，但由于基数低，对全省经济增长的贡献率不大。

6.2.6 对外投资常态化

当年中国积极推进开放型经济新体制的构建，重要的战略部署就是以对外投资来消化国内的过剩产能，释放产业转型升级的空间和时间。我们认为，国家为此展开了“倡议更广泛的合作、推进自由贸易区建设、牵头搭建融资平台”三位一体的开放型经济新体制构建，到目前为止，重点推出了我国具有技术优势和制造优势的高铁、核电等领域。在这样的开放背景下，云南省作为具有区位优势的省份，在国家新一轮对外开放中，对外投资以及对外投资中诸多问题的解决将成为常态。

在“一带一路”建设中、在孟中印缅经济走廊建设中、在中国东盟自由贸易区升级版建设中，云南的冶金、化工、生物等具有技术优势和对外投资实力的企业会顺势走出去，到“一带一路”沿线经济体投资办厂，释放产能，组成产业联盟联合走出建立产业园区，形成产业集群；可以广泛地开展农业合作，将农业技术推广到这些区域的国家；建筑施工企业可以走出去参加互联互通基础设施建设，联合国内相关企业对外承包工程；在我国对外承包的高铁、核电等重大工程建设过程中，云南省的相关配套企业也会走出去发展配套产业。

6.3　云南经济新常态中的产业发展能力

经济发展依靠产业成长，产业结构是各种经济结构的核心，产业结构的动态调整影响着经济变革与社会发展。云南经济发展的相对滞后性在于产业结构调整优化的滞后性和产业发展的能力不足。产业发展能力是指根据内部外部环境变化自发调整、升级以保持地区竞争优势的能力。提升云南产业发展能力是云南经济新常态中的一个方面，是云南正确把握“认识新常态、适应新常态、引领新常态”的关键。

6.3.1　经济增长从高速、超高速向中高速转变后面临产业转换能力的提升

中国经济增速换挡是原有产业体系不适应整体上的城乡居民收入水平提升和生活质量改善后的需求转换，传统产业发展模式已经形成了能够适应基本生产生活需求的快速生产能力，基本生产生活需求得到满足的市场难以给传统产业带来高速、超高速的增长空间。以原材料工业品和初级农产品为主的云南产业也失去了高速、超高速增长的外部需求。必须尽快转换到适应人的需求升级后的新产品、新业态、新产业上，提升产业转换能力，实现主导产业的转换升级是未来一个时期云南省经济发展的重点任务。

6.3.2　调整变革加速对云南产业创新能力提出更高要求

世界经济已经进入了新科技革命与全球产业变革之中的观点得到越来越广泛的共识，经济新常态中的调整与变革的加速源于智能化驱动越来越多的新生产技术对传统生产技术的替代，新生活理念对旧生活方式的冲击，新基础设施网络带

来人与人之间空间距离消除产生的新需求，以及物质财富提高后人们对精神生活的需求必须得到满足而催生的新产品市场等，包括技术创新、产品创新、管理创新在内的产业创新能力成为决定调整与变革中获得竞争优势的关键。因此，在调整与变革中的创新不仅仅是科技创新，更多的是适应需求转换的新产品创新。

6.3.3 体制改革的深入要求云南具有更强的产业支撑能力

体制改革是重大的利益调整，尤其在财税体制、行政管理体制以及教育、文化、卫生、社会保障等领域的体制改革，很多都会增加政府的支出，需要有稳固的产业支撑来保障财力和就业岗位，否则改革难以持续。

6.3.4 节能减排刚性要求提升云南产业发展能力

国家主席习近平与美国总统奥巴马达成的减排承诺，对云南而言，既有机遇又有挑战。云南要将机遇转化为经济实力，将挑战转化为优势，必须提升产业发展能力。节能减排刚性化的远期目标，为云南限制、淘汰能耗相对较高的产业提出了更高的要求，加大技术创新以进一步节能减排，降低能耗成为必然，壮大、扩张低能耗产业以保持产业支撑力更是必由之路，而为水电开发增强智能电网等基础设施以及在此基础上促进智能电网与物联网等多网融合，更是催生新产业的重要载体，风能、太阳能、生物质能等新能源的开发必须加大力度推进。

6.3.5 融入国际经济的云南经济新常态要求具有很强的产业开放能力

我国构建开放型经济新模式将使云南省不断深入地融入国际经济体系之中，要求云南不但要能够在国际贸易中获得增长动力，更要在对外直接投资中获得增长空间。云南产业开放能力不足的现实格局必须尽快扭转，尽快提升产业开放能力。

产业发展能力是多方面的，本书只集中在产业转换能力、节能减排、环境影响控制、开放能力和创新能力等几个方面展开初步的探讨。

6.4　云南经济进入新常态后的调控建议

面对以调整与变革为主的中国经济新常态和云南经济新常态，我们的建议是以主动调整来适应变革，重点是以新业态新产业培育来转变产业结构获得增长新动力，以扩大对外投资来扩大对外开放实现产业转型，以增加就业为调控首要目标来转变政府职能，以消除约束市场活力的体制机制来推进改革，以加快基础设施建设来迎接新一轮经济增长，以融入国内区域一体化来获取高级生产要素，逐步提升云南产业发展能力。

6.4.1　着力培育新业态新产业

无论是杰里米·里夫金等未来学家所说的第三次工业革命，还是卡洛塔·佩雷斯等演化经济学家所说的新“技术—经济”范式，我们当前都处在新科技革命之中，我国为应对全球经济危机而培育战略性新兴产业的重大举措，已经开启了迎接新科技革命，把握全球产业变革的进程，而党的十八大确立的构建开放型经济新体制，更是从体制上保证“技术—经济”范式转换，推动全球新一轮经济增长的伟大历程。云南应该也必须在这个进程中实现赶超，要在这次新科技革命和全球产业变革中实现赶超，就必须跳出传统的产业发展路径依赖，将精力放在主动培育新业态新产业，通过新业态新产业培育来转变产业结构获得增长新动力。

（1）尽快研究制订云南省加快新业态发展行动计划和实施方案，确定培育重点，制定发展目标，形成新业态发展集聚区、新兴产业集成创新基地。

（2）把发展云计算作为一个抓手，带动建设、服务和发展模式的重大转变。积极支持云计算与物联网、移动互联网等融合发展，催生基于云计算的在线研发设计、教育医疗、智能制造等新业态在疾病防治、灾害预防、社会保障、电子政务等领域开展大数据应用示范。

（3）加快探索智能电网、物联网、移动互联网、路网的融合探索。

（4）加快推进太阳能发电、新能源汽车生产、配件、维修及配套产业发展和充电站充电桩等配套设施建设。

（5）加快推进智能建筑、太阳能发电建筑一体化的新发展。

（6）大力发展庄园农业、生态农业、定制农业、创意农业、观光农业等农业新业态。

（7）把握人们的旅游需求，创新旅游模式和方式，开拓旅游新业态。促使旅游业与多个产业融合发展，互相依托形成多业共生、混业发展的模式。

（8）利用沿边金融综合改革试验区的政策优势，跨越发展互联网金融、P2P借贷、垂直搜索、智能理财、众筹平台、直销银行、网络保险、网络券商、基金“触网”等新型金融业态。

（9）加快实施绿色产业园区创建活动，构建绿色产业园区指标体系，推进分布式能源供应、公共区域 LED 照明、既有建筑太阳能光热光伏技术应用，完善能源监控管理平台、节能环保产业融资平台、再制造产业平台，探索工业节能减排和产业发展新模式。

（10）着力推进文化产业创新，大力发展文化产业新业态。大力推进“文化 + 科技”、“文化 + 创意”、“文化 + 旅游”、“文化 + 金融”的新型业态模式。

（11）进入新常态后的云南资源型工业必须转换发展思路，以民生需求为导向，以产品差异化为路径，开展民生需求调查，主动适应城乡居民消费需求升级变化，大力推进民生产品的研发和生产，不断延伸产业链。

新业态新产业是“破坏性创新”，是对传统利益格局带来的巨大撼动，是第三次工业革命浪潮下互联网代表的信息生产力和经济社会走向智能化、走向共享经济的必然，是对传统业态的挑战，没有成熟的发展模式和监管准则可遵循，面对尚不熟悉的新产业、新业态、新模式，主管部门在密切防范风险的同时，可以设置一定的观察期，把选择权交给市场，但对市场垄断力量，一定要坚决清除，使新业态得到健康成长，让它们逐步成为经济增长的新动力。

6.4.2 努力扩大对外投资

认真把握国家的战略意图，发挥好云南在我国新一轮对开放中的地位，在扩大对外开放中实现产业转型升级和结构优化。

（1）通过扩大对外投资释放云南传统产业的过剩产能。利用好国家输出基础设施建设的有利时机，大力推动采掘、冶金、化工、建筑、建材等产业中的大型企业集团利用自身的技术优势、生产优势和营销网络体系，到大湄公河次区域国家、“一带一路”沿线经济体中发展相对滞后但与云南存在较强产业互补性的国家投资办厂，释放国内过剩产能，腾出产业转型升级的空间。

（2）通过扩大对外投资来实现产业链延伸，补齐产业链。充分利用 2014 年中国外交为对外直接投资营造了良好环境的有利时机，支持云南省的采掘、冶金、化工、生物等产业的优势企业通过对外投资来延伸价值链、主导价值链，通过对外直接投资和跨国并购活动延伸产业链，直接投资到自己不具有比较优势的领域，以实现技术进步、产业结构升级和在全球分工中获得更大的利益。政府要强化服务体系和支持体系。

（3）通过扩大对外投资来实现节能减排。云南省的资源型工业大部分属于高载能产业，虽然云南以水电为主，水电的碳排放很低，但在没有实现直供电和有效的补充机制而使用全国大电网的情况下，高能耗意味着高排放。通过扩大对外投资，将冶金、化工、建材等能耗高的产业转移出去生产来有效降低云南的碳排放。

（4）通过扩大对外投资来实现新业态新产业培育所需的资本。新一轮工业革命所催生的新业态新产业由于还没有形成广泛的市场，需要巨大的前期投入，在政府无法给予足够补贴的情况下，以企业为主导必须要有足够的培育资本。通过扩大对外投资来增强企业实力，能够获得必要的培育资本。

（5）实施进口促进战略。伴随着对外投资的扩大，进口成为支撑对外投资的重要保障。要按照《国务院办公厅关于加强进口的若干意见》的要求，扩大先进技术设备、关键零部件等进口，积极支持融资租赁和金融租赁企业开展进口设备融资租赁业务。稳定资源性产品进口。支持境外能源资源开发，鼓励战略性资源回运，稳定能源资源供应，提高市场保障能力。合理增加一般消费品进口。大力发展省内急需的咨询、研发设计、节能环保、环境服务等知识、技术密集型生产性服务进口和旅游进口。进一步优化进口环节管理。进一步提高进口贸易便利化水平，对进口货物实行24小时和节假日预约通关。继续完善检验检疫制度，扩大采信第三方检验检测认证结果，推动检测认证结果及其标准的国际互认，缩短检验检疫时间。大力发展进口促进平台。鼓励企业到“一带一路”沿线国家投资加工生产并扩大加工产品进口。

6.4.3 以增加就业为调控首要目标

大变革、大调整时期的社会经济发展必然伴随着快速的失业与就业转换，进入新常态的云南也必须面临严峻而复杂多变的就业问题，应将省级经济调控的首要目标从促进经济增长转向增加就业。

应努力采取各种调控手段增加就业，促进经济增长、稳定物价和促进经济协调发展等调控目标都要以增加就业为核心。

（1）完善就业统计制度，除常规的正规就业外，应加强对非正规就业、农村劳动力就业、转移劳动力就业的统计工作，建立就业统计信息发布制度，为政府和相关决策部门提供就业统计信息，完善调控的信息基础。

（2）积极探索建立公共设施投资就业保障机制，减少市政公用设施建设的层层转包环节，直接将修建道路、公园、学校、下水道等公用设施建设项目提供给失业者增加就业岗位。

（3）建立和完善大学生创业扶持资金，鼓励在产业升级领域和新业态、新产业的创业扶持。

建立和完善面对所有就业困难人员以及失业问题突出的困难行业、困难地区的就业援助制度。

（4）建立城乡统一的劳动力市场，加强市场监管，将农村劳动就业信息纳入城乡统一的劳动就业信息系统，面向城乡发布劳动就业信息。

（5）努力消除金融、保险、咨询、技术服务、风险基金等生产性服务业部门的垄断和教育、文化、广播电视、卫生和社会福利事业的行政垄断，增强其吸纳就业的能力。

6.4.4　全面深化改革

在国家顶层设计和深化经济体制改革时间表下，针对阻碍市场运行的体制机制障碍进行改革。

（1）要针对束缚对外直接投资的体制机制进行改革。尽快健全鼓励境外投资的政策法规，加快境外投资立法。增强境外投资支持服务，完善财税、金融、保险等支持政策。规范省内企业境外投资合作的竞争秩序。完善境外投资中介服务体系。

（2）深化以混合所有制为主的国有企业改革。出台并不断完善鼓励非公有制企业参与国有企业改革的政策，大力推进非公有资本控股的混合所有制企业。完善国有资产管理体制，推动组建国有资本运营公司。

（3）加快政府职能转变。进一步简政放权，对投资项目、涉及企事业单位、社会组织生产经营和业务活动的事项、涉及单位和个人资质资格许可认定的事项、评比达标事项、行政事业性收费事项等行政审批事项进行再次精简和对投资项目审批制度进行再次改革，下放至区县政府及相关部门。在精简投资项目审批事项的基础上，编制省级投资项目审批目录，建设政务服务大厅，加强对投资项目审批的咨询辅导，加快行政审批网络服务平台建设，制定投资项目网上办理规程，推进州市县投资项目服务网络平台建设，进一步完善分阶段并联审批机制，建立行政服务事项并联办理机制，建立健全投资项目审批监督检查机制，继续加强行政审批网上监察，提高政府机关和公务员的服务水平。

（4）不断完善现代市场体系。不断完善矿产资源市场定价机制，消除垄断。大力推进产权市场建设。深化户籍制度改革，建立城乡统一的劳动力市场，完善市场服务体系。推进沿边金融综合改革试验区，进一步规范的基础上加快资本市场发展。扩大市场配置国有土地的范围。推进一批农村小集镇市场建设项目。

（5）深化资源性产品价格改革。重点要突破电价改革，切实降低用电成本。深入推进区域性电价和调峰电价政策。探索资源开发与生态保护的定价机制和利益补偿机制，加快探索资源资本化的价格调控机制和调控手段。

6.4.5 加快基础设施建设

云南省的网络、铁路、水利等基础设施仍然严重滞后，成为中国西向开放中主要障碍。充分利用国家在云南部署开放战略和国家“微刺激”释放的投资机会，大力争取铁路为主的基础设施建设项目，使云南迈入铁路新时代，来迎接新一轮经济增长。

（1）首要任务是加快推进新通信网络建设。高山峡谷为主的云南地形地貌特征决定了铁路、公路等交通基础设施建设面临着周期长、投入大、见效慢等问题，在信息化高度发达、全球化深入推进的时代，期待交通基础设施改善后实现云南经济跨越是不现实的，分布式、分散化、网络化生产的未来经济发展模式将会取代现在的聚集式、专业化的现代发展模式。信息网络将在未来经济发展模式中发挥着至关重要的基础设施地位。因此，云南省应首先超前加快新通信网络建设，实施“宽带乡村”建设，提升中小城市基础网络，加快推进中缅、中老、中越跨境光缆建设。着力推进电网与通信网络融合并网技术创新。

（2）结合“一带一路”建设，立足未来30～50年构建云南省内和出省通边的铁路网规划，高起点、高标准、超前谋划。

（3）以泛亚铁路东、中、西三条线和连接国内重点经济区的铁路干线为骨干，规划布局云南省的高铁建设计划。

（4）尽快向国家争取，推进滇中经济圈和滇中城市群的轻轨和城际列车建设。

（5）积极向国家争取加大农田水利基础设施建设投入，进一步改善农业生产条件和农村饮水困难。加快推进大中型病险水库除险加固及大中型病险水闸除险加固工程。大力兴办农村小水利和城乡节水改造工程。

（6）大力推进清洁能源建设项目，继续开发水电，大力推进太阳能光伏发电和风电建设项目，积极探索垃圾发电、氢能利用和地热发电，大力推广农村沼气利用。

6.4.6　积极融入国内区域一体化

以获取高级生产要素为主导积极参与国内区域合作，加快融入国内区域一体化进程。广义上的高级生产要素包括可流动、可复制的知识、技术、品牌、专利、研发人员、营销网络、先进管理经验等。

（1）加快融入长江经济带建设步伐。以招商选择的理念，尽可能吸引长江经济带各地的高新技术企业来滇投资。推动云南优势产业的骨干企业到成渝经济区、长江沿线各省市进行投资。推进云南省的高原特色农业、生物医药、旅游文化等产业的骨干企业到长江经济带各地建立营销网络。促进云南高等院校与长江沿线各省市建立战略合作，推动长江沿线高校联盟，开展合作研究和人才联合培养机制。发挥云南省处于长江经济带走向印度洋的“龙头地位”优势，联合长江沿线各省市在对外直接投资、经贸合作、文化交流以及通关便利化等方面开展双向流动与合作。依托水富、绥江、元谋、东川4个重点港口，加强与成渝经济区互动，深化金沙江上游地区合作，加快功（山）—东（川）高速公路建设，推进成昆铁路扩能改造，加密航班航线，围绕生物产业、矿产资源产业、文化旅游产业、物流产业、战略新兴产业等，构筑昆明—昭通—成渝经济区经济走廊，深化金沙江上游地区跨省合作。

（2）深化泛珠三角区域合作。积极融入珠江—西江经济带建设，以珠江上游生态共建为突破口，不断深化融入珠江—西江经济带建设。建设珠江流域的重要水源地保护区，改善流域水环境质量，加大南盘江等重点河流整治，加强主要河道及经过城镇的主要支流河道的治理。在流域内的曲靖、文山等水资源短缺地区，加快实施水利设施建设和生态修复工程。在珠江上游加大水土保持和重点区域石漠化治理，提高森林覆盖率，保护生物多样性和濒危物种，提高流域内污染处理能力，建设珠江—西江流域重要的生态安全屏障。以珠江—西江黄金水道为主轴，重点加强文山与百色、曲靖与黔西南、曲靖与百色的交通合作，建设连接珠江—西江流域，东联太平洋、南下印度洋，通往南亚东南亚国家的综合交通枢纽。加强经济带产业园区合作，在发展好文山—百色跨省经济合作区的基础上，打造更多的产业合作园区，与广西壮族自治区和广东省建立更深入的区域合作，在北海、深圳、珠海等沿海口岸建立云南产业园。深入开展“云电送粤”、“云电送桂”，深化电力产业合作。

（3）提升滇沪、滇粤、滇浙等跨省区域合作。在对口帮扶扶贫开发的基础上，向培育和壮大特色优势产业，推进贫困地区人口素质提升和增收方向转变。加强产业合作，重点在高原特色农业、生物、电子、信息、金融、新能源、文化旅游及碳汇林业方面，以市场为导向，积极引导双边省市企业合作参与云南高原特色农业和生物产业发展，鼓励引导企业合作参与云南工业园区及信息化建设，支持双方金融机构合作参与昆明区域性国际金融中心建设，积极参与两地举办的旅游文化交流活动。

第 7 章　云南产业发展能力：评价与建议

“产业发展能力”是区域自我发展能力的重要组成部分，是一种将资源转换为经济产出的能力。它是一个国家或地区的产业部门在“识别和把握产业机会，获取和利用产业资源，开发、设计、生产出社会所需的产品和服务并取得商业成功”的过程中表现出来的一种整体能力、系统能力和综合能力。本章借鉴企业自生能力的思想，将产业发展能力界定为：“区域内的产业在发挥区域比较优势和保持可持续发展的前提下，通过持续的技术升级和创新推动传统产业发展，不断提升产业竞争力，创造高级生产要素并吸引区外要素的集聚，从而带动相关产业发展，实现产业结构向合理化和高度化发展的能力。”产业发展能力本质上是一种生产力发展能力，是市场需求、技术创新等内生因素和区域禀赋特征等外部因素在利益驱动机制作用下，通过吸引生产要素的集聚和推动要素的高级化而得以形成与发展。

根据区域产业发展能力的定义和内涵，本章从主导产业群变迁、产业贡献、产业投资、经济效益四个方面对云南的产业转换能力、产业支撑能力、产业扩张能力、产业获利能力进行分析，结果表明：近十年来，云南产业发展能力在政府的强力推动下有了显著提高，但其发展能力整体是滞后的，突出表现为：产业转换能力十分滞后，产业支撑能力弱，产业扩张能力不足，产业获利能力低。

总的来看，云南调整和转换传统产业的反应慢，资源型收益锁定了生产要素。过于关注资源要素和环境要素在产业发展和经济增长中的作用，吸收外部流动要素、引进资本和技术的能力弱，创新能力弱。此外，忽视外部环境的变化，产业适应新形势新变化的能力不足，不能及时根据国际国内战略和市场需求变化及时调整产业政策和培育新产业。目前，云南的传统产业已经难以支撑进入新常态的云南经济平稳运行。产业链长，带动能力强的先进装备制造业没有培育出来，产业升级能力差。本章认为，政府运用行政力量，立足于区域比较优势，引导特色产业发展，扶持幼稚产业成长，对欠发达地区产业发展能力的提升具有至关重要的作用，但随着产业体系的逐渐成熟，政府应该迅速转变身份，为经济主体提供快速而高效的服务为目标，积极发挥服务职能，同时尽量减少对市场的干预，鼓励市场竞争，不断完善市场体系，加快培育企业在市场中的自我发展能力，从而促使产业发展由外部力量推动向内生机制主导转变，实现产业的良性发展。

当前，经济结构正在从增量扩能向调整存量、做优增量并存的深度调整，经济发展动力正在从传统增长点转向新的增长点。本章认为，云南未来产业发展和产业投资的方向既要化解部分传统产业产能过剩，也要通过发挥市场机制作用探索未来产业发展方向。进入新常态的云南一方面要积极主动适应新形势变化，培育新的产业形态，发展新技术、生产新产品；另一方面要加快传统产业的转型升级，消化吸收过剩产能。将产业政策与投资需求和消费需求紧密结合来引导产业发展和产业投资。从带动制造业长期发展的角度而言，“交通基础设施互联互通网”应成为当前云南省的重点投资领域和消化过剩产能的重要抓手，加强重大交通基础设施的互联互通，加快形成快速便捷、功能完善、互联互通的立体交通网络和现代物流体系。论证了云南发展“交通基础设施互联互通网”的必要性和重要性。

最后，提出了提升产业发展能力要突破孤立、静止、片面的狭隘资源观，树立系统、综合与动态的资源观，持续地开展资源整合，提高资源整合的范围、层次和质量，寻找新的资源配置模式，重视流动要素和创新要素在经济发展中的作用。“基础设施互联互通网”要突出跨省通道为重点的基础设施建设合作；突出产业对接承接合作；突出深化改革创新与交流合作；突出沿边跨境的综合性合作，推进交通物流枢纽和国际商品物流集散中心建设，为企业“走出去”、“引进来”打通物流通道，真正起到带动云南产业，尤其是制造业发展的作用。

7.1　产业发展能力的内涵和特征

“产业发展能力”是区域自我发展能力的重要组成部分，说到底是一种将资源转换为经济产出的能力。它是一个国家或地区的产业部门在“识别和把握产业机会，获取和利用产业资源，开发、设计、生产出社会所需的产品和服务并取得商业成功”的过程中表现出来的一种整体能力、系统能力和综合能力。本章借鉴企业自生能力的思想，将产业发展能力界定为：“区域内的产业在发挥区域比较优势和保持可持续发展的前提下，通过持续的技术升级和创新推动传统产业发展，不断提升产业竞争力，创造高级生产要素并吸引区外要素的集聚，从而带动相关产业的发展，实现产业结构向合理化和高度化发展的能力。”产业发展能力具有以下三个方面的特征：

第一，区域内的产业能够发挥区域比较优势，优化整体资源配置。区域比较优势一般是指一个区域中由区位条件、自然资源禀赋、劳动力、资金等因素共同形成的有利发展条件。现代比较优势理论将规模经济、产品差异、技术差异等新的要素纳入到比较优势产生的因素中，发展并丰富了比较优势的内涵。区域比较优势是产业发展的天然优势，它意味着产业在生产过程中具有相对丰富的生产要素。企业只有充分利用这种优势，才能降低成本，提高市场竞争力，从而能够创造并吸引高级经济要素的集聚，形成区域产业发展能力。由于自然、历史等原因，不同区域具有不同的比较优势。如果产业能充分发挥所在区域的比较优势，通过区域间的分工合作，就可以优化资源配置，提高总体经济效益。

第二，产业内的企业能够形成产业竞争优势，吸引经济要素集聚。产业竞争优势指的是一个国家或地区的产业与其他参照国家或地区的同一产业在市场竞争中显示出的优势，是生产力水平、市场占有程度、技术水平和创新能力等因素的综合体现。产业具有竞争优势意味着产业内的企业具有较高水平的生产率，能够吸引资源向配置效率高的部门流动；产品能够适应市场需求，有较高的市场份额和产销率，市场表现突出；产业内的企业具有强大的扩张能力，不断为自己开辟道路，寻求机会；企业具有较强的创新能力，从而能不断自我升级，并获得持续发展的空间。同时，具有竞争优势的产业还能够带动关联产业的发展，并吸引区外经济要素的不断集聚。这种通过集聚而成的溢出效应可以节约企业的成本，加快创新步伐，提高经济效益，进一步增强产业实力，从而形成“累积效应”，使地区产业发展能力持续提高。迈克尔·波特的竞争优势理论认为，产业竞争优势主要来源于“创新”：创新活动可以创造出对产业发展非常重要的高级生产要素，从而使产业在差异性产品竞争中形成优势。

第三，产业的发展能够保持可持续性，实现生态、经济、社会的协调发展。区域产业的发展不但应该能够满足人们对物质财富的需求，而且还能够创造一种使经济、社会、生态三大系统协调发展的外部条件，从而能够促进资源循环使用、产业低碳发展和生态系统在平衡中进化，形成三大要素之间的良性作用机制，实现整体系统效益最大化，保障发展的可持续性。

产业发展能力的形成机制是：为了满足新的市场需求，生产者在超额利润驱动下进行技术创新和变革，技术创新进一步促进了生产力的发展和产业结构的演变，从而再一次引起需求变化的连锁反应，周而复始。在这种作用机制下，产业进入从简单向复杂、从低级向高级的螺旋上升模式。在这个过程中不断流入和积累的生产要素形成了特定产业的发展能力。上述的经济活动必须依托一定的地理空间进行。不同的地理空间具有不同的禀赋特征。这些禀赋特征构成了产业发展的先天条件，能够吸引相关产业要素的集聚，从而影响产业发展能力的形成。随着产业的发展，区域的禀赋条件也会不断改变，会对产业在区域内发展和布局产生重要的影响。在内外部因素的作用下，生产要素在特定产业和区域内不断地流入、流出和高级化，特定产业的发展能力不断地提高或降低，随时间呈现出波动的变化，但整体产业发展能力则呈现出上升的状态。

7.2 从主导产业群变迁看云南产业转换能力

主导产业群的繁荣、变迁是一个产业结构变革的过程。主导产业是产业发展能力的证明，它是一个地区经济发展的基础和孕育新的增长力量的源泉。主导产业的成长会带动整个经济的发展，在经济增长中起决定性作用。由于主导产业在产业发展中处于技术领先的地位，代表着产业结构演变的方向，它能带动整个产业结构走向高级化，并促进国民经济整体素质的提高。主导产业的选择，是实现产业结构高级化的主要内容，也是决定各国经济竞争能力能否提高的关键所在。

20 世纪 80 年代初期，云南省虽然是一个农业大省，但由于改革开放以前国家"三线"建设在云南的工业布局，云南省在已有工业基础上积极建立具有自身特色的工业体系，例如，"山茶"牌电视、"春花"牌自行车、"兰花"牌电冰箱、"白玫"洗衣机、"茶花"牌汽车。经过五年的培育，烟草、蔗糖、茶叶和有色金属等具有资源优势的产业也体现出支柱产业的一些特征和快速发展的态势，因此，20 世纪 80 年代中期，云南省重点在资源优势中培育主导产业体系。

1986 年云南省的《政府工作报告》提出培育"八大产业"，（1）以有色金属为主的矿业和矿产品加工业；（2）以橡胶、香料、南药、水果为重点的热区作物及其加工业；（3）以磷、盐为主的化工业；（4）食品工业；（5）林业和林化工业；（6）建筑、建材业；（7）旅游业；（8）商业、运输、通讯、金融等其他第三产业。这一时期在国家扩大地方经济自主权的宏观经济环境下，云南省突出了新兴产业的培育。经过五年的培育，烟草产业的支柱地位建立起来，1995 年烟草工业增加值占云南生产总值的比重达到 22%，成为推动云南省经济增长的重要力量，烟草支柱培育的成功和烟草产业的巨大利税贡献，使云南省委省政府更加坚定了培植具有自身资源优势的新支柱产业的思想。

20 世纪 90 年代末期，云南省针对过去支柱产业培育过多的问题，提出在调整结构中巩固发展烟草产业、重点培育以食品为重点的生物资源开发产业、以磷化工、有色金属为重点的矿产资源开发产业和旅游产业四大支柱。这一时期是我国处于短缺经济下各地竞争生产规模和推进国有经济战略性改组的重要时期，云南省将重心继续放在资源优势中寻找和培育支柱产业，但却忽视了具有产业优势和品牌优势的消费品工业，"五朵金花"开始萎缩，这一时期的云南经济已经形成明显的资源开发型主导产业体系特征。

进入 21 世纪，云南省进一步强化了"五大支柱产业"：（1）巩固提高烟草产业；（2）加快发展生物资源开发创新产业，力争把云南省建成亚洲最大的花卉生产出口基地、全国最大的生物资源开发创新基地；（3）大力提升旅游产业，把云南省建成全国著名的旅游度假和会展基地；（4）发展壮大矿产业，力争把云南省建成全国重要的磷化工和有色金属工业基地；（5）抓住国家实施“西电东送”的机遇，着力培育电力产业，逐步把云南建成国家“西电东送”的重要能源基地。到2005年前后，云南省的群体支柱产业培育取得显著成效，烟草产业、矿业、生物资源开发创新产业、旅游业、电力产业成为支撑云南经济发展的支柱产业。但这五大支柱产业都是以云南的优势资源开发为主的产业，使云南经济具有显著的资源开发型产业体系的特征。

从改革开放以来云南省制订并实施的五个国民经济和社会发展五年计划（规划）与云南经济发展的产业支撑可以看出，云南的产业发展受政府的产业导向影响非常突出，可以说是有决定性的影响。“六五”时期将日用消费品工业作为重点进行培育的产业导向造就了20世纪80年代末期和90年代初期云南轻工业产品的繁荣；“七五”和“八五”时期的产业结构调整不到位，特别是针对当时的支柱产业中的国有企业改革不及时，体制转轨缓慢，制约了产业的发展，导致日用消费品工业的衰落；“九五”和“十五”时期将矿业、旅游、电力、生物等资源开发型产业作为支柱产业进行培育的产业导向造就了目前的主导产业体系格局；国家的“两烟双控”和天然林禁伐两个政策导向，导致云南烟草产业的徘徊和森林、林纸工业的衰退；高新技术产业却由于培育难度大，一直难以得到真正的重视。

值得注意的变化是，2014年8月，云南省政府通过《关于加快工业转型升级的意见》，提出培育“六大千亿元新兴产业”：一是轻工。发挥资源和沿边优势，培育壮大龙头企业和品牌，加快发展非烟轻工产业，做大做强特色食品加工业。二是生物医药。以产业链为主线推动产业整合，力争到2020年培育3~5家百亿元级生物医药领军企业。三是新材料。要大力发展新型功能材料。重点开发铂族、锗、铟、金等稀贵金属为基材的新型电子信息材料、催化材料、半导体材料，培育发展无机非金属功能材料。四是先进装备制造。要大力发展汽车制造业。以争取差别化产业政策为突破口，加快现有汽车企业升级改造。五是电子信息。要建设面向东南亚、南亚的国际通信枢纽和区域信息汇集中心。六是石化。

依托中缅油气管道项目，建成产业链完备的新兴石油炼化基地。

从总体上看，云南控制和调整传统产业的反应速度滞后，资源型收益锁定了生产要素。政府过于关注资源要素和环境要素在产业发展和经济增长中的作用，吸收外部流动要素和引进资本与技术的能力弱，创新能力差。此外，忽视外部环境的变化，产业适应新形势新变化的能力不足，不能根据国际国内战略和需求的变化及时调整产业政策和培育新产业。目前，云南的传统产业已经难以支撑云南经济平稳运行，而产业链长，带动能力强的先进装备制造业等产业没有培育出来，产业的升级能力差。

现阶段，云南面临的最紧迫任务是加快经济发展方式转变，调整和优化产业结构。从全球经济发展趋势来看，未来云南产业调整方向是建设以先进制造业和现代服务业“双轮驱动”的主体产业群，而从传统制造业演变为先进制造业是一个历史过程，需要在各种因素的综合作用下实现。市场需求、科技进步和生产要素配置、市场网络组织三个内部动因与政府作用、发展环境两个外部因素的变动，是导致先进制造业发展的主要推动力量，构成先进制造业发展的动力体系。目前云南正在加快布局关键基础产业和战略性新兴产业，着力打造产业结构高级化、产业发展集聚化、产业竞争力高端化的现代产业体系。

7.3　从产业贡献看云南产业支撑能力

2013 年，中国经济进入到“三二一”的三次产业结构状态，而云南的发展阶段滞后于全国平均水平，云南省的三次产业结构还保持在“二三一”的状态。从产业贡献看，产业对云南经济平稳运行的支撑能力比较弱。

7.3.1　云南第一产业比重高、贡献大

从图 7－1 和图 7－2 可以看出，云南省的第一产业在地区生产总值中的比重远高于全国平均水平，且第一产业对经济增长的贡献率也高于全国平均水平。

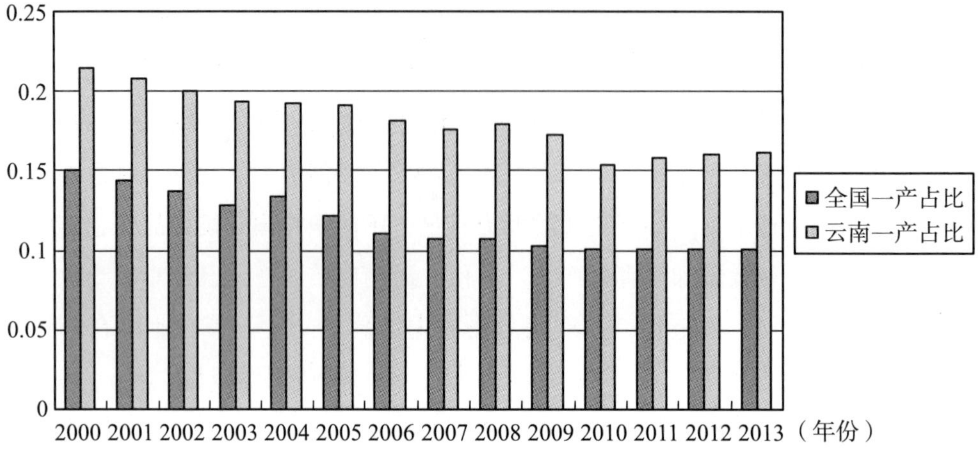

图 7-1　2000~2013 年云南与全国一产比重

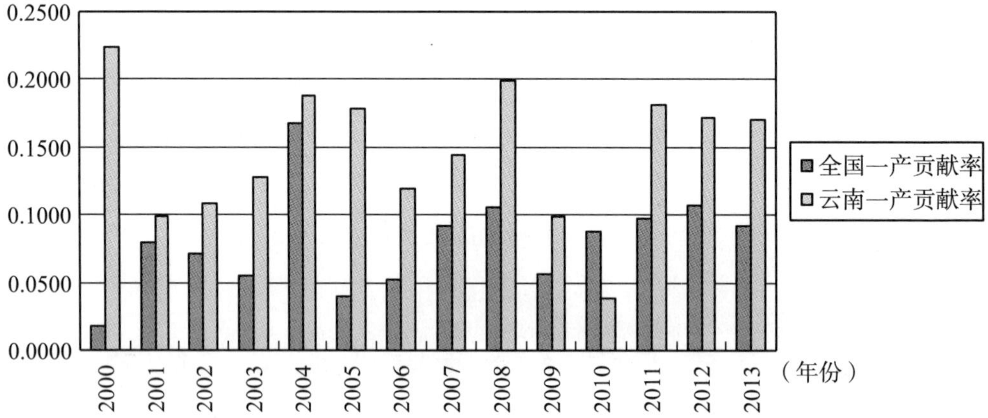

图 7-2　2000~2013 年云南与全国一产贡献率

7.3.2　云南省第二产业比重低但贡献大

从图 7-3 和图 7-4 可以看出，云南省第二产业增加值占地区生产总值的比重低于全国平均水平，且近年来不断下降，但从贡献率看，云南省在 2009 年以前第二产业对经济增长的贡献率低于全国平均水平，而 2009 年以后在比重下降的同时，对经济增长的贡献却高于全国平均水平，反映出云南产业结构存在的突出问题。

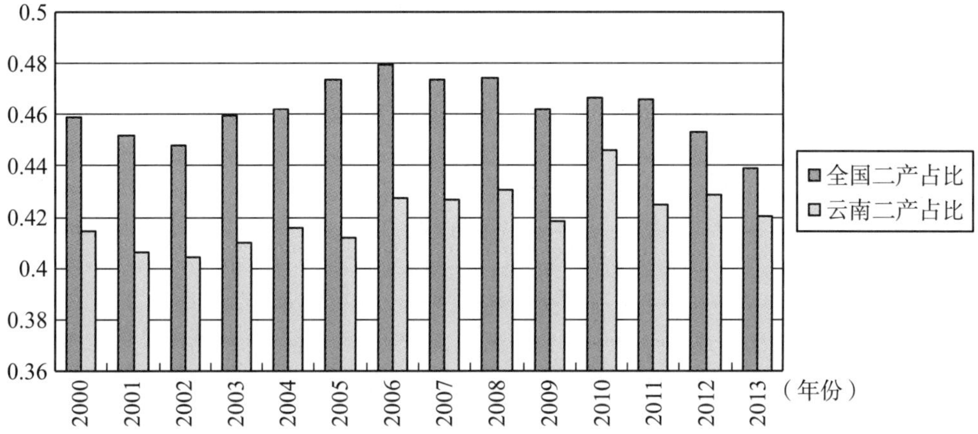

图 7－3　2000～2013 年云南与全国二产比重

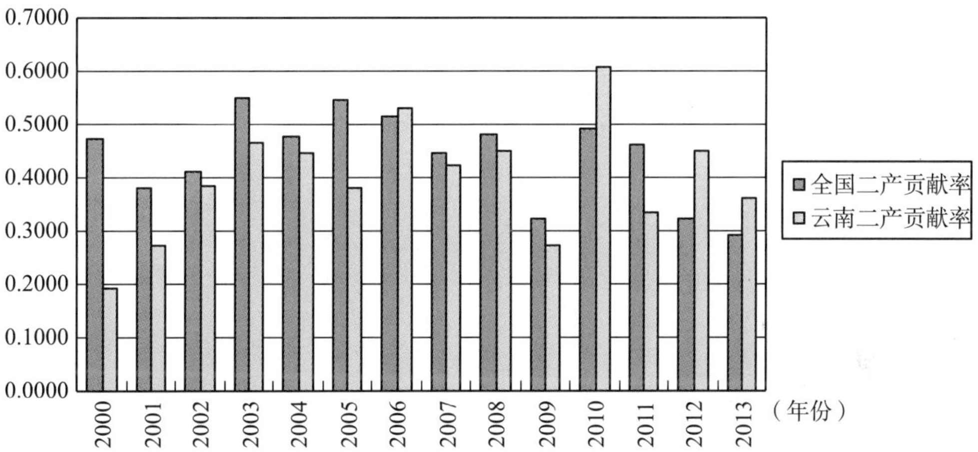

图 7－4　2000～2013 年云南与全国二产贡献率

7.3.3　云南省第三产业比重低且贡献低

云南省第三产业比重远低于全国平均水平（见图 7－5、图 7－6），2013 年云南省第三产业增加值占地区生产总值的比重为 41.7%，比全国平均水平低 4.5 个百分点，反映出云南经济结构存在的突出问题，投资拉动型的增长方式和政府主导型的经济运行模式，使工业发展与服务业的产业关联性减弱，既与本省的生活型服务业关联性低，也对生产性服务业的带动不足。

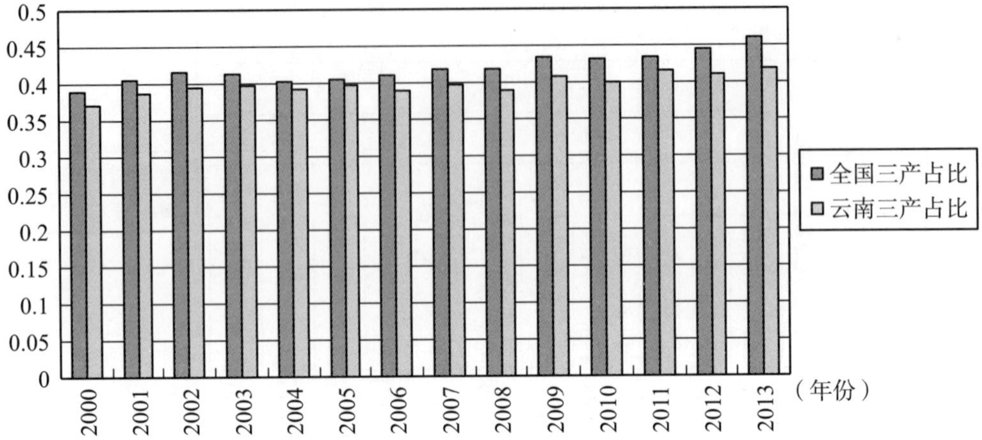

图 7－5　2000～2013 年云南与全国三产比重

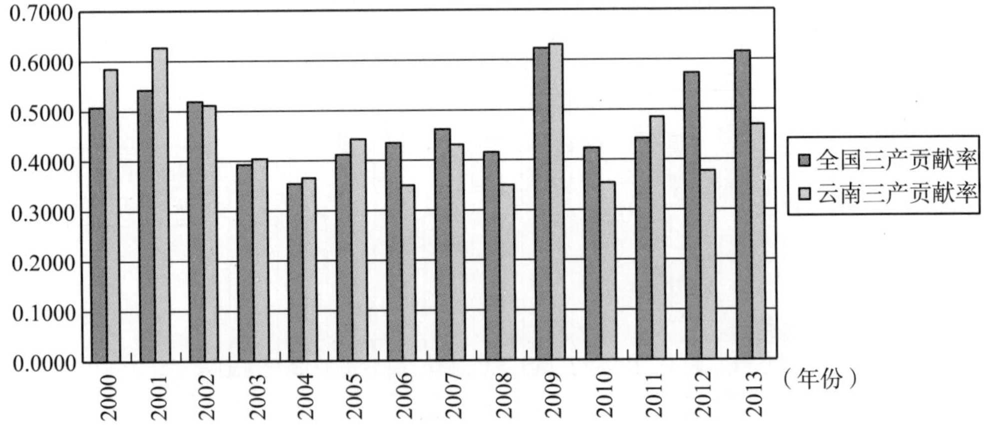

图 7－6　2000～2013 年云南与全国三产贡献率

2000～2005 年，云南第三产业对经济增长的贡献率高于全国平均水平，2006～2013 年，云南第三产业对经济增长的贡献率开始低于全国平均水平。虽然云南第三产业发展较快，但内部结构不合理，使第三产业对经济增长贡献的提高与云南发展第三产业的区位、自然、民族文化等优势不相符，云南的物流、服务业发展还不够快，还有很大的发展潜力。

7.3.4　云南省工业比重低、贡献小

云南省第二产业比重低于全国平均水平，主要是工业比重低，2013 年云南省工业增加值占地区生产总值的比重为32.1%，比全国平均水平低5个百分点，说明云南省工业发展还很不充分，云南经济是在工业发展不充分的形势下进入新常态的（见图7-7、图7-8）。

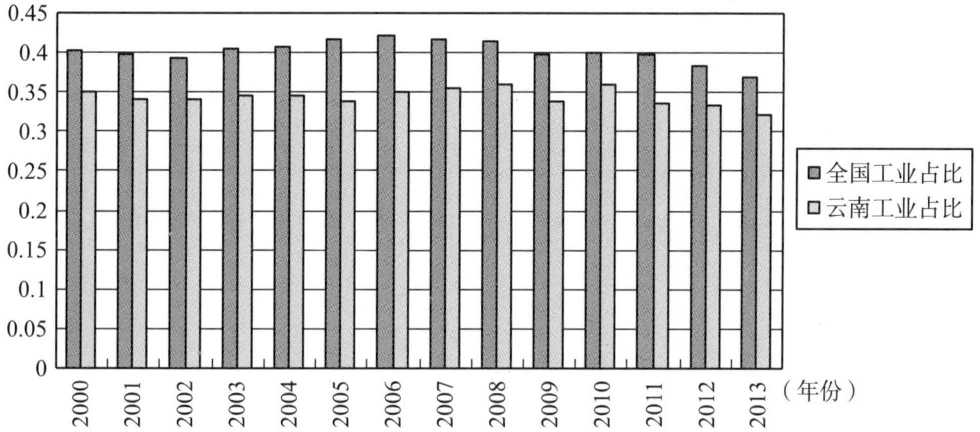

图7-7　2000~2013年云南与全国工业比重

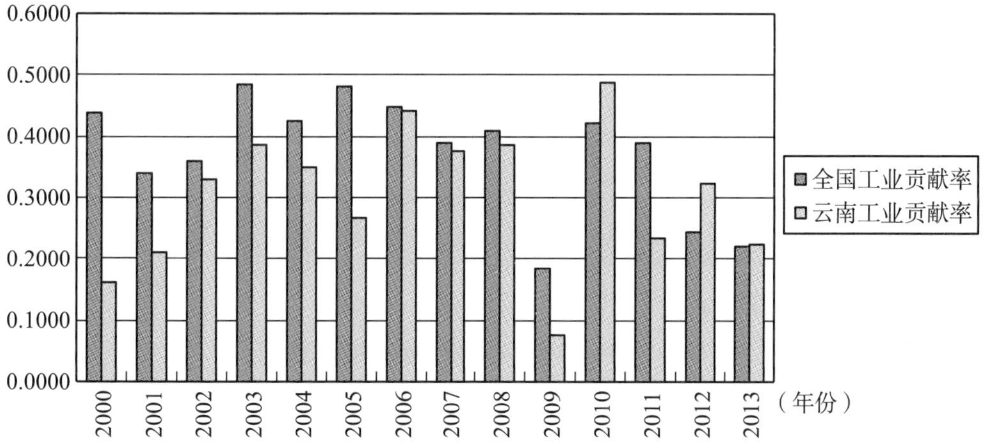

图7-8　2000~2013年云南与全国工业贡献率

云南工业化进程缓慢、制造业不发达和高新技术产业发展滞后，导致第二产业比重低，对经济增长的贡献也小。特别是金融危机以来，云南省第二产业增长不断下降，对经济增长的贡献也不断下降。主要原因是传统的资源型工业竞争力逐步丧失，烟草工业面临激烈的国内竞争，矿业采选、冶炼成本不断提高，加工增值部分发展缓慢，电力工业竞争优势减弱。

7.3.5 云南省建筑业比重高、贡献大

云南省第二产业比重相对第一、第三产业较高，是由于建筑业相对较高，2013 年云南省建筑业增加值占地区生产总值的比重为 9.9%，比全国平均水平高 3 个百分点。建筑业对经济总量贡献较大体现出云南省还延续着投资拉动型经济增长模式的特征，这种经济发展模式在中国经济进入新常态后正变得越来越不可持续（见图 7-9、图 7-10）。

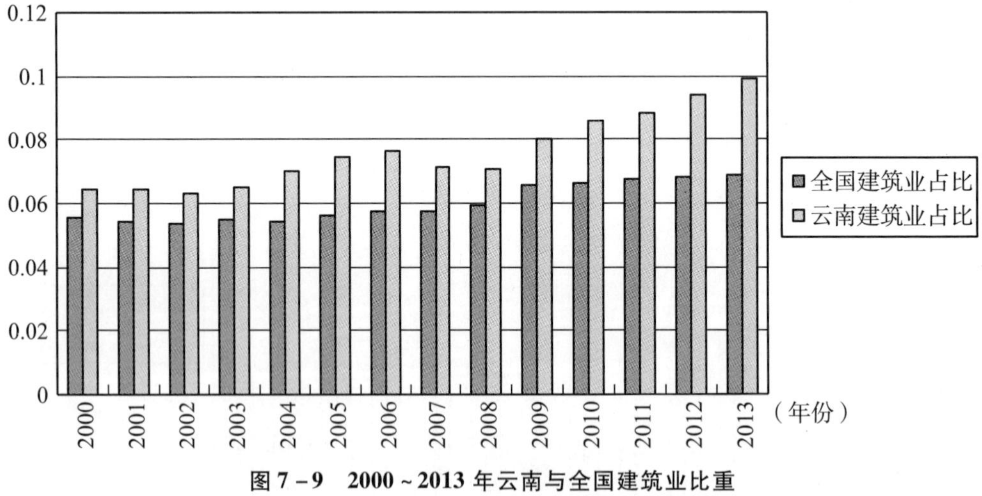

图 7-9 2000~2013 年云南与全国建筑业比重

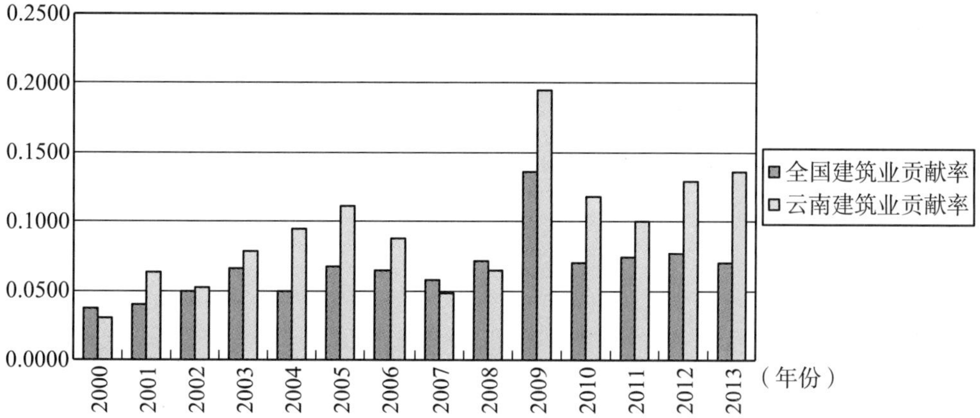

图 7-10　2000～2013 年云南与全国建筑业贡献率

7.3.6　在第二产业内部，轻工业贡献不断下降，重工业和建筑业贡献不断提高

详见图 7-11。

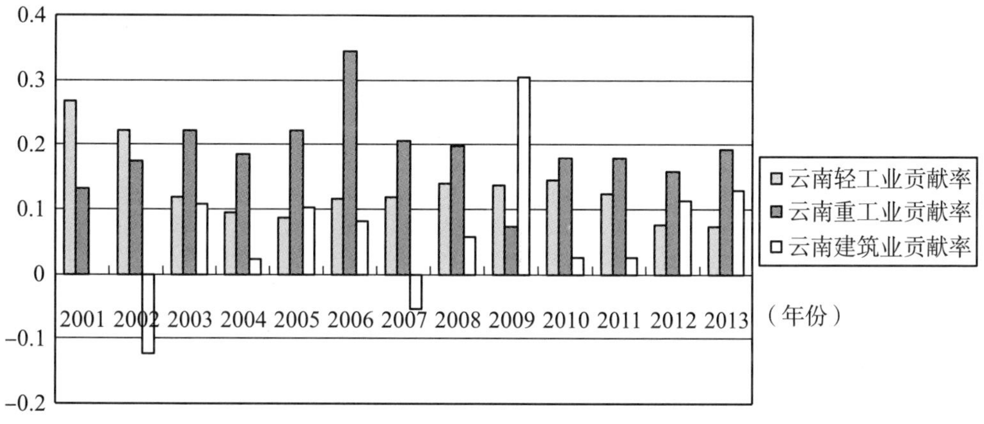

图 7-11　2000～2013 年云南轻重工业产业贡献率

7.3.7　云南省的主要轻工业贡献率不断下降

从图 7-12 可以看出，在轻工业内部的烟草制品业贡献率远远高于其他行

业，表现出极其明显的轻工业靠烟草的单一结构特征。但 2000 年以来烟草的贡献率一直在下降。

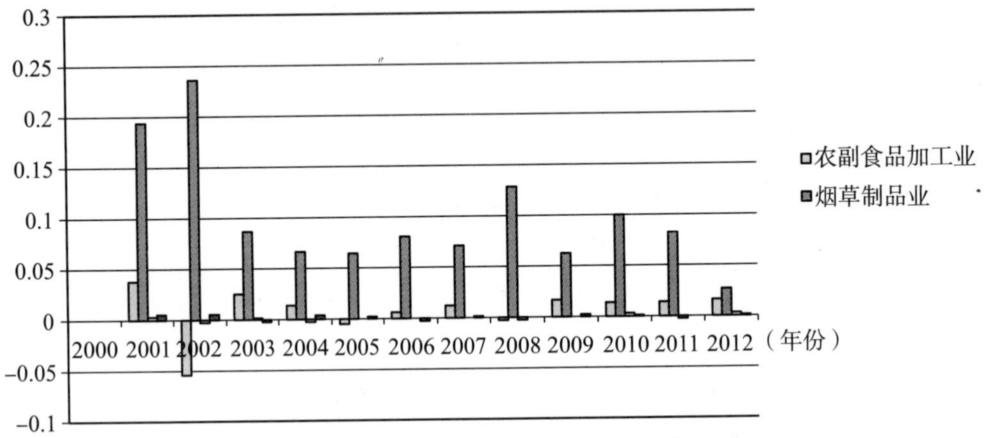

图 7－12　轻工业内部分行业贡献率

7.3.8　云南省的主要重工业贡献率较高

从图 7－13 可以看出，在重工业内部，冶金工业的贡献率相对高于其他行业，电力、化工和采掘业次之，制造业的贡献率最低，表现出明显的资源型工业特征。

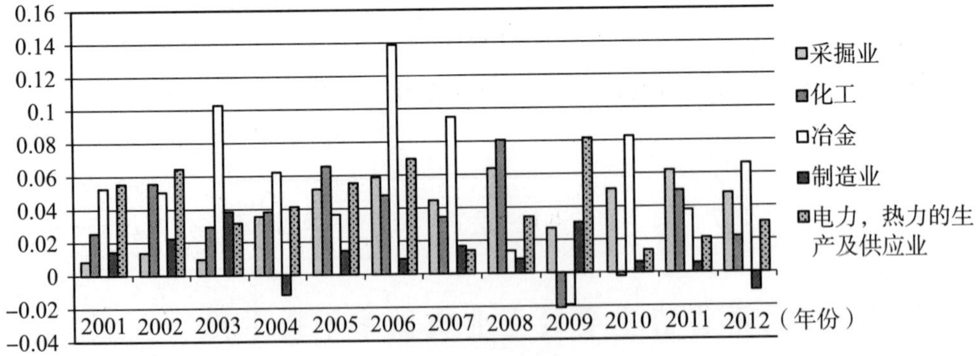

图 7－13　重工业内部分行业贡献率

7.3.9　云南省重点支柱产业的支撑能力不断下降

从图 7－14 可以看出，从支柱产业的比较来看，烟草业的贡献率是最高的，贡献率远远高于采掘、化工、制造等工业。但是 2012 年，烟草的贡献率首次低于采掘和电力行业。

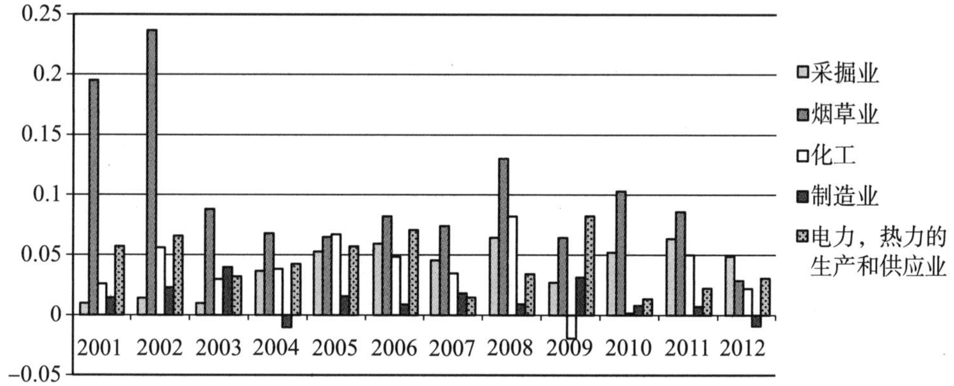

图 7－14　2000～2012 年云南传统主导产业贡献率

结论：烟草独大的轻工业与资源型加工为主导的重工业发展模式，轻重失衡和资源型、重化型为主的产业结构已经不足以支撑云南未来的经济发展。

7.4　从产业投资看云南产业扩张能力

7.4.1　在所有制投资结构中，国有经济投资占主导，其他所有制经济投资严重不足

从图 7－15～图 7－17 可以看出，云南目前的资源配置方式是国有经济占主导，其他所有制发展严重滞后。带来的弊端是资源垄断和要素锁定、重投入轻效

益和产出，市场严重缺乏活力。完善的市场经济的产业组织形式没有建构起来，企业组织能力残缺不全，产业循环无法长期维持。新兴产业的发展需要更加灵活的产业组织形式，小微企业是未来市场小型化、专业化的重要载体。

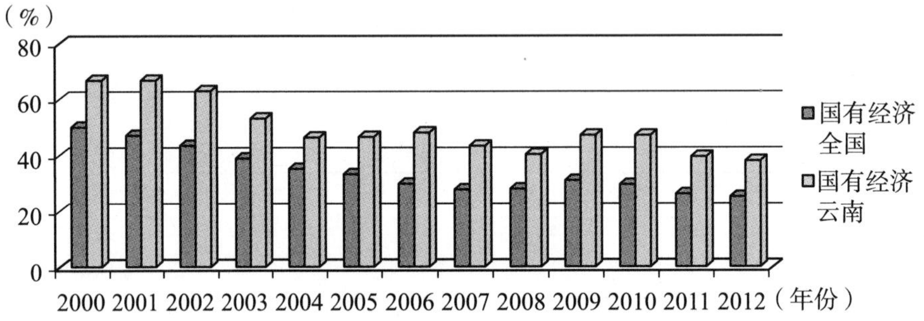

图 7－15　国有经济占全社会固定资产总投资的比重

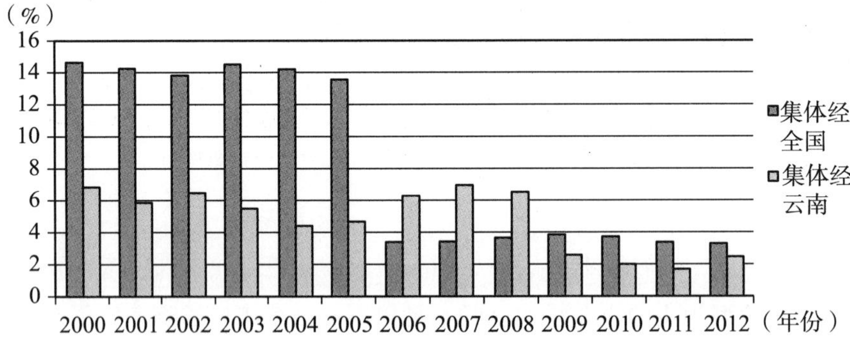

图 7－16　集体经济占全社会固定资产总投资的比重

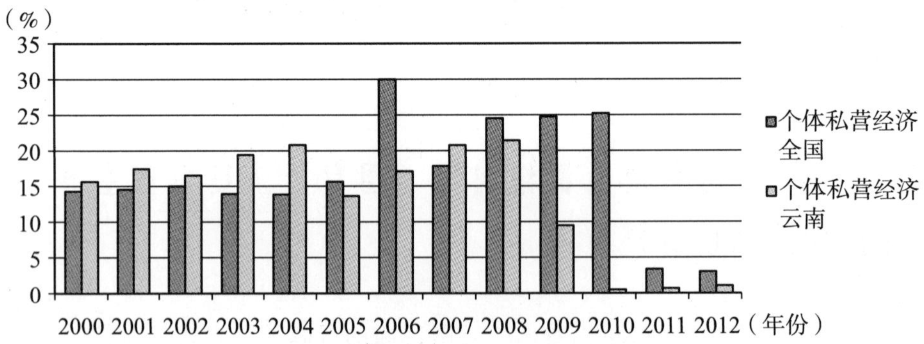

图 7－17　个体私营经济占全社会固定资产总投资的比重

7.4.2　在行业投资结构中，第三产业投资比例相对较高，第一、二产业投资都低于全国水平

2000年以来云南的固定资产投资结构中，第三产业占据绝对的比重。第一产业投资高于全国平均水平，但2011年以后低于全国平均水平；云南省第二产业投资比重远低于全国平均水平；云南省第三产业投资比重高于全国平均水平（见图7－18～图7－20）。

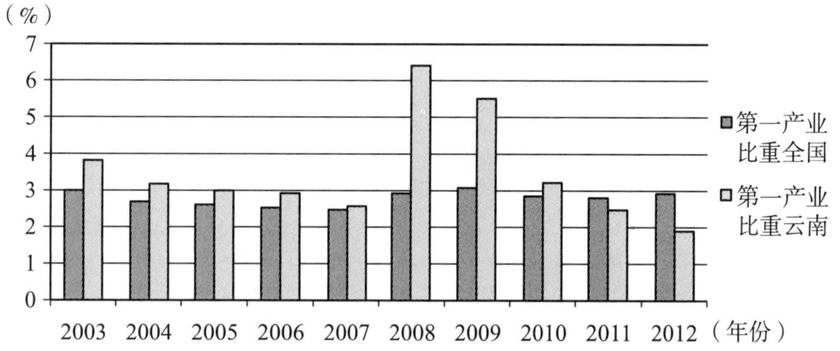

图7－18　云南与全国第一产业全社会固定资产投资比重

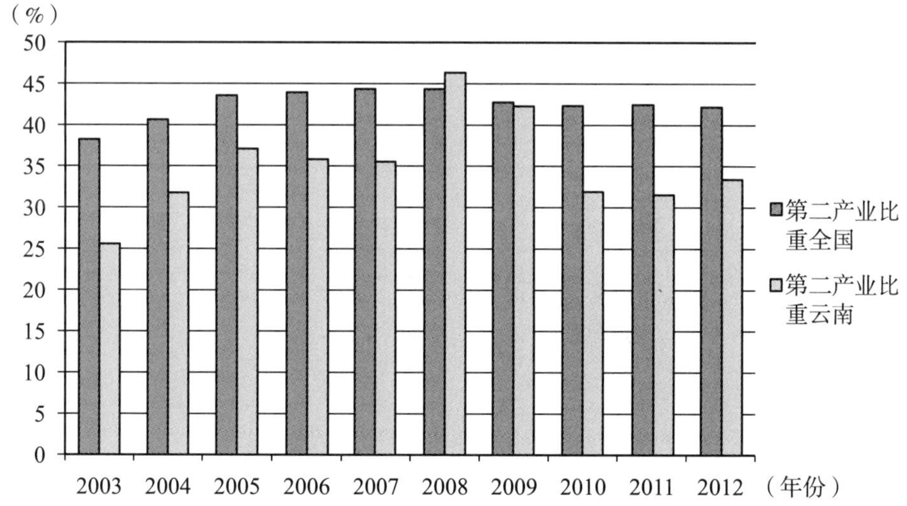

图7－19　云南与全国第二产业全社会固定资产投资比重

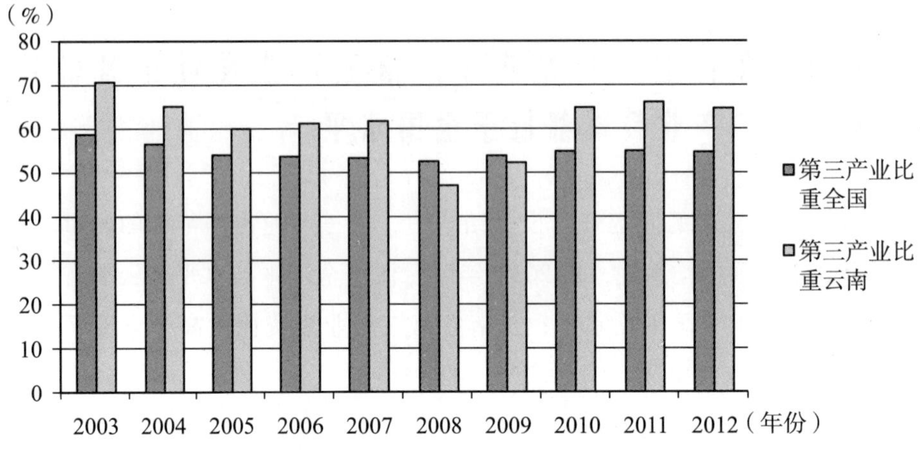

图 7-20　云南与全国第三产业全社会固定资产投资比重

7.4.3　在工业行业投资结构中，采矿业和电力工业投资比重高，制造业投资比重低

2007 年以后，云南电力投资比重远高于全国平均水平，采矿业投资比重也高于全国水平，而制造业的投资比重远远低于全国平均水平。反映出 2007 年应对金融危机政策对云南经济的一个效应是加剧了资源型工业投资规模（见图 7-21～图 7-23）。

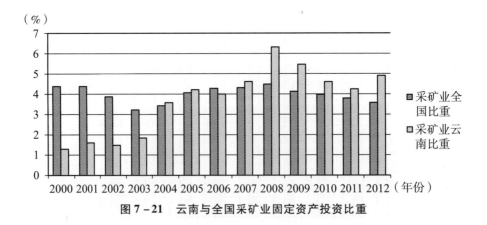

图 7-21　云南与全国采矿业固定资产投资比重

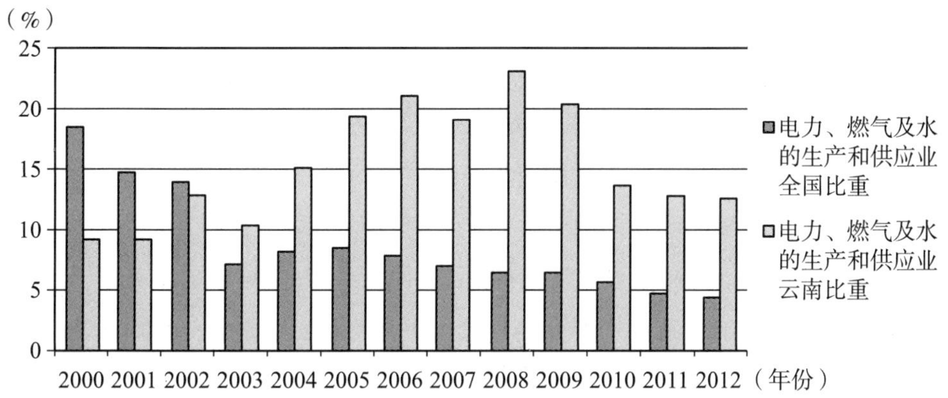

图 7-22　云南与电力行业固定资产投资比重

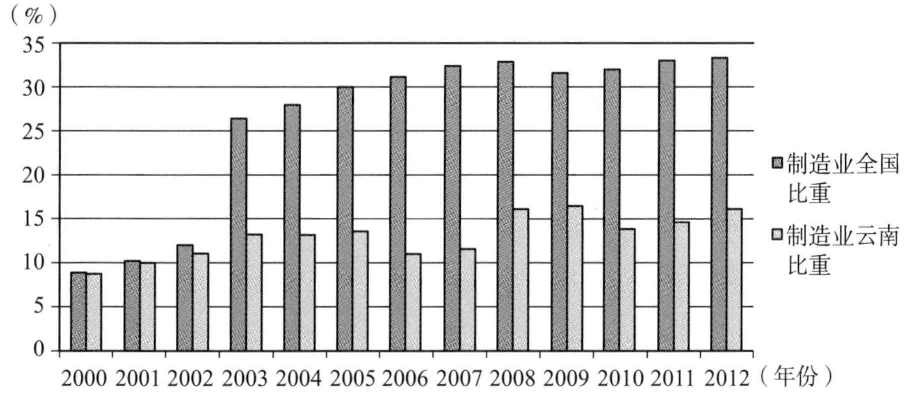

图 7-23　云南与全国制造业固定资产投资比重

结论：从主要产业投资与全国的比较来看，云南工业的投资主要流向了资源型工业。资源型收益锁定了生产要素，资源型、重化型为主的投资结构已经到了非改不可的阶段。

7.5　基础设施互联互通网：产能释放与投资需求的结合

7.5.1　基础设施投资促进区域产业发展能力的作用机制

经济增长或生产率增长是一项复杂的系统工程，不仅涉及经济增长理论所强调的物质资本、人力资本和知识积累等影响因素，而且涉及新经济地理理论所强调的地理因素和空间集聚经济因素。克鲁格曼在1991年发表的《报酬递增与经济地理》中所开创的“核心—外围模型”（Core - periphery Model）强调运输成本与规模经济之间的相互关系是制造业空间集聚的源泉。具体分析，基础设施的增长效应可以分为短期和长期两个方面：

在短期内，基础设施以投资流量的形式通过乘数效应对区域经济增长产生影响。具体而言，基础设施投资可直接为建筑企业发展创造机会，而且在基础设施建设过程中可以创造大量就业岗位，从而在一定程度上提高居民收入水平；同时，由于大规模建设资金的注入，交通基础设施投资可对其他关联产业产生较大的乘数效应，导致地区总产出的成倍扩张，从而对地区经济增长产生较大的推动作用。在长期内，基础设施的投资流量扩大了交通基础设施的规模存量，进而可以规模存量的形式通过直接推动效应和空间溢出效应促进制造业全要素生产率增长，本章将后者称之为基础设施对制造业生产率增长的空间溢出效应。基础设施属于网络性基础设施，网络效应这一重要特征有利于缩短地理空间距离，降低货物运输成本，提高区域通达能力，促进各种要素和商品在地区之间的流动，加强区域之间的地理联系和经济联系，从而影响企业和居民的运输和出行，改变企业和家庭的区位选择，促进经济集聚与市场扩张，最终对省际制造业生产率增长形成空间溢出效应。总体而言，交通基础设施将会从技术水平、技术效率、配置效率、规模效率等方面对我国制造业全要素生产率增长产生全方位的重要影响。

基础设施的空间溢出效应的影响机理还表现在集聚经济上，事实上，新经济地理理论认为运输成本是影响经济活动，尤其是产业的空间集聚的最重要因素，理论研究发现，交通基础设施的发展完善，有利于降低产品在地区之间的运输成本，从而提高地区代表性制造业企业的预期利润，进而促使以利润最大化为目标的制造业企业向该地区集聚。即交通基础设施可以通过降低企业物流成本、提高出口比较优势、加快区域市场整合以及促进经济活动集聚等影响机理来实现其对制造业生产率增长的空间溢出效应。大量文献研究表明，交通基础设施对我国制造业全要素生产率增长以及空间溢出效应各方面影响机理的充分发挥均起着持续显著的正向影响。

回溯政策实践，长期以来，我国在应对经济波动、区域经济结构失衡以及经济生产能力不足等问题时，政府通常把公共基础设施投资政策作为最重要的经济调控手段之一付诸实施。相继启动的“西部大开发”、“国家信息化战略”，再到后来的“振兴东北老工业基地”、“中部崛起”、“扩大内需”等战略均注重利用基础设施建设来实现区域经济持续稳定增长。公共基础设施投资已成为政府宏观调控的重要手段之一。

7.5.2 基础设施投资效应比较分析

选取了三类能基本涵盖定义的指标来衡量公共基础设施投资：电力、煤气及水的生产和供应业的投资；交通运输仓储和邮电业的投资；地质勘探和水利管理业（2002 年以后改为水利、环境和公共设施管理业）的投资。数据描述了改革开放以来我国公共基础设施投资领域的基本事实（见表 7－1、图 7－24）。

表 7－1　我国东中西地区公共基础设施投资金额及其比重

地区	1985～1991		1992～2000		2001～2010	
	金额（亿元）	比重（%）	金额（亿元）	比重（%）	金额（亿元）	比重（%）
东部	2 680. 3136	54. 38	30 643. 8122	57. 95	140 390. 2278	49. 09
中部	1 302. 2829	26. 42	12 965. 5732	24. 52	84 191. 6646	29. 44
西部	946. 3514	19. 20	9 266. 1351	17. 53	61 411. 1460	21. 47
总计	4 928. 9479	100	52 875. 5159	100	285 993. 0384	100

资料来源：根据历年《中国统计年鉴》及各省（直辖市、自治区）统计年鉴计算得到。

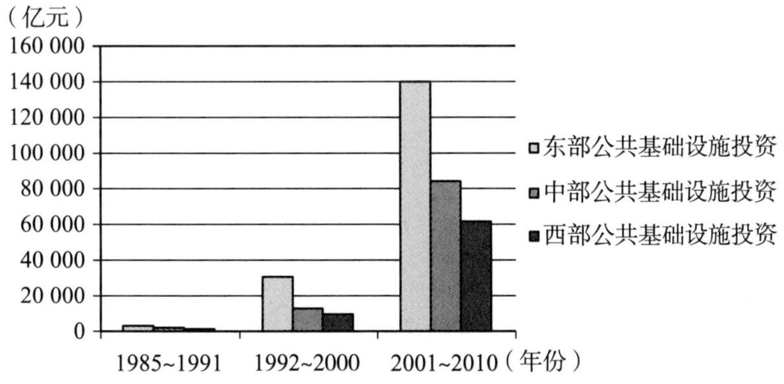

图 7－24　我国东中西地区公共基础设施投资比重

总体来看，我国公共基础设施投资的区域结构不合理，投资在经济发达的东部地区省份聚集度高，在中、西部地区较低。尽管近十年来各级政府对中西部地区公共基础设施投资力度加大，中西部地区占总公共基础设施投资的比重显著提高，但仍与东部地区投资数额存在相当大的差距。公共基础设施投资对东部地区经济活动促进作用大，而西部地区由于基础薄弱，基础设施对经济发展作用甚微甚至有抑制作用。

表 7－2 描述了 1978～1987 年、1988～1997 年和 1998～2007 年三个不同时间段我国 28 个省区交通、能源、信息基础设施存量的平均水平。从表 7－3 可以看出，基础设施基本上与区域经济发展状况和地理特征相适应，东部地区人口稠密、经济发达，因此东部地区有着良好的交通基础设施；西部地区经济发展落后，因此西部地区交通基础设施十分薄弱。

表 7－2　　东西部地区基础设施存量

地区	交通基础设施（公里/平方公里）			能源基础设施（吨标煤/人）			信息基础设施（元/人）		
	1978～1987	1988～1997	1998～2007	1978～1987	1988～1997	1998～2007	1978～1987	1988～1997	1998～2007
北京	0.52	0.71	0.95	2.16	2.68	3.32	23.06	162.11	718.48
天津	0.41	0.42	0.89	—	2.47	3.36	2.9	66.81	424.96
河北	0.23	0.28	0.42	—	1.37	1.76	0.99	17.69	171.34
福建	0.32	0.4	0.51	0.22	0.35	0.51	3.28	53.93	361.87
辽宁	0.25	0.31	0.4	1.53	2.02	2.78	2.04	38.79	272.89
山东	0.25	0.33	0.59	—	—	1.48	0.95	20.33	178.97
江苏	0.45	0.5	0.9	0.71	0.97	1.67	2.67	33.65	242.73
上海	0.85	0.98	1.54	2.15	2.71	4.12	12.2	136.66	660.27
浙江	0.33	0.43	0.61	—	0.78	1.99	1.82	45.11	825.88
广东	0.43	0.45	0.72	0.16	0.75	1.35	1.55	91.66	547.64
地区均值	0.404	0.481	0.753	1.155	1.56667	2.234	5.146	66.674	440.503
广西	0.16	0.19	0.29	0.23	0.39	0.89	0.79	14.03	143.24

续表

地区	交通基础设施（公里/平方公里）			能源基础设施（吨标煤/人）			信息基础设施（元/人）		
	1978～1987	1988～1997	1998～2007	1978～1987	1988～1997	1998～2007	1978～1987	1988～1997	1998～2007
四川	0.18	0.2	0.3	—	—	0.84	—	—	136.66
贵州	0.18	0.2	0.3	0.21	0.78	1.53	1.08	6.58	97.26
云南	0.13	0.17	0.4	0.35	0.58	1.16	0.83	11.81	140.4
陕西	0.19	0.21	0.29	0.51	0.74	1.28	1.21	14.2	184.9
甘肃	0.09	0.1	0.13	0.9	1.04	1.54	1.84	10.9	114.59
青海	0.02	0.02	0.04	0.83	1.22	2.29	2.37	12.89	135.46
宁夏	0.14	0.18	0.26	0.94	1.46	2.83	1.54	15.15	186.84
新疆	0.01	0.02	0.05	0.94	1.53	2.27	2.65	18.88	204.42
地区均值	0.12222	0.14333	0.22889	0.61375	0.9675	1.62556	1.53875	13.055	149.308

资料来源：《新中国五十五年统计资料汇编》；各年份《交通统计年鉴》。重庆的数据并入四川，海南和西藏因数据缺失较多，没有包含进来。

表7－3　东西部地区基础设施投资的边际产出和溢出效应

地区	本地区公共基础设施投资		区域外公共基础设施投资		总边际产出①		区域外公共基础设施投资的溢出效应②（%）	
	5年	15年	5年	15年	5年	15年	5年	15年
北京	4.926	2.312	0.765	0.678	5.691	2.99	13.44	22.68
天津	1.115	1.191	0.142	0.393	1.257	2.374	11.3	16.55
河北	5.165	7.092	1.014	1.154	6.179	8.246	16.41	13.99
上海	9.716	18.247	0.022	0.274	9.738	18.521	0.23	1.48
江苏	7.121	7.49	0.695	0.654	7.816	8.144	8.89	8.03
浙江	1.301	4.333	1.072	1.927	2.373	6.26	45.17	30.78
广东	20.705	16.439	0.071	−0.618	20.776	16.271	0.34	—
广西	2.319	3.153	−0.002	0.001	2.317	3.154	—	0.03
四川	1.995	2.392	−0.149	0.092	1.846	2.484	—	3.7

续表

地区	本地区公共基础设施投资		区域外公共基础设施投资		总边际产出①		区域外公共基础设施投资的溢出效应②（%）	
	5 年	15 年	5 年	15 年	5 年	15 年	5 年	15 年
贵州	0.161	0.94	0.017	0.013	0.178	0.955	9.55	1.36
云南	-0.521	-1.08	0.007	-0.021	-0.514	-1.101		
陕西	2.121	4.288	0.094	0.146	2.215	4.434	4.24	3.29
甘肃	-0.235	-1.312	0.023	0.015	0.258	-1.306		
青海	-2.165	-1.173	-0.065	0.27	-2.23	-1.146		
宁夏	0.633	0.354	0.038	0.013	0.671	0.367	5.66	3.54
新疆	-0.545	-3.972	-0.047	-0.011	-0.592	-3.983		

注：①计算出各地区 15 年的公共基础设施投资的产出累积弹性，表示公共基础设施投资数累积变化 1% 在长期引起的产出变化的百分比。根据公共基础设施投资的产出累积弹性，可以计算出公共基础设施投资的边际产出，表示公共基础设施投资每变化一个单位在长期内引起的产出累积变化的数量。$MRK_i = \frac{\Delta Y_i}{\Delta K_i}$。其中，$K_i$、$Y_i$ 分别为公共基础设施投资和产出；MRK_i 为公共基础设施投资的边际产出；（Y_i/K_i）为公共基础设施投资的产出累积弹性。根据样本区间最后 10 年的数据计算，再取平均值。

②根据边际产出公式分别计算本地区公共基础设施投资的边际产出和 MY_{in}，区域外公共基础设施投资的边际产出 MY_{out}，利用公式 $MY_{out}/(MY_{in}+MY_{out})$ 计算出公共基础设施投资产出的溢出效应。

资料来源：数据来自 1991～2011 年的《中国统计年鉴》和《中国固定资产投资统计年鉴》。

从表 7-3 的数据来看，第一，从区域内公共基础设施投资的效果看，超过 60% 地区的公共基础设施投资促进了本地区产出的增加。无论短期（5 年）还是长期（15 年）内，上海、江苏、广东从本地区公共基础设施投资中受益最大。而云南从本地区公共基础设施投资中受到负面影响，且从短期到长期的变化趋势看，将变得更糟，可见以促进经济增长为目的的公共基础设施投资在云南未达到预期效果。

第二，从区域外公共基础设施投资的效果看，对绝大部分地区而言，区域外公共基础设施投资对本地区产出具有正溢出效应。其中，北京、河北、江苏、浙江是受益较大的地区。从短期到长期的变化趋势看，广东和云南的受益程度将降低。

第三，从公共基础设施投资总边际产出看，上海、江苏、广东从公共基础设施投资总效应中受益最大，短期和长期分别获得总产出正效应的 70% 和 64%。无论从本地区公共基础设施投资边际产出、区域外公共基础设施投资边际产出还是总边际产出视角分析，上述地区从公共基础设施投资产出正效应中获得的份额远远超过其拥有全国 GDP 和公共基础设施投资的份额，因此，公共基础设施投资提高了地区层面经济活动的集中度，促进了产出集中。西部地区中的四川、陕西、宁夏三省获得的公共基础设施投资正效应较多，从经济发展水平看，该三省的经济发展水平在西部处于领先地位，从地理位置看，该三省均处于地区的交通枢纽位置，交通等基础设施的完善程度对经济的发展起着至关重要的作用。

第四，从公共基础设施投资产出的溢出效应看，多数地区存在或大或小的公共基础设施投资溢出效应。云南对区域外公共基础设施投资的依赖性较强，区域外公共基础设施投资在公共基础设施投资产出总效应中占有绝对优势。其他地区边际产出从本地区公共基础设施投资中受益较多。

7.5.3 当前扩大投资的导向——基础设施互联互通网

马斯格雷夫（Masgruve）和罗斯托（Rostow）的经济发展阶段理论认为不同的经济发展阶段决定了政府公共支出的规模、内容和作用不同，因此不同经济发展阶段公共投资的数额和范围也有所不同。基础设施的发展可以随着经济发展阶段的不同而分为三个阶段。最初阶段是经济起步阶段的基本基础设施，包括水、电、道路等满足人们基本生活需要的基础设施；第二阶段是处于经济发展阶段的基础设施，包括通信、污水处理、垃圾处理等主要用来适应城市化发展需要的基础设施；第三阶段是经济成熟阶段的基础设施，功能主要体现在实现社会发展目标上，如修建地铁解决交通拥堵问题，治理污染解决环境问题，创造良好的宜居环境等。

表 7 -3 实证分析结果也表明，云南公共基础设施投资并没有对地区经济活动产生积极影响，因此云南基础设施投资应该与非基础设施领域的一般经济投资同步进行。从数据看，在我国多数地区的经济活动受到了本地区和区域外公共基础设施投资的促进作用，从而基础设施投资对经济增长、就业、私人投资具有较强的推动作用。对于经济相对发达地区，如北京、上海、长三角、珠三角等地，

经济建设已经进入了现代化进程，公共基础设施投资下一步将重点指向“知识型基础设施”。而云南是一个欠发达地区，长期处于生产力相对落后、商品经济相对不发达的发展阶段，并且面临着内需不足的现实情况，云南基础设施投资对经济的拉动作用有限，云南所处的经济发展阶段和现实决定了政府应当采取措施继续加大对公共基础设施的投资建设，主要投资于交通基础设施互联互通网的建设、并指向“知识型基础设施”和环境治理方面。

当前，经济结构正在从增量扩能向调整存量、做优增量并存的深度调整，经济发展动力正在从传统增长点转向新的增长点。进入新常态的云南省一方面要积极主动适应新形势的变化，培育新的产业形态，发展新技术、生产新产品；另一方面要加快传统产业的转型升级，消化吸收过剩产能。将产业政策与投资需求和消费需求紧密结合来引导产业发展和产业投资，提升效率促内需促发展。

从带动制造业长期发展的角度而言，“基础设施互联互通网”应成为当前云南投资的重点领域，基础设施互联互通可以为企业走出去、引进来创造条件，在建设基础设施的同时找到产业投资的新渠道和新方式，充分带动就业以及拉动区域经济的发展，有效缓解经济下行的压力。其中包括“交通基础设施互联互通”和“知识型基础设施互联互通”两个部分。“交通基础设施互联互通”包括高速公路网、铁路网、交通运输仓储和邮电业、水利、环境和公共设施等基础设施互联互通，高铁的建设目标正可借此契机加快实现的步伐。“知识型基础设施互联互通”包括信息和网络基础设施、现代金融市场体系和现代物流体系的平台建设等。

7.6 对策建议

产业发展能力本质上是一种生产力发展能力，是市场需求、技术创新等内生因素和区域禀赋特征等外部因素在利益驱动机制的作用下，通过吸引生产要素的集聚和推动要素的高级化而得以形成与发展。产业发展能力取决于其产品和技术选择是否符合经济体系的相对要素禀赋，但是资源禀赋下的比较优势并不足以支撑产业发展能力，产业内的企业竞争优势是产业发展能力的重要支撑；另外，产业可持续发展是产业发展能力的重要前提，集聚而产生的外部经济对产业发展能力的提升具有重要的作用。

不同阶段，经济结构呈现不同的特征。就过去二三十年来看，投资起的作用过大，而投资所创造的产能，不能被消费和出口所完全消化，就出现了产能过剩的问题，也出现了投资效率下降的问题。当前云南的基础设施投资仍然具有很强的空间溢出效应，但应强调公共基础设施互联互通在经济增长过程中的重要作用，不仅能消化吸收过剩产能，而且能带动制造业的聚集与发展，改善产业结构，为闲散资金找到出路，为剩余劳动力创造就业机会，为企业发展提供良好的外部环境。

云南当前及未来一个时期的产业发展应注意以下问题：

（1）突破孤立、静止、片面的狭隘资源观，树立系统、综合与动态的资源观，持续地开展动态的资源整合，提高资源整合的范围、层次和质量，寻找新的资源配置模式。重视流动要素和创新要素在经济发展中的作用。

（2）产业能力的演进需要解决产业资源、产业能力和产业战略三者之间的双向互动问题，通过螺旋上升式的产业循环提高产业部门在全国和全球知识产业链中的地位或不断优化重构本地区的产业链。

（3）公共基础设施投资的差距不仅涉及地区经济发展水平、公共服务质量和环境、地理环境、自然条件，而且在很大程度上与国家区域发展战略和区域投资政策有密切的联系。中央政府应给予中西部地区投资于公共基础设施的项目更多的财政资金支持，还应当积极调动社会资金，如通过发行债券、股票等方式进行融资，为吸引投资者给予公共基础设施项目更多的投资优惠政策。

（4）推进云南互联互通交通基础设施建设目标，要明确发展的思路，真正起到带动云南产业，尤其是制造业发展的作用。“基础设施互联互通网”要突出跨省通道为重点的基础设施建设合作；突出产业对接承接合作；突出深化改革创新与交流合作；突出沿边跨境的综合性合作，推进交通物流枢纽和国际商品物流集散中心建设，为企业“走出去”、“引进来”打通物流通道。

（5）发挥云南的特殊区位优势，加快构建陆上、空中和大湄公河国际大通道。以衔接、优化和协调发展为主线，以综合运输大通道和综合交通枢纽为重点，突出抓好边境地区以及口岸的公路、铁路网建设，提高交通运输系统的整体效率。实现从“边疆”到“国际枢纽”的转变，从而更好地为云南外向型经济和产业发展的目标服务。

第一，加快推进国际运输通道建设。重点加快跨境铁路、公路的规划建设，力争更多项目开工建设，尽快形成铁路、公路相互支撑的陆路运输通道格局，畅通“两亚”通道及其辐射网络。加快机场建设，丰富和完善直航航线，拓展现代航空服务网络。

第二，加快构建综合交通运输网络。沿线各国围绕构建综合交通运输网络，加快综合运输枢纽建设，发挥枢纽节点的辐射带动作用，强化不同运输方式的衔接，协力推进交通运输服务网络化，服务沿线国家经济发展和人员往来。

第三，积极推动物流领域的国际合作。依托重要交通枢纽和产业集聚区，加快物流园区规划建设。优化通关环境，提高国际物流组织化、一体化水平。推动跨国物流信息互联共享，开展与沿线国家在物流信息化技术标准、动态数据交换、信息安全等方面的务实合作。

第四，继续扩大交通运输领域开放合作。利用 GMS、“两亚”区域、“一路一带”、孟中印缅经济走廊等国际合作机制，扩大交通运输开放，拓宽在交通基础设施建设、运输安全与管理、城市交通、现代物流等领域的国际合作。在“一带一路”战略的施行中，先行的交通基础设施互联互通，可具体化为公路、铁路、航运等领域的联通项目，给当地的基础设施建设企业创造投资机会。

第8章　云南产业发展能力：节能减排约束

能源是人类生存和发展的重要物质基础，是国民经济运行的基本动力。而工业化进程中能源消耗所产生的碳排放也对全球气候变化产生了重要影响，资源节约型和环境友好型社会建设对工业发展中的节能降耗提出了越来越高的要求，国家制定了节能降耗刚性约束政策。面对节能降耗刚性约束，一个地区能否创造性地发展能耗高的产业，降低能耗高的产业的发展比重，是一个地区产业发展能力的体现。本章从评价云南省工业行业的能耗水平基础上，划分出高能耗产业与低能耗产业，分析二者的产业发展态势和规模以上企业的经济效益，以揭示云南省适宜国家节能降耗刚性约束而发展低能耗产业的能力，并针对存在的问题提出对策建议。

8.1　相关节能减排刚性政策梳理

2007年4月国家发改委公布了《能源发展“十一五规划”》（简称《规划》）。《规划》中明确了国家对单位国内生产总值能耗指标降低实行计划管理。全国单位国内生产总值能耗指标从2005年的1.22吨标准煤/万元下降到2010年的0.98吨标准煤/万元，降幅20%左右。国家发改委对全国20%的节能目标进行了分解，制定了各地区的节能目标，该目标在得到国务院批复后正式执行。2007年9月，中国发布了《可再生能源中长期发展规划》，提出到2020年中国可再生能源将占能源消费总量的15%；在今后的一段时间内中国可再生能源发展的重点是水能、生物质能、风能和太阳能，不再增加以粮食为原料的燃料乙醇生产能力，积极发展非粮食生物液体燃料。2007 年 11 月国务院公布节能减排统计、监测及考核实施方案和办法[①]，将节能减排作为政绩考核的重要目标，实行严格问责制和“一票否决制”；完善中国能源统计工作的诸多薄弱环节，确保能耗统计数据的准确性；建立节能减排统计、监测和考核的完善体系，落实目标责任制。

2007 年，云南省先后制订实施的《云南省节能减排综合性工作方案》、《云南省人民政府关于进一步加强节能减排工作的若干意见》等 15 个节能减排文件，初步形成节能减排政策支撑体系。[②] 2011 年发布了《云南省工业和信息化委关于转发工信部开展 2011 年度重点用能行业单位产品能耗限额标准执行情况和高耗能落后机电设备（产品）淘汰情况监督检查文件的通知》（云工信节能〔2011〕604 号）。监督检查的对象为云南省范围内的、国家 22 项单位产品能耗限额标准涉及的企业。[③] 2013 年，云南省工信委组织修订云南省第一批 18 项主要工业产品能耗限额及计算方法（试行）。[④]

基于以上政策的实施，我们选取 2007 年作为国家节能降耗刚性约束政策起点，分析 2007 年以来云南工业行业中高能耗产业与低能耗产业的发展特点。

8.2 基于能源消耗的云南省工业行业分类

随着云南经济的发展，产业结构的调整，云南各产业能源消费状况也发生了

① 国务院同意发展改革委、统计局和环保总局分别会同有关部门制订的《单位 GDP 能耗统计指标体系实施方案》、《单位 GDP 能耗监测体系实施方案》、《单位 GDP 能耗考核体系实施方案》（以下称“三个方案”）和《主要污染物总量减排统计办法》、《主要污染物总量减排监测办法》、《主要污染物总量减排考核办法》（以下称“三个办法”），请结合本地区、本部门实际，认真贯彻执行。

② 制定的超限额用能加价收费政策是：对超过单位产品能耗限额标准用能的企业，以能源基准价格为基础实行加价收费。其中，超出限额标准 10% 以内的，超出部分加价 1 倍；超出限额标准 10% ~20% 的，超出部分加价 2 倍；超出限额标准 20% 以上的，超出部分加价 3 倍。“2007 年，第三产业增加值占地区生产总值比重不升反降，希望在推动经济建设的同时，更加注重第三产业的发展，加快结构的调整。”这是 2007 年国家考核组给云南的建议。

③ 监督检查的内容：（1）2010 年、2011 年上半年各企业粗钢、炭素、铁合金、铜冶炼、铅冶炼、锌冶炼、电解铝、锡冶炼、镍冶炼、锑冶炼、镁冶炼、烧碱、电石、合成氨、焦炭、黄磷、水泥、玻璃、陶瓷、铝合金、火电、铜及铜合金的单位产品或工序能耗限额标准执行情况。（2）尚在使用的国家明令淘汰的机电产品情况。

④ 于 2014 年 1 月 1 日实施。在工业领域，单位产品能耗状况能够有效反映工业生产过程能源利用水平的高低。在已开始实施的第一批 18 项工业产品能耗限额中，磷酸一铵、磷酸二铵、硫黄制酸、铜冶炼、电解铝、铅锌冶炼、锡冶炼、炼焦产品能耗指标处于国内领先水平，火力发电、平板玻璃、烧碱、电石能耗限额指标处于国内中上水平；钢铁、水泥、合成氨产品综合能耗指标处于国内中下水平。第一批 18 项工业产品能耗指标比较详见附表 8－2。

较大变化。随着第一产业产值比重的下降，能源消费所占比重也逐步下降，由 2005 年的 3.79% 下降至 2011 年的 1.77%；第二产业一直以来都是云南耗能比较集中的产业，2005 年占据了云南能源消耗总量的 74.18%，且这一比重一直都保持比较稳定；最近几年，云南第三产业发展势头迅猛，能源消耗占比也呈上升的趋势，由 2005 年的 12.19% 上升到 2012 年的 14.93%；随着节能技术的发展，生活耗能所占比重有所下降，由 2005 年的 9.85% 下降至 2011 年的 8.72%。

云南省 2005 年以来，第一产业能源消费量从 228.12 万吨标准煤减少到 2012 年的 184.68 万吨标准煤，占全省能源消费总量的比重从 3.79% 下降到 1.77%。第二产业能源消费量从 4 468.59 万吨标准煤增加到 7 780.95 万吨标准煤，比重从 74.18% 上升到 74.58%。第三产业能源消费量从 734.12 万吨标准煤增加到 1 558.6 万吨标准煤，比重从 12.19% 上升到 14.93%。城乡居民生活能源消费量从 593.14 万吨标准煤增加到 909.91 万吨标准煤，比重从 9.85% 下降到 8.72%。工业仍是全省能源消费的重点领域，工业能源消费量从 4 390.68 万吨标准煤增加到 7 591.4 万吨标准煤，比重从 72.89% 上升到 74.53% 又下降到 72.76%。

2012 年云南省终端能源消费量为 9 647.35 万吨标准煤。其中，三次产业中能源消耗比重最高的是第二产业，消费 6 994.62 万吨标准煤，占能源消耗总量的 72.50%，而第二产业的生产总值是全省生产总值的 42.87%。其次是第三产业和生活消费，分别为 1 558.60 万吨标准煤和 909.91 万吨标准煤，分别占能源消费总量的 16.16% 和 9.43%。可以看出第二产业一直是能源消费主体。

在能源消耗总量的行业构成中（见图 8－1），制造业的能源消费量最大，采矿业能源消费量次之。2012 年，制造业的能源消费达到 6 450.07 万吨标准煤，占第二产业能源消耗总量的 84.97%，其工业产值占云南省工业总产值的 81.80%。在采矿业中，黑色金属矿采选业能源消耗总量达到 128.44 万吨标准煤，比重在采矿业中最高，占第二产业能源消耗的 1.84%，其工业产值占云南省工业总产值的 5.14%。

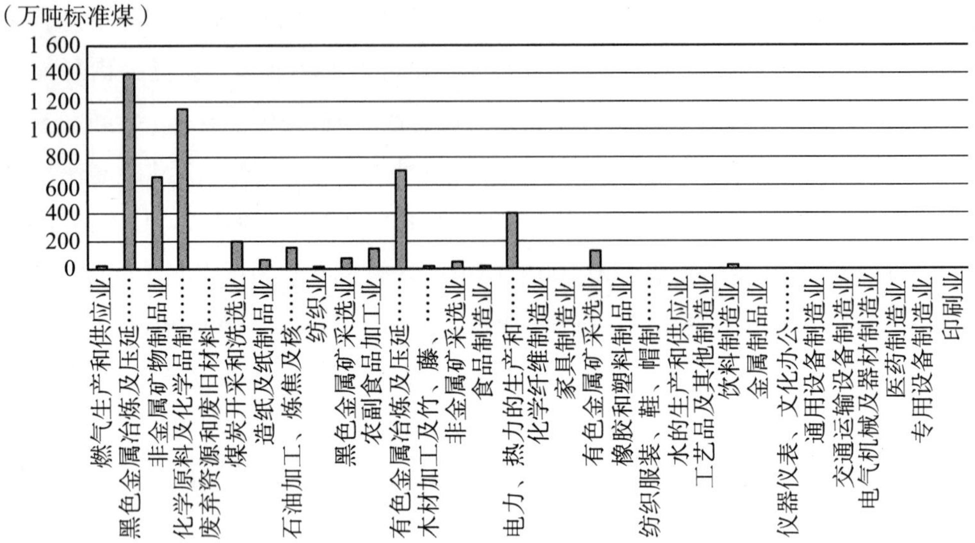

注：由于2008年数据在后续的指标中获得有障碍，因此，我们选择了节能降耗刚性政策出台（2008年）的前后年份进行对比，我们选择2007年作为出台前的基准年份，与政策出台后的2009～2012年的各指标进行对比。

图8－1　云南2007年工业部门能源消耗总量

资料来源：云南统计年鉴。

在制造业中，黑色金属冶炼及压延加工业、化学原料及化学品制造业、非金属矿物制品业以及有色金属冶炼及压延加工业的能源消耗比重较大，分别占第二产业能源消耗总量的24.16%、20.62%、15.07%、14.32%，其工业产值分别占云南省工业总产值的5.14%、6.55%、3.20%、10.86%。在电力、燃气及水的生产和供应业中，电力、蒸汽、热水的生产和供应业的能源消费总量在电力、燃气及水的生产和供应业中占绝大部分，达到750.45万吨标准煤，占第二产业能源消耗总量的10.73%，其工业产值占云南省工业总产值的10.78%。

能源消耗主要集中在工业部门，同时在工业内部，不同行业能源消耗也有较大差距。表8－1给出了云南2007年32个工业部门能源消耗和能源强度状况及排名，从能源消耗总量来看，前15位的行业依次为燃气生产和供应业、黑色金属冶炼及压延加工业、非金属矿物制品业、化学原料及化学品制造业、废弃资源和废旧材料回收加工业、煤炭开采和洗选业、造纸及纸制品业、石油加工炼焦及核燃料加工业、纺织业、黑色金属矿采选业、农副食品加工业、有色金属冶炼及压延加工业、木材加工及竹藤棕草制品业、非金属矿采选业、食品制造业，共耗能 4 650.72 万吨标准煤，占 2007 年 32 个工业行业耗能的 88.33%。其他 17 个行业的耗能加总的占比仅为 11.67%。同时，该 15 个行业能源利用率较低，能源强度较高，因此节能降耗应该首先从这 15 个行业入手，通过提高行业能源利用技术水平以及经营管理水平等提高能源利用效率，控制能源消费总量，降低能源强度。同时，分析其他低能耗行业在节能降耗政策下是否有很好的发展。

表 8-1　　云南 2007 年工业部门能源消耗总量、能源强度及排位

	国民经济行业	能源消费量	工业增加值	强度	排序
能耗高的行业	燃气生产和供应业	26.92	0.86	31.31	1
	黑色金属冶炼及压延加工业	1 403.78	76.62	18.32	2
	非金属矿物制品业	658.21	39.73	16.57	3
	化学原料及化学品制造业	1 143.41	86.49	13.22	4
	废弃资源和废旧材料回收加工业	1.74	0.18	9.64	5
	煤炭开采和洗选业	198.59	30.78	6.45	6
	造纸及纸制品业	61.36	12.4	4.95	7
	石油加工、炼焦及核燃料加工业	147.02	30.7	4.79	8
	纺织业	11.49	2.47	4.65	9
	黑色金属矿采选业	70.63	18.18	3.89	10
	农副食品加工业	138.88	37.79	3.68	11
	有色金属冶炼及压延加工业	707.62	199.54	3.55	12
	木材加工及竹藤棕草制品业	15.45	4.43	3.49	13
	非金属矿采选业	47.01	14.2	3.31	14
	食品制造业	18.61	5.84	3.19	15
能耗低的行业	电力、热力的生产和供应业	397.49	172.14	2.31	16
	化学纤维制造业	7.13	3.79	1.88	17
	家具制造业	0.13	0.07	1.86	18
	有色金属矿采选业	120.54	65.2	1.85	19
	橡胶和塑料制品业	8.97	4.97	1.8	20
	纺织服装、鞋、帽制造业	0.64	0.36	1.78	21
	水的生产和供应业	7.57	5.62	1.35	22

续表

	国民经济行业	能源消费量	工业增加值	强度	排序
能耗低的行业	工艺品及其他制造业	1. 73	1. 67	1. 03	23
	饮料制造业	26. 48	27. 89	0. 95	24
	金属制品业	3. 09	3. 8	0. 81	25
	仪器仪表文化办公用机械制造业	1. 36	1. 8	0. 75	26
	通用设备制造业	9. 87	15. 58	0. 63	27
	交通运输设备制造业	7. 44	17. 56	0. 42	28
	电气机械及器材制造业	3. 43	9. 26	0. 37	29
	医药制造业	11. 42	31. 48	0. 36	30
	专用设备制造业	4. 04	12. 92	0. 31	31
	印刷业	3. 26	16. 51	0. 2	32

资料来源：《云南省统计年鉴 2008》，由于数据缺失和产业本身的特殊原因，本章不包括石油和天然气开采业、烟草制品业、皮革毛皮羽绒及其制品业、文教体育用品制造业、橡胶和塑料制品业。

对于有色金属冶炼及压延加工业、电力热力的生产和供应业、化学原料及化学品制造业、黑色金属冶炼及压延加工业、有色金属矿采选业，虽然能源消耗总量较高，但是能源利用效率也高，能源强度低，必须通过改进生产技术促使该类产业降低能源消耗，并进一步降低能源消耗强度。纺织服装鞋帽制造业、家具制造业、仪器仪表文化办公用机械制造业不仅能源消耗总量低，能源强度也较低，是政府应该优先发展、重点发展的产业。而废弃资源和废旧材料回收加工业、燃气生产和供应业和纺织业属于工业增加值低，能源强度低，是政府应该优先调节、重点调节的产业。

如图 8 - 1 所示，在节能降耗刚性政策出台时的 2007 年，能源消耗总量中并不是所有都分布在高能耗行业中，但是高能耗行业一直处于能源消耗的绝对优势，特别是黑色金属冶炼及压延加工业、化学原料及化学品制造业、有色金属冶炼及压延加工业、非金属矿物制品业、石油加工炼焦及核燃料加工业，而低能耗行业大多数处于低能源消耗，其中有色金属冶炼及压延加工业和电力、热力的生产和供应业的能源消耗总量位居 32 个工业行业前列。

8.3　能耗高的行业组与能耗低的行业组对比分析

本章采用产业规模、产业增长、工业企业经济效益等指标对比分析能耗高的行业组与能耗低的行业组的发展态势。

8.3.1　不同能耗强度行业组的增长与结构对比

如图 8－2 所示，2007～2012 年，能耗较高的行业组年均增长 13.2%，而能耗较低的行业组年均增长 14.8%，能耗高的行业组增长速度慢于能耗低的行业组，反映出在节能降耗刚性约束政策出台后，云南省的能耗高的行业发展的确受到约束，但值得注意的是，2011 年和 2012 年，能耗高的行业组增长速度超过了能耗低的行业组，可以看出云南省的产业转型较为缓慢，适应政策变化的能力相对较弱。

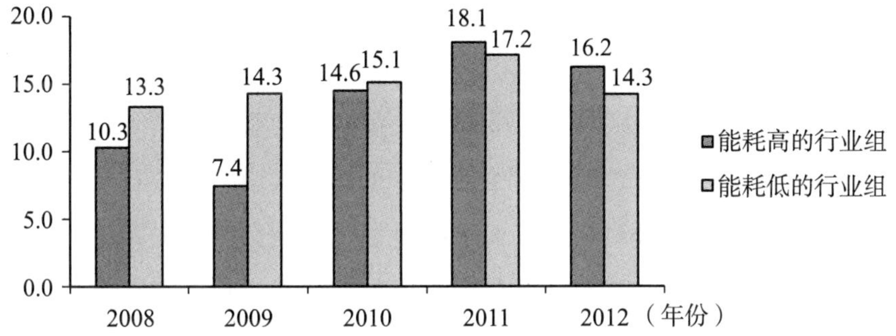

图 8－2　以 2007 年为基期高能耗和低能耗行业发展指数的变化

从结构上看，2007 年以来，云南省工业行业中能耗高的行业结构发生了一定变化，能耗高的行业增加值比重从 2007 年的 37.5% 下降为 35.9%，能耗低的行业增加值比重从 62.5% 提高到 64.1%，若扣除烟草制品业，能耗低的行业增加值比重从 41.3% 提高到 43.3%。说明节能降耗刚性约束政策发挥了一定的作用，高能耗产业得到一定的约束，而低能耗产业的地位有所提高。

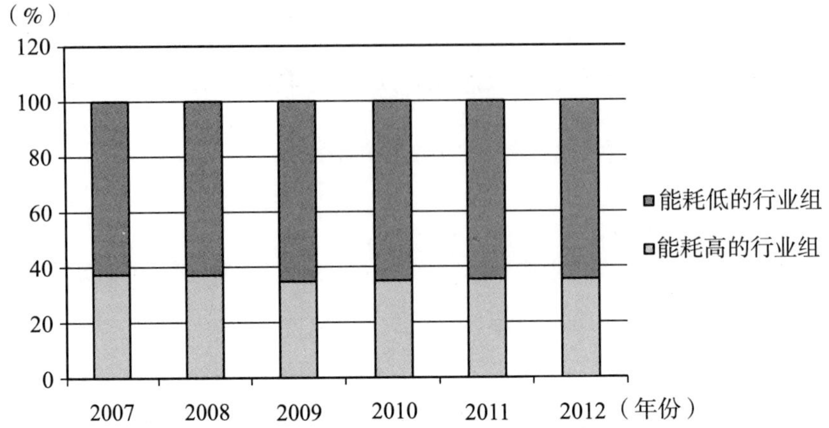

图 8－3　云南省工业行业中能耗高的行业组与能耗低的行业组增加值结构

8.3.2　不同能耗强度行业组的经济效益综合指数对比

工业经济效益综合指数是综合衡量工业经济效益各方面在数量上总体水平的一种特殊相对数，是反映工业经济运行质量的总量指标。它是以七项工业经济效益指标报告期实际数值分别除以该指标的全国标准值并乘以各自权数，加总后除以总权数求得。它可从静态水平和动态趋势上较为全面地反映工业经济效益的变化，可以考核和评价各地区、各行业乃至各企业的工业经济效益实际水平和发展变化趋势，反映整个工业经济效益状况的全貌，是一项能在宏观经济管理中作为量化目标管理的重要指标，也是目前云南省考核行业经济发展状况的构成指标之一。通过对构成工业经济效益综合指数的七项指标进一步计算分析，可以了解该地区行业的全部资产的获利能力、行业的发展能力、行业经营风险的大小、行业再生产的循环速度、行业投入生产的成本费用的经济效益、行业的生产力和劳动投入的经济效益、行业产销的衔接情况等。

如图 8－4 所示，32 个行业整体工业经济效益综合指数趋势，从 2007 年开始以较快的速度从 227.41% 降低到 2009 年的最低点 189.10%。而后到 2010 年又回升到 219.72%，之后到 2012 年一直处于较平稳的状态，但是仅有 2011 年的 32 个行业整体工业经济效益综合指数超过了 2007 年，其他年份均低于 2007 年政策出台时的经济效益综合指数。这说明，刚性政策出台后，32 个工业行业整体上是有波动但没有促进作用，与政策出台之前整体处于持平状态，并没有很好的改善整个行业的经济效益。

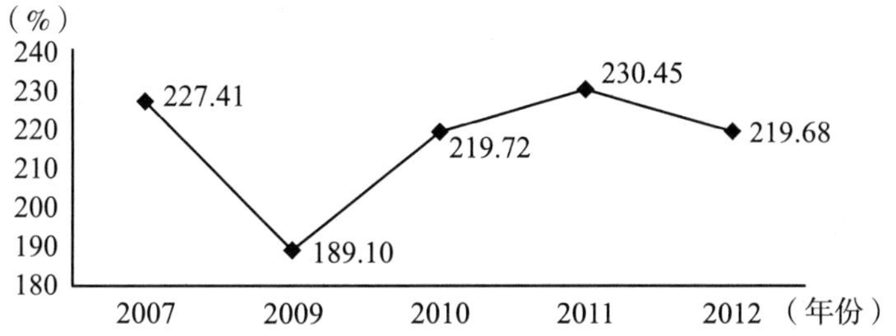

图 8-4　2007~2012 年 32 个行业整体工业经济效益综合指数趋势

从图 8-5 可以看出，在节能降耗刚性政策出台之前，2007 年低能耗的平均经济效益综合指数（227.41%）便高于高能耗行业（214.01%），而在 2009~2011 年间，高耗能行业的经济效益综合指数增加的幅度远小于低耗能增加的幅度，在此期间，两个行业间的差距越来越大。到了 2012 年低能耗行业减少的幅度大于高耗能行业减少的幅度，但在整体上，低能耗行业的经济效益综合指数仍高于高耗能行业。

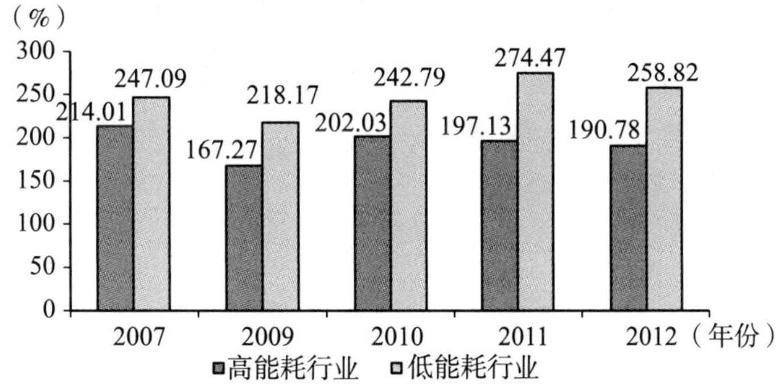

图 8-5　2007~2012 年高能耗和低能耗行业经济效益综合指数趋势

如图 8-4 和图 8-5 所示，云南省工业经济效益综合指数中化学纤维制造业是云南省工业经济发展较好的行业，仅是 2012 年化学纤维制造业经济效益综合指数为 1 072.20①，超出 2012 年平均经济效益综合指数②（219.68）4 倍多。而纺织业、木材加工及木竹藤棕草制品业和家具制造业处于偏低水平，特别是纺织业，经济效益综合指数最高的年份 2011 年也仅为 137.8，只为当年整个行业经济效益综合指数平均水平的一半。而其他行业基本持平，经济效益总体水平保持平稳没有太大波动，各行业间的差异也不会太大。而高能耗行业在中间有燃气生产和供应业和黑色金属冶炼及压延加工业两个，并且与排名前列的化学纤维制造业相差很大，几乎只有化学纤维制造业的 1/5（见图 8-6）。这说明高能耗行业整体较低，而低能耗行业虽然整体靠前，但是内部的波动比较大，不同行业的经济效益综合指数相差很大。且从 2009～2012 年各行业的指数并没有特别大的波动，也就是说与政策出台前相比，在结构上并没有较大的改变，只是在量上有了缓慢的增长。

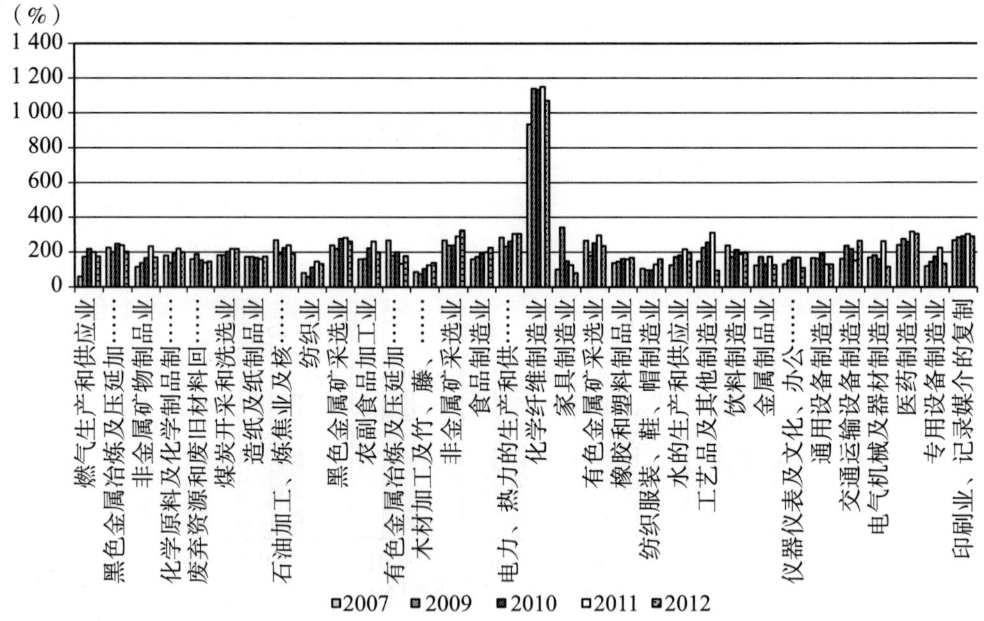

图 8-6　2007～2012 年工业行业综合经济效益指数

从构成工业经济效益综合指数的七项指标看，具体分解为：

① 对该行业 2009～2012 年各年经济效益综合指数的算数平均。

② 平均经济效益综合指数公式为 33 个行业 2009～2012 年经济效益综合指数的算数平均数。

1. 总资产贡献率

该指标全国标准值为 10.7%，2007～2012 年全行业平均值就有 2009 年的 9.76% 和 2012 年的 9.96% 略低于标准值，其余的年份都远高于标准值（见图 8－7）。而且高出的年份也仅是略高于标准值，并且均低于 2007 年的 14.28%。2009 年有短时间的下降，而后 2010 年后由迅速上升但并没有超过 2007 年的总资产贡献率，这说明云南工业行业全部资产获利能力略高于全国平均水平，属于资本密集型企业。从整个行业来看，节能降耗刚性政策使得所有行业的总资产贡献率下降甚至低于标准值。这说明节能降耗并没有改善整个行业的总资产贡献率反而有所下降。

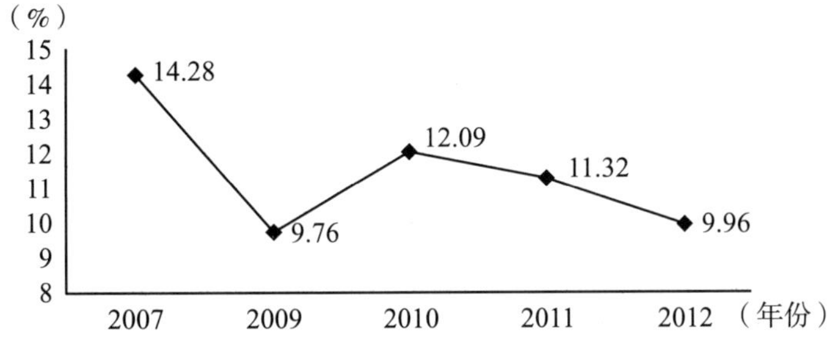

图 8－7　2007～2012 年 32 个行业整体总资产贡献率趋势

其中高耗能行业在 2007 年的平均资产贡献率是 15.05%，而 2009～2012 年又波动的降低，虽然有上升的年份（2010 年）但是仍低于 2007 年的总资产贡献率。其中 2009 年和 2012 年均略低于标准值，这说明高能耗行业的总资产贡献水平整体较低，且在节能降耗刚性政策出台后高能耗行业的资产贡献率下降。另外，低能耗行业在 2007 年的平均资产贡献率是高于标准值 13.21%，而 2009～2012 年平均资产贡献率均在标准值附近波动。这说明在节能降耗刚性政策出台后低能耗行业的资产贡献率下降。可以看出，节能降耗政策并没有使得资产贡献率在高能耗和低能耗行业间进行调节，使得总资产在高能耗和低能耗行业中的贡献率均降低。如图 8－8 所示，从趋势上看，节能降耗刚性政策后比政策前，高低耗能行业的总资产贡献率明显降低。

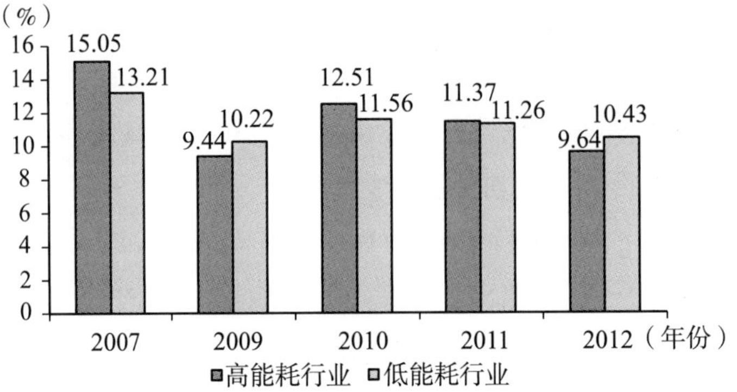

图 8-8　2007～2012 年高低能耗行业总资产贡献率对比

与 2007 年各行业总资产贡献率相比，2009～2012 年各行业总资产贡献率有整体的下降，并有一定的波动，也就是说与节能降耗刚性政策出台前相比，在结构上并没有较大的改变，只是在量上有了明显的下降。但也有个别行业在其中有较好的发展，如化学纤维制造业、印刷和记录媒介复制业、煤炭开采和洗选业、食品制造业、非金属矿采选业和废弃资源综合利用业的总资产贡献率有较大的提高。可以看出，排名前四的行业均是低能耗行业，且与排名在后的行业总资产贡献率的差距很大。15 个高耗能行业的总资产贡献率处于平均水平。而化学纤维制造仍然处于前列。而且可以看出相比 2007 年，从 2009 年开始 15 个高耗能行业的总资产贡献率是逐年下降的。而低能耗行业显示的结果有点参差不齐，但整体处于下降的趋势。这说明云南省工业行业全部资产获利能力仍处于高耗能行业，而且低能耗行业的全部资产获利能力是整体下降。

在行业分布中，节能降耗刚性政策出台后，总资产的贡献率不均匀，只有化学纤维制造业、印刷和记录媒介复制业、煤炭开采和洗选业、食品制造业、非金属矿采选业、废弃资源综合利用业、医药制造业、农副食品加工业、酒饮料和精制茶制造业、橡胶和塑料制品业、有色金属矿采选业、交通运输设备制造业、纺织服装服饰业的总资产贡献率高出标准值。高出标准值的行业不到整个工业行业的 1/2。其中高能耗行业只有煤炭开采和洗选业、食品制造业、非金属矿采选业、废弃资源综合利用业和农副食品加工业高于标准值。

2. 资本保值增值率

该指标反映行业净资产的变动情况，全国标准值为 120%，2009 年后除

2010 年（122.66%）略高于标准值外，其他的年份全行业平均值都远低于标准值，且并不稳定，只有 2007 年（144.97%）的资本保值增值率高于标准值（见图 8-9），与 2007 年各行业资本保值增值率相比，2009 ~ 2012 年各行业资本保值增值率有整体的降低。其中橡胶和塑料制造业、造纸及纸制品业以及燃气生产和供应业都超过平均水平且有所增加。由此指标可看出云南省工业行业的资本保值增值率低于全国平均水平。这说明节能降耗政策出台后对整个行业有较大的负面影响，使得整个行业的资本保值增值率下降至低于标准值。

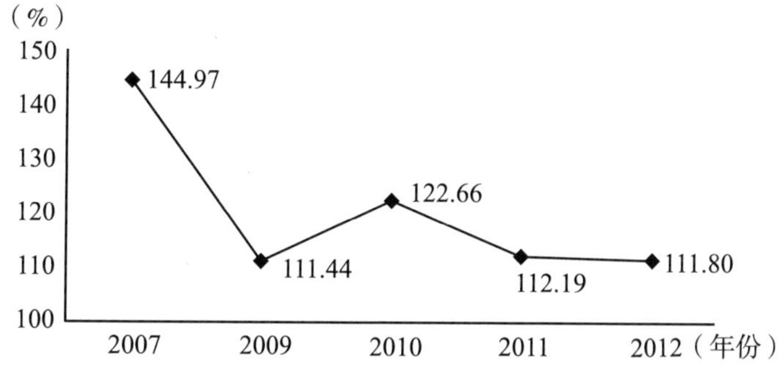

图 8-9　2007 ~ 2012 年 32 个行业整体资本保值增值率趋势

其中高耗能行业在 2007 年的平均资本保值增值率是 164.62%（见图 8-10），而 2009 ~ 2012 年平均资本保值增值率分别为 114.03%、120.39%、112.49%、111.98%。可以看出，高能耗行业的资本保值增值率越来越低，降低的幅度很大。而且只有 2010 年达到了标准值，其余年份均未达到标准值。这说明在节能降耗刚性政策出台后高能耗行业的资本保值增值率下降。另外，低能耗行业在 2007 年的平均资本保值增值率是 117.16%，而 2009 ~ 2012 年平均资本保值增值率分别是 108.61%、125.61%、111.79%、112.01%，除了 2010 年外，其余年份均低于标准值。这说明在节能降耗刚性政策出台后低能耗行业的资本保值增值率并没有太大变化，只是略有波动，但是都低于标准值。这说明节能降耗政策并没有改善高能耗行业，也没有提高低能耗行业。

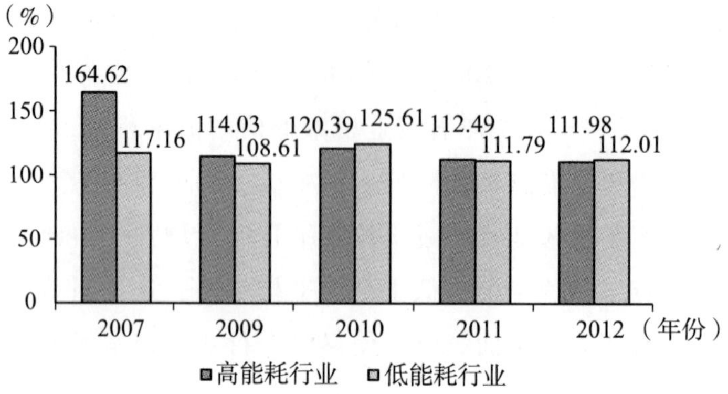

图 8－10　2007～2012 年高低能耗行业资本保值增值率对比

可以看出，节能降耗政策并未明显使资本保值增值率在高能耗和低能耗行业间进行调节，反而使得比政策前低。高能耗行业资本保值增值率的降低幅度高于低能耗行业的增加幅度。

3. 资产负债率

该指标是七项指标中唯一的逆指标，全国标准值为60%，所有样本年份全行业平均值均高于标准值，分别为 60.70%、61.90%、63.41%、66.14%、65.86%（见图 8－11）。由此指标可以看出云南省工业行业负债与全国平均水平持平，且有一定程度的上升。这说明节能降耗政策出台后使得整个行业的资产负债率上升。

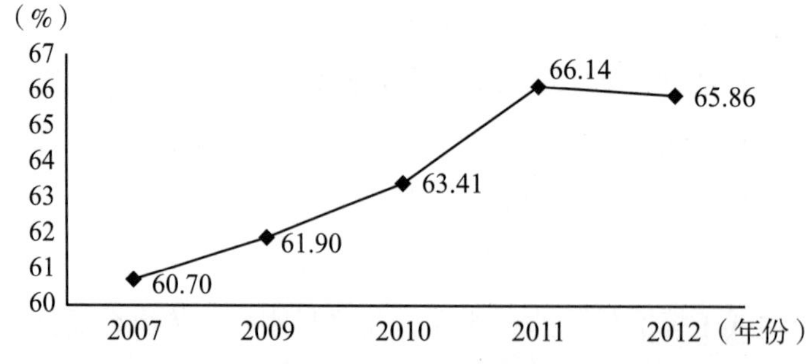

图 8－11　2007～2012 年 33 个行业整体资产负债率趋势

其中高耗能行业在 2007 年的平均资产负债率为 58.98% 接近标准值，而 2009～2012 年平均资产负债率分别为 62.53%、63.15%、67.55%、66.55%

略高于标准值。这说明在节能降耗刚性政策出台后高能耗行业的资产负债率上升。另外，低能耗行业在2007年的平均资产负债率是63.30%低于标准值，而2009~2012年平均资产负债率分别是61.36%、63.75%、64.28%、65.21%略高于标准值，且与2007年相比也略有上升。这说明在节能降耗刚性政策出台后低能耗行业的资产负债率略有波动，但没有明显变化。可以看出，从资产负债率的角度看，节能降耗政策抑制了高能耗行业但没有明显促进低能耗行业。

从图8-12看出，高耗能行业的资产负债率的增加幅度明显大于低耗能行业，特别地，化学纤维制造业的资产负债率几乎属于零增长。因此，在2008年以后节能降耗刚性政策出台后，到2012年时，两类行业的差距小于2007年二者的差距。在资产负债率水平上对高耗能行业有一定的抑制作用，对低耗能企业并没有促进作用。

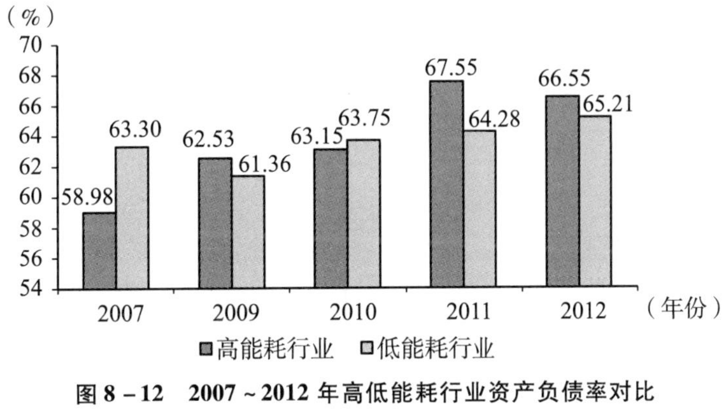

图8-12　2007~2012年高低能耗行业资产负债率对比

4. 流动资产周转率

流动资产周转率是指一定时期内流动资产的周转次数，反映企业经营状况，也反映再生产的循环速度。全国标准值为1.52次，2007~2012年全行业平均值一度超过标准值（见图8-13），分别是2.19次、1.82次、2.15次、1.87次、2.18次，但是其中也是不稳定的，有周期性的波动。说明云南省工业行业经营状况良好，流动资金周转快，资金的利用效率比较正常，但是不够稳健。

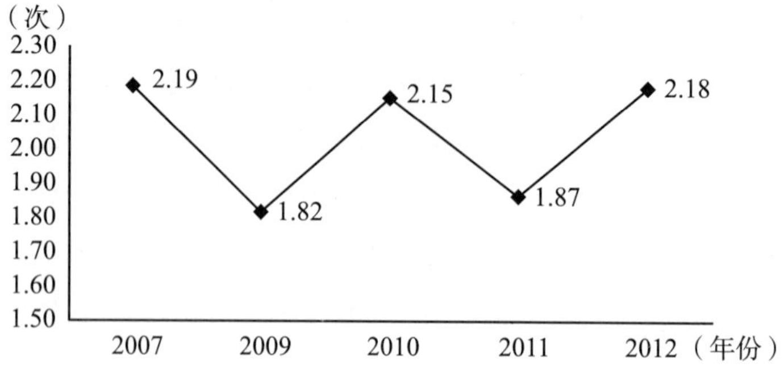

图 8－13　2007～2012 年 33 个行业整体流动资产周转率趋势

由图 8－14 得，在流动资产周转率上，高耗能行业的流动资产周转率的增加幅度明显高于低能耗行业的。其中高耗能行业在 2007 年的平均流动资产周转率是 2.19，而 2009～2012 年平均流动资产周转率分别是 1.74、2.07、1.59、1.98，虽高于标准值，但是也出现了明显的下降。这说明在节能降耗刚性政策出台后高能耗行业的流动资产周转率明显下降。

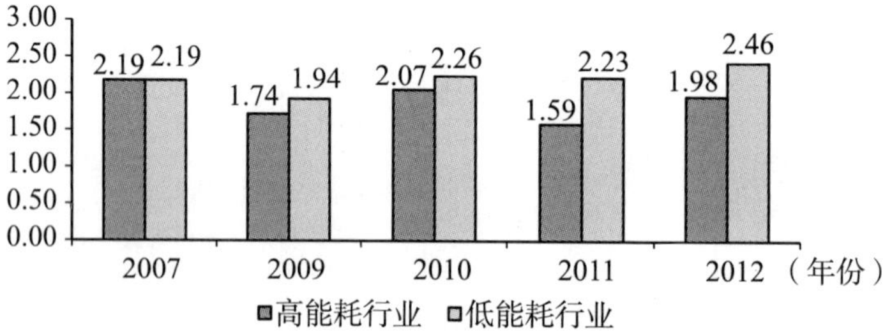

图 8－14　2007～2012 年高低能耗行业流动资产周转率对比

另外，低能耗行业在 2007 年的平均流动资产周转率是 2.19，而 2009～2012 年平均流动资产周转率分别是 1.94、2.26、2.23、2.46，在暂时降低后明显稳步的上升。这说明在节能降耗刚性政策出台后低能耗行业的流动资产周转率稳步上升。可以看出，节能降耗政策使得流动资产周转率改善，不仅使得流动资产在低能耗行业中的周转率得到改善，还降低了高能耗行业的流动资产周转率。

5. 成本费用利润率

如图 8－15 可看出，该指标反映企业投入的生产成本及费用的经济效益，也反映企业降低成本所取得的经济效益，全国标准值为 3.71%，2007～2012 年间全行业平均值都超过标准值，分别是 9.57%、7.49%、9.69%、9.21%、6.51%。可以看出，虽然仍高于标准值，但是整个行业的利润率是下降的。这说明刚性政策对于 32 个行业的整体水平有一定的抑制作用。

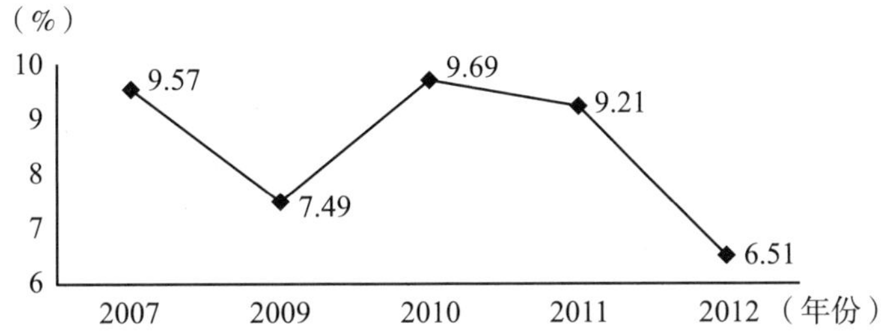

图 8－15　2007～2012 年 33 个行业整体成本费用利润率年趋势

从图 8－16 可以看出，低能耗行业的利润率明显高于高能耗行业，仅 2007 年就有 4 倍之差，之后差距越来越大，到 2012 年差距扩大到近 9 倍，这说明刚性政策抑制了高能耗行业的利润率而促进了低能耗行业的利润率，在这个层面上，政策是有效的。

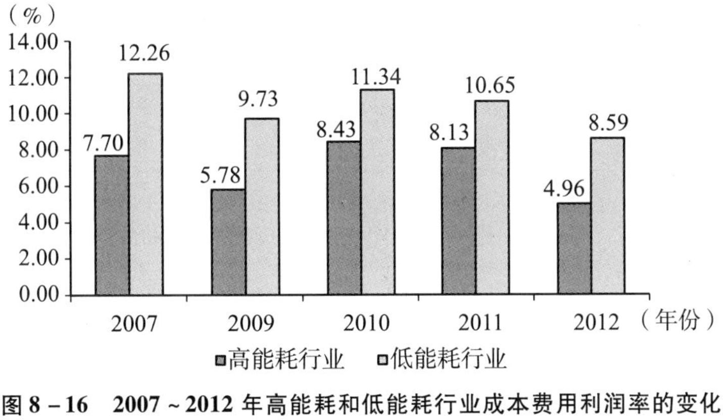

图 8－16　2007～2012 年高能耗和低能耗行业成本费用利润率的变化

其中高耗能行业在 2007 年的平均成本费用利润率是 7.70%，而 2009～2012 年平均成本费用利润率分别是 5.78%、8.43%、8.13%、4.96%，属于有波动的下降。这说明在节能降耗刚性政策出台后高能耗行业的成本费用利润率轻微下降；另外，低能耗行业在 2007 年的平均成本费用利润率是 12.26%，而 2009～

2012 年平均成本费用利润率分别是 9.73%、11.34%、10.65%、8.59%。这说明在节能降耗刚性政策出台后低能耗行业的成本费用利润率波动的下降，且下降的幅度大于高能耗行业。

可以看出，节能降耗政策虽然降低了高能耗的利润率，但是更降低了低能耗的利润率。所以节能降耗政策不仅抑制了高能耗行业，也抑制了低能耗行业的利润率。

6. 工业全员劳动生产率

该指标反映企业的生产效率和劳动投入的经济效益，全国标准值为 16 500 元/人，2007～2012 年全行业平均水平均明显高于标准值，分别是 162 304.96 元/人、142 839.90 元/人、164 464.15 元/人、195 552.56 元/人、194 160.96 元/人（见图 8－17），反映出云南省工业生产效率不错，在近几年生产中应该继续保持和超过这个水平。从时间趋势上看，2009 年迅速下降后，从 2009 年开始到 2011 年平均工业全员劳动生产率迅速上升，到 2011 年达到最大值 195 552.56 元/人，之后到 2012 年有一定程度的回落，但是与 2007 年相比，也有明显的增加。所以，在政策出台后，全行业的平均工业全员劳动生产率有明显的上升趋势。

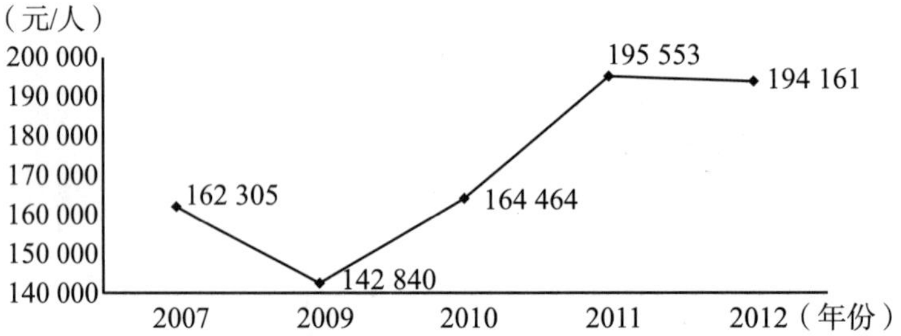

图 8－17　2007～2012 年 33 个行业整体工业全员劳动生产率趋势

其中（见图 8－18）高耗能行业在 2007 年的平均工业全员劳动生产率是 145 455.79元/人，而 2009～2012 年平均工业全员劳动生产率分别是 118 257.90 元/人、142 815.15 元/人、151 323.88 元/人、159 915.78 元/人。这说明在节能降耗刚性政策出台后一段时间高能耗行业的工业全员劳动生产率轻微下降但后来又有回升的趋势；另外，低能耗行业在 2007 年的平均工业全员劳动生产率是 186 789.53 元/人，而 2009～2012 年平均工业全员劳动生产率是 175 245.93 元/

人、192 692.55 元/人、253 974.71 元/人、240 264.95 元/人。同样低能耗行业的平均工业全员劳动生产率也有一段急速上升后又稍有回落的趋势，但是整体上，低能耗行业的工业全员劳动生产率明显上升。其中低能耗行业中化学纤维制造业政策前后工业全员劳动生产率一直处于前列，这说明在节能降耗刚性政策出台后低能耗行业的工业全员劳动生产率有很大程度上的提高，而且也在一定程度上抑制了高能耗行业的工业全员劳动生产率。

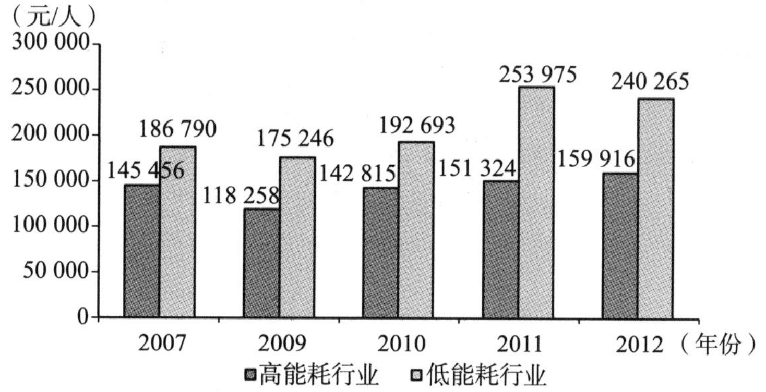

图 8-18　2007~2012 年高能耗和低能耗行业工业全员劳动生产率的变化

7. 产品销售率

该指标反映工业产品实现销售的程度，可分析产销衔接情况，全国标准值为 96%，2007~2012 年间全行业平均值仅除 2009 年（94.92%）略低于标准值外，其余年份均高于标准值，分别是 97.56%、96.69%、97.43%、95.81%（见图 8-19），但是高出的幅度并不大，反映出云南省工业行业产品销售实现程度高，产销衔接较好，在近年生产发展中，应继续保持这一发展态势。

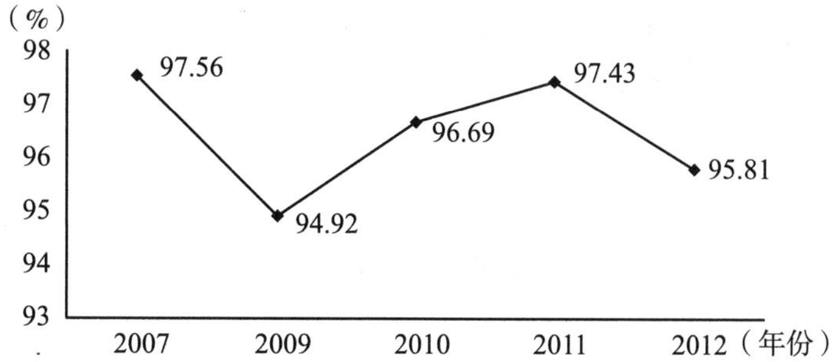

图 8-19　2007~2012 年 33 个行业整体产品销售率趋势

其中高耗能行业在2007年的平均产品销售率是98.47%，略高于标准值，而2009～2012年平均产品销售率分别是94.97%、96.30%、97.56%、96.05%，均低于标准值，且下降幅度太明显。这说明在节能降耗刚性政策出台后高能耗行业的产品销售率有一定程度的下降。

另外，低能耗行业在2007年的平均产品销售率是96.46%，而2009～2012年平均产品销售率分别是95.29%、97.20%、97.25%、95.87%。这说明在节能降耗刚性政策出台后低能耗行业的产品销售率有略微的上升。而且从图8－20可以看出，高能耗行业的产品销售率较明显，但是低能耗行业的产品销售率提升一般。这说明，节能降耗政策出台后，在明显影响高能耗行业的销售率的情况下，略微提高了低能耗产业的销售率。节能降耗刚性政策一定程度上抑制了高能耗行业的产品销售率，但却没有促进低能耗行业整体的产品销售率。

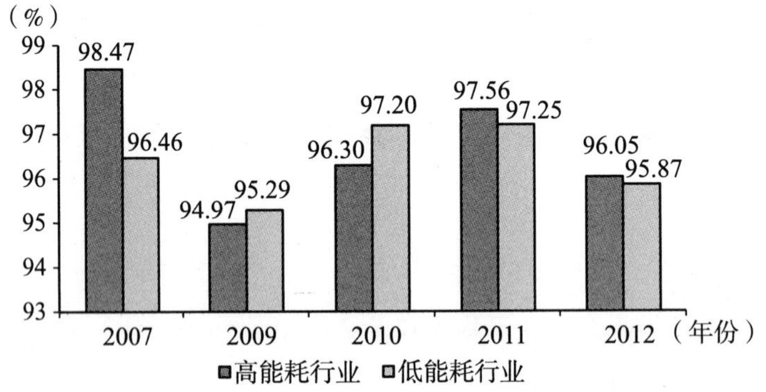

图8－20　2007～2012年高能耗和低能耗行业的产品销售率的变化

近年来，云南经济发展迅速，以有色、非矿物、化工、电力生产为代表的资源型行业形成了云南省高耗能产业群。高耗能产业群一方面占用了大量的投资及信贷资源，形成较大的产能，对云南经济贡献度较高。另一方面，较高的能耗加剧了云南的能源“瓶颈”，对云南经济的可持续发展和经济发展方式转变的制约作用也越加明显。

当前云南省高耗能行业发展面临一些困境，是节能减排的重点行业，在投资、信贷等方面受到国家宏观调控的制约，未来产能持续增长的潜力受到抑制。同时，高耗能产业作为云南工业的重点，对经济的贡献大，在云南经济增长中又发挥和承担着很大的责任。在云南省经济发展方式和产业结构短期内不能得到有效改变的前提下，高耗能行业依旧是带动云南经济发展的重要支柱，并将继续发挥促进经济增长的主要作用，这要求高耗能行业在未来保持一定的发展速度。为此，更好发展云南省高耗能产业的着力点必然是对现有高耗能行业进行积极调整，在确保高耗能行业企业节能减排水平不断提高的前提下，实现高能耗行业在能耗、效益、产值方面的更好平衡，更好地发挥部分行业能耗、效益、产值比较优势明显的特点，重点压缩云南省能耗、效益、产值比值较低的高能耗行业，确保重点行业投资和信贷资金，保障能耗、效益、产值比较高的高能耗行业的技术改造，积极开展高耗能行业的结构调整。

8.4 对策建议

8.4.1 继续深入推进高耗能企业节能减排工作

云南省高耗能企业要坚定不移地加强节能减排的工作，保持云南省高耗能产品单位能耗持续下降，单位GDP能耗逐年下降。为此，要继续加强和认真贯彻省委、省政府制定的《云南省节能减排综合性工作方案》、《云南省人民政府关于进一步加强节能减排工作的若干意见》等文件，发挥节能减排政策的执行力度。二是加大对重点高耗能行业的技术改造，从严控制新建、扩建、改造高耗能、高污染项目。对于效益突出、竞争力强的高耗能行业的技术改造，通过资金和项目重点保障企业形成持续的环保投资。三是通过加大淘汰落后产能，尤其是对于小规模的水泥、黄磷、焦炭等高能耗、高污染的落后生产能力坚决关停。

8.4.2 落实信贷政策，促进高耗能行业的产业结构与信贷结构调整与优化升级

金融机构要严格按照国家环保总局、人民银行、银监会联合下发的《关于

落实环保政策法规防范信贷风险的意见》精神，对不符合产业发展规划和节能环保政策的企业停止信贷支持，逐步实现行业退出。同时，加强信贷政策与产业政策的协调配合，加大对云南省能耗、效益、产值比较优势明显的高耗能行业的技术改造和环保投资的信贷支持力度，通过优化信贷投向，促进资源优化配置，促进云南省经济结构战略调整和经济增长方式的转变。

8.4.3 发挥耗能行业的能耗、效益、产值比较优势，重点保障有色和电力行业投资增长

对于有色金属冶炼及压延加工业要在继续推进节能减排的同时，加大对高新技术的运用，通过提高能源利用效率和深加工能力，扩大和延长有色行业的产业链条，充分利用云南省有色资源，提高有色行业盈利能力和行业竞争力。对于电力热力生产及供应业应该重点加大投资力度，在淘汰落后小火电生产能力的同时，提升大火电机组的技术水平，并重点保证云南省重点水电项目的投资开发力度，通过加大投资、扩大产能、提高技术含量，确保云南省经济发展中的电力、水的生产供应的扩大，缓解经济生产的“瓶颈”。

8.4.4 继续发展第一产业，提高该产业生产技术，降低能源消耗

农业是三次产业中能源消耗强度最低的产业，同时，云南农业以其15.87%的产值比重支撑着59.40%的就业人口，因此，在能源硬约束下，必须巩固和支持农业的地位作用，优化农业内部结构，通过提高农业生产技术进一步降低能源消耗。

1. 大力发展林业和牧业

2012年，在全国31个省市中，云南农业比重居全国第19位，林业比重排序居全国第2位，牧业比重排序居全国第10位，渔业排序居全国第20位。根据比较优势原理，云南应该大力发展林业与牧业。重点提升林业发展的经济效益，进一步提高林业在第一产业中的比重，增加农民就业，促进农民增收，保障国家

木材、粮油安全；充分发挥林业在吸收二氧化碳中的作用，减缓气候变化，保障气候和能源安全。利用云南特有的气候条件与自然资源，在巩固生猪生产的基础上大力发展牛羊肉等草食性畜牧业，积极发展特种养殖业，加快牧业由传统型向现代生态型牧业转变。

2. 提高农业科技含量，实施农业产业化

加大对农业科研的投入，并适时地引进农业技术，将农业科技成果转化为现实生产力，推广成熟实用的农业技术，促进农业现代化。同时有序引导第一产业剩余劳动力人口向非农产业转移，扩大农业生产规模，创新农业生产的管理模式，以市场为导向发展优势农业，实施农业产业化经营。

8.4.5　提升技术水平，降低第二产业能源消费

1. 引进新技术，通过技术改造带动各产业的节能降耗工作，特别是重点行业能源效率的提高

目前，云南能源利用效率虽然取得了一定进展，但是与中国发达城市相比还有较大差距。2011 年北京万元地区生产总值能耗仅为 0.459，而云南为 1.162，能源综合利用效率比北京低一倍多，甚至比全国平均水平高 0.425。因此，云南今后节能工作的重要任务是促进节能技术的发展，通过引进新技术，提高节能减排的效果，特别是采矿业、化学工业、金属冶炼及压延加工业、电力的生产及加工业等资源型重点行业能源效率的提高。

2. 大力发展高端制造业，适当限制高能耗资源型产业发展

通用专用设备制造业、交通运输设备制造业、电气机械及器材制造业、通信设备计算机及电子设备制造业、仪器仪表及文化办公用机械制造业、工艺品及其他制造业能耗低，且能源利用效率高，大力发展上述产业对于云南顺利完成“十二五”能源规划目标具有重大意义。

非金属采矿业、金属冶炼及压延加工业、化学工业、电力、热力的生产与供应业均属于资源型产业，虽然能耗较高，但是在云南社会经济发展中占据着举足轻重的地位。在适当限制发展的同时必须对上述产业进行大力改造，通过整合资源，实施大企业兼并小企业政策，发挥大企业技术优势与聚集经济效应，同时将

信息化和数字化与传统资源型产业相结合，提高产品附加值，延长产业链条。

8.4.6 大力发展第三产业和新能源产业

第三产业一般均为能源消耗较少产业，随着第三产业在地区生产总值中比重的提高，能源消耗将减少，利用效率将提高；大力发展新能源产业，有利于逐步降低经济增长对传统能源的依赖。

1. 加快云南城市化进程，以城市化带动云南第三产业发展

城市是第三产业发展的载体，在城市化的不同阶段，城市化对第三产业的带动作用不同。城市化初期阶段，城市发展水平有限，城市化对第三产业带动作用并不明显；城市化中级阶段，城市的加速发展使城市基础设施和其他配套服务不断完善，为企业带来了巨大的要素聚集效应、外部经济效应，大量企业在城市聚集，带动了第三产业的发展。城市化高级阶段，城市进一步发展，居民收入水平大幅度提高，这就对高端城市服务业产生了极大的需求，城市金融、保险等新兴服务业开始快速发展，推动了第三产业的升级。有序推动城市化进程，不仅能有效带动第三产业的发展，而且能使第三产业内部结构得到优化。

2. 充分利用云南旅游资源，以旅游业为龙头带动整个第三产业的发展

旅游产业是一个关联性很强的产业，旅游产业的发展不仅能够满足人们的需求，而且能够带来众多相关产业的发展。云南具有丰富的旅游资源，有绚丽多姿的自然风光、古朴浓郁的民族风情、四季如春的自然气候等，吸引了大量国内外游客。2012 年云南旅游业实现总收入 1 702.54 亿元，占云南地区生产总值的 16.52%，据统计，旅游收入每增加 1 元，将带动相关行业增收 4.3 元。必须通过加强旅游基础设施建设，大力整治和规范旅游市场秩序，提升旅游服务质量、创新旅游管理体制机制，积极推进旅游法规和标准化建设，强化旅游业从业人员教育培训，努力提升旅游产业素质，整合旅游资源，加大宣传力度，推动云南旅游业跨越式发展。

3. 大力发展新能源产业，逐步降低经济增长对传统能源的依赖

新能源是指相对于传统能源而言以新技术为基础，已经开发但尚未大规模使用，或正在研究试验但是尚需进一步开发的能源。新能源产业是指包括新能源技术和产品的科研、实验、推广、应用及其生产、经营活动，它是将太阳能、地热能、风能、海洋能等非传统能源实现产业化的一种高新技术产业。云南拥有丰富的新能源资源，特别是太阳能资源，仅次于西藏、青海、内蒙古等省区，全省年日照时数在 1 000 ~2 800 小时之间，年太阳总辐射量每平方厘米在 90 ~ 150 千卡之间。省内多数地区的日照时数为 2 100 ~ 2 300 小时，年太阳总辐射量每平方厘米为 120 ~ 130 千卡，具有较好的开发前景。但是目前，云南经济增长方式仍为粗放式增长，经济发展对传统能源仍有巨大需求，粗放式经济发展方式对云南经济的发展形成了巨大“瓶颈”。在此背景下，发展云南新能源产业，优化云南能源消费结构，不仅可以逐步降低经济增长对传统能源的依赖程度，而且能减轻云南经济发展的能源成本和环境成本，实现经济的可持续发展。

附表 8－1　　22 项国家强制性能耗限额标准

序号	标准名称	标准编号
1	粗钢生产主要工序单位产品能源消耗限额	GB21256－2007
2	焦炭单位产品能源消耗限额	GB21342－2008
3	铁合金单位产品能源消耗限额	GB21341－2008
4	炭素单位产品能源消耗限额	GB21370－2008
5	水泥单位产品能源消耗限额	GB16780－2007
6	建筑卫生陶瓷单位产品能源消耗限额	GB21252－2007
7	平板玻璃单位产品能源消耗限额	GB21340－2008
8	烧碱单位产品能源消耗限额	GB21257－2007
9	电石单位产品能源消耗限额	GB21343－2008
10	合成氨单位产品能源消耗限额	GB21344－2008
11	黄磷单位产品能源消耗限额	GB21345－2008
12	铜冶炼企业单位产品能源消耗限额	GB21248－2007
13	锌冶炼企业单位产品能源消耗限额	GB21249－2007
14	铅冶炼企业单位产品能源消耗限额	GB21250－2007
15	镍冶炼企业单位产品能源消耗限额	GB21251－2007
16	电解铝企业单位产品能源消耗限额	GB21346－2008
17	镁冶炼企业单位产品能源消耗限额	GB21347－2008
18	锡冶炼企业单位产品能源消耗限额	GB21348－2008
19	锑冶炼企业单位产品能源消耗限额	GB21349－2008
20	铜及铜合金管材单位产品能源消耗限额	GB21350－2008
21	铝合金建筑型材单位产品能源消耗限额	GB21351－2008
22	常规燃煤发电机组单位产品能源消耗限额	GB21258－2007

附表 8－2　　　　第一批 18 项工业产品能耗指标比较

序号	名称			云南限额		国家标杆指标	云南标杆值（2012 年）	备注
				限定值	先进值			
1	粗钢	烧结工序 kgce/t		≤55	≤47	39.25（2011 年）	55	
		高炉工序 kgce/t		≤440	≤380	364.5（2011 年）	398	
		转炉工序 kgce/t		≤－4	≤－20	－22.09（2011 年）	－13.9	
		电炉工序（普钢）kgce/t		≤92	≤88	—	—	
2	铁合金	综合能耗 kgce/t	硅铁	≤1 980	≤1 850	—	—	
			电炉锰铁	≤840	≤790	—	—	
			锰硅合金	≤1 030	≤950	—	—	
		冶炼电耗 kW·h/t	硅铁	≤8 800	≤8 300	—	—	
			电炉锰铁	≤3 200	≤2 800	—	3 333	
			锰硅合金	≤4 500	≤4 000	—	4 505	
3	焦炭	配备干熄焦 kgce/t		≤120	≤115	86（2011 年）	87	
		未配干熄焦 kgce/t		≤135	≤115			
4	火力发电	超临界 600MW 机组 gce/kW·h		≤310	≤300	296.2（2012 年）	323	云南标杆值为实际统计数据
		亚临界	300MW 机组 gce/kW·h	≤330	≤325	319.42（2012 年）	324	
			600MW 机组 gce/kW·h	≤320	≤317	307.6（2012 年）	321	
5	平板玻璃	＞500t/d、≤800t/dkgce/重量箱		≤15.5	≤14.5	15.3（2011 年）	13.7	
		＞800t/dkgce/重量箱		≤15	≤13.5			
6	水泥	可比熟料综合煤耗 kgce/t		≤110	≤103	105（2010 年）	94	云南标杆值为可比数据
		可比熟料综合电耗 kWh/t		≤64	≤56	57（2010 年）	57	

续表

序号	名称			云南限额 限定值	云南限额 先进值	国家标杆指标	云南标杆值（2012 年）	备注
6	水泥	可比水泥综合电耗 kWh/t	无外购熟料	≤90	≤85	90（2010 年）	—	云南标杆值为可比数据
			外购熟料	≤40	≤32			
		可比熟料综合能耗 kgce/t		≤118	≤110	111（2010 年）	101	
		可比水泥综合能耗 kgce/t	无外购熟料	≤98	≤88	88（可比）（2010 年）	—	
			外购熟料	≤8	≤7			
7	烧碱	综合能耗 kgce/t	≥30. 0%	≤350	≤330	315（2012 年）	325	
			≥45. 0%	≤490	≤430	—	—	
			≥98. 0%	≤750	≤630	—	—	
		交流电耗 kW · h/t	≥30. 0%	≤2 340	≤2 300	2 234（2012 年）	2 150	
			≥45. 0%	≤2 340	≤2 300			
			≥98. 0%	≤2 340	≤2 300			
8	电石	综合能耗 kgce/t		≤1. 04	≤1. 00	0. 859（2012 年）	0. 89	
		电炉电耗 kW · h/t		≤3 350	≤3 050	3 079（2012 年）	3 150	
9	合成氨	非优质无烟块煤、焦炭、型煤 kgce/t		≤1 650	≤1 550	1 406（2012 年）	1 284	
		非优质无烟煤（粉煤）kgce/t		≤1 750	≤1 650		1 695	
		褐煤 kgce/t		≤1 950	≤1 800		1 780	
		天然气 kgce/t		≤1 250	≤1 150	1 037（2012 年）	1 148	

续表

序号	名称			云南限额		国家标杆指标	云南标杆值（2012 年）	备注
				限定值	先进值			
10	黄磷	烧结工序	综合能耗 $tce/t_{烧结矿}$	≤0.08	≤0.06	—	—	国家标杆企业第二：云南晋宁黄磷（2.542tce/t，12 762kW·h/t）；第三：云南宣威磷电（2.608tce/t，13 438kW·h/t）
			综合电耗 $kW·h/t_{烧结矿}$	≤105	≤60	—	—	
		黄磷工序	综合能耗 tce/t	≤3.20	≤3.00	2.542（2012 年）	2.542	
			综合电耗 kW·h/t	≤13 900	≤13 200	—	13 133	
			电炉电耗 kW·h/t	≤13 700	≤12 900	12 775（2012 年）	12 583	
11	磷酸一铵	传统法 kgce/t	粒状	≤300	≤280	210（2012 年）	349	国家标杆企业（传统法）第二：弘祥化工（236 kgce/t）；第三：云天化三环（263kgce/t）
			粉状	≤250	≤225		223	
		料浆法 kgce/t	粉状	≤190	≤170	204（2012 年）	136	
12	磷酸二铵	传统法 kgce/t	粒状	≤285	≤256	256（2012 年）	256	国家标杆企业第一：云天化富瑞（国家标杆指标）；第二：三环中化化肥（258kgce/t）
13	工业硫酸	硫黄制酸	综合能耗 kgce/t	≤-150	≤-180	-191（2012 年）	-184	（硫黄制酸）国家标杆企业第三：云天化红磷（-184kgce/t，32kW·h/t）
			吨酸电耗 kW·h/t	≤70	≤60	69（2012 年）	32	
		硫铁矿制酸	综合能耗 kgce/t	≤-120	≤-135	-142（2012 年）	—	
			吨酸电耗 kW·h/t	≤120	≤110	129（2012 年）	—	

续表

<table>
<tr><th rowspan="2">序号</th><th rowspan="2" colspan="2">名称</th><th colspan="2">云南限额</th><th rowspan="2">国家标杆指标</th><th rowspan="2">云南标杆值（2012 年）</th><th rowspan="2">备注</th></tr>
<tr><th>限定值</th><th>先进值</th></tr>
<tr><td rowspan="4">14</td><td rowspan="4">铜冶炼</td><td>铜精矿 - 粗铜 kgce/t</td><td>≤280</td><td>≤150</td><td>—</td><td>162</td><td rowspan="4">国家标杆企业第一：云铜集团</td></tr>
<tr><td>铜精矿 - 阳极铜 kgce/t</td><td>≤320</td><td>≤180</td><td>—</td><td>227</td></tr>
<tr><td>铜精矿 - 阴极铜 kgce/t</td><td>≤330</td><td>≤270</td><td>326. 85（2011 年）</td><td>319</td></tr>
<tr><td>杂铜 - 粗铜 kgce/t</td><td>≤220</td><td>≤190</td><td>—</td><td>—</td></tr>
<tr><td rowspan="4">15</td><td rowspan="4">电解铝</td><td>铝液交流电耗 kW · h/t</td><td>≤13 250</td><td>≤12 650</td><td>13 212（2011 年）</td><td>13 046</td><td rowspan="4">国家标杆企业第一：云铝股份</td></tr>
<tr><td>铝锭综合交流电耗 kW · h/t</td><td>≤13 550</td><td>≤13 100</td><td>13 403（2011 年）</td><td>13 222</td></tr>
<tr><td>重熔用铝锭综合能源单耗 tce/t</td><td>≤1. 700</td><td>≤1. 610</td><td>—</td><td>1. 69</td></tr>
<tr><td>铝液综合交流电耗 kW · h/t</td><td>≤13 500</td><td>≤13 050</td><td>—</td><td>—</td></tr>
<tr><td rowspan="2">16</td><td rowspan="2">铅冶炼</td><td>粗铅工艺 kgce/t</td><td>≤300</td><td>≤215</td><td>—</td><td>274</td><td rowspan="2">国家标杆企业第二：驰宏锌锗（412. 98kgce/t）</td></tr>
<tr><td>铅冶炼工艺 kgce/t</td><td>≤450</td><td>≤300</td><td>360. 84（2011 年）</td><td>454</td></tr>
<tr><td rowspan="3">17</td><td rowspan="3">锌冶炼</td><td>精矿 - 电锌锌锭（有浸出渣处理）kgce/t</td><td>≤1 250</td><td>≤1 100</td><td>754（2011 年）</td><td>700</td><td rowspan="3"></td></tr>
<tr><td>精矿 - 电锌锌锭（无浸出渣处理）kgce/t</td><td>≤950</td><td>≤850</td><td>—</td><td>—</td></tr>
<tr><td>氧化锌精矿 - 电锌锌锭 kgce/t</td><td>≤900</td><td>≤850</td><td>—</td><td>—</td></tr>
<tr><td rowspan="5">18</td><td rowspan="5">锡冶炼</td><td>炼前处理工序 kgce/t</td><td>≤50</td><td>≤35</td><td>—</td><td>42</td><td rowspan="5">云南标杆值达到国际先进水平</td></tr>
<tr><td>熔炼工序 kgce/t</td><td>≤500</td><td>≤300</td><td>—</td><td>306</td></tr>
<tr><td>精炼工序 kgce/t</td><td>≤200</td><td>≤100</td><td>—</td><td>78</td></tr>
<tr><td>炼渣工序 kgce/t</td><td>≤500</td><td>≤300</td><td>—</td><td>259</td></tr>
<tr><td>锡冶炼工艺能耗 kgce/t</td><td>≤1 800</td><td>≤1 500</td><td>—</td><td>1 420</td></tr>
</table>

注：云南省标杆值采用能耗限额编制调查数据。

第9章　云南产业发展能力：环境影响控制

能否适应国家产业导向与产业政策的调整而自发调整、转换、升级一个地区的产业，可以反映一个地区产业发展能力的强弱。随着我国工业化进程的深化，传统工业发展对环境的影响不断加深，我国不断强化了工业发展的环境影响控制，已经形成了刚性的环境影响控制政策。在这样的政策背景下，云南省的工业行业中高排放行业与低排放行业的发展变化能够反映云南产业适应国家政策调整的能力。

我国控制工业对环境影响的政策起步于1973年颁布的《工业“三废”排放试行标准》，对工业“三废”的排放量、排放浓度等制定详细规定：根据对人体的危害程度，并考虑到我国现实情况，暂订十三类有害物质的排放标准——凡排放上述有害物质，其排出口处的排放量（或浓度）不得超过规定标准；废渣要最大程度利用，要尽量少占农田、不占良田，有毒废渣要严格控制。1997年，出台了《污水综合排放标准》，分年限规定了69种水污染物最高允许排放浓度及部分行业最高允许排水量。2005年，国家出台了《国务院关于落实科学发展观加强环境保护的决定》，细化了防治各种环境污染的标准，特别是对污水、废气的排放规定了较为刚性的标准。随着我国越来越多的城市进入到严重的雾霾天气，云南省能否在工业化进程中继续保持“蓝天白云”的状态，取决于目前的产业结构调整能否加快低排放行业的发展而控制高排放行业的发展。

2007年，云南省颁布《云南省人民政府关于进一步加强节能减排工作的若干意见》，对全省万元GDP能耗、全省化学需氧量（COD）、二氧化硫（SO_2）排放总量、城市污水处理、工业固体废物综合利用等进行了严格控制，明确了排放削减目标，对工业企业生产的环境影响形成了刚性约束。

本章通过收集整理中国统计年鉴（2008～2013 年）、中国环境统计年鉴（2008～2013 年）、中国环境统计年报（2008～2011 年）、云南省统计年鉴（2008～2013 年）中的数据，根据产业属性，划分出高排放行业和低排放行业，分析云南省的产业适应这种环境影响控制政策的能力。

9.1 基于环境影响的高排放与低排放行业划分

根据中国环境统计年鉴提供的数据，本章将 38 个工业行业划分为高排放、低排放行业。具体划分方法：首先将 2004～2012 年每个行业每年的“三废”排放量（废水及废水中的污染物排放量、废气及废气中污染物排放量、废渣的产生量）进行加总；其次根据“三废”及其主要污染物分组对 38 个行业进行排序；再次提取每组中位于前 10 位的行业；最后结合云南省实际情况，对每组高排放的前 10 个行业进行整合，得到行业中“三废”排放最大的前 10 个行业，将这 10 个行业作为高排放行业，将剩余的 28 个行业作为低排放行业。

9.1.1 废水排放以造纸、化工、纺织等行业为主

就行业废水排放总体情况而言，2004～2012 年 38 个行业各自行业 9 年的废水排放量位于前十位的是（见图 9－1）：造纸及纸制品业，化学原料和化学制品制造业，纺织业，电力、热力生产和供应业，黑色金属冶炼及压延加工业，农副食品加工业，煤炭开采和洗选业，石油加工、炼焦和核燃料加工业，酒、饮料和精制茶制造业，食品制造业。该 10 个行业的废水排放总量为 1 464 亿吨，占全行业排放量的 78%；而剩余的 28 个行业排放量为 404 亿吨，占全行业排放量的 22%（见图 9－2）。

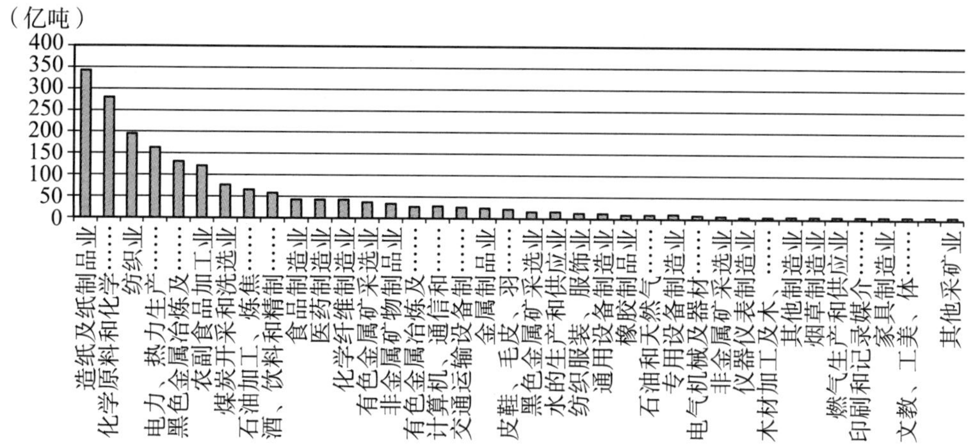

图 9－1　全国各行业废水排放排名

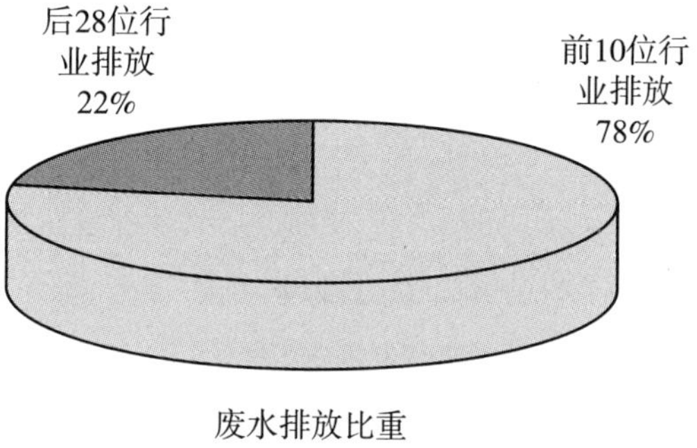

图 9－2　全国高、低排放行业的废水排放比重

就行业废水中化学需氧量排放情况而言（见图 9－3），2004～2012 年 38 个行业各自行业 9 年的化学需氧量排放量位于前十位的是：造纸及纸制品业，农副食品加工业，化学原料和化学制品制造业，纺织业，酒、饮料和精制茶制造业，食品制造业，黑色金属冶炼及压延加工业，化学纤维制造业，医药制造业，煤炭开采和洗选业。该 10 个行业的化学需氧量排放总量为 2 992 万吨，占全行业排放量的 85%；而剩余的 28 个行业化学需氧量排放量为 533 万吨，占全行业排放量的 15%（见图 9－4）。

就行业废水中氨氮排放情况而言（见图 9－5），2004～2012 年 38 个行业各自行业 9 年的氨氮排放量位于前十位的是：化学原料和化学制品制造业，造纸及纸制品业，农副食品加工业，纺织业，食品制造业，石油加工、炼焦和核燃料加工业，黑色金属冶炼及压延加工业，有色金属冶炼及压延加工业，酒、饮料和精制茶制造业，医药制造业。该 10 个行业的氨氮排放总量为 2 341 千吨，占全行

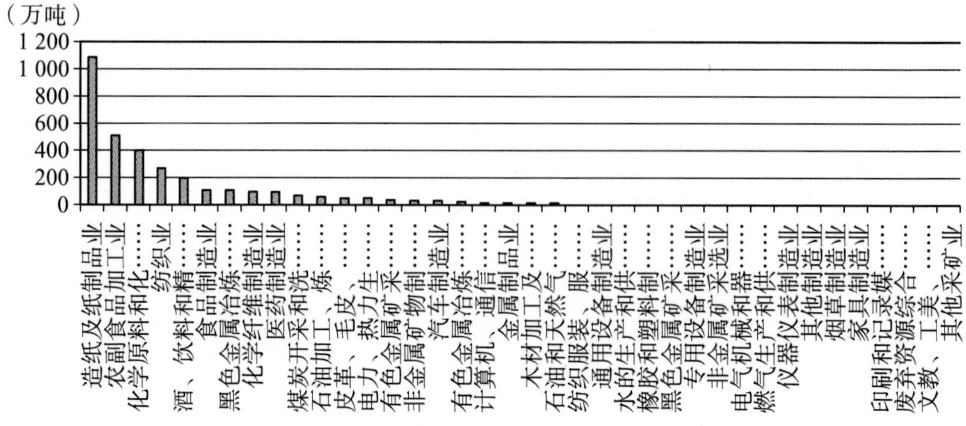

图 9－3　全国各行业化学需氧量排放排名

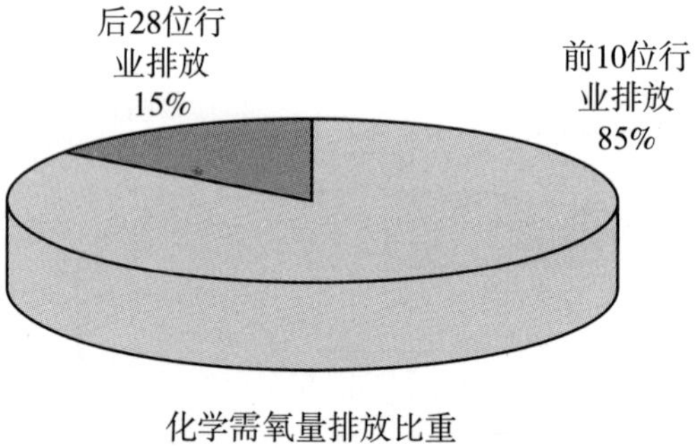

图 9－4　全国高、低排放行业化学需氧排放比重

业排放量的 87%；而剩余的 28 个行业的氨氮排放量为 356 千吨，占全行业排放量的 13%（见图 9－6）。

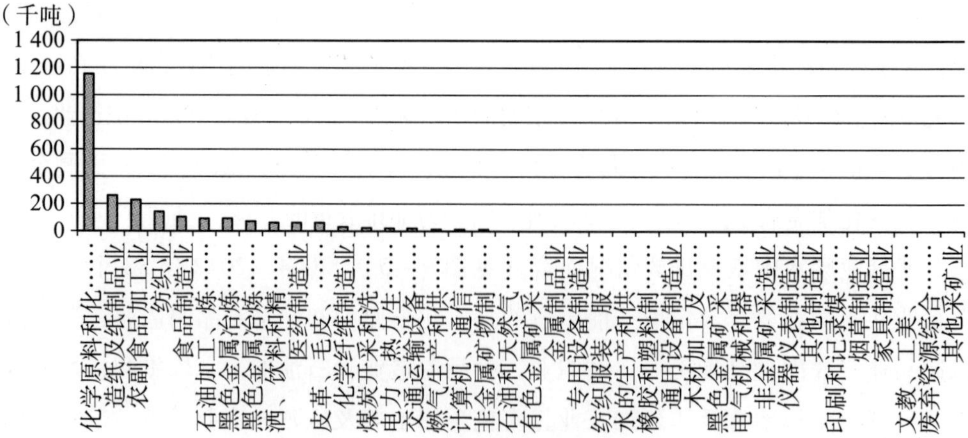

图 9－5　全国各行业氨氮排放排名

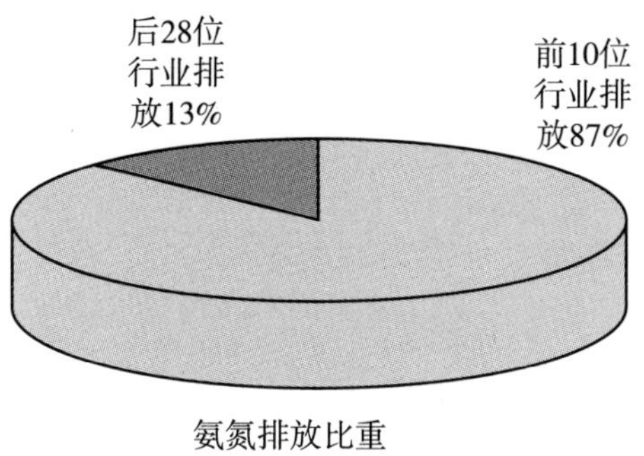

图 9－6　全国高、低排放行业氨氮排放比重

9.1.2　废气排放以电力热力业、矿产资源加工业等为主

就行业废气排放总体而言（见图 9－7），2004～2012 年 38 个行业各自行业 9 年的废气排放量位于前十位的是：电力、热力生产和供应业，黑色金属冶炼及压延加工业，非金属矿物制品业，化学原料和化学制品制造业，有色金属冶炼及压延加工业，石油加工、炼焦和核燃料加工业，造纸及纸制品业，交通运输设备制造业，计算机、通信和其他电子设备制造业，农副食品加工业。该 10 个行业的废气排放总量为 3 593 千亿标立方米，占全行业排放量的 93%；而剩余的 28 个行业的废气排放量为 290 千亿标立方米，占全行业排放量的 7%（见图9－8）。

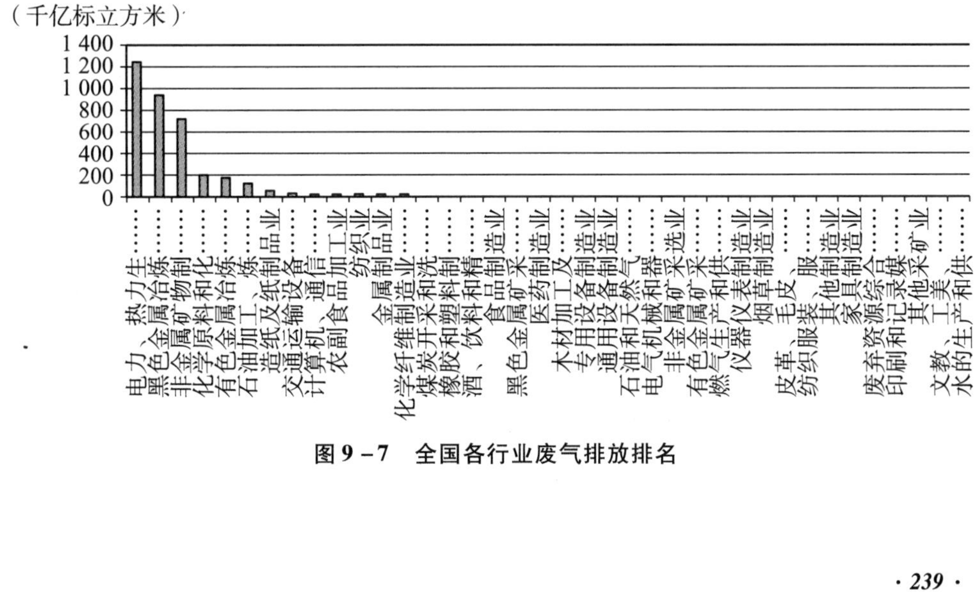

图 9－7　全国各行业废气排放排名

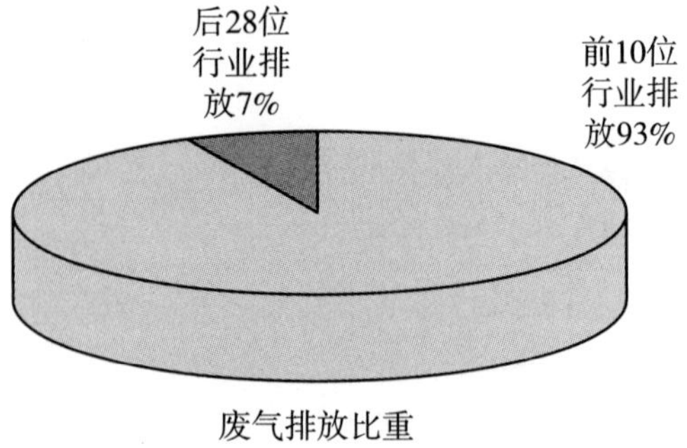

图9－8　全国高、低排放行业废气排放比重

就行业废气中二氧化硫排放情况而言（见图9－9），2004～2012年38个行业各自行业9年的二氧化硫排放量位于前10位的是：电力、热力的生产和供应业，非金属矿物制品业，黑色金属冶炼及压延加工业，化学原料及化学制品制造业，有色金属冶炼及压延加工业，石油加工、炼焦及核燃料加工业，造纸及纸制品业，纺织业，农副食品加工业，煤炭开采和洗选业。该10个行业的二氧化硫排放总量为15 608万吨，占全行业排放量的94%；而剩余的28个行业的二氧化硫排放量为937万吨，占全行业排放量的6%（见图9－10）。

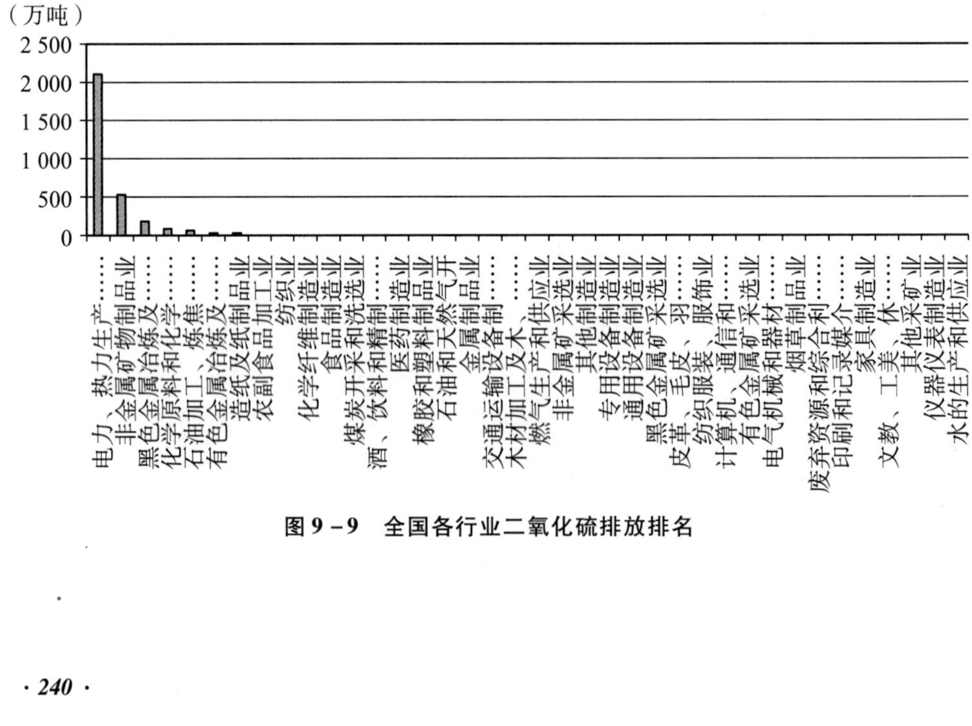

图9－9　全国各行业二氧化硫排放排名

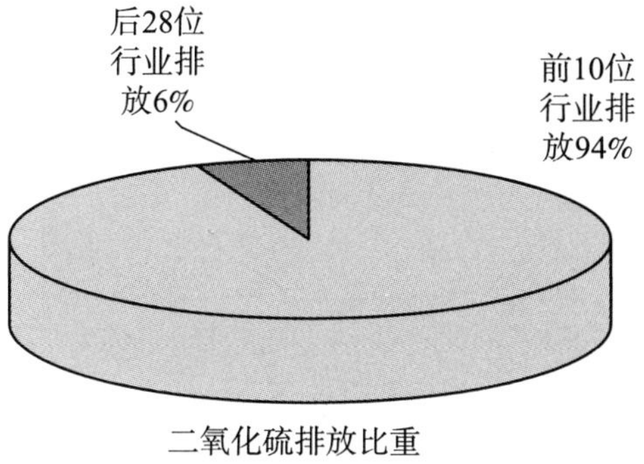

图 9 - 10　全国高、低排放行业二氧化硫排放比重

就行业废气中氮氧化物排放情况而言（见图 9 - 11），2010 ~ 2012 年 38 个行业各自行业 2 年的氮氧化物排放量位于前 10 位的是：电力、热力生产和供应业，非金属矿物制品业，黑色金属冶炼及压延加工业，化学原料和化学制品制造业，石油加工、炼焦和核燃料加工业，有色金属冶炼及压延加工业，造纸及纸制品业，农副食品加工业，纺织业，化学纤维制造业。该 10 个行业的氮氧化物排放总量为 3 168 万吨，占全行业排放量的 93%；而剩余的 28 个行业的氮氧化物排放量为 73 万吨，占全行业排放量的 7%（见图 9 - 12）。

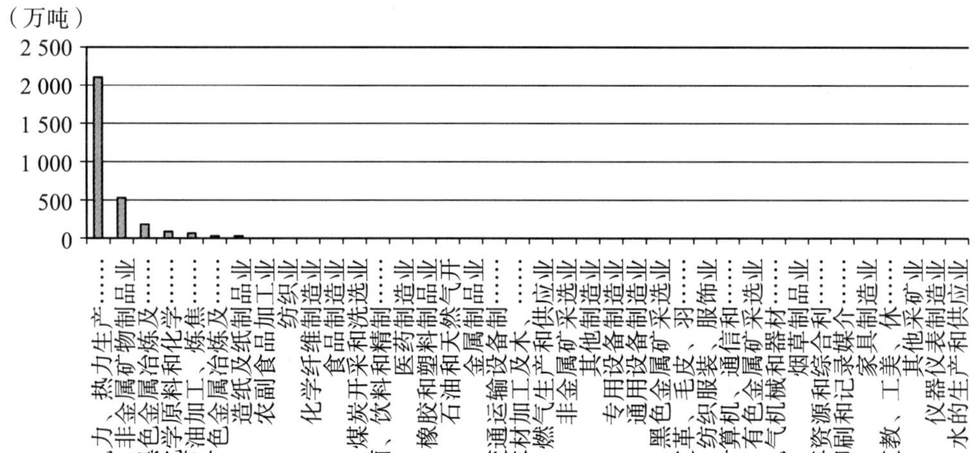

图 9 - 11　全国各行业氮氧化物排放排名

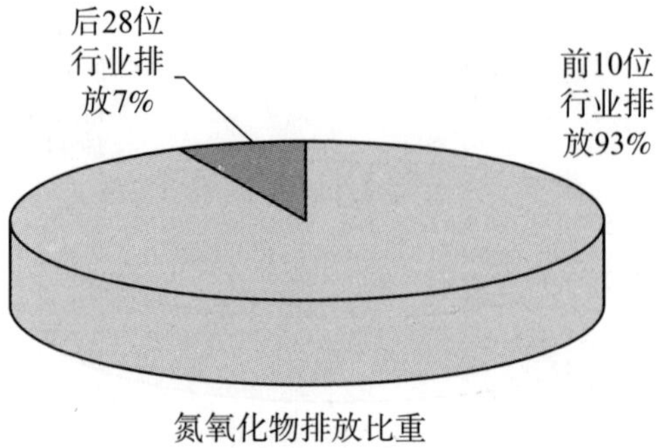

图 9－12　全国高、低排放行业氮氧化物排放比重

就行业废气中烟（粉）尘排放情况而言（见图 9－13），2004～2012 年 38 个行业各自行业 9 年的烟（粉）尘排放量位于前十位的是：非金属矿物制品业，电力、热力的生产和供应业，黑色金属冶炼及压延加工业，化学原料及化学制品制造业，石油加工、炼焦及核燃料加工业，有色金属冶炼及压延加工业，煤炭开采和洗选业，造纸及纸制品业，农副食品加工业，纺织业。该 10 个行业的烟（粉）尘排放总量为 10 393 万吨，占全行业排放量的 93%；而剩余的 28 个行业的烟（粉）尘排放量为 749 万吨，占全行业排放量的 7%（见图 9－14）。

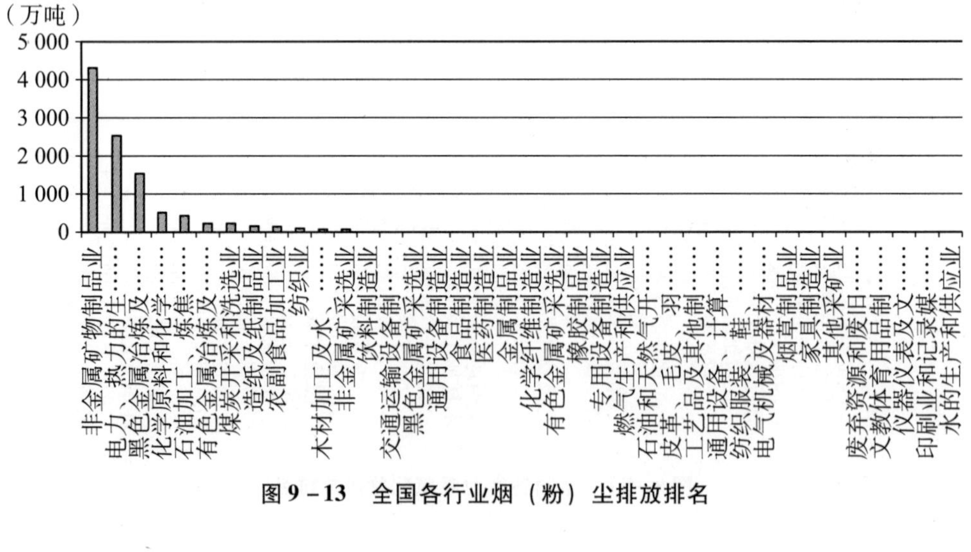

图 9－13　全国各行业烟（粉）尘排放排名

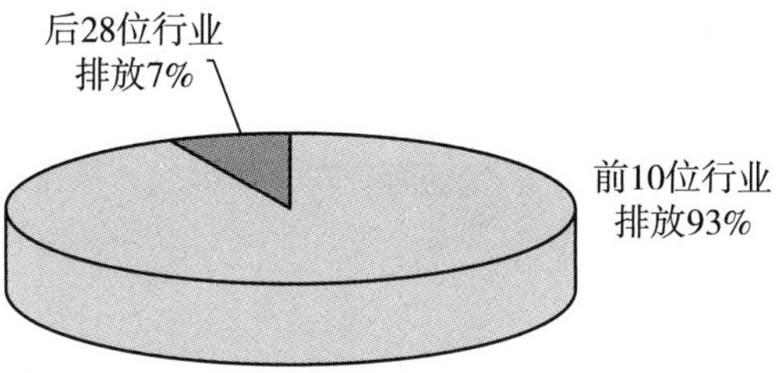

图 9－14　全国高、低排放行业烟（粉）尘排放比重

9.1.3　废渣产生以采掘业、矿产资源加工业等为主

就行业一般工业固体废弃物产生而言（见图 9－15），2004～2012 年 38 个行业各自行业 9 年的固体废弃物排放量位于前十位的是：电力、热力生产和供应业，黑色金属冶炼及压延加工业，黑色金属矿采选业，有色金属矿采选业，煤炭开采和洗选业，化学原料和化学制品制造业，有色金属冶炼及压延加工业，非金属矿物制品业，石油加工、炼焦和核燃料加工业，非金属矿采选业。该 10 个行业基本上是资源密集型行业，其固体废弃物排放总量为 1 666 千万吨，占全行业排放量的 95%；而剩余的 28 个行业的固体废弃物排放量为 81 千万吨，占全行业排放量的 5%（见图 9－16）。

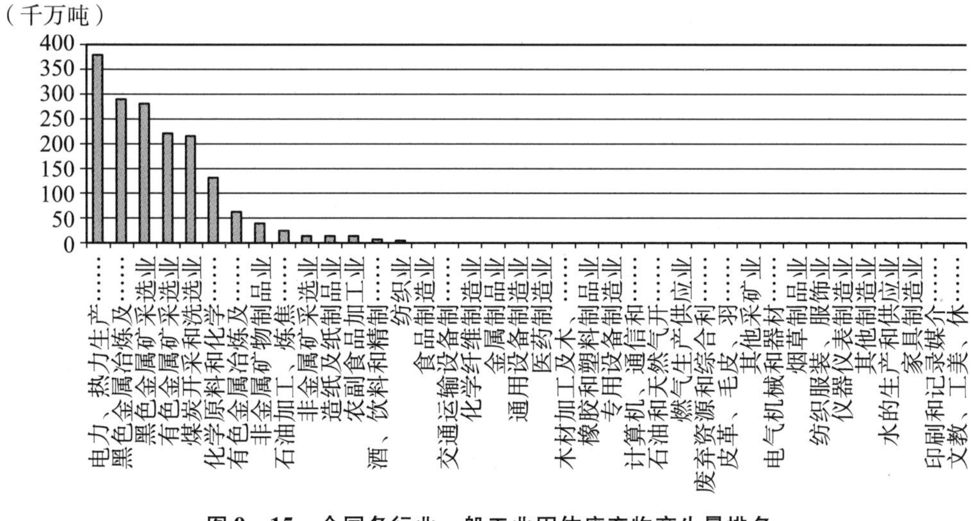

图 9－15　全国各行业一般工业固体废弃物产生量排名

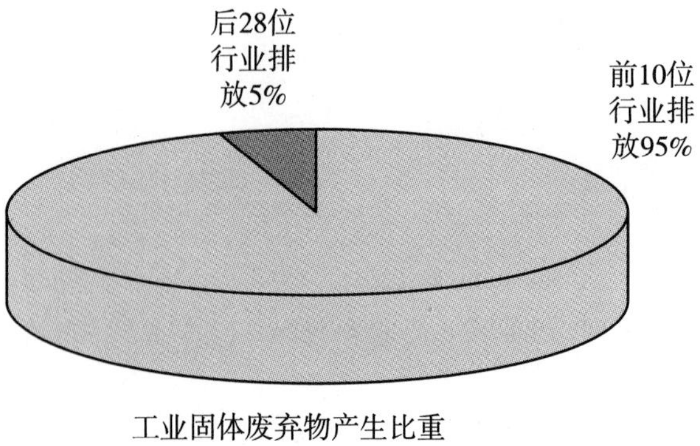

图 9－16　全国高、低排放行业工业固体废弃物产生比重

就行业工业危险物产生而言（见图 9－14），2004～2012 年 38 个行业各自行业 9 年的工业危险物排放量位于前 10 位的是：化学原料及化学制品制造业，非金属矿采选业，有色金属冶炼及压延加工业，造纸及纸制品业，有色金属矿采选业，石油加工、炼焦及核燃料加工业，黑色金属冶炼及压延加工业，通信计算机及其他电子设备制造业，电力、热力的生产和供应业，医药制造业。该 10 个行业的工业危险物排放总量为 13 714 吨，占全行业排放量的 90%；而剩余的 28 个行业的工业危险物排放量为 1 501 吨，占全行业排放量的 10%（见图 9－18）。

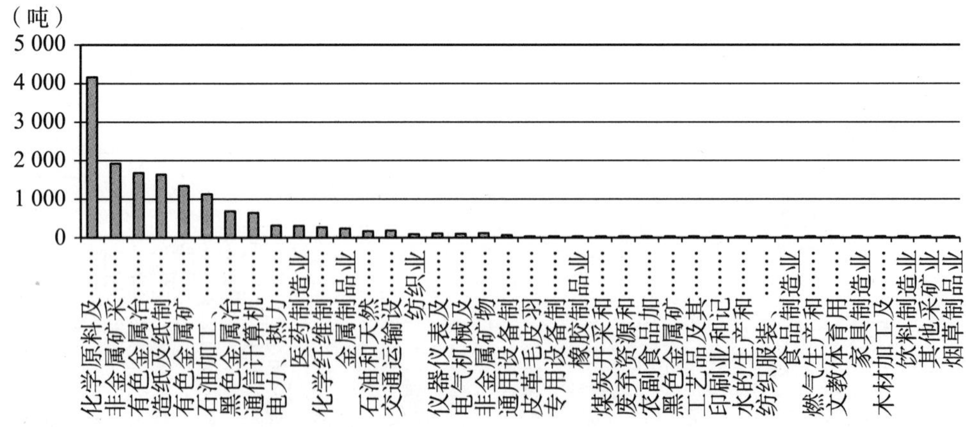

图 9－17　全国各行业工业危险物产生排名

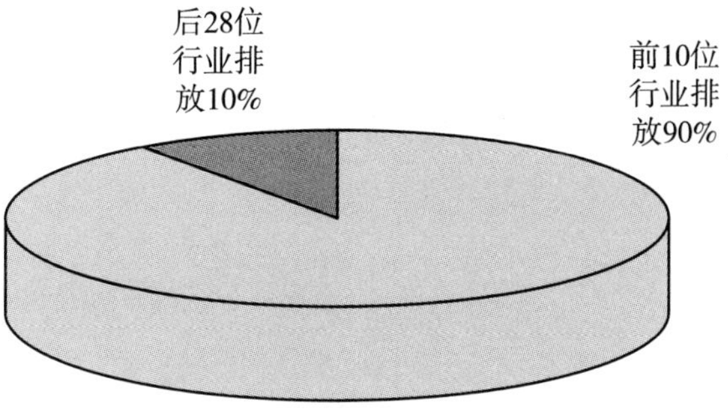

图 9－18　全国高、低排放行业工业危险物产生比重

综合上述，在以“三废”划分的各组中排放量排在前十位的行业：同时出现在“三废”各组中的行业有 6 个行业，分别是黑色金属冶炼及压延加工业，煤炭开采和洗选业，造纸及纸制品业，化学原料和化学制品制造业，石油加工、炼焦和核燃料加工业，电力、热力生产和供应业；同时出现在废水、废气两组中频率较高的还有农副食品加工业，化学纤维制造业；同时出现在废水、废渣两组中且频率较高的是有色金属矿采选业，医药制造业；同时出现在废气、废渣两组中且频率较高的有非金属矿物制品业；在废水排放中排放量靠前的行业还有食品制造业；在废气排放中排放量靠前的行业还有纺织业；在废渣排放中排放量靠前的行业是有色金属冶炼和压延加工业、黑色金属矿采选业。结合云南省实际情况：化学纤维制造业、食品制造业、纺织业在云南省的行业产值非常低，2012 年 3 个行业产值分别为 13.2 亿元、139 亿元、20 亿元，分别占全行业产值的 0.14%、2%、0.2%。因此，本章将煤炭开采和洗选业，有色金属矿采选业，黑色金属矿采选业，有色金属冶炼和压延加工业，黑色金属冶炼及压延加工业，农副食品加工业，医药制造业，造纸及纸制品业，非金属矿物制品业，化学原料和化学制品制造业，石油加工、炼焦和核燃料加工业，电力、热力生产和供应业 12 个行业划分为高排放行业，将剩余的 26 个行业划分为低排放行业。

9.2 云南省高排放与低排放行业比较分析

本章采用产业规模、产业增长、工业企业经济效益等指标对比分析高排放行业与低排放行业的发展态势。

9.2.1 高排放行业比重有所提高，低排放行业比重有所下降

如图9－19所示，自2007年以后，云南省工业行业中，高排放行业增加值从2007年的801.1亿元提高到2012年的1 513.4亿元，上升了712.3亿元；低排放行业的增加值从2007年的693亿元上升到2012年的1 333亿元，上升了640亿元。虽然从2007～2009年，高、低排放行业之间的增加值差距明显缩小，但自2009年以后两者之间的差距持续拉大，由2009年的最小值66.01亿元扩大到2012年的最大值179.96亿元。

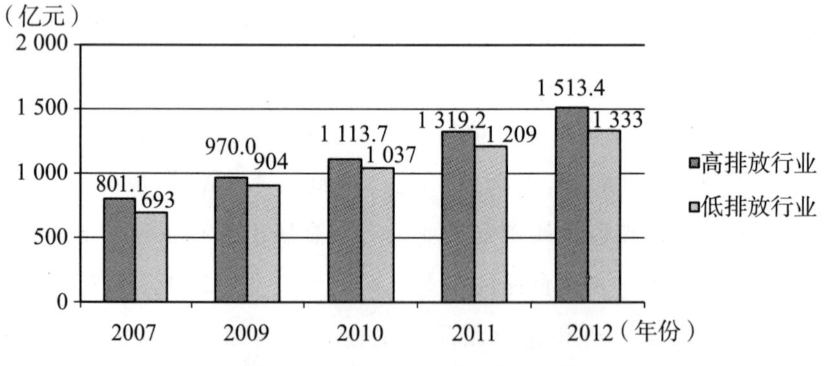

图9－19　高、低排放行业增加值

从高、低排放行业构成看（见图9－20），高排放行业的增加值比重先降后升，2012年基本回到2007年的水平。2007～2009年，高排放行业的增加值比重下降了1.84个百分点。2009～2012年，上升了1.44个百分点。低排放行业的

增加值比重先升后降，2012 年回到 2007 年的水平。

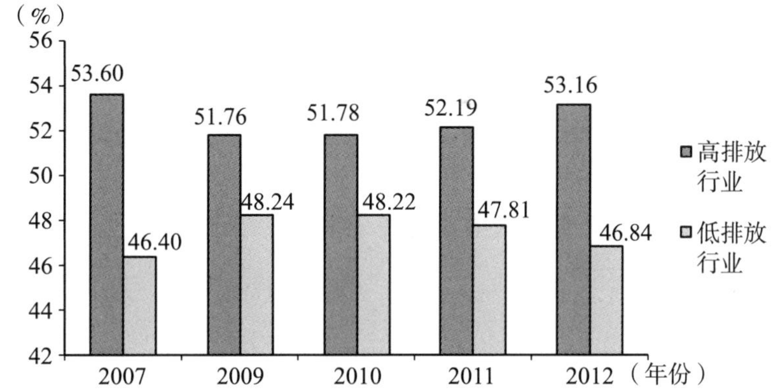

图 9－20　云南省高排放行业与低排放行业产值结构

9.2.2　高排放行业增长快于低排放行业

虽然国家实施了严格的环境影响控制政策，但云南省高排放行业仍然保持高速增长势头，2007 年以来，云南省 38 个工业行业中，高排放行业增长速度高于低排放行业，2007～2012 年，云南省高排放行业年均增长 15.8%，低排放行业年均增长 14.2%。自 2007 年以来，在环境刚性控制政策的影响下，高排放行业始终是在高速发展，并且比低排放行业发展更为迅速（见图 9－21）。

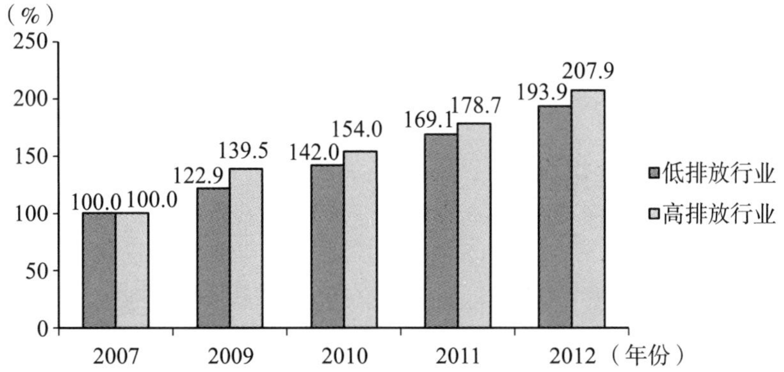

图 9－21　云南省工业行业中高排放行业与低排放行业增长对比

9.2.3 低排放行业的经济效益总体上好于高排放行业

分别选取规模以上工业企业综合经济效益指数、总资产贡献率等 8 个指标对比分析 2007 年以来云南省工业行业中高排放行业与低排放行业的经济效益变化态势。

1. 低排放行业的综合经济效益明显高于高排放行业

自 2007 年以后，云南省工业行业中，高排放行业的综合经济效益指数基本保持不变，低排放行业的综合经济效益指数总体上有较大提高，低排放行业的综合经济效益指数始终高于高排放行业。在高排放行业的综合效益指数变化不大的同时，低排放行业的综合经济效益不断提高，高、低排放行业之间的综合效益指数差距不断扩大，到 2011 年两者之间的差距达到最大值 1 455. 22 个百分点。表明高排放行业整体综合经济效益水平远远落后于低排放行业（见图 9 – 22）。

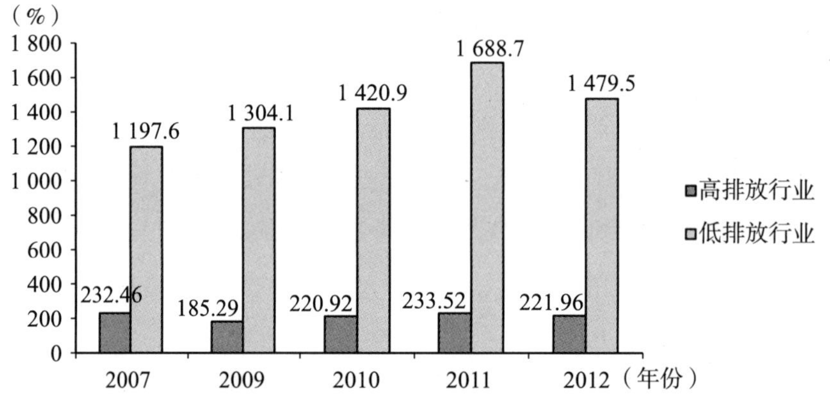

图 9 – 22 云南省工业行业中的综合经济效益指数对比

2. 低排放行业的资产获益能力远胜于高排放行业

自 2007 年以后，云南省工业行业中，高排放行业的总资产贡献率有所下降，低排放行业的总资产贡献率有所上升。高排放行业的总资产贡献率始终低于低排放行业的水平，并且高、低排放行业的总资产贡献率分别不断地下降和上升，两者之间的差距也在不断地扩大，到 2012 年达到最大值 50. 08 个百分点。表明自 2007 年以来低排放行业比高排放行业的资产获利能力更强（见图 9 – 23）。

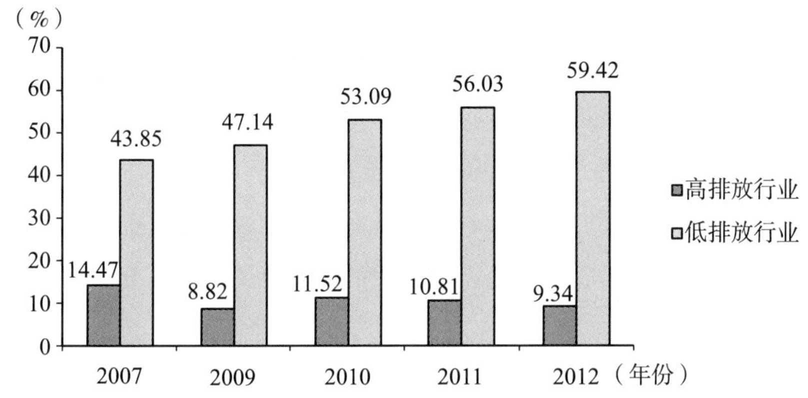

图 9－23　云南省工业行业中的总资产贡献率对比

3. 高排放行业与低排放行业的资本保值增值率趋于一致

自 2007 年以后，云南省工业行业中，高排放行业的资本保值增值能力明显下降，低排放行业的资本保值增值能力有所提高。虽然 2007 年高排放行业的资本保值增值率高出低排放行业的水平 40.73 个百分点；但是 2009 ~ 2012 年高、低排放行业的资本保值增值率分别有明显的下降和上升趋势，并且高、低排放行业的差距有明显缩小的趋势，到 2012 年低排放行业的保值增值能力超过了高排放行业。表明自 2007 年以来低排放行业的资产保全状况有所改善，高排放行业有所下降，并且高、低排放行业的资本保值增值率无明显差异（见图 9－24）。

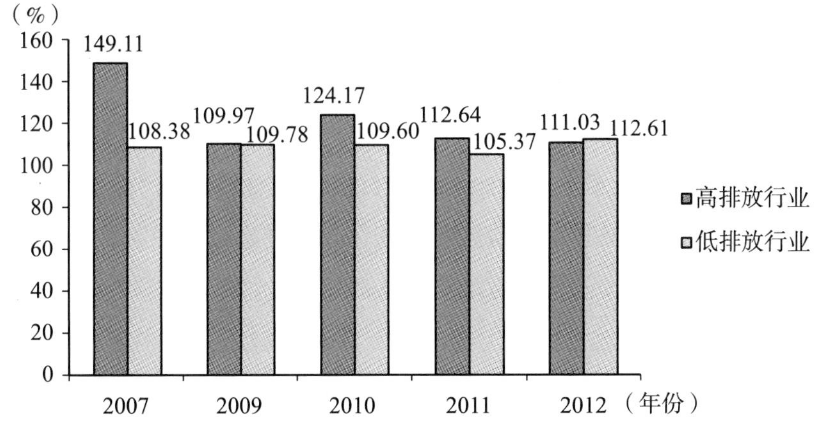

图 9－24　云南省工业行业中的资本保值增值率对比

4. 低排放行业经营风险低于高排放行业

自2007年以后，云南省工业行业中，高排放行业的资产负债率越来越高、低排放行业的资产负债率整体上有所上升，高排放行业的远高于低排放行业，经营风险更大。2007～2012年，虽然高、低排放行业的资产负债率有相同的变动趋势，即均有所上升；但是高排放行业的资产负债率远离较优水平，而低排放行业接近较优水平值。另外，高、低排放行业的资产负债率差距变动不大，即这五年的差距分别为32.6个、36.6个、38.3个、37.5个、36.2个百分点，但是高排放行业明显高于低排放行业，2012年两者之间的差距达到最大值。这表明自2007年以来低排放行业的资产负债率结构明显优于高排放行业（见图9－25）。

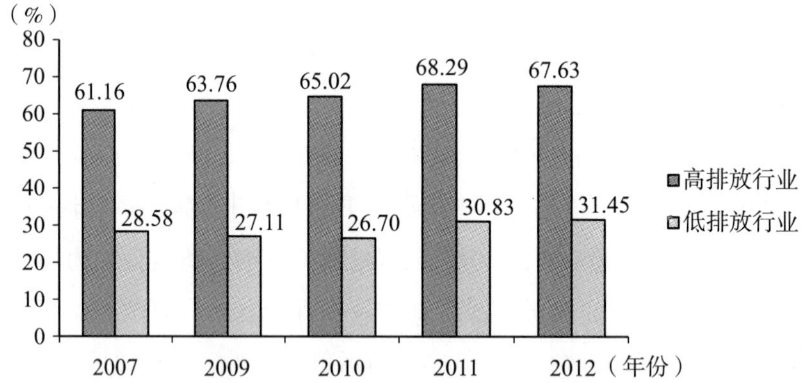

图9－25　云南省工业行业中的资产负债率对比

5. 高排放行业的资金利用率和再生产速度略胜于低排放行业

自2007年以后，云南省工业行业中，高排放行业的流动资产周转率波动呈“W”形特点，维持原有水平，表明高排放行业的资金利用效果和再生产循环的速度稍有下降，运营状况基本上没有明显变化。低排放行业的流动资产周转率水平基本保持不变。相比较而言，高排放行业的比低排放行业更高、更快。2007～2009年，虽然高、低排放行业的流动资产周转率变动不明显，但是高低排放行业的资金利用率还是有明显区别：高排放行业比低排放行业的资金利用率和再生产速度更快、更有效。2007～2012年，高、低排放行业的流动资产周转率的差距分别为0.97个、0.59个、0.92个、0.63个、0.86个百分点，年平均差距为0.8个百分点。表明高排放行业始终比低排放行业更为有效、快速地利用资金，其运营状况更为良好（见图9-26）。

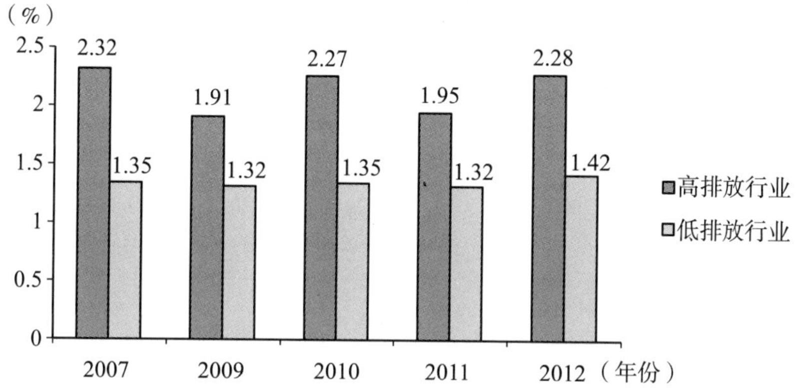

图9-26 云南省工业行业中的流动资产周转率对比

6. 低排放行业的投入所带来的经济效益高于高排放行业

自2007年以后，云南省工业行业中，高排放行业的成本费用利润率有所下降。自2007年以来，高排放行业的成本费用利用率呈现出先降后升再降的特点：先由2007年的9.36%降至2009年的6.61%，随后到2010年上升至9.26%，2011年和2012年又分别降至8.72%和5.79%，比2007年的水平值低3.57个百分点。低排放行业的成本费用利润率有所波动，但基本上维持原有水平。相比较而言，低排放行业的成本费用利润率远高于高排放行业。虽然高、低排放行业基本上维持原有水平，但是高、低排放行业的成本费用利用率还是略有上升和下降；每年高排放行业大约高出低排放行业水平20个百分点，这5年每年的高低排放行业的差距分别为23.8个、21.3个、25.7个、20.4个、27.9个百分点，高低排放行业之间的成本费用利润率有所拉大。表明自2007年以来低排放行业的成本费用利润率比高排放行业具有明显的优势，这意味着低排放行业由投入成本所带来的经济效益更大，运营效益更高（见图9-27）。

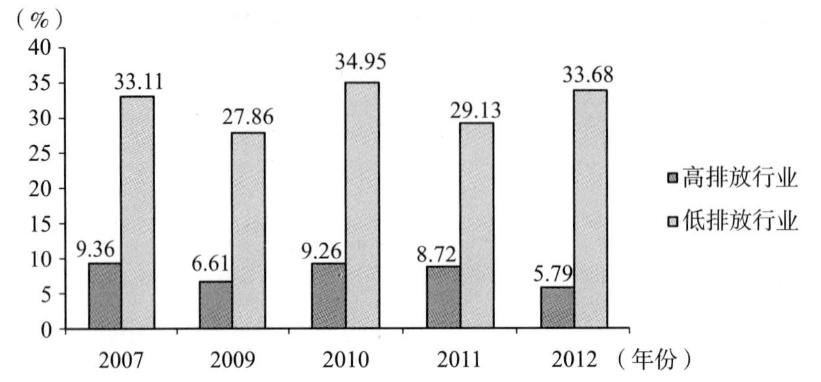

图 9-27 云南省工业行业中的成本费用利润率对比

7. 低排放行业的全员劳动生产率远高于高排放行业

自 2007 年以后，云南省工业行业中，高排放行业的全员劳动生产率有所提高，低排放行业的全员劳动生产率提高更快。相比较而言，高、低排放行业均有所提高，但是低排放行业的劳动生产率更高。自 2007 年以来，虽然高、低排放行业的全员劳动生产率始终处于增长过程中，但是低排放行业始终高于高排放行业；低排放行业的全员劳动生产率的增长速率比高排放行业大，高排放行业为 3.88%，低排放行业为 4.7%；高、低排放行业之间的全员劳动生产率差距也呈现出了持续不断的被拉大特点，到 2011 年两者之间的差距达到最大值 214.3 万元（见图 9-28）。这表明高排放行业整体全员劳动生产率发展水平远远落后于低排放行业的整体水平，即低排放行业的生产效率和劳动投入的经济效益远远高于高排放行业。

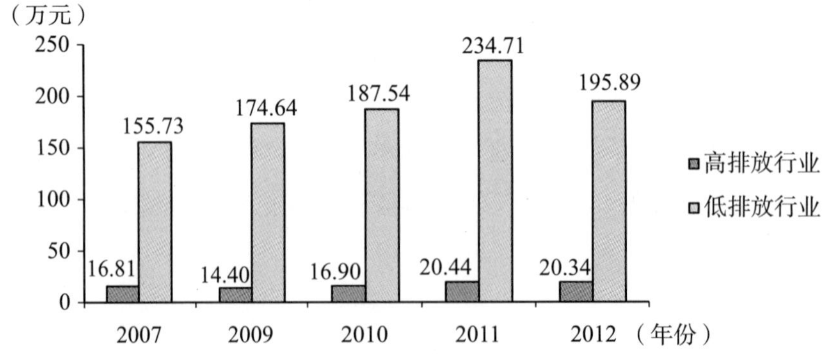

图 9-28 云南省工业行业中的全员劳动生产率对比

8. 低排放行业的产品比高排放行业更有销售潜力

自2007年以后，云南省工业行业中，高排放行业的产品销售率有所降低，表明高排放行业的工业产品已实现销售的程度整体上在下降，行业产销衔接不太良好。低排放行业的产品销售率也有所下降。从2007～2012年，低排放行业的产品销售率呈现出先降后升的特点。说明了自2007年以来低排放行业的已实现销售的程度在整体上是在下降，社会对低排放行业的产品需求在下降。相比较而言，高、低排放行业的产品销售率均有所下降。自2007年以来，高、低排放行业的产品销售率整体上都有所下降。虽然高、低排放行业的产品销售率均在下降，但是两者还是表现出了不同的特征：虽然低排放行业的产品销售率下降幅度大于高排放行业下降幅度；但是除了2010年、2011年以外，低排放行业的产品销售率水平始终高于低排放行业水平。这表明了虽然自2007年以来高、低排放行业的产品销售率表现不佳，但是低排放行业的产品还是比高排放行业更受社会欢迎和接受，比高排放行业更有销售潜力（见图9－29）。

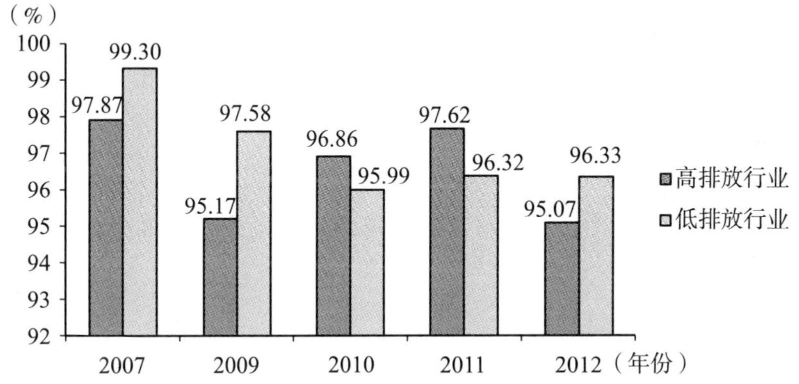

图9－29　云南省工业行业中的产品销售率对比

综合前述规模以上工业企业的财务指标对比分析可以看出，2007年以来，云南省工业行业中低排放行业的经济效益总体上好于高排放行业，说明高排放行业的产业发展能力严重不足，而低排放行业具有良好的发展空间。

9.3 对策建议

环境影响控制政策下产业结构调整应突出高排放行业的转型升级、低排放行业的加速发展，大力发展高新技术产业和严格控制高排放行业发展也是提升云南产业发展能力的重要方面。

9.3.1 加速高排放行业的转型升级

1. 推动有色金属行业由污染型向环保型转变

目前，有色金属行业是云南省支柱产业之一，较好地支撑了全省国民经济快速发展。然而，由于有色金属行业属于重污染行业，并且云南省的该行业生产工艺设备比较落后，因此该行业的快速发展是以牺牲环境质量为代价的。基于此，需要加快有色行业生产由污染型向环保型转变。首先，以新兴技术改造传统有色金属行业的生产工艺。通过新技术采用，一方面可以有效延伸有色金属行业的生产链条，提高产业生产效率和附加值；另一方面可以充分利用生产资源，减少污染物排放，实现废弃物的回收利用，提高资源利用效率。其次，推动有色金属产业实现整合的步伐，利用资源型行业的规模经济和范围经济优势解决环境污染治理成本高的困境。

2. 加快发展绿色化工行业

化工行业属于高耗能、高排放、高污染的“三高”行业，云南省化工行业的快速发展带来了严重的环境问题。为了实现可持续发展，走出一条新型化工业发展道路，必须加快化工行业的转型升级，推进化工企业在生产过程中废水、废气、废渣的无害化处理与综合循环利用，全面强化行业的清洁生产并加快发展循环经济。首先，要针对全省生态环保的巨大压力，积极推动企业在生产过程中全面采用回收污水技术，加快建设污水处理系统，在全省促进实现化工行业中的废水在生产过程中封闭循环使用。其次，要进一步利用先进生产技术，促进废气的能源化或资源回收利用。最后，要严格执行减量化、无害化、资源化等原则，综合处理并循环利用化工行业生产过程中所产生的废渣。借鉴国内外化工行业对废渣处理的成功经验，鼓励生产企业针对废渣无害化处理的有偿转让，引导并鼓励有条件的企业有偿帮助困难企业综合循环处理废渣。

3. 推动造纸行业的清洁型发展

通过前面的分析可知，造纸业是废水排放最多的行业之一，对云南省水资源生态系统造成了巨大破坏。鉴于此，推动云南省产业结构的调整必须加快造纸行业的清洁型发展。首先，推进造纸行业的重组整合，淘汰产量较小的造纸企业。通过提高对造纸行业市场的集中度，实现行业的规模经济，减少因生产过程分散、企业规模较小造成的废水污染。其次，加快落后生产设备和生产工艺的淘汰进程，采用先进造纸技术。通过采用先进造纸生产技术、工艺以及设备，提升造纸用水的重复利用，减少废水的排放量，实现造纸行业的清洁生产。

4. 加快火电行业结构调整，促进水电发展

火力发电行业是“三废”排放量最为严重的行业之一，为了实现云南省经济健康快速发展，产业结构的调整需要将加快电力行业结构调整为重点。首先，严格执行国家关于小火电机组关停的产业政策，降低火力发电在云南省电力行业中的比重。通过将不符合国家火力发电标准的火力发电企业关闭，减少由火力发电所带来的环境污染。其次，发挥云南省水电优势，提升水电行业在电力行业中的比重。依托云南省自身所具有的怒江、澜沧江、金沙江“三江”资源优势，推进水电资源的开发利用，加快中小水电的适度发展，提升水电资源的开发效益质量；利用水电优势，发展水电—铝、水电—铁合金、乙炔化工产业，实现原料、市场、能源“三头在外、封闭运行”的产业新模式。

9.3.2　加快低排放行业的发展步伐

首先，不断巩固和发展烟草产业。由于烟草产业不仅是云南省主导产业之一，而且也是对环境污染较小的产业之一，因此云南省产业结构调整需要不断巩固和发展烟草产业。具体而言，利用云南烟草产业的品牌优势，不断扩大烟草产品生产规模和市场范围，提高云烟的市场占有率和竞争力。其次，发展具有云南特色的食品、饮料加工行业。食品、饮料加工业具有低污染特点，而且云南省拥有丰富的具有地域特色的农产品和饮料等原材料资源，因此云南省产业结构调整需要以发展特色食品、饮料加工业为重点。具体而言，利用果蔬、食用菌、咖啡、核桃、乳制品、肉制品、木本油脂等农副产品资源优势，采用先进技术装备，提升精深加工产品比例和资源综合利用水平；巩固提升制糖产业，加快推进产业技术进步，提高蔗渣、糖蜜等综合利用水平，积极发展深加工，促进糖业由以生产原料型初级产品为主向生产终端型高附加值产品转变；利用云南省的天然的自然气候优势，做大做强云茶云酒产业，培育一批龙头饮料企业，打造一批特色产品和优势品牌，扩大市场份额。最后，不断推动低污染、具有本地特色的工艺加工产业。由于云南省的翡翠和黄龙玉等珠宝玉石资源丰富且成为云南省一大特色产业，加之宝石加工对环境的破坏程度较低，因此云南产业结构调整需要发展以翡翠、黄龙玉、宝石等系列为主的珠宝玉石产业。

9.3.3 大力发展新产业

战略性新兴产业引领着云南产业结构调整的方向，是转变经济发展方式和实现可持续发展的战略重点。鉴于此，云南省产业结构调整需要把握国家大力发展战略性新兴产业的历史机遇，以云南省产业发展状况为背景，以新兴科技产业为支撑，围绕云南省国民经济和社会发展的需求，大力发展新能源产业、积极发展生物医药制造、不断推进信息产业与“互联网”＋产业，加快培育高端装备制造业。按照市场需求为导向，以科技为支撑，以企业为主体，以体制机制为动力，坚持技术集成、产业集聚、要素集约的发展要求，推动战略性新兴产业跨越发展。

1. 培育发展新能源产业

首先，要围绕优化全省能源结构、提高能源利用效率、对接生态文明建设排头兵，以坚持近期开发利用与长期技术储备相结合、政策激励与市场机制相匹配、技术引进与自我创新相兼顾为发展思路，不断加大对太阳能、风力发电、非粮生物质能等新能源产业的开发。其次，以产业技术、技术条件与资源优势为依托，以市场需求大、经济效益好、产业关联强为依据，用足用好用活现有国家政策，大力加强重大应用示范和配套产业的发展，广泛深入开展与东南亚、南亚的国际合作，加快实现全省新能源产业的跨越式发展，打造抢占未来战略制高点的新能源产业。

2. 培育壮大生物医药制造产业

首先，要全面依托“云药”特色产业集群效应、“云南白药”等骨干企业作用，围绕医药生产制造、医药总部经济、生物制造产业等发展重点，吸引更多的投资商在云南省参与生物医药制造业的发展。其次，要顺应“大众创新、万众创业”的发展趋势、有效对接天然药物资源丰富的云南特色，借鉴著名医药公司云南沃森生物技术股份有限公司落地云南的经验，以政策洼地吸引化学制药、生命科学、生物技术、生物制造等相关领域的博士研究生、研究人员、专家学者、创新创业团队在云南省设立研发机构、进行技术成果转化以及有序发展中小型生物医药公司，培育壮大全省的生物医药制造产业。

3. 培育发展信息产业与“互联网+”产业

首先，要通过加快基础设施建设、加快构造“众创空间”等措施，为互联网的创新创业者提供良好的发展平台。一方面，要积极引进社会资本，加快推进光纤到户、宽带普遍服务以及全省重要公共区域 WIFI 全覆盖等基础设施建设，为信息产业和互联网的创新创业提供快速、安全、低廉的信息高速公路；另一方面，要围绕激活创新创业主体、完善公共服务体系、推进配套产业发展等重点，加快构造一批低成本、便利化、全要素、开放式的“众创空间”，为互联网的创新创业提供良好的发展平台。其次，要依托云南省的比较优势集成，一方面以科技创新创业人员、大学生和研究生等为重点，加快推广社会众筹等新模式，吸引更多的互联网创新创业者在云南省进行大规模的创新创业；另一方面要围绕在线创新创业的公共服务平台搭建、互联网在线旅游开发、特色农产品电子商务等战略重点，加快发展云南省的软件开发产业、信息服务产业与“互联网+”产业。

4. 培育高端装备制造业

首先，要立足于“一带一路”等国家战略与加快建设辐射中心等发展机遇，充分发挥云南毗邻东南亚、南亚等国际市场的空间区位优势，以缅甸、老挝等周边国家市场为重点，进一步强化吸引国内外行业领先的大型企业集团入驻的市场优势，加快建立外向型汽车制造产业基地，打造汽车、发动机及零配件产业链条，壮大提升汽车制造产业。其次，要加快现代信息技术在传统装备制造产业中的充分利用与深度融合，以数控机床、高铁（铁路）养护设备等先进制造业为重点，积极发展以数字化、柔性化、网络化及系统集成技术为核心的智能制造装备，不断提升高端装备产业在全省工业经济中的比重。

9.3.4 严格控制高排放行业发展

从20世纪末以来国务院和云南省颁布了一系列严格限制高耗能、高排放行业发展的政策法规，为云南省的可持续发展提供了有效的制度保障。但这与可持续发展的现实需要存在一定差距，仍需要完善和创新节能环保产业发展的管理体制与政策。

1. 完善工业产业绿色发展的法规体系

首先，建立一套促进产业结构绿色发展的法律体系，制定明确的工业各行业减排目标，为工业行业发展由污染型向环保型转变提供指导。其次，制定相关的能源法，逐步对制约工业行业健康发展的不合理能源结构进行调整和改变，降低石化能源的使用强度，提高可再生能源以及绿色能源的使用比重，以此减少工业行业发展的碳排放量。

2. 建立工业产业绿色发展的政策体系

首先，立足于云南省工业产业发展背景，制定促进工业产业绿色发展的产业发展规划，引导工业产业结构由高碳向低碳转化。其次，为工业产业制定符合绿色化发展要求的排放标准，以此达到有标准可依。再次，为了能够对企业形成有效的约束和激励机制，逐步形成合理有效的价格、土地、财税等政策。最后，通过利用财政、税收政策的重要调节作用来引导和推动工业产业的健康快速发展。

3. 加大工业产业绿色发展的实施力度

首先，要发挥政府在工业行业法规和政策实施中的重要作用，不仅要引导和激励工业企业采用新兴技术，提升资源利用效率，提高产出投入比，而且要严格执行工业行业准入标准，逐步淘汰“三高”企业，加快发展新兴、低污染工业行业。其次，政府要积极推动能源结构的调整，通过实施财政和税收政策发展多元化新能源，优化工业行业能源结构。最后，不断加大自然资源和能源的价格改革力度，形成合理的能够反映能源稀缺状况的价格体系。

第 10 章　云南产业发展能力：多维开放

产业开放能力是指产业利用外部资源实现产业转型、升级以保持和提升产业竞争优势的能力。产业开放能力的提高有助于产业的经济资源与外部（世界各国、区域）的经济资源进行转换，在各种资源转化当中，不断发生竞争、激励、对比、择优过程，对宏观经济效益与企业的微观经济都有促进作用。对落后地区和省份来说，尤其要注重汲取国际高位经济资源——管理、人才。目前开放型经济的建设已成为我省经济发展的重要战略，对云南适应经济全球化新形势，促进国际国内要素有序自由流动、资源高效配置、市场深度融合具有重大战略意义。作为丝绸之路经济带、21 世纪海上丝绸之路的重要战略基地的云南应积极申请将其纳入国家总体规划和实施方案，继续促进同周边国家的基础设施、制度和社会人文等层面互联互通建设，依托长江经济带建设构建长江（金沙江）连接印度洋、南太平洋的西南陆上丝绸之路经济走廊，加快形成沿海、沿江、沿边和内陆有机联系、相互促进以及沟通“两洋”、连接“两亚”的全方位开放大格局。抓住全球产业重新布局机遇，深化同周边国家和区域的开放合作，推动沿边地区贸易、投资、技术创新协调发展，着力完善国际化和法制化的口岸“大通关”制度，深化口岸协作体制机制改革，加快沿边开放步伐。进一步完善支持企业“引进来”和“走出去”的体制机制建设。加快引进先进技术、管理经验和高素质人才，发挥利用外资的技术溢出效应和综合带动效应，进一步有序放宽旅游、金融、教育、文化、医疗等服务业和一般制造业市场准入，同时，增强企业及个人对外投资主体地位，积极引导有条件的企业及个人通过充分发挥自身优势到境外开展投资合作，提高其在全球范围内配置资源要素的能力。本书首先从云南产业利用外资、对外直接投资、对外贸易、国际旅游、资本市场融资四个层面来分析云南产业的开放能力及存在问题，最后给出了提升云南产业开放能力的对策建议。

10.1 云南通过对外直接投资转移产业的能力

对外投资正在成为我国新时期扩大对外开放的重点，目的是通过对外投资释放过剩产能，促进传统产业优化升级，培育新的经济增长点，缓解劳动力成本上升和资源环境约束加剧的压力，继续保持经济持续稳定增长。云南产业的对外投资能力与水平能够反映云南产业对外扩散的能力。

10.1.1 云南对外直接投资现状及特点

1. 云南省对外直接投资逐年增长

2004 年以来，云南省对外直接投资年均增长 167.2%。2006 年云南省新批境外投资企业 34 家，中方协议投资 0.9 亿美元，实际投资额为 0.5 亿美元。到 2013 年，云南省新批境外投资企业 40 家，对外实际投资 82 120.89 万美元，同比增长 15.6%。截至 2013 年年底，云南省境外投资企业已达 440 家，对外实际投资累计达 33.8 亿美元。2014 年 1～10 月，云南新批境外投资企业 54 家。对外实际投资 83 904 万美元，同比增长 14.35%。截至 2014 年 10 月底，云南省境外投资企业（机构）已达 494 家，对外实际投资累计达 42.3 亿美元（见表 10－1）。

表 10－1　　2004 年以来云南对外直接投资情况

年份	对外直接投资流量（万美元）	对外直接投资存量（万美元）	企业数（个）
2004	491	1 692	—
2005	2 072	5 314	—
2006	2 907	10 329	—

续表

年份	对外直接投资流量（万美元）	对外直接投资存量（万美元）	企业数（个）
2007	13 641	26 113	—
2008	28 467	56 996	—
2009	27 008	94 784	255
2010	51 339	155 504	304
2011	57 080	182 914	337
2012	70 981	295 805	400
2013	82 121	—	440
2014	83 904 *	—	494 *

注：数据来源于《2012 中国对外直接投资年鉴》，2013 年、2014 年数据来源于云南省商务厅，* 表示 2014 年的数据为 1 ~ 10 月的数据。

2. 云南对外投资行业渐显多元化

2012 年云南对外投资共分布在国民经济行业分类的 14 个大类。其中，农业合作领域 6 200.6 万美元，占比 8.7%；矿产开发行业 6 937.5 万美元，占比 9.7%；电力开发领域 39 377.3 万美元，占比 55.4%；制造业 6 204.8 万美元，占比 8.7%；批发和零售业 1 718.4 万美元，占比 2.4%；建筑业 6 408.1 万美元，占比 9.02%；房地产业 1 495 万美元；文体和娱乐业 620.2 万美元；租赁和商务服务业 187.9 万美元；交通运输业 77.8 万美元。

3. 入滇央企仍是云南省境外投资的主力军

云南对外直接投资主体以入滇央企为主力军，省属企业及州市企业相对较少。2010 年以来，中央驻滇企业仍是云南省境外投资主力军，随着项目的进一步实施将会产生更多实际投资，此类企业以 BOT 方式为主；省属国有企业实际投资平稳增长，此类企业多采取联合、并购、海外上市等方式进行矿产资源开发；州市企业参与“走出去”积极性高涨，州市“走出去”主体以民营企业为主，多采取绿地投资方式建厂。

10.1.2 云南对外直接投资存在问题

1. 对外直接投资高度集中于资源开发和初级加工制造业

在2012年云南省的全部对外投资中，资源开发类投资（矿产开发行业、电力开发）占65.1%，工农业生产投资（农业合作、制造业）占17.4%，两项合计占82.5%，其他投资仅占17.5%。云南传统优势产业转移过剩产能的能力逐渐增强，但其他产业的转移产能能力有待提高。

2. 云南产业对外投资力度相对较弱

由2010年云南百强企业数据可知，云南百强企业中拥有海外资产的企业共有10家，资产总额为130.9亿元，占10家企业总资产的3.5%，占百强企业总资产的1.1%。从数据来看，百强企业海外资产占总资产的比重仍然较小。其中，海外资产占总资产比重超过3%的企业仅有4家，其中3家为建筑企业，1家为流通企业。分行业来看，海外资产占总资产比重较高的分别是建筑行业（41%）、商贸流通行业（21.6%）、有色行业（2.0%）、化工行业（1.9%）、烟草行业（0.1%）。其中，建筑行业主要是为了适应对外承包工程的需要而进行海外投资；流通行业则是以外销产品、开拓市场为目的。可以看出，云南本土企业对外经济联系仍然以外销产品为主，而海外投资力度还较弱。而且目前有限的海外投资也是以市场开拓为目的，而以资源整合、资本运作为目的的海外投资仍然缺乏。

10.2 云南利用外资发展产业的能力

利用外国直接投资是我国传统对外开放的重点领域，云南省产业利用发达国家跨国公司直接投资逐年增长，但受地理区位制约，总体上规模小，层次低，能力弱。

10.2.1　云南利用外资现状及特点

近年来，云南实际利用外资数额逐年增长，利用外资能力逐步提高，云南产业竞争力得到了加强。

1. 金融危机后利用外资规模大幅提高

从总量来看，1998 年以来，1998 ~2005 年各行业利用外资的总量几乎没有太大的变化，而 2007 ~2012 年则以年均 41% 的高速增长，金融危机爆发后，云南加大了招商引资的力度，取得了较好的成效。但从利用外资的项目数来看，云南自 2008 年后呈现下降趋势，这说明单个项目利用外资额增加。

2. 外资利用由以第二产业为主向以第三产业为主转变

从三次产业来看，第一产业实际利用外资总额和比重均比较小。1998 年后云南的实际利用外资量以第二产业为主，但呈现出向第三产业为主体转移的趋势，第二产业占比由 1998 年的 48. 9% 上升到 2006 年的 72% 然后再逐渐降低到 2012 年的 32. 2% ，第三产业占比由 1998 年的 48. 4% 在波动中上升至 2012 年的 65. 5% （见表 10 –2）。

表 10 –2　　云南三次产业实际利用外资总额及占比

年份	全省	总额（亿美元）			占比（%）		
		第一产业	第二产业	第三产业	第一产业	第二产业	第三产业
1998	1. 457	0. 039	0. 713	0. 705	2. 7	48. 9	48. 4
1999	1. 539	0. 064	0. 599	0. 884	4. 2	38. 9	57. 5
2000	1. 281	0. 048	0. 432	0. 802	3. 7	33. 7	62. 6
2001	0. 646	0. 052	0. 402	0. 192	8. 1	62. 2	29. 7
2002	1. 117	0. 078	0. 448	0. 591	6. 9	40. 1	52. 9
2003	1. 675	0. 087	1. 167	0. 422	5. 2	69. 7	25. 2
2004	1. 415	0. 210	0. 644	0. 561	14. 8	45. 5	39. 7
2005	1. 735	0. 059	0. 985	0. 692	3. 4	56. 7	39. 9
2006	3. 023	0. 085	2. 178	0. 761	2. 8	72. 0	25. 2
2007	3. 945	0. 097	2. 436	1. 413	2. 5	61. 7	35. 8

续表

年份	全省	总额（亿美元）			占比（%）		
		第一产业	第二产业	第三产业	第一产业	第二产业	第三产业
2008	7.769	0.723	2.758	4.288	9.3	35.5	55.2
2009	9.101	0.524	5.027	3.550	5.8	55.2	39.0
2010	13.290	0.166	7.931	5.193	1.2	59.7	39.1
2011	17.380	1.470	8.160	7.760	8.5	47.0	44.6
2012	21.890	0.530	7.050	14.330	2.4	32.2	65.5
1998～2012合计	87.263	4.230	40.928	42.144	4.8	46.9	48.3

资料来源：根据《云南统计年鉴》整理。

3. 云南传统优势产业实际利用外资能力得到强化，新兴产业及高新技术产业利用外资能力还相对较弱

分产业来看，农、林、牧、渔业实际利用外资额呈现一个缓慢上升的态势，外资规模不断扩大（见表10－3）。利用外资渠道更加多元化，行业分布更趋合理，使用方向进一步拓宽。由单纯引进国外资金向引进资金、技术、人才、信息和管理并举的转变；由引资主要用于基础设施和农产品加工向注重优势产业开发和提高农业科技水平的转变；由追求国际发展援助向投资农业支持服务体系的转变。

表10－3　云南分行业利用外商直接投资情况　单位：亿美元

行业分类＼年份	1998	2000	2003	2006	2007	2008	2009	2010	2011	2012	累计	累计占比
全省	1.46	1.28	1.68	3.02	3.95	7.77	9.10	13.29	17.38	21.89	87.26	4.85
农、林、牧、渔业	0.04	0.05	0.09	0.08	0.10	0.72	0.52	0.17	1.47	0.53	4.23	4.20
采矿业	0.00	0.02	0.09	0.34	0.23	0.30	0.09	0.80	0.45	0.94	3.66	20.78
制造业	0.58	0.28	0.64	0.83	1.20	1.81	2.49	2.59	2.60	2.72	18.13	11.74

续表

年份 行业分类	1998	2000	2003	2006	2007	2008	2009	2010	2011	2012	累计	累计占比
电力、煤气及水的生产和供应业	0.12	0.13	0.44	1.01	1.01	0.58	1.32	1.59	2.36	1.44	10.24	10.17
建筑业	0.00	0.00	0.00	0.00	0.00	0.06	1.12	2.96	2.75	1.95	8.88	0.02
地质勘查、水利管理业	0.00	0.00	0.00	0.00	0.00	0.00	0.00	—		—	0.01	0.66
交通运输、仓储及邮电通信业	0.00	0.00	0.03	0.05	0.00	0.04	0.18		0.04	0.01	0.58	11.22
批发和零售贸易餐饮业	0.01	0.01	0.02	0.07	0.32	0.59	0.98	1.68	2.18	3.47	9.79	17.63
房地产业	0.34	0.07	0.08	0.08	0.51	1.97	1.05	1.10	2.94	6.58	15.39	16.48
社会服务业	0.13	0.52	0.22	0.46	0.43	1.53	1.26	2.23	2.13	4.27	14.38	0.03
卫生、体育和社会福利业	0.01	0.00	0.00	0.00	0.00	0.00	0.00			—	0.03	0.00
教育、文化艺术和广播电影电视业	0.00	0.00	0.00	0.00	0.00	0.00	0.00			—	0.00	1.68
科学研究和综合技术服务业	0.03	0.05	0.01	0.09	0.15	0.16	0.09	0.19	0.47	—	1.46	0.59
其他行业	0.19	0.14	0.07	0.00	0.00	0.00	0.00			—	0.52	

资料来源：根据《云南统计年鉴》整理。

采矿业，电力、煤气及水的生产和供应业，批发和零售贸易餐饮业，社会服务业，建筑业实际利用外资额从2003年以后开始加速增长，各产业实际利用外资额逐渐提高。这实际上意味着这些产业利用外资的能力有所上升。

1998 年以来，制造业的实际利用外资额在 1998 ~ 2005 年几乎没有太大的变化，2006 ~ 2009 年有了大幅度的上升，其后的 2010 ~ 2012 年又几乎保持稳定。另外，制造业利用外资项目数从 2008 年的 51 项下降到 2012 年的 18 项，结合 2008 年后实际利用外资额的数额变化不大的事实可知，2008 年后制造业每个项目利用外资的数额在增大，但是项目数在减少，说明制造业利用外资存在比较大的结构问题。云南制造业利用外资额占比远小于全国平均水平，因此制造业利用外资的能力有待进一步提高。

从 1998 ~ 2012 年利用外资累计额看，累计占比超过 10% 的产业有采矿业（20. 78%），制造业（11. 74%），电力、煤气及水的生产和供应业（10. 17%），交通运输、仓储及邮电通信业（11. 22%），批发和零售贸易餐饮业（17. 63%），房地产业（16. 48%）。由此可知，云南传统优势产业实际利用外资能力得到强化，新兴产业及高新技术产业利用外资能力还相对较弱。

4. 云南利用外资业绩逐年提高，产业竞争力逐渐增强

利用外资业绩用一个相对指标来衡量，即利用外资业绩指数，一个地区吸收外资的业绩指数，是指在一定时期内该地区 FDI 的流入量占全国 FDI 流入量的比例除以该地区 GDP 占全国 GDP 总量的比例。如果指数值等于 1，表明该地区占全国 FDI 的比例与其占全国 GDP 的比例相等；指数值大于 1，表示该地区吸收了相对于该地区 GDP 规模而言更多的 FDI。该指数低于 1 的地区，可能由于竞争力低下或投资促进不力，FDI 流入低于应该达到的数量。根据上述计算方式，云南实际利用外资的业绩指数如表 10 - 4 所示。可以看出，云南利用外资的业绩大致经历了两个发展阶段：1998 ~ 2005 年，云南利用外资业绩指数在 0. 15 左右徘徊，表明云南由于竞争力低下或投资促进不力，FDI 流入远低于应该达到的数量；2006 ~ 2013 年云南利用外资业绩快速提高，到 2013 年已达到 1. 02，表明随着云南整体竞争力的提高，云南 FDI 流入基本到达了与 GDP 相匹配的数值。

表 10－4　　1998～2013 年云南利用外商直接投资业绩指数

年份	1998	1999	2000	2001	2002	2003	2004	2005
云南 FDI 占全国比重（%）	0.25	0.29	0.22	0.13	0.20	0.30	0.22	0.27
云南 GDP 占全国比（%）	2.21	2.15	2.05	1.98	1.94	1.89	1.93	1.89
云南利用外资业绩指数	0.11	0.14	0.11	0.07	0.10	0.16	0.11	0.14
年份	2006	2007	2008	2009	2010	2011	2012	2013
云南 FDI 占全国比重（%）	0.45	0.50	0.82	0.99	1.22	1.48	1.93	2.12
云南 GDP 占全国比（%）	1.85	1.79	1.80	1.81	1.81	1.90	1.99	2.07
云南利用外资业绩指数	0.24	0.28	0.45	0.55	0.68	0.78	0.97	1.02

资料来源：根据《中国统计年鉴》和《云南统计年鉴》中的数据计算。

10.2.2　利用外资中存在的问题

1. 利用外资方式过分依赖外商直接投资，间接利用外资方式有待发展

1998 年以来，外商直接投资占云南利用外资总额的比重在大多数年份为 100%，少部分的年份小于 100%，在利用外资总量中占据压倒性地位。事实上，过分依赖外商直接投资，不利于云南利用外资结构的优化，不利于维护云南产业结构调整和产业升级的自主性。利用海外借款和海外证券投资等间接利用外资方式有待发展。

2. 利用外资的创新导向不明确，仍未实现从“资本引进”向“技术引进”的根本转变

云南在引进外资过程中存在一些弊端，例如：重引进轻消化吸收，研究与开发机制不健全，重数量轻质量等。这些因素从根本上阻碍了技术吸收过程，使外资的产业带动效应大打折扣。

3. 云南利用外资的能力仍需进一步发展以适应产业升级的需要

金融危机以来，云南利用外资规模快速增长，但这种增长在产业间的分布并不均衡，主要集中在第三产业的某些产业中（批发和零售贸易餐饮业、房地产业、社会服务业等），利用外资的发展格局不利于云南产业结构调整和升级。云南目前处于工业化中期阶段，第二产业的转型升级是云南产业升级的关键。因此，第二产业利用外资需在未来一段时间进行加强。

4. 制造业利用外资的结构不合理

从制造业来看，2005～2008 年云南实际利用外资额有一个大幅的增长，2009～2012 年则大致稳定在 2.6 亿美元的水平，而利用外资项目数自 2008 年后呈现一个逐年递减的趋势，云南 2008 年后单个项目的利用外资额在增大。

10.3 云南产业通过贸易提升竞争力的能力

对外贸易是我国传统开放的重点，近年来云南省进出口贸易快速增长，但这是低基数基础上的快速增长，对外贸易规模不大，且波动较大；在省际贸易中云南省的逆差大，产品结构较为单一。反映出云南产业提高对外贸易提升国际竞争力的能力还比较弱。

10.3.1 云南省际贸易逆差持续扩大，国际贸易小幅波动

云南省经济发展相对滞后，在省际贸易竞争中不占优势。在 2002 年云南省的省际贸易逆差额为 202.98 亿元，到 2013 年这一数值达到了 －5 704.6 亿元（见表 10－5）。云南省的外贸净出口在 2002 年呈现顺差，顺差额为 21.56 亿元，到 2013 年云南省的外贸净出口为逆差，但逆差额较小，仅为 106.08 亿元。这说明云南省的省内市场不断被省外产品所挤占，削弱了本省产业的综合竞争力。云南省持续扩大的省际贸易逆差对高投资和高消费拉动的经济增长起到了一定的抑制作用，使云南省加快经济增长的能力受到削弱。

表 10－5　　2002～2013 年云南省国际贸易和省际贸易差额情况　　单位：亿元

年份	汇率	总净出口	国内净出口（省际贸易）	国内净出口占 GDP 比重（%）	国际净出口（国际贸易）	国际净出口占 GDP 比重（%）
2002	8.277	－181.4	－203.0	－8.8	21.56	0.93
2003	8.277	－279.4	－297.6	－11.6	18.14	0.71
2004	8.277	－380.2	－405.5	－13.2	25.36	0.82
2005	8.192	－838.8	－820.5	－23.7	－18.34	－0.53
2006	7.972	－995.3	－974.9	－24.4	－20.37	－0.51
2007	7.604	－833.5	－816.7	－17.1	－16.82	－0.35
2008	6.945	－833.5	－808.4	－14.2	－25.08	－0.44
2009	6.831	－1 332.8	－1 326.1	－21.5	－6.69	－0.11
2010	6.770	－2 645.5	－2 637.6	－36.5	－7.91	－0.11
2011	6.459	－3 519.4	－3 529.7	－39.7	10.35	0.12
2012	6.313	－4 573.6	－4 493.3	－43.6	－80.30	－0.78
2013	6.193	－5 598.5	－5 704.6	－48.7	106.08	0.91

注：（1）各地区外贸净出口商品值采用按进口目的地和出口货源地统计数；（2）人民币汇率按年平均汇率中间价；（3）“－”为省际贸易逆差。

资料来源：《中国统计年鉴》2003～2014。

10.3.2　云南省际贸易逆差加剧反映出产业竞争力在减弱

通过对 2013 年全国各省（自治区、直辖市）的省际贸易差额进行测算①，发现我国西部地区的大多数省际贸易呈逆差状态，并且逆差额持续增加，以云南、贵州、西藏等省最为典型。云南省际贸易逆差持续扩大，抵消了投资、消费和外贸净出口对经济增长的贡献，抑制了云南的经济增长。云南省经济基础薄弱，经济总量小，增长质量较差，需要保持较高的增长速度才能解决经济社会发展中的许多问题，但由于巨额的省际贸易逆差对 GDP 的扣减作用，以及对经济增长的抑制作用，使云南与东部发达省份的经济增长差距扩大。云南省际贸易逆

① 由于 2010 年投入产出表没有拆分出口和国内调出、进口和国内调入，因此本部分的净调入和净调出均指总净调入和总净调出。

差持续扩大是云南产业整体竞争力减弱的体现。

省际贸易顺差持续增加是本省产品在外省的市场销售额不断高于外省产品在本省的市场销售额，反映出本地产业的竞争力不断增强；相反，省际贸易逆差持续增加是本省产品在外省的市场销售额不断低于外省产品在本省的市场销售额，反映出本地产业的竞争力不断减弱。下面从具体行业的产品调入与调出，考察2007年以来云南产业竞争力变化。

1. 2007年以来产品净调入不断增加反映出产业整体竞争力呈减弱趋势

按3个部门（行业）划分，1997年全省产品和服务调出557.77亿元，调入600.40亿元，净调入为42.62亿元，其中：农产品净调出10.39亿元，工业产品净调入115.85亿元，服务净调出71.42亿元，属净调入省份。到2007年，产品及服务调出3 045.35亿元，调入3 862.06亿元，净调入为816.71亿元，其中：农产品净调出61.19亿元，工业产品净调入777.03亿元，服务净调入100.87亿元，仍属净调入省份。到2010年，产品及服务调出3 145.48亿元，调入5 766.79亿元，净调入为2 623.31亿元，其中：农产品净调入65.14亿元，工业产品净调入2 180.32亿元，服务净调入375.8亿元，仍属净调入省份。通过三个年份的对比，净调入总额不断扩大，重点是工业产品净调入额越来越大，说明云南省的工业化进程缓慢，工业产品竞争力不断减弱；农产品由净调出转为净调入但占比越来越小，说明农产品竞争力也呈减弱趋势；随着云南旅游服务业的快速发展，服务净调入在2005年后不断扩大，竞争力有所减弱。

按42个部门（行业）划分，云南省2007年净调入的部门25个，净调出的部门有11个，没有调出和调入的部门6个。到2010年净调出的部门下降到9个，净调入的部门上升到28个，说明这4年里竞争力弱的部门（行业）增加了2个，竞争力强的部门（行业）相应地减少了2个。

2. 传统优势产品净调出下降，高新技术产品净调入增加，表明云南产业竞争力减弱的重点是传统优势产业竞争力减弱

云南省净调出产品部门（行业）的净调出总额虽由2007年的2 000.42亿元上升到2010年的2 261.88亿元，但部门（行业）却减少了2个。表10－6列出了云南净调出部门及排序，可以看出以烟草和制糖为主的食品制造及烟草加工业竞争力增强，金属冶炼及压延加工业、电力等云南传统资源型产业竞争力明显增强，由于云南旅游业快速发展而带动的住宿和餐饮业竞争力也有所增强。天然林禁伐后，木材加工及家具制造业从净调出转为净调入，说明云南林产品、农产品竞争力也呈减弱趋势。

表 10－6　　云南省净调出产品部门前 10 位及净调出额排序　　单位：亿元

排序	2007 年		2010 年	
1	金属冶炼及压延加工业	1 062. 23	金属冶炼及压延加工业	993. 81
2	食品制造及烟草加工业	693. 57	食品制造及烟草加工业	658. 68
3	电力、热力的生产和供应业	105. 95	电力、热力的生产和供应业	209. 33
4	农林牧渔业	61. 19	金融业	155. 03
5	住宿和餐饮业	25. 14	住宿和餐饮业	111. 94
6	批发和零售业	17. 01	化学工业	87. 63
7	金融业	16. 38	建筑业	34. 72
8	房地产业	8. 94	房地产业	10. 67
9	租赁和商务服务业	6. 93	居民服务和其他服务业	0. 08
10	水利、环境和公共设施管理业	2. 95		
	净调入前 10 个部门合计	2 000. 29	净调出前 10 个部门合计	2 261. 88
	全省（11 个净调出部门）净调出合计	2 000. 42	全省（9 个净调出部门）净调出合计	2 261. 88

资料来源：《云南省 2007 年投入产出表》。

云南省净调入产品部门（行业）的净调入总额由 2007 年的 2 817. 13 亿元上升到 2010 年的 4 883. 19 亿元，表 10－7 列出了云南省净调入前 10 个部门（行业）及排序，可以看出净调入最高的前 10 个部门净调入额不断扩大，从 2007 年的 2 456. 36 亿元扩大到 2010 年的 4 189. 11 亿元。这 10 个部门的特点是：（1）云南没有资源优势的石油加工及炼焦业、纺织服装鞋帽皮革羽绒及其制品业、金属矿物制品业、金属矿采选业；（2）云南没有技术优势的交通运输设备制造业，通用、专用设备制造业，造纸印刷及文教用品制造业，电气机械及器材制造业，通信设备、计算机及其他电子设备制造业；（3）云南已丧失发展机遇的交通运输及仓储业等。因此，无论是生产生活需求量大的劳动密集型产业，还是高技术产业，云南的竞争力都在明显减弱，省内市场不断被省外产品挤占。

表 10－7　　云南省净调入产品部门前 10 位及净调入额排序　　单位：亿元

排序	2007 年		2010 年	
1	通用、专用设备制造业	－600.50	交通运输设备制造业	－2 621.31
2	金属矿采选业	－464.16	通用、专用设备制造业	－1 014.24
3	交通运输设备制造业	－428.64	金属矿采选业	－846.93
4	石油加工、炼焦及核燃料加工业	－281.96	交通运输及仓储业	－510.50
5	纺织服装鞋帽皮革羽绒及其制品业	－152.61	通信设备、计算机及其他电子设备制造业	－448.15
6	通信设备、计算机及其他电子设备制造业	－148.41	电气机械及器材制造业	－351.94
7	电气机械及器材制造业	－144.57	石油加工、炼焦及核燃料加工业	－343.68
8	交通运输及仓储业	－80.41	纺织服装鞋帽皮革羽绒及其制品业	－307.71
9	煤炭开采和洗选业	－79.21	金属制品业	－235.96
10	造纸印刷及文教体育用品制造业	－75.88	造纸印刷及文教体育用品制造业	－129.99
	净调出前 10 个部门合计	－2 456.36	净调出前 10 个部门合计	－4 189.11
	全省（25 个净调入部门）净调入合计	－2 817.13	全省（28 个净调入部门）净调入合计	－4 883.19

资料来源：《云南省 2007 年投入产出表》。

10.4　云南旅游开放能力分析

旅游业的开放是云南产业开放的重要组成部分，云南旅游资源的多样性使云南省的旅游业国际程度相对较高，但近年来国际旅游增长缓慢，产业发展能力有待提高。

10.4.1　云南旅游业开放发展现状

旅游业是云南省开放最早、引进外资最早的行业之一，吸引外资输入、招徕海外优秀人才等措施帮助云南旅游业走在全国前列。但从 30 年的发展结果来看，“引进来”并未明显促进“走出去”。

2005～2013 年旅游业主要经济指标翻番，成为云南历史上发展速度最快的时期。2005～2013 年，全省接待国际游客由 150.00 万人次增加到 288.00 万人次，旅游外汇收入从 5.28 亿美元增加到 24.18 亿美元，旅游总收入由 430 亿元增加到 2 111.24 亿元。然而，同期云南省旅游业总收入和国际旅游（外汇）收入在国内各省市间的排名却同比下降，分别从第 14 位降至 16 位和第 8 位降到第 9 位。

从接待国际游客和外汇收入来看，1997～2013 年云南国际旅游外汇收入占比平均为 2.5%，而云南接待国际游客占比平均却高达 10.65%，说明云南接待国际游客与创造的外汇收入不匹配，单人次游客创造的外汇收入远低于全国平均水平。具体来看，1997～2013 年云南单人次游客创造的外汇收入平均为 394.66 美元，而同期全国水平为 1 660.56 美元，云南仅为全国水平的 1/4，云南国际旅游发展模式相对粗放，创造的附加值低（见表 10－8）。

表 10－8　　1997 年来中国和云南接待国际游客和外汇收入情况

年份	中国			云南			国际游客占比（%）	外汇收入占比（%）
	国际游客（万人次）	外汇收入（亿美元）	单人次外汇收入（美元）	国际游客（万人次）	外汇收入（亿美元）	单人次外汇收入（美元）		
1997	742.80	120.74	1 625.47	81.00	2.64	325.93	10.90	2.19
1998	710.77	126.02	1 773.01	76.00	2.61	343.42	10.69	2.07
1999	843.23	140.99	1 672.02	104.00	3.50	336.54	12.33	2.48
2000	1 016.04	162.24	1 596.79	100.00	3.39	339.02	9.84	2.09
2001	1 122.64	177.92	1 584.84	113.10	3.67	324.50	10.07	2.06

续表

年份	中国			云南			国际游客占比（%）	外汇收入占比（%）
	国际游客（万人次）	外汇收入（亿美元）	单人次外汇收入（美元）	国际游客（万人次）	外汇收入（亿美元）	单人次外汇收入（美元）		
2002	1 343.95	203.85	1 516.80	130.00	4.19	322.31	9.67	2.06
2003	1 140.29	174.06	1 526.45	100.00	3.40	340.14	8.77	1.95
2004	1 693.25	257.39	1 520.09	110.00	4.22	384.05	6.50	1.64
2005	2 025.51	292.96	1 446.35	150.00	5.28	352.01	7.41	1.80
2006	2 221.03	339.49	1 528.53	181.00	6.58	363.78	8.15	1.94
2007	2 610.97	419.19	1 605.50	222.00	8.60	387.39	8.50	2.05
2008	2 432.53	408.43	1 679.03	250.00	10.08	403.02	10.28	2.47
2009	2 193.75	396.75	1 808.55	284.00	11.72	412.75	12.95	2.95
2010	2 612.69	458.14	1 753.52	329.00	13.24	402.33	12.59	2.89
2011	2 711.20	484.64	1 787.55	395.00	16.09	407.24	14.57	3.32
2012	2 719.15	500.28	1 839.84	458.00	19.47	425.13	16.84	3.89
2013	2 629.03	516.64	1 965.14	288.00	24.18	839.65	10.95	4.68
平均			1 660.56			394.66	10.65	2.50

资料来源：国家统计局数据库。

10.4.2 云南发展国际旅游业存在的主要问题

在国内省市间旅游业竞争加剧的形势下，单纯依赖丰富旅游资源吸引外来游客（尤其是国内游客）的发展模式正面临巨大挑战。

1. 云南传统旅游业发展所依靠的旅游资源赋存现状不容乐观

长时间、大规模的客流引入给旅游地带来诸多负面影响，自然环境污染、资源消耗过度的问题较为突出。更严重的是，大量旅游者长期介入不仅严重干扰了当地人的生活方式，还造成了持续的文化冲击。这些负面效果已经影响到云南旅游业的可持续发展，甚至在一些地方出现了“旅游废都”现象。

2. 传统旅游行业竞争趋向白热化

以酒店、饭店、旅行社和景区等为主体的传统旅游行业提供的产品老化，市场吸引力有限。而低价揽团、低质服务等现象又使这种情形愈加恶化。恶性循环的结果导致行业人才流失，市场竞争无序，利润率上升空间受限。其主要表现就是接待游客人数虽然上升，但旅游收入增长乏力。同时，以网络旅行集成供应商为主的新型旅游业态逐步占据大量市场份额，而技术、资金和人员不足的本地旅游业却眼睁睁地错失互联网经济带来的巨大商机。

3. 云南旅游企业自主性及自觉性欠缺

旅游产品的对外销售，长期依赖国家、省政府及旅游局组织的海外宣传促销和境外旅行商，本省旅游企业很少在境外进行自主营销。旅游企业是旅游业发展的主体，其在跨国经营过程中长期缺位不利于云南旅游资源走向国际，不利于扩大海外游客量，不利于旅游企业的发展。

4. 云南旅游企业业务扩展形式单一，发展视野狭窄

云南旅游企业经营范围基本围绕游客展开，集中在传统旅游业的食宿、游玩、交通、购物等领域，而高端旅游产业如电子商务、资源开发和咨询等罕有涉及。从促进旅游业国际化的思路和实践看，企业的发展思路基本还停留在客流引入层面，重视大量客流所带来的基础性消费收益而忽视高层次旅游延伸服务输出带来的附加收益。其主要表现就是缺乏由资金流、信息流所支撑的旅游企业和旅游服务，在旅游服务贸易中海外客流输入远远多于资金和信息的旅游服务输出。可见，无论是在思想上还是在实际行动中，云南旅游企业跨国经营都有很大提升空间，旅游国际化步伐有待加快。

10.5　云南产业通过资本市场融资的能力

资本市场是地区产业发展中获取资本要素的直接融资渠道。云南产业利用资本市场融资的规模比较小，产业门类比较少，反映出利用资本市场发展产业的能力比较弱。

10.5.1 云南资本市场发展现状

产业要发展需要资金的支持，而资本市场是企业融资的重要手段。1993 年 12 月 15 日，云南首家上市公司——云南白药在深交所上市，至 2014 年，云南上市公司总计 29 家。经过多年的发展，云南上市公司获得了巨大发展，各上市公司业绩呈稳步上升趋势，并且在一些行业已具备一些优势，部分上市公司甚至已发展成全国性龙头企业，不但上市公司实力得到了巨大提高，还为云南经济的发展做出了积极贡献。即使 2008 年开始的金融危机，使云南省上市公司的业绩和市值随着全国股市的大幅下跌而下滑，但云南上市公司的股票每股收益、净资产收益仍高于全国平均水平。整体来看，云南省 29 家上市公司呈现出以下特点：有色金属冶炼、林业、旅游景点、中药等行业相对集中，均是云南的支柱产业。其中，有色金属冶炼行业共有 7 家上市公司，占全部 A 股同行业家数的 10% 以上，云南铜业、贵研铂业、驰宏锌锗、云铝股份等属于行业的龙头公司。林业行业虽然只有景谷林业、云投生态，却是西部 11 个省区仅有的两家上市公司，占全部 A 股同行业家数的 25%，占有举足轻重的行业地位。旅游行业的丽江旅游、云南旅游与四川省的峨眉山 A 形成西部 11 个省区同行业上司公司家数的三足鼎立，占全部 A 股同行业家数的 20%。中药行业的云南白药、昆明制药是云南乃至全国知名的中药生产企业，特别是云南白药总资产高居全国同类上市公司的第三名。此外，云内动力、昆明机床、南天信息、云天化等其他行业的上市公司，在 A 股市场也具有较大的影响（见表 10－9）。

表 10－9　　云南上市公司产业分布

产业	行业	上市公司	数量	数量
第一产业	林业	景谷林业、云投生态	2	2
第二产业	有色金属矿采选业	驰宏锌锗	1	19
	有色金属冶炼和压延加工业	云铝股份、云南铜业、锡业股份、罗平锌电、贵研铂业、云南锗业	6	

续表

产业	行业	上市公司	数量	数量
第二产业	石油加工、炼焦和核燃料加工业	云维股份、云煤能源	2	19
	电力、热力生产和供应业	文山电力	1	
	非金属矿物制品业	博闻科技	1	
	化学原料和化学制品制造业	云天化、云南盐化	2	
	汽车制造业	西仪股份	1	
	通用设备制造业	昆明机床、云内动力	2	
	医药制造业	云南白药、昆明制药、沃森生物	3	
第三产业	房地产业	美好集团、云南城投	2	8
	公共设施管理业	丽江旅游、云南旅游	2	
	金融业	太平洋证券	1	
	软件和信息技术服务业	南天信息	1	
	零售业	昆百大、一心堂	2	

资料来源：作者自己整理。

10.5.2　云南资本市场发展中存在问题

截至 2014 年，云南共有上市公司 29 家，但在全国和西部都处于末位。根据云南的“五大”支柱产业，在行业分布和整体结构上，云南上市公司绝大多数处于第二产业中，并且价值创造能力较强的公司主要依靠自然资源，缺少综合经营大型企业集团和具有较大发展潜力的新兴技术企业，这对云南上市公司价值创造能力的可持续能力构成了影响。虽然云铝股份、云南铜业、贵研铂业、驰宏锌锗、锡业股份几家初步形成云南有色板块，云南白药、昆明制药组成了医药板块，这在一定程度上显示了云南省优势产业的特征，但是对云南的旅游、水电优势却分别只有丽江旅游和文山电力两家上市公司，这种现状并不利于云南优势产业的培育和产业链的拉动，云南资本市场发育的相对缓慢和滞后，已成为制约全省经济和金融发展的“瓶颈”因素。

与国内一些经济发达省市相比，云南资本市场发展还比较滞后，还适应不了经济社会发展的需要，主要为：一是绝对数量少；二是发展规模较小；三是行业分布不均衡，作为云南省优势产业的公路运输、花卉、橡胶、制糖、制茶、烟草及配套等行业，至今尚无上市公司；四是经济性质分布不均衡，目前的上市公司均由国有企业改制而成，没有民营企业直接上市；五是后备资源的培育力度还不够，资本市场为云南经济社会发展的服务功能还有待加强。

10.6 提升云南产业开放能力的建议

10.6.1 通过对外直接投资提升传统产业

1. 以产业合作推动外向型企业发展

云南周边国家产业发展水平有限，特别是缺少进一步对资源类商品进行加工利用的能力。云南与周边国家在产业合作方面有较大空间，可以充分发挥云南本土企业的核心优势。周边国家存在能源不足的问题，而云南省在电能开发方面有着丰富的经验和雄厚的施工力量，可以在电能开发方面进行产业合作。周边国家矿产资源丰富，云南省矿产资源勘探、开采、冶炼的技术水平比较高，双方在这方面具有较大的合作潜力。农业合作方面双方也有较大的互补性。

2. 动态地选择对外直接投资产业重点

对外直接投资产业选择的国际经验表明，不管是美、日等发达国家还是亚洲新兴工业化国家与地区，其产业选择大都经历了从资源开发型——制造业——第三产业为主的发展过程。云南对外直接投资产业分布状况表明，资源开发业一直是云南对外直接投资的重点。国际经验表明，虽然资源开发业是对外直接投资初期的重点投资行业，但随着一国对外直接投资的发展，其所占比重呈明显的下降趋势。云南现阶段面临着经济结构和产业结构转型的任务，而制造业的对外直接投资能更有效地实现国内产业结构调整的目标。因此，云南当前对外直接投资的产业选择应从以资源开发业为主转向以制造业为主，加大制造业对外投资的力度。

3. 云南对外直接投资的产业选择方向应与省内产业结构高度化的发展趋势相一致

无论是美国、日本还是亚洲新兴工业化国家与地区，当前它们对外直接投资的产业重点大都落在了第三产业上。同时，它们对高技术产业的对外投资也呈上升趋势。这表明当对外直接投资发展到一定阶段后，其产业选择与国内支柱产业的选择会出现一定程度的吻合。当然，云南目前的对外直接投资还处于起步阶段，产业结构的层次还比较低，因此不可能盲目地要求第三产业和高技术产业成为对外直接投资的重点。但是，这些产业代表了云南未来对外直接投资产业重点的发展方向，在推动产业结构升级方面大有可为。凡是高新技术行业，其海外投资能够及时追踪、获取国外最新技术成果，分享国际技术资源，带动省内产业的发展。因此，对学习型对外直接投资而言，投资的重心应落在技术密集型产业，也就是那些高新技术含量大、产品附加值高的行业上。这符合对外直接投资的辐射效应基准和产业结构高度同质化基准。

10.6.2　通过更高层次的“引进来”促进开放型经济发展

在新的历史条件下，利用外资仍是云南充分利用国际国内两个市场两种资源的重要手段，对云南经济社会发展具有重大的战略性意义。要稳定规模、优化结构、提升水平，着力解决好新情况、新问题，通过更高层次的“引进来”来进一步促进开放型经济的发展。

1. 进一步加强投资环境建设

持续优化公共服务与管理，不断完善市场体系，在加强基础设施建设、营造良好投资硬环境的同时，更要重视投资软环境的建设。尤其要着重加强依法行政、改进政府服务，加强投资环境宣传，强化市场法治、改善市场信用，在优化环境、促进环保等方面多下功夫，为投资者提供公平、稳定、透明的投资环境。

2. 依法保护外商投资企业合法权益和加强知识产权保护

提高保护知识产权意识，加强知识产权立法，加强知识产权管理制度建设，切实强化对外商投资权益和知识产权保护，使外资企业真正在我国经济发展中迎来更加广阔的发展前景。同时，也要加强监管力度，努力消除外资垄断，在《反垄断法》基础上完善操作性更强的配套规章制度，保护我国的产业安全，确保经济发展主动权。

3. 继续优化利用外资的结构

统筹云南产业结构升级，正确引导外资投向，鼓励外商投资高端制造业、高新技术产业、战略性新兴产业、现代农业、现代服务业和节能环保产业等，严格控制高载能、高污染和低效率外资项目。继续有步骤、有选择地推进服务业开放，深化服务业改革，创造高效便捷的服务业发展环境，建设有利于更好地承接国际服务业转移的特殊区域，加快人才的培养和引进。统筹吸收外资与自主创新，着力提高对服务业外资企业技术和管理经验的消化、吸收和再创新能力，在更高层次上发挥外资企业对云南服务业发展的积极效应。

4. 要加强“引资”与“引智”相结合

要大力鼓励和提倡跨国公司在云南设立采购中心、研发中心和地区总部等功能性机构，发展相关配套产业。鼓励跨国公司增加研发投入，支持外商投资企业与内资企业、科研机构优势互补、共同研发、共享成果，合作申请国家科技开发项目、创新能力建设项目等，扩大技术的溢出效应。

10.6.3 通过扩大对外贸易提升云南产业竞争力

1. 积极参与国内区域经济合作

目前云南商品主要流向地区扩大省际贸易规模，要积极促进南贵昆经济区建设，推进滇黔贵经济一体化进程；积极促进云南融入成渝经济区合作，大力参与泛珠三角经济区合作，努力扩大云南省与西南、华南地区各省份的省际贸易流量，在此基础上，稳步扩大与其他区域的合作。

2. 以优势特色和全国市场为导向，加快产业结构调整步伐，加快推进经济发展方式转变

加大力度引进国内大型企业集团，加强与发达省份的企业合作，对于距离远的省份，构筑产业联盟，互换市场；加强市场营销队伍建设，加快市场营销人才培养，奖励市场营销优秀人才；构建全国营销网络，拓展新型营销模式。千方百计提升云南产品竞争力，扭转省际贸易逆差持续扩大的不利局面。

3. 加快交通基础设施建设步伐，降低云南产品到全国各地市场的运输成本

目前云南交通较为便利的区域还主要集中在滇中区域，与其他省份接壤地区交通基础设施落后的问题还很突出，需要进一步加快出省的交通基础设施建设，尽快形成出省多通道、快速化、便捷化的出省通道，降低云南产品到全国各地市场的运输成本。

4. 以消费需求为导向加快培育出口企业

具体的措施包括：（1）从第二产业来看：加大对食品制造及烟草加工业，纺织服装鞋帽皮革羽绒及其制品业，化学工业，交通运输设备制造业，电力、热力的生产和供应业，建筑业 6 大产业在融资、投资等各方面的支持力度，为这些产业的发展转型升级提供更好的发展环境，进而为居民消费需求提供坚实的物质基础。（2）从第三产业来看：批发和零售业，房地产业，教育、卫生、社会保障和社会福利业，公共管理和社会组织 5 大产业提供的最终消费品数量最多，除房地产业主要是由于房价高涨消耗了居民的大部分收入外，其他四大产业都和居民的生活息息相关，也需支持这四大产业的发展。（3）引导交通通信和餐饮住宿类产业的发展。近年来，交通通信和餐饮住宿已成为新的消费热点，随着收入水平的提高及人们对生活质量要求的提高，对服务性消费的需求会逐渐的增长，这一方面会创造新的消费增长点，也是第三产业发展和转型升级的方向。

5. 调整投资结构

从投资产业结构、资金来源结构的角度来看，金融危机以来云南投资结构调整作用不是很明显，投资资金来源过度依赖国家预算内资金、利用外资比重非常低。云南各产业动态效率是有区别的，有些产业资本积累过度，因此，在进行投资时，需要考虑投资结构的问题。因此，调整投融资结构对云南经济发展来说非常必要，具体措施如下：（1）从投资资金来源结构来看，一方面，推动民间资本进入基础设施、基础产业、金融服务、社会服务等领域。结合当前实际，可在市政公用、文化旅游、健康养老、医疗卫生、交通物流、农林水利、教育培训、工业地产等行业，放宽民间资本准入。另一方面，利用国家推进“一带一路”战略给云南带来的机遇，继续加大引进外资的力度。（2）从三次产业投资效率的角度，逐步地加大投资效率较高的产业的投资；逐步减少高污染、高能耗且投资效率低的产业投资。

6. 加大对净调入产业的投资和支持，确保经济稳定健康增长

从三次产业的净调入比例来看，2010 年三次产业净调入比例分别为 2.49%、83.18%、14.34%，三大产业都是净调入产业，因此需调整各产业内部结构，做到各产业产品基本能满足本地需求，进而为经济增长和产业的转型升级做出贡献。具体措施如下：(1) 以本地需求为导向推进农业产业结构调整，切实推进农业产业化和农产品精深加工。2007 年云南第一产业还是一个净调出产业，而 2010 年则变为了净调入产业，说明经过 3 年多的时间，云南本地的农产品已越来越不能满足本地居民的需求。(2) 加快发展装备制造业等传统制造业，满足本地需求。2010 年通用、专用设备制造业和交通运输设备制造业净调入占比分别为 32.31% 和 38.69%，占了总净调入额的 71%，只要解决了这两大产业的净调入问题，云南净调出对经济增长负拉动的问题就能得到解决。(3) 推进第三产业结构调整，着力推进交通运输及仓储业的发展。从 2010 年净调入来看，第三产业中净调入占比最大的交通运输及仓储业为 17.10%，其他产业的净调入占比都较小。因此，进一步转变交通运输企业经营方式，通过技术经济政策等手段，引导其转变经营方式，改善管理水平，提升产业的核心竞争力，实现粗放式经营模式向节约型、精益经营模式的转变。注重精细管理，避免粗放经营，运用现代物流技术和管理方式，利用较少的物流资源完成尽可能多的物流量。对创新运输组织方式、提高运输组织化程度、采用现代技术改造传统运营体系等方面，在政策上予以必要的支持和倾斜。

10.6.4 通过国际旅游推动云南旅游产业大发展

云南省根据世界旅游业发展趋势及当前旅游市场需求，积极推进旅游“二次创业”，大力发展休闲旅游，加快旅游产业转型升级，使旅游产业从观光型向观光、休闲、康体、商务会展等复合型旅游产业提升，着力打造了如滇池、腾冲、泸沽湖、抚仙湖、丽江玉龙雪山、西双版纳等一大批知名景区，有力地提升了云南旅游产业的市场竞争力，吸引大量的国内外高端游客，满足了不同的游客特别是国外游客多层次、差异化的旅游消费需求。加快旅游产业的发展，既能够拉动就业增长，促进城乡统筹发展、生态文明建设与社会和谐，实现云南经济社会又好又快发展，又是全面落实科学发展观，探索云南经济社会特色发展道路的战略抉择。促进云南旅游产业国际化发展的建议如下。

1. 提升要素水平，优化产业结构

以市场需求为导向，遵循产业发展规律，优化提升"行、游、住、食、购、娱"等基本要素，具体来说就是，改革促进旅行社业发展方式转变，优化饭店业存量和质量，实现旅游景区业优化升级，大力推进旅游商品开发，打造品牌旅游餐饮和娱乐，构建便捷安全舒适的现代旅游交通，实现产业对接与融合发展。

2. 扩大开放水平，推进国际化发展

本着"走出去"和"引进来"相结合的原则，进一步探索对外开放的新形态，建立全方位、多层次、深度化的合作，实现国际化发展。深化旅游要素市场对外开放，支持旅游企业"走出去"，进一步拓展国际旅游合作交流，积极推进国际次区域旅游合作，全力塑造国家旅游整体形象。

3. 完善监管体系，提高游客满意度

建立以游客满意度为核心的旅游服务质量管理体系，持续推进旅游服务整体质量提升，全面提升旅游从业人员服务水平，强化旅游市场监管力度，建设旅游行业诚信体系，不断提升国民旅游素质，建立旅游服务质量长效机制。

4. 继续完善交通等基础设施建设

发展旅游，交通优先。依托昆明新机场，开辟更多新的国内外航线；积极推进"泛亚铁路"建设；加强澜沧江—湄公河等国际水路航运基础设施建设；充实和完善交通的旅游功能，加强旅游配套服务设施建设。

10.6.5　着力培育知名企业上市

1. 着力培育特色高新技术企业上市

为适应当前经济发展趋势的变化，云南省必须以地区资源和区位优势为依托，通过股份制改革和重组，鼓励和扶持从事与东南亚、南亚等周边国家和地区的外贸和物流经济，利用云南生物资源优势鼓励相关高新技术企业上市，让云南上市公司在整体产业布局格局中呈现出更为活跃的多元化元素，培育特色经济，走出一条具有民族特色、地区特色和体制特色的特色经济道路，才能在竞争激烈的国际市场中立于不败之地。

2. 积极推动更多的旅游公司上市

云南作为拥有少数民族最多的一个省区，拥有极为丰富的旅游资源和巨大的开发价值。积极推动更多的旅游公司上市，一方面将极大地促进少数民族地区旅游资源的开发利用，在展示当地雄伟秀丽的自然风光和丰富多彩的民族文化的同时，也为当地的民族群众提供了充分的就业机会，帮助各个少数民族打开了传统手工品、民族餐饮和农副土特产的广阔市场；另一方面，大力发展低消耗、高回报的绿色第三产业，符合云南省优化自身产业结构的需要和要求。

第 11 章　云南产业发展能力：产业创新

实施创新驱动发展战略，充分发挥科技第一生产力对经济社会发展的支撑引领作用，是当前加快建设创新型云南、推进云南科学发展、和谐发展及跨越发展、谱写中国梦云南篇的伟大实践中的重要举措。2008 年，围绕我国 2020 年建成创新型国家目标，省委、省政府结合实际启动实施了建设创新型云南行动计划，组织实施重点产业创新、重点行业和企业重大技术改造、节能减排科技创新、农业科技创新、创新型企业培育、创新平台建设、高层次科技人才培养、公民科学素质提升等八大工程，成效显著。2013 年云南省启动实施新一轮建设创新型云南行动计划（2013～2017），新一轮建设以六大工程（重大科技专项工程、重大新产品开发工程、重大科技成果转化工程、重大科技基础设施与创新创业环境建设工程、科技创新平台建设提升工程、高层次科技创新创业人才培引工程）为重点，充分发挥科技对经济社会发展的强大支撑引领作用。在建设创新型云南行动计划中，产业创新显得尤为重要。一个区域的创新效率和效果都是通过这个区域内的产业发展体现的，产业的创新效果也是一个特定区域下的创新产业的效果，提高产业创新能力已经成为促进产业发展及增强产业竞争力的核心。因此，本书根据现有的 2011 年、2012 年统计数据，采用新产品产值率、新产品销售收入与主营业务收入的比值、R&D 经费投入强度、专利（主要是有效发明专利数）、R&D 项目数等指标重点分析工业行业的产业创新现状及发展能力。

11.1 云南工业行业创新发展评价

根据云南省工业行业的新产品产值率与全国平均水平的比较，将云南省的36个工业行业主要分为3类，发现：新产品产值率高于全国平均水平的行业有9个，这9个行业虽然增长速度快，但所占比重很小；新产品产值率接近全国平均水平的行业有8个，这8个行业所占比重也不高，增长速度慢；新产品产值率低于全国平均水平的行业有19个，这19个行业所占比重接近80%，且增长速度较快。反映出云南工业整体上的产业创新发展能力弱。

11.1.1 云南工业行业中新产品产值率低的行业多、比重高

在全省36个工业行业中，新产品产值率高于全国平均水平的有9个行业，分别是铁路、船舶、航空航天运输设备制造业，计算机、通信和其他电子设备制造业，仪器仪表制造业，印刷和记录媒介复制业，医药制造业，通用设备制造业、造纸及纸制品业，酒、饮料和精制茶制造业，非金属矿采选业；新产品产值率接近全国平均水平的有8个行业，分别是：电气机械和器材制造业、橡胶和塑料制品业、有色金属冶炼和压延加工业、食品制造业、石油和天然气开采业、黑色金属矿采选业、燃气生产和供应业、水的生产和供应业。其他的19个行业为新产品产值率低于全国平均水平的行业。以2006年为基期，2006～2012年新产品产值率高于全国平均水平的9个行业的年均增长达到16.8%；新产品产值率接近全国平均水平的9个行业年均增长10.3%；新产品产值率低于全国平均水平的19个行业年均增长15.2%。新产品产值率高的行业增长快，新产品产值率低的行业次之，新产品产值率接近全国平均水平的行业增长速度相对较慢（见图11－1）。

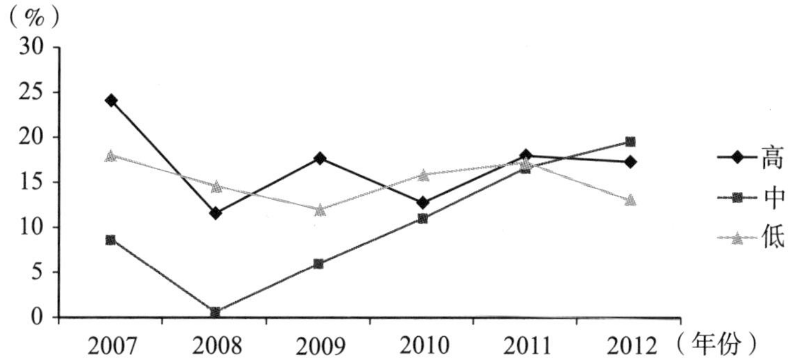

图 11－1　新产品产值率高于、接近、低于全国的行业增加值增长率

从工业增加值结构看，2006～2012 年新产品产值率高于全国平均水平的 9 个行业在工业增加值中的比重较低，还不到 10%；而新产品产值率接近全国平均水平的 8 个行业在工业增加值中的比重也不高，在 10% 左右变化；新产品产值率低于全国平均水平的行业在工业增加值中的比重最高，均保持在 80% 左右的水平，且有一定的增加趋势（见图 11－2）。

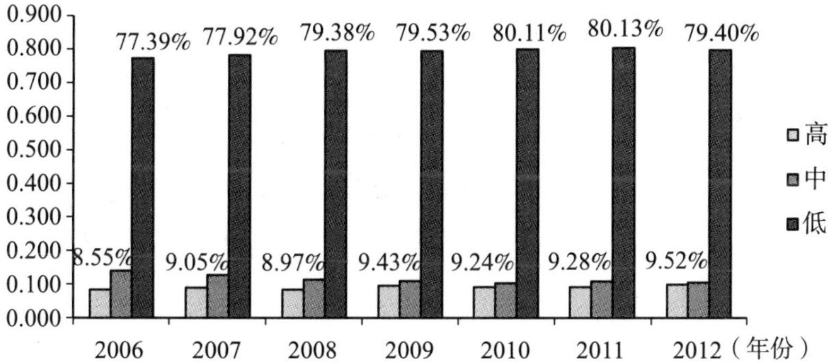

图 11－2　新产品产值率高于、接近、低于全国的行业增加值比重

11.1.2　新产品产值率高于全国平均水平的 9 个行业

如图 11－3 所示，在 36 个工业行业中，2011 年新产品产值率高于全国平均水平的行业有 9 个，仅占全省工业行业的 1/4，比重较小，初步看出云南省的工业行业中创新能力不强。但从新产品产值率、新产品销售收入及研发经费的投入强度来看，与全国相比以上 9 个行业都具有一定的优势，并且在云南省的工业行业中其科技产出上都有显著的成效，长远来看以上行业是云南省工业行业产业创新发展中比较有潜力的行业。

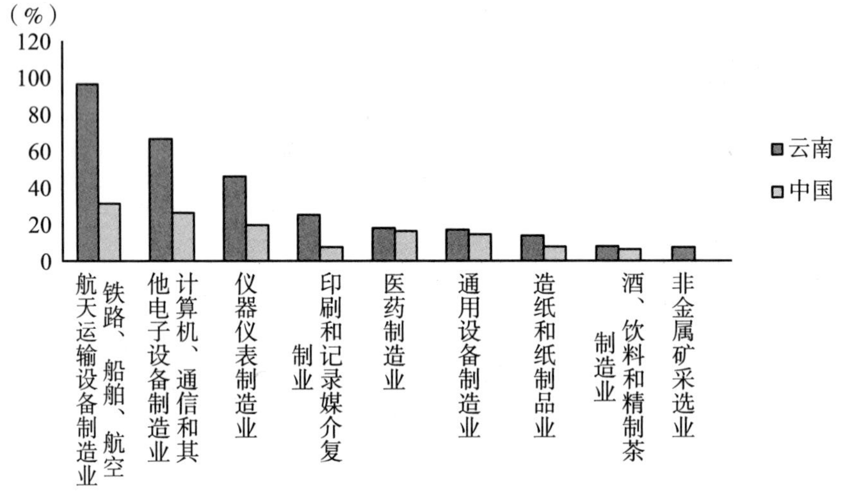

图 11－3　2011 年新产品产值率高于全国平均水平的行业

资料来源：《中国统计年鉴 2012》、《云南统计年鉴 2012》。

从图 11－3 可以看出，云南省以上行业的新产品产值率都高于全国的平均水平，个别行业差距还很明显，例如铁路、船舶、航空航天运输设备业、计算机、通信和其他电子设备制造业、仪器仪表制造业等，仅以 2011 年的新产品产值率不足以说明以上行业的创新能力强，为此进一步分析它们研发经费投入强度、新产品销售收入占主营业务收入的比重。

从图 11－4 可以看出，以上 9 个行业的研发经费投入强度都高于全国平均水平，与前面新产品产值率的分析相对应，可以看出云南省在这些行业中的研发经费投入强度大，比较重视这些行业创新发展能力的提升。从图 11－5 可以看出 2012 年，这 9 个行业的研发经费投入强度有所变化，比较明显的是铁路、船舶、航空航天运输设备制造业和仪器仪表制造业。相应地，这些行业的新产品产值率也有所变化。因国家统计数据不全，无法算出 2012 年国家各行业的新产品产值率并进行对比分析。

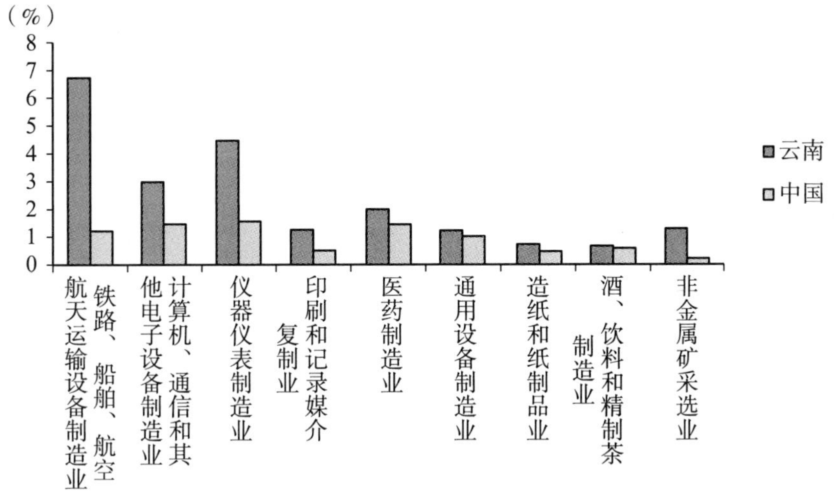

图 11-4　2011 年各行业的研发经费投入强度

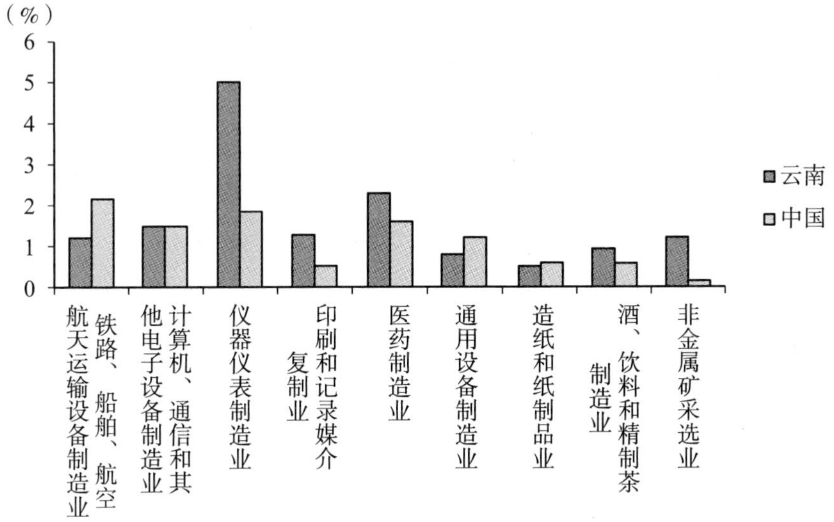

图 11-5　2012 年各行业的研发经费投入强度

从图 11-6 可以看出，2011 年这 9 个行业的新产品销售收入占主营业务收入的比重都高于全国平均水平，与新产品产值率相对应，而 2012 年新产品收入占主营业务收入比重有所变化（见图 11-7），基本可以看出研发经费投入强度、新产品产值率及新产品销售收入占主营业务的比重这三者的变化基本一致，一般可以认为，研发经费的投入强度可以从一定程度上决定行业的新产品产值率及新产品销售收入占主营业务收入的比重。具体各行业的情况如下：

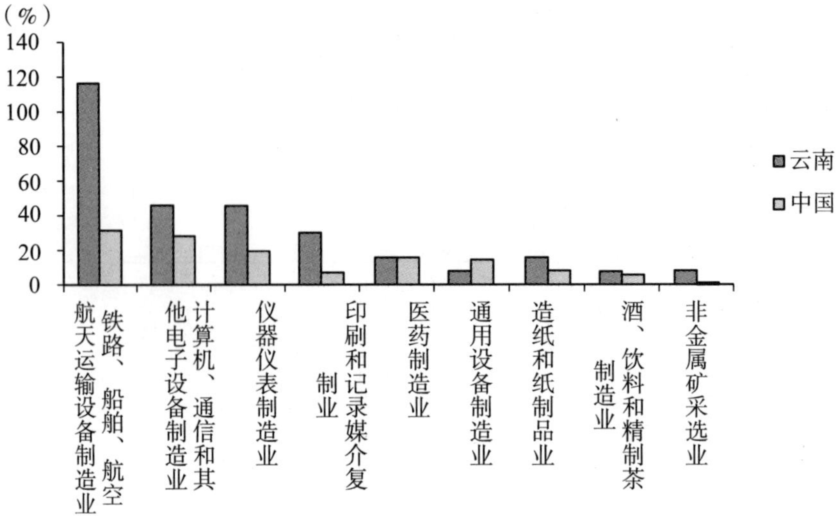

图 11-6　2011 年各行业的新产品销售收入占主营业务收入的比重

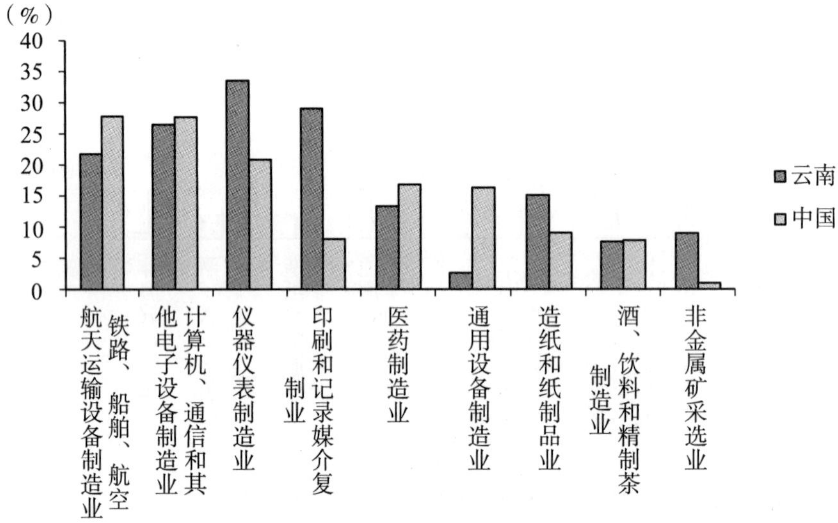

图 11-7　2012 年各行业的新产品销售收入占主营业务收入的比重

1. 铁路、船舶、航空航天运输设备制造业

该行业的创新能力在我省工业行业中比较突出。从新产品销售收入占主营业务收入的比重来看，2011 年云南省该行业的新产品的销售收入占主营业务收入的比重约是全国的 3 倍左右，但 2012 年大幅下降，并略低于全国的平均水平；

从研发投入强度来看，2011 年该行业的研发投入强度高于全国的平均水平，2012 年也呈下降的趋势且略低于全国的平均水平。从科技产出来看，该行业 2011 年的 R&D 项目数为 76 项，在全省 36 个工业行业中排名第 5 位，而 2012 年下降为 10 项，在全省 37 个工业行业中排名第 23 位，就有效发明专利数来看，2011 年该行业的有效发明专利数 68 件，在全省 36 个工业行业中排名第 5 位，而 2012 年下降为 5 件，在全省 37 个工业行业中排名第 25 位。总的来看，该行业 2011 年的相关统计指标水平都高于全国的平均水平，但 2012 年又略低于全国的平均水平，可见云南省该行业的创新发展没有形成稳定的趋势。建设创新型云南行动计划的实施，推动了相应装备制造业创新能力提升。例如 2008 年以来装备制造业共开发新产品 150 项，新工艺 120 余项，解决核心关键技术 80 余项，获专利授权 110 余件，制定标准 140 余项；产品（技术）实现销售收入 82 亿元，利润 7.6 亿元，税收 6.8 亿元。大型铁路养护机械、高速铁路开关、乘用车柴油机、铁路牵引变压器等技术居国内领先水平。

2. 计算机、通信和其他电子设备制造业

平均来看，该行业的创新发展能力略微强于全国的平均水平。从新产品销售收入占主营业务收入的比重来看，2011 年该行业高于全国平均水平，2012 年略低于全国平均水平；类似的研发经费投入强度也有类似的变化趋势。从科技产出来看，2011 年该行业有 R&D 项目数 22 项，在全省 36 个工业行业中排名第 21 位，2012 年有 51 项，在全省 37 个工业行业中排名第 9 位；2011 年拥有有效发明专利数 0 件，2012 年有 24 件，全省 37 个工业行业中排名第13 位。

3. 仪器仪表制造业

该行业的创新能力明显高于全国的平均水平。从新产品销售收入占主营业务收入的比重来看，2011 年远高于全国的平均水平，2012 年有所下降，但仍高于全国的平均水平。从研发经费投入强度来看，2011 年该行业的研发投入强度高于全国的平均水平，2012 年研发的投入强度有所增强，但与全国平均水平之间的差距基本不变。从科技产出来看，2011 年该行业的 R&D 项目数为 24 项，全省 36 个工业行业中排名第 19 位，2012 年增至 25 项，全省 37 个工业行业中排名第 17 位，就拥有有效发明专利数来看，2011 年该行业有 27 件，全省排名第 9 位，2012 年有所增加增至 46 件，但全省排名还是第 9 位。

4. 印刷和记录媒介复制业

综合各指标数据说明该行业在云南省的工业行业中有一定的创新能力，且与全国相比有明显的优势。从新产品的销售收入占主营业务收入的比重来看，2011年该行业的比重远高于全国的平均水平，2012年也如此，但与全国平均水平的差距有所缩小。从该行业的研发经费投入强度看，2011年与2012年都高于全国的平均水平。从科技产出方面来看，2011年该行业的R&D项目数有48项，在全省36个工业行业中排名第11位，2012年有39项，在全省工业行业中排名第12位；2011年拥有有效发明专利数26件，全省排名第10位，2012年有54件，全省工业行业中排名第7位。

5. 医药制造业

医药制造业在云南省的工业行业中创新能力较强，科技成果显著。从新产品销售收入占主营业务收入的比重来看，2011年略高于全国的平均水平，2012年该比重低于全国的平均水平；从研发经费投入强度来看，该行业的2011年和2012年的研发投入强度均高于全国，但差距不是很明显。就科技产出来看，2011年该行业的R&D项目数有310项，全省工业行业中排名第1位，2012年有298项全省排名第2位；2011年该行业拥有有效发明专利数294件，全省排名第1位，2012年拥有452件，居全省之首。目前云南省沃森生物成为国内第一家同时拥有两个细菌结合疫苗上市销售的疫苗企业。昆明医学生物所成为国内最大的脊髓灰质炎和甲型肝炎系列疫苗研制生产单位①。三七、灯盏花、石斛等中药材实现规模化种植，在全国市场占有率达到80%以上。

6. 通用设备制造业

该行业的科技产出在全省比较显著，但与全国相比创新优势明显减弱。从新产品的销售收入占主营业务收入的比重来看，2011年低于全国平均水平，且2012年差距明显变大；从研发经费投入强度来看，2011年通用设备制造业的研发投入强度略高于全国的平均水平，而2012年研发投入强度低于全国的平均水平1.248%。从科技产出来看，2011年该行业的R&D项目数为63项，全省排名第6位，2012年为57项，全省排名第7位；2011年有效发明专利数16件，全

① http://www.most.gov.cn/dfkj/yn/zxdt/201303/t20130306_99995.htm.

省工业行业总排名第 14 位，2012 年有 20 件，全省排名第 14 位。

7. 造纸和纸制品业

该行业的创新能力略微高于全国平均水平。从新产品的销售收入占主营业务收入的比重来看，2011 年与 2012 年均高于全国的平均水平；从研发经费投入强度来看，2011 年该行业的研发经费投入强度略高于全国的平均水平，但 2012 年低于全国的平均水平；从科技产出来看，该行业 2011 年的 R&D 项目数有 40 项，全省工业行业中排名第 12 位，2012 年有 22 项，全省排名第 21 位；2011 年拥有有效发明专利数 15 件，全省工业行业中排名第 15 位，2012 年拥有有效发明专利数 10 件，全省排名第 23 位。

8. 酒、饮料和精制茶制造业

该行业的创新能力与全国平均水平相比优势不明显。从新产品销售收入占主营业务收入的比重来看，2011 年高于全国平均水平，但 2012 年略低于全国的平均水平；从研发经费投入强度来看，2011 年与 2012 年该行业的研发经费投入强度均高于全国的平均水平；从科技产出来看，2011 年酒、饮料和精制茶制造业的 R&D 项目数为 25 项，全省工业行业中排名第 17 位，2012 年有 33 项，全省的工业行业中排名第 14 位；就有效发明专利数来看，2011 年该行业有 19 件，全省工业行业中排名第 13 位，2012 年有 16 件，在全省工业行业中排名第16 位。

9. 非金属矿采选业

该行业的创新能力与全国相比优势明显。从新产品销售收入占主营业务收入的比重来看，2011 年高于全国的平均水平且差距明显，2012 年差距进一步拉大；从研发经费投入强度来看，2011 年与 2012 年该行业的研发经费投入强度均高于全国的平均水平；就科技产出来看，2011 年该行业的 R&D 项目数有 48 项，在全省工业行业中排名第 10 位，2012 年有 35 项，在全省排名第 13 位；就有效发明专利数来看，2011 年非金属矿采选业有 5 件，全省工业中排名第 19 位，2012 年该行业的有效发明专利数 10 件，全省工业行业中排名第 22 位。目前，云南省磷等非金属矿的采选及加工技术水平全国一流，部分达到国际先进水平。

11.1.3 新产品产值率接近全国平均水平的8个行业

在云南省36个工业行业中，比较来看有8个行业的创新发展能力比较接近全国的平均水平（见图11－8），但这也正说明这些行业的创新发展水平有待提高，并且若采取相应的保障和激励措施，这些行业很可能在创新发展上取得突破。

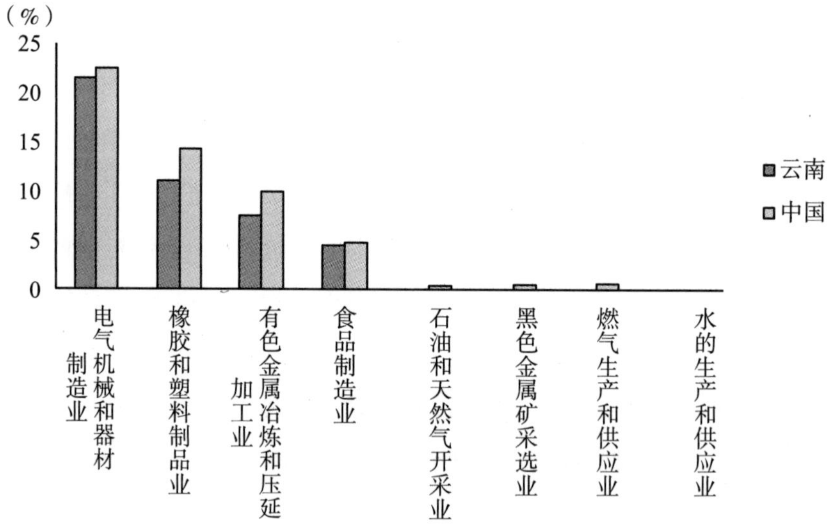

图11－8　2011年云南新产品产值率接近全国平均水平的行业

资料来源：《中国统计年鉴2012》、《云南统计年鉴2012》。

从以上8个行业的新产品产值率可以看出，这8个行业的新产品产值率比较接近全国平均水平，两者之间的差距比较小，所以从整体来看，云南省这些行业的创新能力一般，还不具备相应的创新优势。

从图11－9、图11－10可以看出，2011年及2012年这些工业行业的研发经费投入强度除了石油和天然气开采业及水的生产和供应业外，与全国平均水平基本相当。相比来看，云南省的有色金属冶炼和压延加工业的研发经费强度高于全国，但其新产品的产值上却低于全国平均水平，这表明该行业的科技投入的效率比较低。

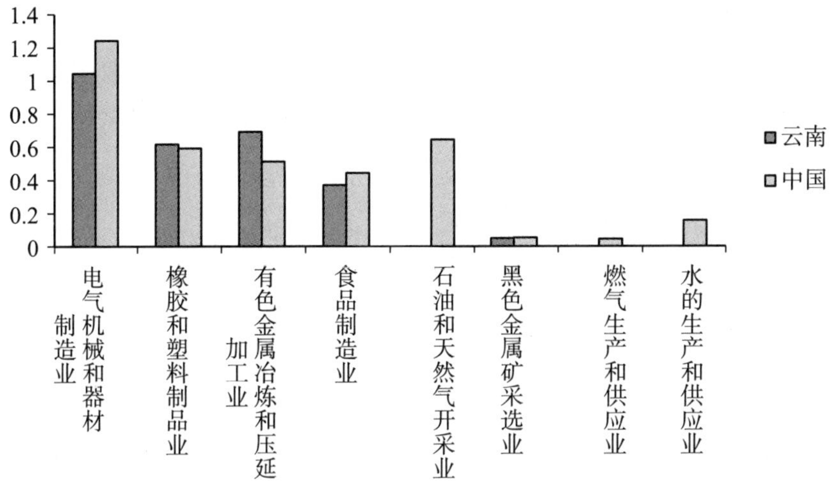

注：研发经费投入强度是指研发经费支出与销售收入的比例。

图 11－9　2011 年各行业的研发经费投入强度

资料来源：《云南统计年鉴》2012。

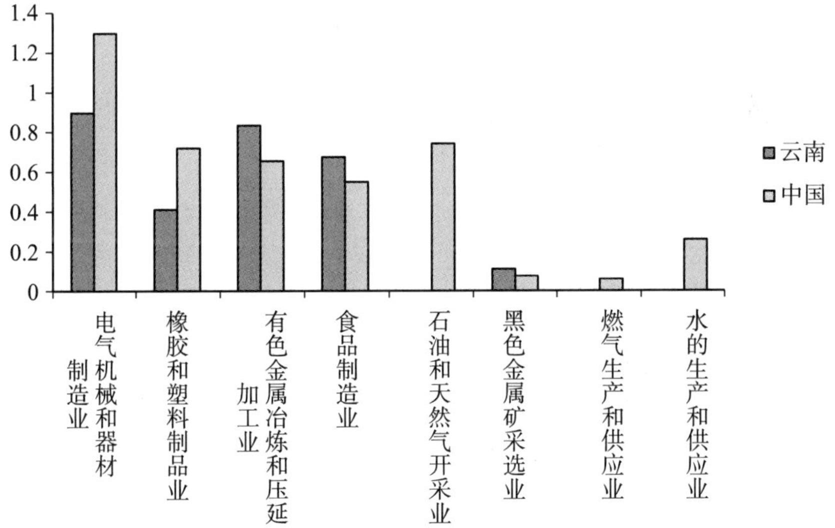

注：研发经费投入强度是指研发经费支出与销售收入的比例。

图 11－10　2012 年各行业的研发经费投入强度

资料来源：《云南统计年鉴 2012》。

从图 11－11 可以看出，2011 年这些行业的新产品销售收入占主营业务收入的比重变化与新产品产值率的变化基本类似，且该比重与全国的平均水平差距不明显，而从图 11 - 12 来看，2012 年电气机械和器材制造业、橡胶和塑料制品业表现出明显低于全国平均水平的趋势，食品制造业的新产品销售收入占主营业务收入的比重却明显高于全国平均水平，这可能与经济发展现状及行业的发展情况有关，就现有的统计数据来看，这些行业的创新能力并没有明显地强于全国。各行业的具体分析如下：

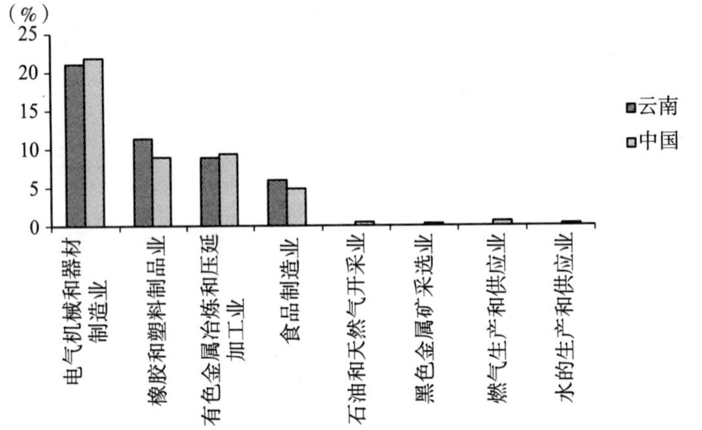

图 11 - 11　2011 年各行业的新产品销售收入占主营业务收入的比重

资料来源：《中国统计年鉴》2012，《云南统计年鉴》2012。

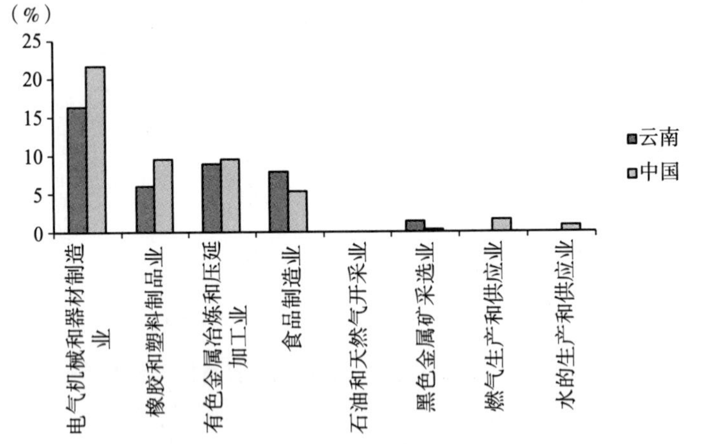

图 11 - 12　2012 年各行业的新产品销售收入占主营业务收入的比重

资料来源：《中国统计年鉴》2012，《云南统计年鉴》2012。

1. 电气机械和器材制造业

总体来看该行业创新发展能力在云南省工业行业中比较突出，但与全国相比却没有明显的优势。从新产品销售收入占主营业务收入之比来看，2011 年该行业略低于全国平均水平，2012 年也低于全国平均水平且差距明显拉大；从研发经费的投入强度来看，2011 年和 2012 年该行业的研发经费投入强度均低于全国的平均水平；从科技产出来看，2011 年该行业的 R&D 项目数有 56 项，在全省工业行业中排名第 8 位，2012 年有 67 项，在全省工业行业中排名第 5 位；就有效发明专利数来看，2011 年该行业有 104 件，全省工业行业中排名第 4 位，2012 年有 38 件，全省工业行业中排名第 11 位。目前，云南省的光电探测器、光学望远镜、红外热成像系统、自动化物流系统、太阳能电池技术国内领先。高分辨率 OLED 微型显示器生产工艺技术国际领先，PR 系列高级存折打印设备技术国际先进。

2. 橡胶和塑料制品业

该行业的创新能力略弱于全国。从新产品销售收入占主营业务收入的比重来看，2011 年该行业高于全国的平均水平，但 2012 年低于全国的平均水平；从研发经费投入强度来看，2011 年该行业的研发经费投入强度略高于全国的平均水平，但 2012 年则低于全国的平均水平；从科技产出来看，2011 年该行业的 R&D 项目数有 27 项，在全省工业行业中排名第 16 位，2012 年有 14 项，全省工业行业中排名第 21 位；就有效发明专利数来看，2011 年该行业有 5 件，在全省工业行业中排名第 20 位，2012 年有 14 件，全省排名第 19 位。

3. 有色金属冶炼和压延加工业

该行业的创新发展能力与全国基本相当，差距不是很明显。从新产品销售收入与主营业务收入的比值来看，2011 年该行业的比值略低于全国的平均水平，2012 年明显低于全国的平均水平；从研发经费投入强度来看，2011 年与 2012 年该行业的研发经费投入强度均高于全国的平均水平；就科技产出来看，2011 年该行业拥有的 R&D 项目数有 266 项，全省工业行业中排名第 2 位，2012 年 323 项，全省工业行业中排名第 1 位；从有效发明专利来看，2011 年该行业拥有 281 件，全省排名第一位，2012 年有 364 件全省排名第 2 位。该行业在研发投入与新产品上与全国相比没有明显的优势，但该行业在云南省的工业行业中其科技成果比较显著。目前云南省有色金属新材料产业创新能力得到了提升。2008 年以来，该产业开发新产品 39 项、新工艺 68 项，解决关键核心技术 57 项；获发明专利授权 17 件，产品（技术）实现销售收入 84 亿元，利润 7.6 亿元，税收 4.5 亿元。有色金属及稀贵金属采、选、冶技术和产业规模进入全国先进行列。铜矿难采难处理资源综合利用工程化研究及产业化总体技术处于国内领先水平。云南锡业集团公司建成世界最大的锡材加工中心及锡化工中心，近 40% 的锡转化为深加工产品。云南铜业集团公司开发的"专用铜银、铜锡合金导线"产品已成功应用于国内多条电气化铁路高达 3 000 多公里，实现了高速铁路用高性能铜合金导线产品的国产化。并且昆钢建成全国最大钛板带材生产线，新立公司建成目前亚洲最大的高钛渣冶炼密闭直流电弧炉生产线。

4. 食品制造业

相比来看，该行业的创新发展水平与全国基本相当，且有明显增强的趋势。从新产品销售收入占主营业务收入的比重来看，2011 年该行业高于全国的平均水平，2012 年也高于全国的平均水平且差距明显拉大；从研发经费投入强度来看，2011 年该行业的研发经费投入强度略低于全国的平均水平，但 2012 年却高于全国的平均水平；从科技产出来看，2011 年该行业的 R&D 项目数有 23 项，全省排名第 21 位，2012 年有 26 项，全省排名第 16 位。从有效发明专利数来看，2011 年该行业有 29 件，全省工业行业中排名第 8 位，2012 年有 59 件，全省工业行业中排名第 6 位。

5. 石油和天然气开采业

该行业在全国的创新发展水平也比较低，相比来看，云南的各项指标为零，但与全国在该行业上的创新发展差距并不是十分明显。可以看出，从全国来看该行业的研发经费投入强度与新产品销售收入占主营业务收入的比重都较小，而且云南该行业在这两方面都为零。

6. 黑色金属矿采选业

云南省该行业的创新发展能力有明显增强的趋势。从新产品销售收入与主营业务收入的比值来看，2011 年该行业低于全国平均水平且为零，但 2012 年云南省明显高于全国平均水平；从研发经费投入强度来看，2011 该行业的研发经费投入强度略高于全国平均水平，2012 年明显高于全国平均水平；从科技产出来看，2011 年该行业有 3 项，2012 年有 8 项，全省的工业行业中排名偏后；就有效发明专利数来看，2011 年该行业有 7 件，2012 年有 14 件。

7. 燃气生产和供应业

全国来看，该行业的创新发展能力还比较弱。从新产品销售收入占主营业务收入的比重来看，目前云南省在该行业上都为零，并且也没有相应的研发经费投入，就该行业而言，全国的创新发展水平不高，相应的云南省该行业的科技产出水平极低。目前云南形成了“云南褐煤高效转化与资源化利用工程技术开发示范”等一批具有国际国内先进水平的节能减排技术和产品，并得到广泛推广应用。全省单位 GDP 能耗从 2009 年的 1.30 吨标准煤/万元，下降为 2011 年的 1.09 吨标准煤/万元。云铝低温低电压铝电解新技术每吨铝电耗比全国平均水平节电约 1 000 度，达到世界先进水平。富氧顶吹炼铅工艺综合能耗比行业先进水平低 41.7%，达到国际领先水平。云南节能减排工作步入全国先进行列，企业资源利用水平显著提高，绿色经济已成为云南经济的发展方向。

8. 水的生产和供应业

该行业的全国平均水平不高，云南省在该行业上的创新发展能力还比较弱，各项指标都为零。全国该行业的新产品销售收入占主营业务收入的比重较低，研发经费的投入强度也较低，云南省在该行业的发展上没有较大的差距，但很明显云南省该行业的创新发展水平极低，相应地也没有科技产出，从统计数据来看该行业的创新发展能力和科技投入严重不足。

11.1.4　新产品产值率低于全国平均水平的 19 个行业

在全省 36 个工业行业中，2011 年新产品产值率低于全国平均水平的行业有 19 个，高于工业行业的 1/2，比重较大。从相关的科技指标来看，这些行业的创新发展水平与全国平均水平存在明显的差距，整体来看这些行业的科技创新发展能力较弱，可以看出这些行业是云南省产业创新发展的重点和难点，也是提升云南省工业行业产业创新发展能力的关键所在。此外，以上行业虽然是云南省工业行业中创新能力不足的行业，但部分行业具有一些在全国相对领先的技术或设备，所以在采取措施提升其创新能力时，应尽可能重视发挥这些行业的优势。

从图 11 - 13 可以明显看出，这 19 个工业行业的新产品产值率明显低于全国平均水平，并且差距还比较大，这说明云南省的这些工业行业的创新能力不足。这些行业中比较典型的专用设备制造业，化学原料和化学制品业，烟草制品业，黑色金属冶炼和压延加工业，纺织业，金属制品业，其他制造业，纺织服装、服饰业，皮革、毛皮、羽毛及其制品和制鞋业，文教、工美、体育和娱乐用品制造业，化学纤维制造业等行业与全国相比创新发展具有较大的差距。接下来从研发经费投入强度、新产品销售收入占主营业务收入的比重进一步分析这些行业的创新发展情况。

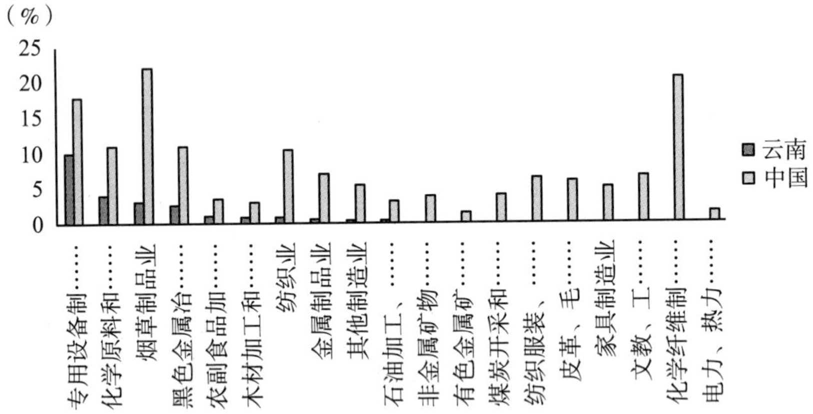

图 11 - 13　2011 年云南新产品产值率低于全国平均水平的行业

资料来源：《中国统计年鉴 2012》、《云南统计年鉴 2012》。

从图 11 - 14 和图 11 - 15 可以看出，这 19 个行业多数的研发经费投入强度也明显低于全国平均水平，只有个别行业的研发经费投入强度高于全国平均水平，2011 年研发经费投入强度高于全国平均水平的行业有专用设备制造业、烟草制品业、其他制造业、有色金属矿采选业，而 2012 年专用设备制造业的研发经费投入强度减弱，仅剩余其他三个行业。总体来看在这些创新能力不足的行业中，云南省的研发经费强度低于全国平均水平，这可能是导致这些行业创新能力弱的重要原因，但也有个别行业，研发经费投入高于全国平均水平，但科技创新水平也低于全国，这说明在这些行业科技投入效率较低。

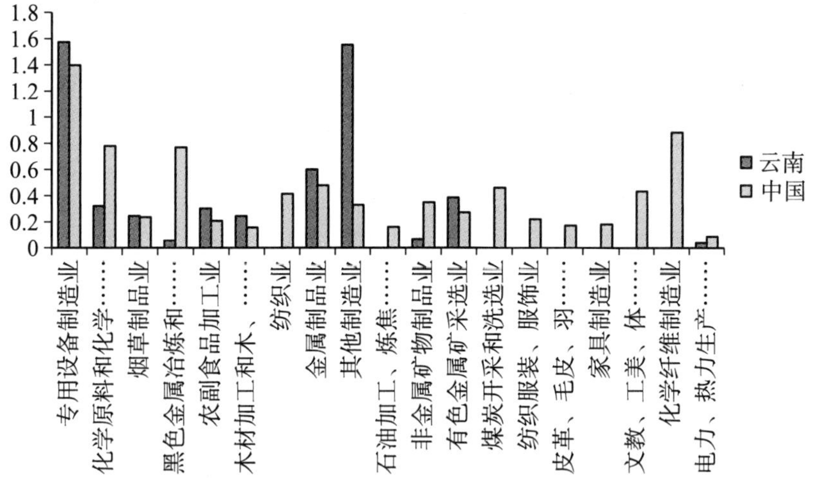

注：研发经费投入强度是指研发经费支出与销售收入的比例。

图 11 - 14　2011 年各行业的研发经费投入强度

资料来源：《中国统计年鉴》2012，《云南统计年鉴》2012。

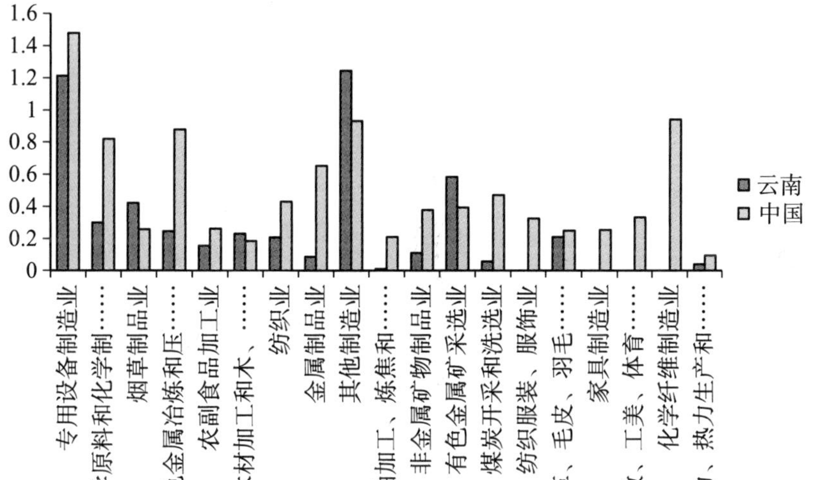

注：研发经费投入强度是指研发经费支出与销售收入的比例。

图 11 - 15　2012 年各行业的研发经费投入强度

资料来源：《中国统计年鉴》2013，《云南统计年鉴》2013。

图 11 - 16 和图 11 - 17 从新产品销售收入占主营业务收入的比重来分析这些创新能力弱的行业，从图上我们可以看出，2011 年和 2012 年这 19 个行业的新

产品销售收入占全国的比重都低于全国的平均水平，而且差距还比较明显，其中差距最明显的是化学纤维制造业，化学纤维制造业在全国的创新发展水平较高，而云南省该行业的创新发展水平极低。总体来看，以上这些行业与全国相比具有较大的差距，创新能力严重不足。各行业的具体分析如下：

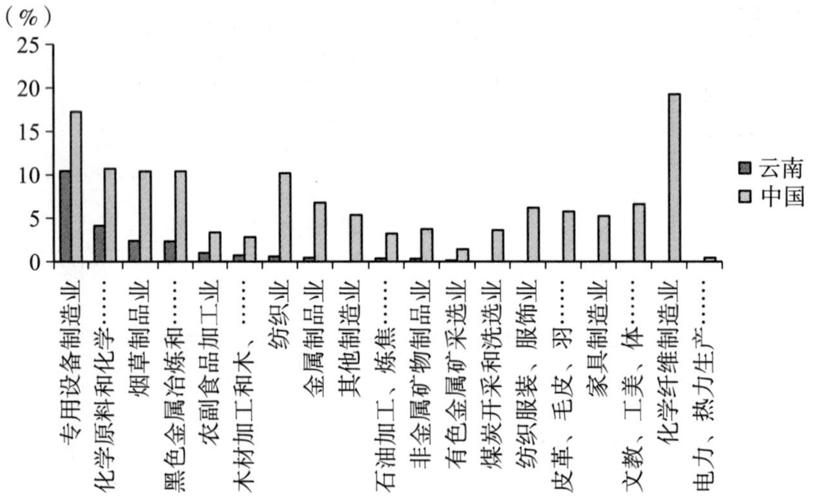

图 11－16　2011 年各行业的新产品销售收入占主营业务收入的比重

资料来源：《中国统计年鉴》2012，《云南统计年鉴》2012。

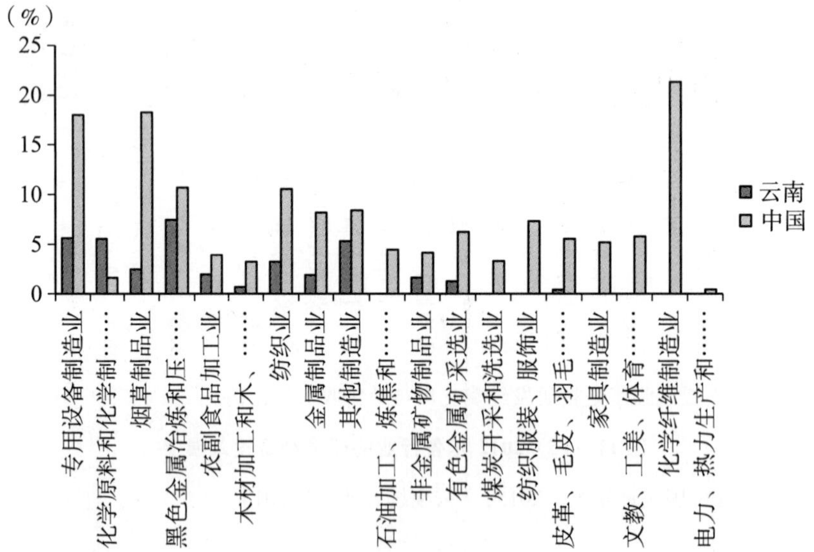

图 11－17　2012 年各行业的新产品销售收入占主营业务收入的比重

资料来源：《中国统计年鉴》2013，《云南统计年鉴》2013。

1. 专用设备制造业

该行业在全省的工业行业中研发经费投入强度较大且科技产出显著，但其创新能力与全国存在明显的差距。从新产品销售收入占主营业务收入的比值来看，2011 年和 2012 年该行业的比重明显低于全国平均水平且 2012 年的差距明显增大；但从研发经费投入强度来看，2011 年该行业的研发经费投入强度略高于全国的平均水平，而 2012 年略低于全国的平均水平；从科技产出来看，2011 年该行业的 R&D 项目数有 63 项，全省工业行业中排名第 7 位，2012 年有 65 项，全省工业行业中排名第 6 位，就有效发明专利数来看，2011 年该行业有有效发明专利数 20 件，全省工业行业中排名第 12 位，2012 年有 19 件，全省排名第 15 位。但目前云南省大型清筛机、大型粉煤气化炉等技术居国内领先水平。昆机五轴联动大型数控落地铣镗床达国际先进水平。

2. 化学原料和化学制品制造业

相比来看，该行业的创新发展水平虽与全国有一定的差距，但这种差距有缩小的趋势，且该行业在云南省工业行业中科技产出成效显著。从新产品的销售收入占主营业务收入的比重来看，2011 年该行业低于全国的平均水平，而 2012 年却高于全国的平均水平；就研发经费投入强度来看，2011 年与 2012 年该行业的研发经费投入强度均低于全国的平均水平；就科技产出来看，2011 年该行业的 R&D 项目数有 109 项，全省工业行业中排名第 3 位，2012 年有 169 项，全省排名也是第 3 位。就有效发明专利数来看，2011 年该行业有有效发明专利数 134 件，全省排名第 3 位；2012 年有 163 件，全省排名第 3 位。目前云南省的磷化工、煤化工产业创新能力得到了提升。煤化工产业目前已初步形成了“煤、选、化、电、冶”等一体化产业链，完成了由农业化工向能源化工的转型升级。2008 年以来该产业共开发新产品 30 余项，开发新工艺 30 余项，解决关键核心技术 40 余项；产品（技术）实现销售收入 21 亿元，利润 2 亿元，税收 3.7 亿元。云天化集团以黄磷尾气为原料，自主开发新工艺，生产甲酸、甲醇等系列产品。磷化集团研发出国内最大的柱浮选矿技术并成功应用，提高了云南省磷矿资源的开发利用水平。

3. 烟草制品业

该行业在云南省工业行业中创新能力较强且科技产出成果显著，但就创新能力上与全国存在明显的差距。从新产品销售收入占主营业务收入的比重来看，

2011年和2012年该行业的比重均低于全国平均水平；从研发经费的投入强度来看，2011年和2012年该行业的研发经费投入强度比较低但均高于全国的平均水平；从科技产出来看，2011年该行业的R&D项目数有99项，全省排名第4位，2012年161项，全省排名第4位；从有效发明专利数来看，2011年该行业有66件，全省排名第6位，2012年60件，全省排名第5位。该行业在新产品销售收入及研发经费投入上与全国存在很大的差距，但就云南的工业行业而言，其科技产出上却属于领先行业。目前云南省烟草柔性制丝设备技术居国内领先水平。

4. 黑色金属冶炼和压延加工业

该行业的创新发展水平与全国相比存在明显的差距。从新产品的销售收入占主营业务收入的比重来看，2011年和2012年该行业的比重均低于全国平均水平；从研发经费投入强度来看，2011年和2012年该行业的研发经费投入强度均低于全国的平均水平；从科技产出来看，2011年该行业的R&D项目数有28项，在全省工业行业中排名第15位，2012年有46项，全省工业行业中排名第10位；就有效发明专利数来看，2011年该行业有25件，全省工业行业中排名第11位，2012年有54件，全省工业行业中排名第8位。

5. 农副食品加工业

相比来看，该行业的创新发展水平与全国差距不明显。从新产品销售收入占主营业务收入的比重来看，2011年与2012年该行业均低于全国的平均水平；从研发经费投入强度来看，2011年该行业的研发经费投入强度高于全国平均水平，但2012年则低于全国平均水平；就科技产出来看，2011年该行业的R&D项目数有28项，全省工业行业中排名第14位，2012年有23项，全省排名第18位；就有效发明专利数来看，2011年该行业有46项，全省排名第7位，2012年有35项，全省排名第12位。

6. 木材加工和木、竹、藤、棕、草制品业

整体来看，该行业在全国的创新发展程度不高，但云南省还是明显落后于全国的平均水平。从新产品的销售收入占主营业务收入的比重来看，2011年与2012年该行业的比重均低于全国平均水平；从研发经费投入强度来看，2011年与2012年该行业的研发经费投入强度均高于全国平均水平；从科技产出来看，2011年该行业的R&D项目数有8项，全省工业行业中排名第24位，2012年有

5 项，全省工业行业中排名第 28 位；就拥有有效发明专利数来看，2011 年与 2012 年该行业没有有效发明专利。

7. 纺织业

从各指标来看，该行业的创新能力明显弱于全国。从新产品销售收入占主营业务收入的比重来看，2011 年、2012 年该行业的比重均远低于全国的平均水平；从研发经费投入强度来看，2011 该行业的研发经费投入强度为零，低于全国平均水平，2012 年略微上升但同样低于全国平均水平；就科技产出来看，2011 年该行业没有 R&D 项目数，2012 年有 3 项，全省工业行业中排名第 29 位；就有效发明专利数来看，2011 年该行业有 7 件，全省工业行业中排名第 18 位，2012 年有 11 件，全省工业行业中排名第 21 位。

8. 金属制品业

现有的统计数据表明，该行业的创新能力与全国差距明显。从新产品销售收入占主营业务收入的比重来看，2011 年、2012 年该行业的比重均低于全国平均水平；从研发经费投入强度来看，2011 年该行业的研发经费投入强度高于全国平均水平，而 2012 年低于全国的平均水平；从科技产出来看，2011 年该行业的 R&D 项目数有 10 项，全省工业行业中排名第 23 位，2012 年有 11 项，全省排名第 22 位；就有效发明专利数来看，2011 年该行业有 11 件，全省工业行业中排名第 16 位，2012 年有 1 件，属于工业行业中有效发明专利数比较少的行业。

9. 其他制造业

该行业的研发经费投入强度明显高于全国平均水平，但就创新发展来看却远远落后于全国，可见该行业的科技效率比较低。从新产品销售收入占主营业务收入的比重来看，2011 年、2012 年该行业的比重均低于全国平均水平；就研发经费投入强度来看，2011 年、2012 年该行业的研发经费投入强度均高于全国平均水平；就科技产出来看，该行业 2011 年的 R&D 项目数有 12 项，全省工业行业中排名第 22 位，2012 年有 9 项，全省排名第 24 位；从有效发明专利数来看，2011 年该行业有 1 件，在全省工业行业中排名靠后，2012 年有 2 件，全省工业行业中排名倒数。

10. 石油加工、炼焦和核燃料加工业

该行业在全省工业行业中创新能力弱，且与全国存在明显的差距。从新产品销售收入占主营业务收入的比重来看，2011 年、2012 年该行业的比重均低于全国平均水平；从研发经费投入强度来看，2011 年、2012 年该行业的研发经费投入强度均低于全国平均水平；就科技产出来看，2011 年该行业的 R&D 项目数有 3 项，在全省有 R&D 项目的行业中排名倒数，2012 年有 R&D 项目数 3 项，在全省排名也是倒数，就有效发明专利数来看，该行业 2011 年无有效发明专利，2012 年有效发明专利数 3 件，在全省工业行业中排名倒数。目前，云南省煤加工转化技术进一步提升，炼焦及综合利用跨入全国先进行列。云南煤化集团拥有自主知识产权的碎煤熔渣加压气化技术、大型煤焦化联合生产技术，浆态床制甲醇技术、粉煤气化技术居世界领先水平。

11. 非金属矿物制品业

该行业的创新能力弱，与全国相比存在一定的差距，但目前有增强的趋势。从新产品销售收入占主营业务收入的比重来看，2011 年、2012 年该行业的比重均低于全国平均水平；从研发经费投入强度来看，2011 年、2012 年的非金属矿物制品业的研发经费投入强度均低于全国平均水平；从科技产出来看，2011 年该行业的 R&D 项目数有 24 项，全省工业行业中排名第 18 位，2012 年有 19 项，全省排名第 21 位，从有效发明专利数来看，该行业 2011 年的有效发明专利数 4 件，全省工业行业中排名靠后，2012 年有 12 件，全省工业行业中排名第 20 位。

12. 有色金属矿采选业

该行业的研发经费强度高于全国平均水平，但创新发展水平却明显低于全国，这说明云南省在该行业上的科技效率低。从新产品销售收入占主营业务收入的比重来看，2011 年、2012 年该行业的比重均低于全国平均水平；从研发经费投入强度来看，2011 年、2012 年该行业的研发经费投入强度均高于全国平均水平；从科技产出来看，2011 年该行业有 R&D 项目数 31 项，全省工业中排名第 13 位，2012 年有 42 项，全省工业行业中排名第 11 位，从拥有有效发明专利数来看，2011 年该行业有 2 件，2012 年有 7 件。

13. 煤炭开采和洗选业

该行业在全省工业行业中创新发展水平极低；可以看出，2011 年与 2012 年，煤炭开采和洗选业的研发经费投入强度及新产品销售收入占主营业务收入的比重均明显低于全国的平均水平，而且差距较大，从科技产出来看，2011 年该行业的 R&D 项目数有 7 项，2012 年有 8 项，全省工业行业中排名第 25 位；从有效发明专利数来看，2011 年和 2012 年该行业都没有发明有效专利。

14. 纺织服装、服饰业

该行业在创新能力上比较落后，各项指标都为零。从新产品销售收入占主营业务收入的比重看，全国平均水平较高，但 2011 年、2012 年云南省该行业的新产品销售收入占主营业务收入的比重均为零，与全国存在明显的差距；从研发经费投入强度来看，虽然全国的研发经费投入强度不高，但云南省该行业的研发经费投入均为零；从全省工业行业的科技产出来看，该行业也比较落后。

15. 皮革、毛皮、羽毛及其制品和制鞋业

该行业在全省工业行业中创新能力比较弱。从新产品销售收入占主营业务收入的比重来看，2011 年该行业的新产品销售收入占主营业务收入的比重为零，明显低于全国的平均水平，2012 年该行业的新产品销售收入占主营业务收入的比重有所上升，但还是低于全国平均水平；从研发经费投入强度来看，也有类似的情形；从科技产出来看，2012 年该行业有 R&D 项目数 5 项。

16. 家具制造业

相比来看，该行业创新能力弱且与全国差距明显，云南省家具制造业的创新发展在工业行业中处于比较落后的位置。2011 年、2012 年云南省该行业的新产品销售收入占主营业务收入的比重及研发经费的投入强度均明显低于全国的平均水平，且云南省目前在这方面的创新发展指标均为零。

17. 文教、工美、体育和娱乐用品制造业

该行业的创新发展能力与全国相比差距比较明显，且创新能力弱。从新产品销售收入占主营业务收入的比重及研发经费的投入强度来看，该行业都明显低于全国平均水平，且相关的科技指标均为零，该行业的科技投入严重不足，相应的也没有科技产出。

18. 化学纤维制造业

总体来看该行业在创新发展上比较弱，且相应的科技投入也比较低。从研发经费的投入强度来看，云南省对该行业的研发经费投入强度均为零，虽然全国对该行业的研发经费投入强度也比较低，但云南省该行业的研发经费投入强度明显低于全国平均水平；从新产品销售收入占主营业务收入的比重来看，该行业也远远低于全国平均水平。

19. 电力、热力生产和供应业

与全国相比，该行业创新能力弱，但在全省工业行业中的 R&D 项目数来看，该行业成效显著。从研发经费投入强度来看，2011 年、2012 年云南省该行业的研发经费投入强度均低于全国平均水平；该行业无新产品，所以该行业的新产品销售收入占主营业务收入的比重为零，明显低于全国平均水平；从科技产出来看 2011 年该行业的 R&D 项目数有 56 项，全省工业行业中排名第 9 位，2012 年有 57 项，全省排名第 8 位；就有效发明专利数来看，2011 年有 5 件，2012 年有 16 件。总体来看该行业的创新发展水平严重不足。目前，云南省新能源占全省发电装机容量的比重从 2008 年的 0.42% 上升到 2011 年的 1.56%。至 2012 年，全省共实施了余热余压利用、燃煤工业锅炉节能改造、电机系统节能改造、煤层气（瓦斯）发电、绿色照明、能量系统优化 6 大类科技节能示范项目 640 项、节能减排科技创新项目 75 项，节能 631 万吨标准煤。

11.2 云南产业创新存在的主要问题

自建设创新型云南行动计划实施以来，云南省的产业创新呈现新的发展态势，但还存在如下问题：

11.2.1 创新能力较强的行业少，且行业之间发展严重不协调

通过上面对具体 36 个工业行业的创新能力进行分析得出，工业行业创新能力强的行业比较少，仅占工业行业的 1/4，创新能力一般的行业比重不到1/4，剩余 1/2 以上的工业行业都属于创新能力不足的行业，而且这些行业中各方面的发展程度都远低于全国平均水平，从上面的图形分析明显可以看出，无论是从新产品产值率、研发经费投入强度还是从新产品销售收入占主营业务收入的比重看，各行业与全国的差距大小不一，创新发展程度不同。导致这种差异性的原因是多方面的，但是这种对行业之间科技投入、重视程度的不同，容易影响云南省工业行业的创新协调发展，长远来看不利于提升云南省的产业创新能力。

11.2.2　企业自主创新尚未成为技术创新的主体

长期以来，云南省企业自主创新未能成为技术创新的主体，主要有以下几个方面的原因：一是企业自主创新的技术创新动力不足。大多数企业依赖资源与规模扩张发展的惯性模式没有从根本上得到改变，企业研发机构及人才严重不足。企业自主创新缺乏制度和机制上的保证；国家及省制定的一系列促进企业技术创新的优惠政策落实难度较大，政策的激励作用没有发挥出来，影响了企业自主创新的积极性。二是以企业需求为主的产学研紧密结合的技术创新体系尚未形成。由于云南省经济发展模式以资源依赖型为主，企业对技术创新的需求不足，对自主创新缺乏紧迫感。高等学校及科研院所则偏重于研究工作的学术价值，以论文发表及成果获奖作为科技人员评价的主要标准，缺乏一种使广大科技人员与生产第一线紧密联系起来的机制，致使产学研相结合存在短期化、临时性的特点，没有建立一种长期稳定及制度化的利益共同体，导致自主创新活动中的产学研脱节，成果与市场需求相差甚远，无法满足企业的技术需求，多数企业缺乏具有自主知识产权的核心技术，在国际分工中处于产业链低端，产品附加值低，市场竞争能力弱。三是企业自主创新投入不足。目前，在创新指标尚未成为政府或企业政绩和绩效考核基本内容的阶段，需要大量资金投入和长时间科技攻关的技术开发活动并没有得到足够重视，以政府资金投入为引导、企业投入为主体、全社会投入的自主创新投融资体系尚未形成，造成云南省企业创新投入低，创新能力得不到有效积累，核心竞争力难以形成，并严重制约了企业技术创新能力的提升。由表 11 - 1 可以看出云南省开展 R&D 活动的企业数较少，且增长速度远低于全国，相比 2011 年，2012 年云南省有 R&D 的企业的增长率为 6.67%，而全国为 25.98%，可见云南省企业的自主创新要成为创新主体需要相关政策、企业创新意识、基础设施等方面的措施来保障。

表 11 - 1　　有 R&D 的企业数

有 R&D 的企业数（单位：个）						
年份	2007	2008	2009	2010	2011	2012
云南	143	380	212	204	285	304
中国	8 954	10 027	12 434	12 889	37 467	47 204

11.2.3 企业创新投入较低且投入比例结构性失衡

由于产业结构的制约及创新意识不足，目前云南省的大多数企业缺乏开展自主创新长远发展的战略眼光，提高企业创新投入难度较大；中小企业则因实力不强，资金来源渠道不畅，融资困难，开展创新活动步履艰难。2012 年，全省规模以上工业企业科技活动经费投入、研究开发投入、新产品开发投入分别只占全国的 1.0%、0.5%、0.5%；规模以上工业企业的有效专利申请数占全国的 0.6%，云南省企业 R&D 经费支出占主营业务收入之比为 0.43%，可见云南省企业的创新投入与全国存在一定的差距。从 R&D 经费投入占全国的比重来看，云南在全国排名第 24 位，且与发达省份差距明显（见图 11－18）；从新产品的开发经费投入占全国的比重来看，云南排名第 25 位，处于比较落后的水平（见图 11－19）。另外，云南省的企业除研发投入不足外，还存在研发投入分配比例结构性失衡的问题，用于消化吸收再创新的投入比例偏低。2012 年，云南企业技术获取和改造经费支出 51.34 亿元，而技术引进经费支出和消化吸收经费只有 5.21 亿元、购买技术经费支出 5.66 亿元，技术改造经费支出 40.47 亿元。科技投入比例的结构性失衡从很大程度上说明，云南省的企业技术创新缺乏明确的战略引导，在技术创新发展路径上存在一定的随意性。

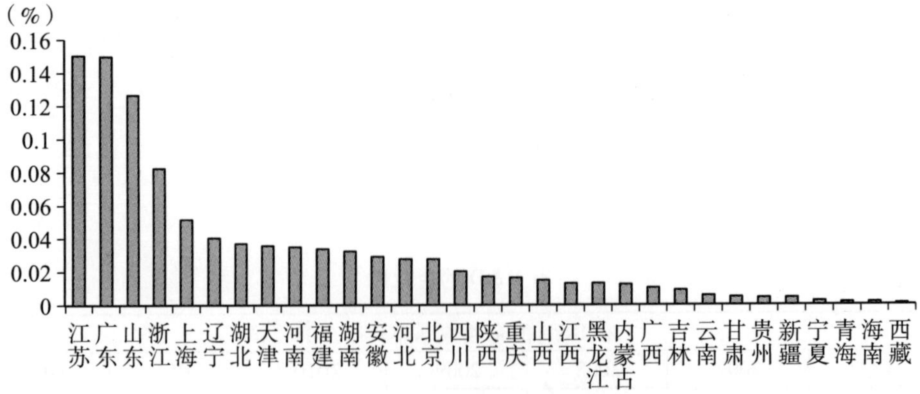

图 11－18 R&D 的经费投入占全国的比重

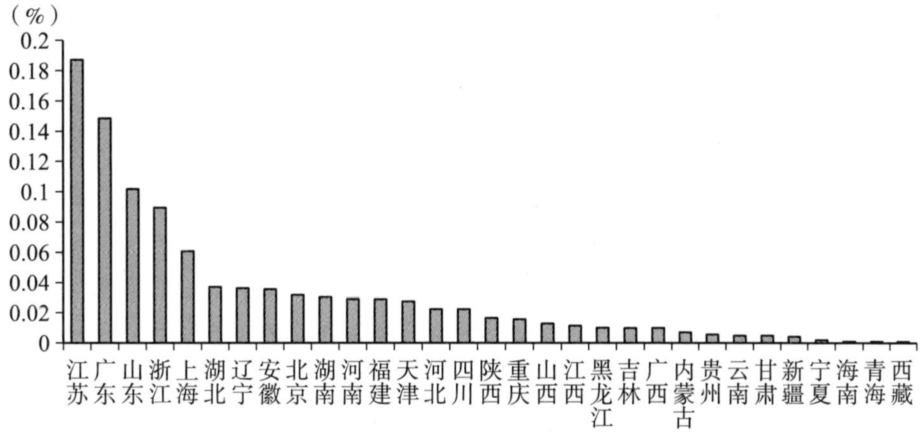

图 11－19　新产品经费投入占全国的比重

11.2.4　企业的研究机构少，科技人才配置不合理

目前云南省绝大多数企业尚未建立研发机构，企业的新技术与新产品开发能力薄弱，绝大多数企业只能从事技术含量与附加值低的产品生产，并且目前各行业自然科学独立研究机构规模在不断减少，1985～2012 年，全省自然科学独立研究机构数在不断减少，由 149 个降到了 84 个，下降了 43.6%，加之自然科学独立研究机构科技活动人员分布严重失衡，自然科学的独立研究机构主要集中在农业、工业、卫生、体育及社会福利业及科学研究与综合技术服务业。从 2012 年的数据看，其中农业研究机构占全省的 65.5%，工业占 8.3%，社会福利业占 21.4%，科学研究与综合技术服务业占 10.7%，其中建筑业与地质普查及勘探业无独立研究机构，可见云南省各行业自然科学研究机构分配上存在一定的不合理性（见图 11－20）。各行业自然科学科技人员的分布与研究机构基本对应，也主要集中在农业、工业、卫生、体育及社会福利业及科学研究与综合技术服务业（见图 11－21），其中建筑业与地质普查及勘探业无科技活动人员。这就说明了要使科技人才合理分布到各行业，首先应该建立相应行业的研究机构。就目前来看大量的科技人才流向科研院所、高等学校等单位，加之缺乏对研究机构的分类管理和合理的成果评价体系，忽视了成果的应用和市场化，导致企业科技人才紧缺，人才流失严重，这从很大程度上影响着我国产业创新能力的提

升。目前云南省的大多数企业没有技术开发活动，只有少部分企业有专业技术人员，且高层次人才严重不足；规模以上工业企业拥有科技活动人员占全省的比例不高。

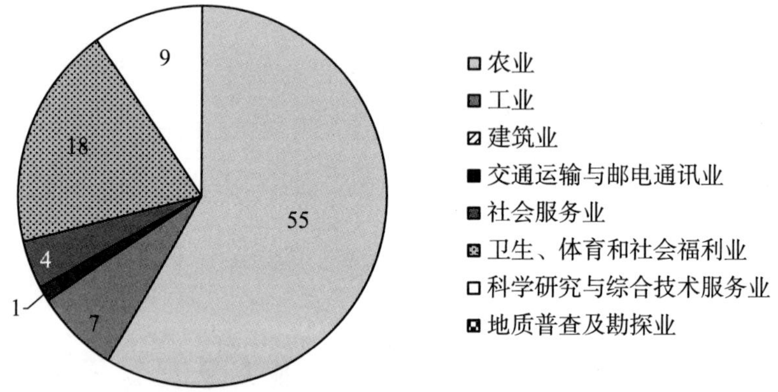

图 11－20　2012 年云南省 84 个独立研究机构在各行业的分布

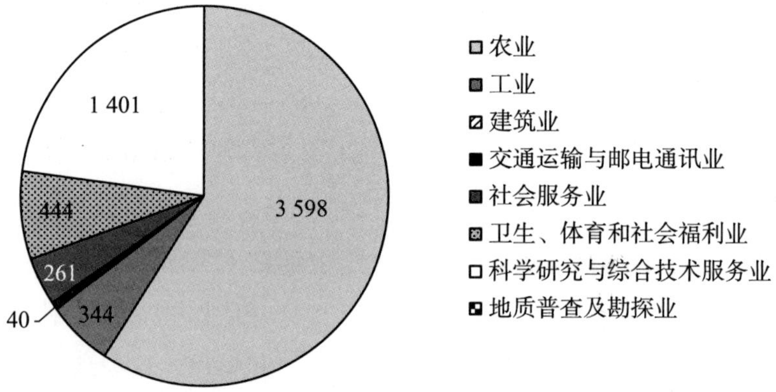

图 11－21　2012 年云南省 6 088 名科技活动人员在各行业的分布

11.2.5　产品的品牌力与自主创新基础能力建设不足

2008～2012 年，云南省专利申请量占全国总申请量的比重分别为 0.34%、0.35%、0.38%、0.45%和 0.49%，可见近几年来云南省专利申请量在全国所占的比重较小，且差距缩小趋势比较缓慢。自 2008 年云南省实施商标战略以来，商标注册数量快速增加，商标使用水平稳步提升，但由于缺乏相应的监管机制使得云南省的商标注册上还存在许多不足，主要是商标注册时间较长，部分原产地证明商标虽然申报成功了，但由于使用不合法，没有充分发挥作用，加之行业对商标的价值观念很淡漠，企业对《商标法》和注册商标价值认识不足，缺乏长远的品牌意识。例如"文山三七"证明商标从申请到获得批准，耗费了 2 年多的时间，并且由于资金不足、一些医药行业对商标不了解、对商标法律意识淡薄、商标使用中自我保护能力差等原因，使得"文山三七"证明商标的宣传还不到位，同时，对使用证明商标的产品质量监管难度大，还存在着商标管理制度不健全等不足之处。此外，云南省产品品牌建设上也存在明显的不足，典型的例子就是云南普洱茶品牌建设。目前，普洱茶还只是产品代名词，在消费者眼里，只有价格之分而没有品牌之别。普洱茶品牌实力不仅与国际茶叶品牌差距巨大，与国内浙江、福建等地茶叶品牌差距也较大，更与产业发展、消费者需求不相适应。此外，虽然近年来云南省的自主创新基础能力建设有所改善，但还存在一些亟待解决的问题，如创新资源配置不尽合理，企业自主创新能力不足、相关政策不配套或执行不力等。

11.3　提升云南产业创新能力对策建议

11.3.1　加强政策引导，激励工业行业创新能力强的产业发挥创新带头作用，全面提升各行业的创新能力

从具体的工业行业的分析来看，云南省工业各行业的创新发展水平差异较大，为促进工业行业创新的全面发展，应加强政策引导，针对各行业的发展现状采取相应的激励措施，充分激发创新能力强的行业的引导作用，强化创新能力弱的行业的创新意识，增强创新的主动性和积极性；同时针对各行业规模及发展现状，适当地增大财政投入上的科技支持，为相关行业引进一些高技能人才，以促进行业各种创新活动的开展，最后结合新一轮创新驱动计划的实施要求，保持云南省创新发展能力强的引领作用，推进创新能力弱的行业向前发展。

11.3.2　结合新一轮创新驱动计划的要求，加快实施六大工程

以新一轮建设创新型云南行动计划为核心，加快实施六大工程，提升科技对全省产业和社会发展的支撑引领作用。

一是加快推进重大科技专项工程。以云南战略性新兴产业的培育发展为目标，以产业化为主要任务，进一步推进生物、新能源、高端装备制造、新能源汽车、新材料和节能环保6个重大科技专项，突破战略性新兴产业关键核心技术，以技术链支撑产业链，加快云南省战略性新兴产业发展。

二是加快推进重大新产品开发工程。在云南具有特色、比较优势和产业基础的领域，组织实施重大科技项目，突破关键核心技术，研究开发拥有自主知识产权的重大新产品，促进云南省资源开发水平和产业发展层次提升。

三是加快推进重大科技成果转化工程。围绕云南省优势特色产业和高新技术产业发展，以企业为主体，依托科技入滇对接活动机制和平台，实现重大科技成果入滇落地转化和产业化；支持云南省企业、高校、科研院所加强产学研结合，实现重大科技成果就地转化。

四是加快推进重大科技基础设施与创新创业环境建设工程。

五是加快推进科技创新平台建设提升工程。继续推进国家实验室、国家重点实验室、国家工程技术研究中心申报和建设。

六是加快推进高层次科技创新创业人才培引工程。引进高端科技人才，抓好科技领军人才培养措施落实，选拔省级创新团队，做好国家“创新人才推进计划”。

11.3.3　加强政策引导，鼓励和支持企业开展创新活动

1. 切实贯彻落实重点产业自主创新相关政策措施

认真贯彻落实《中共中央关于制定国民经济和社会发展第十一个五年规划的建议》、《中共中央国务院关于实施科技规划纲要增强自主创新能力的决定》、

《实施〈国家中长期科学和技术发展规划纲要（2006～2020 年）〉的若干配套政策》及云南省《创新型云南行动计划》、《云南省工业企业技术创新工程实施意见》等国家和云南省关于加强自主创新的相关政策。重点落实财税、金融、人才流动、研发投入、加速设备折旧等方面的优惠扶持政策，制定鼓励引进技术消化吸收再创新和创新引进装备的政策。

2. 制定云南省重点产业自主创新发展规划

建议组织尽快制定云南省重点产业自主创新发展规划，确立云南省各重点产业自主创新发展目标，明确企业自主创新技术重点，提出推进企业自主创新实施意见，加快建立以企业为主体、产学研相结合、运转有效的技术创新体系。

11.3.4　加强重点产业技术创新体系建设

为推进云南省产业技术研发平台和企业技术中心建设，建立重点产业技术创新体系，应加快企业技术中心认定工作。修订企业技术中心认定和评价管理办法，进一步建立和完善省认定企业技术中心动态管理、优胜劣汰机制。推进州（市）企业技术中心建设，有条件的州（市）应积极开展州（市）企业技术中心认定，推动州（市）认定企业技术中心在区域技术创新与县域工业经济发展中发挥示范作用。

11.3.5　拓宽科技经费来源，不断增加科技创新投入

1. 建立以财政投入为引导、企业和社会投入为主体的多元化自主创新投入体系

保持企业对自主创新投入的稳定增长，引导企业对科技活动经费的投入增长幅度大于销售收入增长幅度，大中型企业科技活动经费投入应不低于当年销售收入的 1.5%，建有省级技术中心的企业科技活动经费投入不低于当年销售收入的 2.5%，建有国家级技术中心的企业科技活动经费投入不低于当年销售收入的 3%。鼓励企业研究开发经费纳入企业年度预算，并实行独立核算或企业内单列科目、分项核算。鼓励企业从引进设备减免税和使用国产设备抵扣所得税中提取

一定比例的资金用于消化吸收先进技术和新产品研发。

2. 整合资源，发挥政府资金的激励引导作用

支持建设一批技术创新投资公司，对拥有自主知识产权的核心技术和重大共性技术的项目进行重点资金扶持，做大做强产业，培植新兴产业。支持建设一批中小企业科技融资担保公司，建立健全鼓励中小企业技术创新的知识产权信用担保制度和其他信用担保制度，解决中小企业融资难的问题。以政府科技投入为引导，带动全社会投资，降低中小企业的融资成本、合理控制银行管理成本和经营风险，增强政府对中小企业发展的调控能力，促进社会信用体系建设，提高政府资金的配置效率，促进中小企业发展。逐步完善以财政投入为先导、企业投资为基础、金融贷款或风险投资为重点的企业技术创新投融资平台。

11.3.6 大力推进产学研结合，建立企业集成创新机制

建立政府推动，以企业为主体，产学研相结合的集成创新组织。实现产学研合作由单向转向双向。鼓励企业建立工程研究中心、生产力促进中心等技术集成与扩散的示范中心、开发高新技术产品。支持和鼓励科研院所进入大企业、大集团，成为行业和企业集团的技术创新机构。增强大学社会服务功能，构建校内成果转化服务中心，与企业生产实际相结合。促进生产力水平的提高和经济发展；鼓励高等学校向企业转让技术或利用现有中小企业兴办高新技术企业，探索企业与高校从立项到投产“一条龙”的全面合作，有效缩短“基础研究——应用研究——试验研究——产品试制”和“中试——产品产业化”过程进展。遵循市场机制，由政府引导成立专门的服务机构，提供知识产权转移、技术授权、检测验证、技术预测及市场信息提供等服务。

11.3.7 建立和完善人才支撑体系

鼓励企业培养和引进技术创新带头人，依托重大项目的实施培养创新人才。鼓励企业采取期权、技术入股等多种激励方式选聘教授或研究员担任高级专家，推动企业以博士后工作站建设等多种形式，建立学生创业基地，吸收各类专门人

才到企业开展创新活动。以省重点技术创新和技术改造项目的实施为依托，推动企业建立和完善企业技术创新带头人制度。鼓励企业加大高新技术人才与高技能人才培养，探索试行首席工程师制度、首席技师制度以及技术年薪制度。加强高等院校工程性研究人员的培养力度，扩大工程性研究生的规模，鼓励发展从事产业化发展的专家团队，并在其职称晋升评定上给予政策倾斜，为企业创新奠定可持续发展的人才队伍。

11.3.8　优化创新环境，努力营造良好的创新氛围

加大宣传教育，增强创新意识，推动文化与科技融合，为建设创新性型云南行动计划实施营造良好的政策和舆论环境。牢固树立依靠自主创新支撑引领经济社会发展的意识，树立依靠自主创新，转变经济增长方式，克服旧的经济发展模式，实现科学发展的理念，努力营造自主创新的制度体制和政策等环境氛围。努力提高全体公民的科技素质，培养全民创新文化素质，树立创新意识，弘扬科学精神，形成良好的创新环境。切实培育创新精神，鼓励大胆创新、勇于实践、不怕失败的创新勇气。对取得重大创新成果的单位和个人予以重奖，不断激发全社会科技自主创新热情。围绕创新方法、创新理论对企业进行宣传教育，不断增强技术持续创新能力作为创新文化建设的重要目标和内容，通过政府导向，科普宣传，营造创新环境氛围。

第 12 章　云南产业发展能力提升案例：滇中产业聚集区

滇中产业聚集区是云南省委、省政府针对云南省产业弱、产业发展能力不足这个导致云南经济发展滞后的根本问题，重点打造的具有带动和示范效应的产业聚集区。滇中产业聚集区位于昆明市东西两侧，是滇中城市经济圈重要的产业承载区域。滇中产业聚集区发展规划于 2014 年 5 月 28 日获国家发展和改革委员等 5 部委联合批复，滇中产业聚集区发展步入快车道。滇中产业聚集区正在着力打造滇中城市经济圈一体化发展的产业发展和改革创新平台。我们认为，云南产业发展能力是指云南产业根据外部环境变化自发调整、转型、升级以保持和提升产业竞争优势的能力。很多地区很多产业受制于传统体制机制约束或陷入路径依赖，不能适应内部外部环境变化改造提升传统产业和培育新产业。滇中产业聚集区着力实现这种突破。虽然目前将滇中产业聚集区说成一种“模式”还缺乏时间验证，但滇中产业聚集区是云南省积极适应国内外经济形势和环境变化，深化体制改革机制创新，引领产业转型升级，是提升产业发展能力的积极探索与实践。

12.1　以现代产业体系构建引领云南省的产业转型升级

滇中产业聚集区立足于滇中历来是云南经济发展相对发达、要素聚集力相对较强的特点，建设之初就确立了现代产业体系导向。明确以产业功能区为载体，大力发展先进制造业、加快发展现代服务业、积极发展特色产业，着力培育战略性新兴产业和高新技术产业。积极引进国际、国内高端人才和研发机构，构建以干细胞应用为主的生命科学研发运用中心，以纳米技术为主的新材料研发运用中心，以 3D 打印为主的新型制造业研发运用中心。探索以商建园、以园招商、以商兴业的现代开放合作招商引资模式，引进大集团、大企业，发展现代生物、汽车及配套、高原特色农业与现代食品、航空配套、电子信息、新材料、节能环保、石油化工、家电轻纺、现代物流等产业功能区。打造服务云南的技术创新和成果转化基地、承接国际国内产业转移的示范基地、国家传统产业转型升级示范基地和面向东南亚、南亚的出口加工基地，形成特色鲜明、具有较强国际竞争力和影响力的现代产业体系。滇中产业聚集区的主导产业分别是：

12.1.1　现代生物产业

生物产业是云南省长期培植的支柱产业之一，但长期处于种植业为主，加工制造不足，科研与产业脱节的状态，云南生物产业长期面临大而不强，品种多而规模小的问题。滇中产业聚集区规划通过整合种植、加工、科研、物流、医养为一体，建设生物医药产业集聚发展区和中医中药城，发展创新药物、培育高原特色微藻产业、植物油、香精香料、医疗养生、康体保健、运动休闲、生物育种等产业。着力在生物医药新产品研发、市场品牌拓展、规模化生产经营等方面培育一批具有规模效益和市场竞争力的生物医药企业。

12.1.2　以新能源汽车为带动的汽车及配套产业

汽车产业在国内已经形成过剩产能但云南尚未发展起来，云南省要突破难度很大。滇中产业聚集区规划建设汽车城，以生产新能源汽车等先进乘用车、载重运输车和特种车辆为重点，加快汽车生产基地规划建设。高起点部署新能源汽车来发挥带动作用，找到了突破口。

12.1.3 高端装备制造业

装备制造业是云南省长期发展滞后但又一直希望壮大的产业。滇中产业聚集区立足于云南省有一定基础和优势或未来需求大的装备工业，着力发展壮大高性能工程机械设备、大型精密高档数控机床、轨道交通设备和铁路养护机械、高端电力装备、自动化物流成套设备、车用柴油发动机、矿冶重化成套设备、特种农用机械等高端装备制造、工业机器人、通用航空产业等，都将成为云南装备制造业转型升级的引领。

12.1.4 新材料产业

加快发展新材料产业是实现云南冶金工业转型升级的重要方向，但原来的优势企业处于路径依赖之中，滇中产业聚集区以新的招商机制和新区模式打破路径依赖，着力发展壮大各类新材料产业，将聚集区建设成为全国有重要影响力的新材料产业基地。

12.1.5 光电子和新一代信息技术产业

光电子是云南省具有技术优势的领域，但长期以来产业规模小的问题一直没有得到有效解决。滇中产业聚集区规划打造全产业链的光电子产业体系。努力把握引发新一轮产业技术革命的前沿领域来培育企业和产业新亮点。

12.1.6 节能环保产业

节能环保产业是我国、云南省重点培育的战略性新兴产业，国家节能减排和环境控制刚性政策，为节能环保产业创造了巨大的发展空间。滇中产业聚集区规划结合云南产业发展特点和未来民生需求，确立加快发展节能环保装备、服务等产业，形成产业引领。

12.1.7 石油化工业

原油资源的缺乏使云南省长期在以石油产品为主的现代经济体系中处于滞后地位，众多产品系列短缺。中缅油气管道开通为云南带来了机遇，滇中产业聚集区抓住机遇，建设新兴石油炼化基地，支撑云南经济结构的调整。

另外，滇中产业聚集区主动承接东部产业转移，积极发展面向省内和东南亚、南亚市场的五金家电、纺织服装、鞋帽、酒店用品等消费类产品，着力引进国际国内农产品加工的大集团、大企业，推进一批特色农产品加工重大项目实施，通过物流园区建设加快发展现代服务业。

12.2 体制改革与机制创新保障

体制机制障碍是云南产业转型升级的主要约束。滇中产业聚集区在设立之初就立足于综合改革，探索和营造产业发展的优良环境，值得其他产业园区借鉴。

12.2.1 探索新的管理模式

管理层级过多一直是制约我国微观市场活力的重要障碍，推进“省直管县”的探索是目前经济体制改革的内容之一。滇中产业聚集区（新区）管理委员会作为省政府派出机构，授予省级行政审批管理权限的情况下，直接管理安宁、易门、禄丰、嵩明、寻甸、马龙，统一规划、统一建设、统一干部管理等，减少了管理和审批环节。采用全方位授权、扁平化管理、实体化运作、开放式经营的模式，构建精简高效、责权一致、建管一体、执行有力的新型管理体制。

12.2.2 推行网上在线备案

建立高效便捷的“并联”办理流程，设立新区投资审批服务中心，实行项目备案或核准、规划选址、用地预审、环境影响评价等手续同步“并联”办理。推行网上在线备案。

12.2.3 创新投资建设模式

积极引进国际、国内大财团、大企业、投融资集团，组建滇中产业聚集区开发投资公司。以政府引导和市场运作方式构建一个股权多元的金融控股集团，为聚集区资本运作、产业发展和基础设施建设提供投融资服务。创新融资方式，积极吸引银行业建立分支机构，对入驻聚集区投资额大、产业关联度高、创新能力强、符合产业发展导向的企业给予必要的信贷支持，实施“基金入滇”工程，设立滇中产业聚集区股权投资政府引导基金，吸引私募股权投资基金入驻聚集区和投资产业发展。

12.2.4 创新产业政策

推出“五免十减半”政策。对新引进的高端产业项目，除享受西部大开发和结构性减税政策外，投产后形成税收的地方部分，作为财政专项扶持企业科技创新资金 5 年内全额用于补助企业，5 年后的 10 年内减半支持企业用于科技创新和物流补助。新区专门提出要设立新区产业专项扶持资金，专项用于产业园区科技创新、促进高端制造业与现代服务业发展等政策性扶持资金的兑付，其中被列入省级重点项目的企业，将优先享受专项扶持资金的扶持。

12.2.5 完善保障措施

对新引进新区的高端产业项目，除享受西部大开发和结构性减税政策外，投产后形成税收的地方部分，作为财政专项扶持企业科技创新资金 5 年内全额用于补助企业，5 年后的 10 年内减半支持企业用于科技创新和物流补助。新区内免收所有行政事业性收费，实行“零收费”政策。对世界 500 强、国内 500 强企业在新区设立具有法人资格地区总部的给予最高 1 000 万元的一次性补助和奖励。

对新区内中高级技术人员和管理人员工资、薪金所缴纳的个人所得税地方部分，从缴纳年度起，前 5 年全额奖励给个人，后 5 年减半奖励给个人。

另外，滇中产业聚集区还推出人才、资金、土地、人事等多项改革保障措施，确保厂商入驻的配套条件优越。

12.3　对其他地区提升产业发展能力的启示

近年来云南省大力推进产业园区建设，全省各地以产业园区为平台加快产业发展，取得一定成效，但产业发展能力还比较弱，产业转型升级的效果还不显著。从滇中产业聚集区的打造，我们至少可以得到以下启示：

12.3.1　产业园区应该成为提升本地产业发展能力的示范区

各地产业发展能力弱集中体现在对本地的产业发展要素认识不充分，简单模仿其他地区尤其是发达地区的发展模式，对国家政策调整的适应能力弱，对新科技革命与全球产业变革的认知不足，对新产业新业态不敢去尝试，等其他地方发展起来了才模仿和照搬。导致各地产业发展上无法抢占先机，总是发展滞后。建议各地将产业园区作为本地产业发展能力提升的示范区进行打造，选配有创新精神和创新思维的领导干部和工作人员，给予产业园区尽可能的管理创新和机制创新的空间。

12.3.2　产业园区的产业选择应突出本地产业转型升级的需要

各地在建设产业园区时主要立足于扩大本地产业规模，往往不过多考虑产业选择问题，只要有厂商进驻，无论什么产业都引进，甚至为了完成产业园区的发展目标，将原来布局在其他地区的传统产业直接搬迁到产业园区，人为打造聚集，对本地产业转型升级没有实质性的改变。滇中产业聚集区在规划设计之初就将产业导向和招商引资导向定位在云南省产业优势上的产业链延伸环节（如高端装备制造），以及有未来需求的生产性服务业和高新技术产业。各地在产业园区建设和招商引资上一定要突出本地产业转型升级的需要，本地有传统产业的，产业园区应突出对传统产业的改造、升级和产业链延伸环节。本地没有产业的，产业园区应高起点发展具有未来需求和市场潜力的新兴产业，不能简单复制或承接资源消耗高、环境影响大的产业。

12.3.3 以全新的管理模式办产业园区

各地产业发展能力不足实际上是体制机制的束缚太多，使人的能动性和创造力发挥不出来。各地在产业园区的管理上体制机制创新不够，很多园区只是本地区增加了一个派出机构，管理人员和办事人员也都是从政府或相关机构抽调人员担任，管理体制、运行模式、办事程序上都是原来的政府运行模式。滇中产业聚集区借鉴新加坡工业园区和国内发达地区的新区开发经验，率先在体制机制上突破传统束缚，探索新的管理机制和运行模式，虽然各地无法复制滇中产业新区的管理模式，但可以受到启发，跳出本地在产业发展、招商引资、审批简化等各方面的旧有程序，在产业园区的体制机制设计上就针对本地存在的问题解决，形成对体制改革的探索和机制创新的实践。

12.3.4 以市场为导向培育产业而不是以资源为导向发展产业

开发本地优势资源是每个地区产业起步的一般规律，但经济发展越滞后的地区资源开发能力越弱，在现代经济中往往容易形成资源过度消耗和资源利用效率低下却产业结构畸形的问题。各地在产业园区的产业导向上一定要对市场需求进行充分的分析与判断。交通运输条件决定市场潜力大小。交通闭塞的地区，产业发展只能满足本地市场需求，交通便利的地区，可以面向更广范围的市场区来培育产业。交通越是不发达的地区，越要选择对运输成本依赖性不强的产业。市场需求不突出或市场潜力不大的产业，即使资源丰富也不应开发。

12.3.5　以商招商应成为各地产业园区的重要招商方式

各地产业园区的招商队伍往往是公务员或临时招聘的大学生，缺乏充足的商务经验和微观企业经营管理技能，招商努力往往“事倍功半”。我国各地在跨越式发展中探索出诸多招商方式，相比较而言，以商招商的方式更符合市场经济规律，具有产业聚集能力强、招商效应显著等特点。各地的产业园区可突出以商招商方式，招商部门做好服务，对招商引资成效突出的经营者给予尽可能大的奖励。

附表 12－1　　新产品产值率　　单位：%

行业	云南（2011）	中国（2011）	云南（2012）
煤炭开采和洗选业	0	3.892	0
石油和天然气开采业	0	0.282	0
黑色金属矿采选业	0	0.403	1.441
有色金属矿采选业	0.037	1.352	1.171
非金属矿采选业	8.303	1.409	7.915
农副食品加工业	0.918	3.350	1.778
食品制造业	4.487	4.799	6.865
酒、饮料和精制茶制造业	8.450	6.834	8.106
烟草制品业	3.147	22.003	3.747
纺织业	0.613	10.206	4.246
纺织服装、服饰业	0	6.333	0
皮革、毛皮、羽毛及其制品和制鞋业	0	5.909	0.568
木材加工和木、竹、藤、棕、草制品业	0.751	2.894	0.718
家具制造业	0	5.067	0
造纸和纸制品业	14.021	8.389	15.596
印刷和记录媒介复制业	24.760	7.298	28.954
文教、工美、体育和娱乐用品制造业	0	6.526	0
石油加工、炼焦和核燃料加工业	0.241	3.038	0
化学原料和化学制品制造业	3.939	10.838	5.479
医药制造业	17.651	16.677	15.396
化学纤维制造业	0	20.289	0
橡胶和塑料制品业	10.829	14.197	6.248
非金属矿物制品业	0.1291	3.740	1.612
黑色金属冶炼和压延加工业	2.640	10.703	2.000
有色金属冶炼和压延加工业	7.474	9.867	6.924
金属制品业	0.441	6.844	2.300
通用设备制造业	17.080	14.469	2.445
专用设备制造业	9.791	17.658	5.184
铁路、船舶、航空航天运输设备制造	96.827	31.116	24.500
电气机械和器材制造业	21.338	22.380	16.314

续表

行业	云南（2011）	中国（2011）	云南（2012）
计算机、通信和其他电子设备制造业	66.745	26.599	29.175
仪器仪表制造业	46.102	19.810	2.537
其他制造业	0.300	5.377	5.136
电力、热力生产和供应业	0	1.396	0
燃气生产和供应业	0	0.589	0
水的生产和供应业	0	0.193	0

资料来源：《云南统计年鉴 2012》、《中国统计年鉴 2012》、《云南统计年鉴 2013》。

附表 12－2　2011 年、2012 年规模以上工业企业 R&D 经费的投入强度　单位：%

行业类别	2011 年		2012 年	
	云南	中国	云南	中国
煤炭开采和洗选业	0.011	0.462	0.056	0.464
石油和天然气开采业	0	0.638	0	0.739
黑色金属矿采选业	0.056	0.051	0.114	0.07
有色金属矿采选业	0.391	0.283	0.577	0.392
非金属矿采选业	1.261	0.194	1.232	0.183
农副食品加工业	0.304	0.21	0.154	0.26
食品制造业	0.366	0.451	0.668	0.549
酒、饮料和精制茶制造业	0.687	0.589	0.946	0.591
烟草制品业	0.249	0.24	0.423	0.262
纺织业	0	0.421	0.204	0.428
纺织服装、服饰业	0	0.219	0	0.322
皮革、毛皮、羽毛及其制品和制鞋业	0	0.177	0.203	0.244
木材加工和木、竹、藤、棕、草制品业	0.253	0.164	0.23	0.182
家具制造业	0	0.183	0	0.256
造纸和纸制品业	0.719	0.473	0.526	0.606
印刷和记录媒介复制业	1.322	0.502	1.284	0.542
文教、工美、体育和娱乐用品制造业	0	0.437	0	0.332
石油加工、炼焦和核燃料加工业	0.013	0.168	0.012	0.207

续表

行业类别	2011 年		2012 年	
	云南	中国	云南	中国
化学原料和化学制品制造业	0.324	0.782	0.299	0.817
医药制造业	1.986	1.458	2.297	1.634
化学纤维制造业	0	0.884	0	0.941
橡胶和塑料制品业	0.611	0.602	0.407	0.716
非金属矿物制品业	0.077	0.356	0.108	0.372
黑色金属冶炼和压延加工业	0.065	0.778	0.247	0.877
有色金属冶炼和压延加工业	0.695	0.516	0.836	0.657
金属制品业	0.606	0.485	0.082	0.645
通用设备制造业	1.223	1.013	0.812	1.248
专用设备制造业	1.578	1.403	1.212	1.48
铁路、船舶、航空航天和其他运输设备制造业	6.703	1.244	1.2	2.176
电气机械和器材制造业	1.046	1.244	0.897	1.291
计算机、通信和其他电子设备制造业	2.982	1.483	1.501	1.512
仪器仪表制造业	4.454	1.618	5.028	1.859
其他制造业	1.555	0.337	1.246	0.928
电力、热力生产和供应业	0.045	0.091	0.0384	0.089
燃气生产和供应业	0	0.038	0	0.06
水的生产及供应业	0	0.157	0	0.255
汽车制造业			0.274	1.114

资料来源：《云南统计年鉴2012》、《中国统计年鉴2012》、《云南统计年鉴2013》、《中国统计年鉴2013》。

附表 12－3　规模以上工业企业新产品销售收入占主营业务收入的比重　单位：%

行业类别	2011 年		2012 年	
	云南	中国	云南	中国
煤炭开采和洗选业	0	3.551	0	3.26
石油和天然气开采业	0	0.46	0	0.14

续表

行业类别	2011 年		2012 年	
	云南	中国	云南	中国
黑色金属矿采选业	0	0.398	1.5	0.411
有色金属矿采选业	0.038	1.358	1.198	6.156
非金属矿采选业	8.294	1.428	9.195	1.243
农副食品加工业	0.953	3.347	1.975	3.843
食品制造业	5.917	4.911	8.056	5.333
酒、饮料和精制茶制造业	7.342	6.653	7.674	7.887
烟草制品业	4.725	22.392	2.392	18.275
纺织业	0.557	10.078	3.111	10.456
纺织服装、服饰业	0	6.111	0	7.327
皮革、毛皮、羽毛及其制品和制鞋业	0	5.806	0.406	5.438
木材加工和木、竹、藤、棕、草制品业	0.724	2.799	0.666	3.147
家具制造业	0	5.153	0	5.13
造纸和纸制品业	15.783	8.624	15.273	9.003
印刷和记录媒介复制业	29.561	7.386	28.887	8.139
文教、工美、体育和娱乐用品制造业	0	6.637	0	5.731
石油加工、炼焦和核燃料加工业	0.254	3.104	0	4.422
化学原料和化学制品制造业	4.082	10.704	5.546	1.62
医药制造业	16.34	15.997	13.302	16.892
化学纤维制造业	0	19.326	0	21.341
橡胶和塑料制品业	11.383	8.943	6.117	9.685
非金属矿物制品业	0.252	3.696	1.539	4.055
黑色金属冶炼和压延加工业	2.397	10.371	7.435	10.609
有色金属冶炼和压延加工业	9.072	9.25	8.976	9.67
金属制品业	0.499	6.774	1.801	8.148
通用设备制造业	7.654	14.765	2.849	16.5
专用设备制造业	10.343	17.188	5.608	18.039
铁路、船舶、航空航天和其他运输设备制造业	116.504	31.819	21.722	27.709
电气机械和器材制造业	21.135	21.931	16.433	21.628

续表

行业类别	2011 年		2012 年	
	云南	中国	云南	中国
计算机、通信和其他电子设备制造业	46.113	28.715	26.229	27.647
仪器仪表制造业	45.546	19.527	33.491	20.793
其他制造业	0.156	5.395	5.296	8.36
电力、热力生产和供应业	0	0.382	0	0.374
燃气生产和供应业	0	0.536	0	1.747
水的生产及供应业	0	0.195	0	1.052
汽车制造业			17.545	28.551

资料来源：《云南统计年鉴2012》、《中国统计年鉴2012》、《云南统计年鉴2013》、《中国统计年鉴2013》。

附表12－4　　规模以上工业企业的R&D项目数　　单位：项

2011		2012	
全省	1 514	全省	1 665
医药制造业	310	有色金属冶炼和压延加工业	323
有色金属冶炼和压延加工业	266	医药制造业	298
化学原料和化学制品制造业	109	化学原料和化学制品制造业	169
烟草制品业	99	烟草制品业	161
铁路、船舶、航空航天运输设备制造业	76	电气机械和器材制造业	67
通用设备制造业	63	专用设备制造业	65
专用设备制造业	63	通用设备制造业	57
电气机械和器材制造业	56	电力、热力生产和供应业	57
电力、热力生产和供应业	56	计算机、通信和其他电子设备制造业	51
非金属矿采选业	48	黑色金属冶炼和压延加工业	46
印刷和记录媒介复制业	48	有色金属矿采选业	42
造纸和纸制品业	40	印刷和记录媒介复制业	39
有色金属矿采选业	31	非金属矿采选业	35

续表

2011		2012	
农副食品加工业	28	酒、饮料和精制茶制造业	33
黑色金属冶炼和压延加工业	28	汽车制造业	31
橡胶和塑料制品业	27	食品制造业	26
酒、饮料和精制茶制造业	25	仪器仪表制造业	25
非金属矿物制品业	24	农副食品加工业	23
仪器仪表制造业	24	造纸和纸制品业	22
食品制造业	23	非金属矿物制品业	19
计算机、通信和其他电子设备制造业	22	橡胶和塑料制品业	14
其他制造业	12	金属制品业	11
金属制品业	10	铁路、船舶、航空航天和其他运输设备制造业	10
木材加工和木、竹、藤、棕、草制品业	8	其他制造业	9
煤炭开采和洗选业	7	煤炭开采和洗选业	8
化学纤维制造业	4	黑色金属矿采选业	8
黑色金属矿采选业	3	皮革、毛皮、羽毛及其制品和制鞋业	5
石油加工、炼焦和核燃料加工业	3	木材加工和木、竹、藤、棕、草制品业	5
水的生产和供应业	1	纺织业	3
石油和天然气开采业		石油加工、炼焦和核燃料加工业	3
纺织业		石油和天然气开采业	
纺织服装、服饰业		纺织服装、服饰业	
皮革、毛皮、羽毛及其制品和制鞋业		家具制造业	
家具制造业		文教、工美、体育和娱乐用品制造业	
文教、工美、体育和娱乐用品制造业		化学纤维制造业	
燃气生产和供应业		燃气生产和供应业	
		水的生产和供应业	

资料来源：《云南统计年鉴 2012》、《云南统计年鉴 2013》。

附表 12－5　　云南省规模以上工业企业有效发明专利数　　单位：件

2011		2012	
全省	217	全省	644
医药制造业	94	医药制造业	52
有色金属冶炼和压延加工业	81	有色金属冶炼和压延加工业	64
化学原料和化学制品制造业	34	化学原料和化学制品制造业	63
电气机械和器材制造业	04	汽车制造业	6
铁路、船舶、航空航天运输设备制造业	8	烟草制品业	0
烟草制品业	6	食品制造业	9
农副食品加工业	6	印刷和记录媒介复制业	4
食品制造业	9	黑色金属冶炼和压延加工业	4
仪器仪表制造业	7	仪器仪表制造业	6
印刷和记录媒介复制业	6	化学纤维制造业	9
黑色金属冶炼和压延加工业	5	电气机械和器材制造业	8
专用设备制造业	0	农副食品加工业	5
酒、饮料和精制茶制造业	9	计算机、通信和其他电子设备制造业	4
通用设备制造业	6	通用设备制造业	0
造纸和纸制品业	5	专用设备制造业	9
金属制品业	1	酒、饮料和精制茶制造业	6
黑色金属矿采选业	7	电力、热力生产和供应业	6
纺织业	7	黑色金属矿采选业	4
非金属矿采选业	5	橡胶和塑料制品业	4
橡胶和塑料制品业	5	非金属矿物制品业	2
电力、热力生产和供应业	5	纺织业	1
化学纤维制造业	4	非金属矿采选业	0
非金属矿物制品业	4	造纸和纸制品业	0

资料来源：《云南统计年鉴 2012》、《云南统计年鉴 2013》。

参 考 文 献

［1］ Abel A. B. , Mankiw, N. G. , Summers, L. H. and Zeckhauser, R. J. Assessing Dynamic Efficiency: Theory and Evidence ［J］. Review of Economic Studies, 1989, 56 (1): 1 -20.

［2］ Disruptive technologies: Advances that will transform life, business, and the global economy, McKinsey Global Institute, 2013.

［3］ Global Use of Medicines: Outlook through 2016, IMS, 2013.

［4］ Phelps, E. The Golden Rule of Accumulation: A Fable for Growthmen ［J］. American economic Review, 1961, 51: 638 -643.

［5］ 程磊. 湖北省生物医药产业链构建研究 ［D］. 华中科技大学, 2011.

［6］ 黄伟力, 隋广军. 中国经济的动态效率——基于修正黄金律的研究 ［J］. 山西财经大学学报, 2007 (3): 38 -45.

［7］ 李同宁. 中国投资率与投资效率的国际比较及启示 ［J］. 亚太经济, 2008 (2): 42 -45.

［8］ 刘宪. 中国经济中存在资本的过度积累吗? ［J］. 财经研究, 2004 (10): 84 -95.

［9］ 吕冰洋. 中国资本积累的动态效率: 1978 ~2005 ［J］. 经济学 (季刊), 第7卷第2期, 2008 (1): 509 -532.

［10］ 史永东, 杜两省. 资产定价泡沫对经济的影响 ［J］. 经济研究, 2001 (10): 52 -62.

［11］ 史永东, 齐鹰飞. 中国经济的动态效率 ［J］. 世界经济, 2002 (8): 65 -70.

［12］ 袁志刚, 何樟勇. 20世纪90年代以来中国经济的动态效率 ［J］. 经济

研究，2003（7）：18－26.

［13］项本武．中国经济的动态效率：1992～2003［J］．数量经济技术经济研究，2008（3）：79－88.

［14］孟祥仲，严法善，王晓．对我国经济增长动态效率的实证考察［J］．世界经济文汇，2008（5）：90－100.

［15］庞明川．中国的投资效率与过度投资问题研究［J］．财经问题研究，2007（7）：46－52.

［16］蒲艳萍，王维群．我国资本投入动态效率及区域差异：1952～2006［J］．经济问题探索，2009（4）：1－6.

［17］单豪杰．中国资本存量K的再估算：1952～2006年［J］．数量经济技术经济研究，2008（10）：17－31.

［18］谭鑫，赵鑫铖，张越．能源对中国经济及三次产业的增长阻力分析［J］．经济学动态，2011（9）：94－98.

［19］谭鑫，赵鑫铖．经济动态效率研究综述［J］．云南财经大学学报，2012（5）：71－76.

［20］王晓芳，王维华．我国经济运行的“动态效率”——基于居民储蓄—消费决策机制的实证判断［J］．山西财经大学学报，2007（8）：39－46.

［21］王跃生，马相东．全球经济“双循环”与“新南南合作［J］．国际经济评论，2014（2）：61－80

［22］夏杰长，李勇坚．中国服务业投资的动态效率分析［J］．中国社会科学院研究生院学报，2010（6）：15－24.

［23］徐维祥，汪彩君，唐根年．中国制造业资本积累动态效率变迁及其与空间集聚关系研究［J］．中国工业经济，2011（3），78－87.

［24］张晓艳，戚悦．西部地区投资效率、投资结构及其机制研究［J］．投资研究，2011（11）：30－41.

［25］朱民．变化中的世界［J］．国际经济评论，2013（6）：9－19.

［26］2014年世界有机农业概况与趋势预测．

［27］2011年全国环境保护相关产业状况公报．

［28］2014年中国互联网络发展状况统计报告．